한국 근현대와 민족운동

한국민족운동사연구회 편

국학자료원

차례

□ 자료소개

JOURNAL OF STUDIES ON KOREAN NATIONAL MOVEMENT

NO.21   March, 1999

Contents

수원고농학생의 항일투쟁 연구

이 현 희*

Ⅰ. 서 론

일제가 한국을 강점하여 한국사회의 제도와 구조를 식민지 틀로 바꾸어가는 동안 한국의 청년학생들은 항일투쟁에 앞장서 주권회복을 위해 투신하였다.

1919년 도쿄유학생들에 의한 2·8독립선언이 발표된 이후 축적된 국내학생들의 저력은 거족적 민족독립운동인 3·1혁명으로 표출되었다. 이는 1926년 6·10독립만세운동이라는 순수한 민족계 학생들의 민족학생운동으로 이어지게 되었다.

───────────────

* 성신여대 사학과 교수

민족계 학생들에 의해 유발된 6·10독립만세운동은 3·1혁명 이후 침체되어가던 국민적 차원의 민족독립운동을 자극하였으며, 이후 항일 학생운동은 더욱 조직적이고 적극적인 양상을 띠게되었다.

이러한 6·10독립만세운동의 전국적 파급은 水原高等農林學校 학생들의 항일투쟁인 「제1차 수원고농사건」을 발생하게 하였다.[1]

오늘날 서울대 농대의 전신이며, 당시 전문대학이었던 수원고등농림학교의 한국인 학생들이 중심이 되어 비밀결사를 조직하고 일제의 식민지통치를 전면 부정하면서 항일구국투쟁을 일으키던 중 관련자 중의 한 사람이 일경에 의해 체포됨으로써 1920년대 말 학생운동의 전말이 알려지게 되었다. 이 운동은 당시 1920년대 학생운동이 중등학교 학생들의 수준에 머물러 있을 때 전문대학의 재학생이 중심이 되어 조직적인 항일투쟁을 대대적으로 전개했던 것으로 괄목할 만한 사실이 아닐 수 없다.[2]

수원고농 재학생과 졸업생들의 비밀단체인 健兒團, 鷄林農興社, 朝鮮開拓社의 항일투쟁과 농촌계몽을 통한 농촌이상사회 건설을 위한 민족운동은 1930년대와 1940년대 초까지 지속적인 영향을 미쳐 제2차, 제3차 수원고농 학생의 항일투쟁을 유발했다. 이는 학생들의 항일투쟁에 대한 확고한 의지와 애국사상을 내외에 떨친 결과를 가져왔다.

여기에서는 멀게는 1919년 3·1혁명의 영향과 가깝게는 1926년 6·10만세운동에 자극되어 일련의 異名同體의 발전적인 항일 비밀단체를 존속시켜오면서 1920년대 이후 1940년대까지 긴 세월동안 지속되어온 제1차, 2차, 3차 수원고농의거와 수원고농 학생들의 독립의지의 표출이기도 한 농촌개발, 농촌계몽을 목적으로 한 상록수운동에 대해서 살펴

---

1) 수원고등농림학교는 이하 수원고농으로 약칭하였다.
2) 李炫熙, 『韓國近·現代史의 爭點』, 삼영, 1993, 371~373쪽.

보고자 한다.

Ⅱ. 수원고농 학생운동의 사회적 배경

1919년 3·1혁명 이후 일제의 통치정책이 소위 문화통치로 전환되면서 국내의 민족운동은 교육의 진흥, 산업의 개발을 목표로 한 실력양성운동으로 나타났다.

그러나 실력양성운동의 근간을 이루었던 민립대학설립운동과 물산장려운동이 일제의 간악한 술책에 의해 실패함에 따라 기성세대의 민족운동은 침체를 면치 못하게 되었다.[3] 일제의 '문화통치'하에서 한국인에게 주어진 제한된 언론, 집회, 결사, 출판의 활동의 허용은 사회주의사상을 보급시키게 되었고, 사회주의사상의 대두는 민족주의자들을 대립과 혼란 속에 빠지게 하였다.

이러한 상황 속에서 1920년대의 민족운동을 이끌었던 것은 민족계학생운동이었다. 이로 인해서 민족운동은 다시금 활력을 얻고, 일제와의 대항에 굽힘없는 명맥을 유지시켰던 것이다.

1920년대 학생운동은 문화계몽운동, 비밀결사, 동맹휴학, 가두시위, 선전활동 등으로 나타나 이런 흐름이 1926년 6·10만세 운동으로 표출되었다. 비록 6·10만세운동은 실패로 끝났으나 이는 학생들에 의해 유발된 순수한 민족운동이었다는 점에서 한국학생민족운동사상 중요한 의미를 갖는다고 할 수 있다. 3·1혁명이 거족적 민족독립운동에의 동참이었다면 6·10만세운동은 학생들이 독자적으로 주도하고 참여한 독립운동으로서 그 정신은 항일맹휴투쟁 속에 이어져 더욱 적극적이고

---

3) <동아일보>, 1926년 6월 7일~9일자.

전국적인 학생들의 항일투쟁으로 파급되었다.

이러한 6·10만세운동의 정신은 수원고농 학생들에게 이어져 수원고농항쟁이라는 항일투쟁을 불러일으키게 하였다.

경기도 수원 서쪽에 자리 잡고 있던 수원고등농림학교는 광무8년(1904) 고종의 신교육령에 따라 근대교육기관으로 출발한 당초의 취지와는 달리 식민지 정책하에서 학술적으로나 기술적으로나 일본의 국책에 맹종하는 어용학부로 전락하였다. 학생도 대부분 일본인이었고 한국인 학생은 전교생의 4분의 1밖에 되지 않았으며[4], 한국인 직원이라고는 趙伯顯이 있을 뿐이었다.[5]

따라서 교내에서의 한국인 학생에 대한 차별과 천대는 날로 가중되었지만 전근대적 테두리에서 헤어나지 못하고 있던 농촌을 부흥시키고 그들에게 정신적 자각을 일깨워주기 위해서 수원고농을 지원했던 한국학생들은 식민지하의 농학도가 가져야 했던 우국적 사명감으로 강한 동료의식이 싹트게 되었다.

학생전원이 기숙사생활을 하던 수원고농 교내에는 동, 서로 두 개의 기숙사가 자리잡고 있었다. 東寮(지금의 상록사가 있는 부근)라 부르는 구 건물에는 한국인 학생을 수용하고, 西寮(6.25전쟁 때 불탄 2층 건물)라 부르는 신식건물에는 일본인 학생들을 수용하게 됨에 따라 일본인들과의 대립, 경쟁을 피할 수 없었다.[6] 동·서료 학생들간의 차별대우는 크고 작은 충돌을 불러일으키는 가운데 당시의 시대상황은 항일, 독립을 향한 단결과 민족정신으로 점고 되어갔다.

---

4) 『水原高農要覽』, 1932. 농학과에 입학이 허가된 한국인 학생은 전체 인원의 1/3정도였으며, 임학과의 경우 전체 인원의 1/5정도로 전교학생의 1/4정도밖에 되지 않았다.
5) 서울농대, 『수원농학70년사』, 1976, 50쪽.
6) 서울농대발행교지, 『상록』6호.

Ⅲ. 수원고농 학생의 제1차 항일투쟁

1. 건아단의 조직과 활동

수원고농이 설치, 운영되기 시작한 것은 1904년 농상공학교로 출발한 뒤 1906년 농림학교(1906~1910) 시대를 거쳐 1910년 일제에 의해 조선총독부 농림학교(1910~1918)[7] 시대와 농림전문학교 시대(1918~1921)를 맞은 후 고등농림학교(1922~1943)[8] 20여 년 시대를 맞게 되었는데 이 시기에 수원고농의 항일학생운동은 본격적으로 일어나게 되었다.[9]

1919년 3·1혁명 때 수원 일대에서 참가한 바 있던 수원고농 학생들은 기회가 있을 때마다 교내 문제 외에 항일독립투쟁에도 적극적으로 가담 활동하고 있었다. 1920년대 초 3·1혁명이 큰 성과를 거두지 못하자 기대에 부풀어 있던 한국민들은 의기소침과 좌절 상태에 있었다. 이런 시기에 민족운동의 명맥을 유지하면서 국민에게 용기와 희망을 안겨준 것은 학생들의 저항적인 동맹휴학이었다.[10]

1923년을 전후하여 수원고농에서도 반제성과 항일적인 교육개선을 위한 일련의 맹휴가 가열되기 시작하였다.[11] 당시 언론에서는 다음과 같이 보도하여 맹휴가 확대, 지연될 것임을 암시하였다.[12]

---

7) <조선총독부관보> 1910년 10월 10일자.
8) <조선총독부관보> 1922년 4월 1일자.
9) 앞의 책, 『수원농학70년사』, 7~12쪽.
　　수원고농은 이어 수원농림전문학교(1944~1946)시대를 거쳐 국립 서울대학교 농과대학(1946~현재)시대로 발전, 오늘에 이르고 있다.
10) 李炫熙, 「6·10만세운동고」,『아세아연구』33, 고려대, 1969.
11)『고등경찰보』제5호, 39쪽.
12) 1921~1928년까지 맹휴건수는 404건이었다고 한다.

수원고등농림학교에서는 지난 3일부터 조선인 학생 전부가 동맹휴교를 하고 학교 편에 7가지 요구조건을 제출하여 그 승낙이 있기까지 동맹휴교를 계속하리라는 데 본래 고등농림학교 조선인 학생간에 여러 가지 불평이 많던 중이었다 하니 필경 사건은 확대되기 쉬울 터이라더라.[13]

수원고농 한국인 학생들은 조직적이고 체계적인 맹휴를 지속하면서 학교 당국을 괴롭힘은 물론 일제에게 한국 침략의 죄과를 회개케하여 우리 국가의 완전독립을 목적으로 1926년에 비밀단체를 조직하게 되는데 이것이 건아단이었다.[14]

이들은 수원고농 학생들의 항일투쟁을 위한 구심체로서 한국인만의 기숙사인 동료를 중심으로 한국인의 민족정기, 민족혼을 선양하는 갖가지 다채로운 행사를 비밀리에 진행시키고 있었다. 그것을 '東寮精神'이란 표현으로 수원고농 내에서의 민족정신의 맥으로 삼았다.

동료생들은 매일 아침 덴마크식 맨손체조와 냉수욕을 실시하였으며 기회가 있을 때마다 등산, 도보여행단 등을 조직하여 심신단련에 진력하였다. 동료 내에서는 도서관을 자치적으로 설치 운영하여 당시 한글

---

13) <동아일보> 1923년 5월 6일.
14) <동아일보>1928년 9월 18일 내용은 다음과 같다.
　　"건아단 조직사건의 발단은 재작년 여름 어느 날의 일이다. 그해 여름에 수원고등농림학교 조선인 학생들은 시내 경운동에 있는 모사의 지부를 학교 안에 두고 종래로 학생들의 투지로 출장하여 교수하던 수원군 안룡면 고견리의 야학외에 그 부근 각 면에 농민야학을 경영하며 고등농림학교 기숙사에 있는 조선학생들이 서로 순번을 정하여 교수하던 바 金燦道 등 조선학생 다수를 동시에 권입시켜 사업진행에 오로지 힘을 써가며 민족의식을 야학들에게 넣어주는 터이다. 작년 6월에 동교 안에 있는 조선학생 운동자 사이에 건아단이라는 비밀결사를 조직하여 농민대중을 개발시켜 신조선 건설을 목표로 강령을 삼고 단결되어 단군 기원의 연호를 사용하며 회원을 널리 모집하여 오던 터이다."

로 간행되는 일간신문, 잡지 등을 거의 빠짐없이 비치하고 독서와 민
족사상통일에 힘썼다. 때로는 명사를 초청하여 동료 내에서 강연회, 간
담회를 행한 일도 있었으며 모일 때마다 '동료의 노래'를 합창하였
다.15)

뿐만 아니라 비밀결사단은 학교 부근 농촌에 야학을 만들기로 결정,
동료 안에 농촌 계몽부를 만든 후 근처 서둔, 고삭, 동마을, 야목려 등
에 야학당을 설치했다. 학생들은 매일 순번제로 야학에 나가 한글, 수
학 등을 가르치는 한편 틈틈이 역사와 사상 강연으로 농민들을 깨우치
고 건전한 생활기풍을 계몽했다.16)

건아단 소속의 수원고농 학생들은 6·10독립만세운동 10여 일 뒤인
1926년 6월 21일 동맹휴학을 단행하였다. 교사 신축 등 3개 항의 요구
조건을 내걸고 맹휴에 들어간 것이다.

그러나 일제의 어용학자가 학교의 주요보직을 맡고 있었으므로 학생
들의 요구조건을 들어줄 리 없었다. 따라서 25일 전교생 150여명에게
무기정학을 내리는 등 학교측에서도 강경하게 맞섰다.17)

이같은 사실에 대한 언론의 보도는 일반인들로 하여금 수원고농에
관심을 모으게 하였으며 직접적으로 이해관계가 있는 학부형들은 몰상

---

15) '동료의 노래'는 육당 최남선이 독일 가곡에다 작사를 한 것으로 내용은 다음과
  같다.
  　　　세계문화의 첫 빛은 괭이 만든 날 생겼고
  　　　단군이 헤친 흙에서 문명의 조선 나왔네
  　　　시원한 바람 팔달산 맑은 물 넘는 서호수
  　　　수고한 하루 땀 씻을 때 나날이 새론 희망 큰 만족
16) 앞의 책, 『상록수』 6호, 김성원의 회고담.
  이는 1920년대 수원고농 학생들의 비밀결사 중의 하나로 수원고농 학생 김성원,
  김찬도, 황봉선, 김민찬, 남영회, 고재천, 권영선, 우종휘, 김봉일, 백세기 등을 권
  유, 규합하였다. 이들은 농민대중을 계몽하여 신사회를 건설하며 이상적인 잘사
  는 농촌실련을 목표로 활동하였다.
17) <동아일보> 1926년 6월 28일.

식한 학교측의 처사를 비난하고 나섰다.[18] 수원고농측의 몰지각한 처사에 대해 해당 학부형들은 좌시 할 수 없다면서 강경하게 학생측을 옹호하고 나섰다.

학생측을 비호하는 학부형과 학교측이 맞대결로 들어가 건아단이 일으킨 항일투쟁의 열도가 점차 그 열기를 더해갔다. 이에 관해 자체적인 해결의 실마리가 잡히지 않자 森川 수원군수와 졸업생이 사태해결을 위해 자진 개입했다. 학교측은 계속 강경하게 일방적인 주장만 내세우다가는 국민여론에 몰릴 것 같자 타협을 거듭하였다.

마침내 1926년 7월 20일까지 교사 개축을 교장에게 일임한다는 등의 5개항의 요구조건을 응락하기로 하면서 타협점을 모색했다. 학생들의 요구조건을 정당하다고 인정하고 무기정학 처분을 철회함과 동시에 희생자를 내지 않겠다는 것을 골자로 타협하였다.[19]

이렇게 하여 수원고농 내의 김성원, 김찬도 등 10여명은 건아단을 구심점으로 한국인 기숙사 동료에서 한국인 학생 간담회를 수시로 열어 맹휴를 선도하거나 농촌을 부흥시키고 계몽하는 등 항일 투쟁과 신사회 건설에 매진하였다.

이들은 6·10독립만세운동의 영향을 받아 동년 6월 10일 이후부터 이 학생 모임을 더욱 내면화하고 조직화하기에 이르렀다. 그러던 중 1927년 9월 북도지방을 수학여행하게 되었을 때 강원도 등지에서 일본인의 대규모 농장을 본 건아단원들은 그 식민주의적 농장에 분개하고 민족농장 건설의 꿈을 키우기도 했다.

1928년 6월 건아단은 朝鮮農友聯盟에 가입하여 활동하였으나 회원 중 한 사람이 무기정학당한 것을 계기로 계림농흥사로 명칭을 개칭하

---

18) <동아일보> 1926년 7월 1일.
19) <동아일보> 1926년 7월 5일

여 위장하였다.[20]

2. 계림농흥사의 조직과 활동

수원고농학생의 항일투쟁은 1923년 맹휴 이래 1926년 처음으로 '건아단'이 조직되면서 이를 구심점으로 하여 본격적인 투쟁이 시작되었다.[21]

계림농흥사는 건아단의 후신인 동시에 뒤에 조선개척사로 그 명칭을 변경하여 항일투쟁을 계속하였다.

건아단에서는 자신들의 활동목표와 유사한 단체를 찾게되는데 그것이 일본 도쿄에 본부를 둔 조선농우연맹이었다. 이에 이 단체에 가맹한 후 순회 강연을 시작한 바 있다. 이때 수원지부 대표로 동교 韓典鍾(임과2년)이 강연 도중에 연설을 금지당하여 이 지부는 조치원에서 해산당하고 한전종은 무기정학 처분을 받았다. 이에 건아단은 긴급해진 사태를 인식하고 계림농흥사로 급히 변경 위장했다.[22]

당시의 기록을 보면 다음과 같다.

> 2차로 조직된 계림농흥사, 조선농우연맹지부도 설치, 발각되자
> 명칭 변경.
> 이러다가 금년 6월에 이르러 도쿄에 본부를 두고 전문학생으로 조직
> 하여 조선농촌 개발은 오직 조선인 스스로의 힘으로 괭이를 드는데 있
> 다는 것을 목적으로 한 朝鮮農友聯盟과 고농 조선인 학생의 뜻과 전부
> 가 일치된다하여 가맹한 후 지부를 두고 동연맹 조선 순회 강연회 때

---

20) 국가보훈처, 『독립운동사 자료집』 제13권, 549쪽.
21) <동아일보> 1928년 9월 18일.
  이날 언론에서는 건아단, 계림농흥사, 조선개척사로 이어지는 수원고농의 異名同
  體의 비밀결사단체의 내용을 상세히 보도하고 있다.
22) 국가보훈처, 『독립유공자공훈록』 제6권, 82쪽.

에도 가담하여 수원 지부 대표로 임과 2년생 한전종을 파견하여 남도
로부터 강연중 도처에서 중지와 금지를 당하여 결국 조치원에서 해산
되고 한전종은 학교로부터 무기정학을 당하여 결국 한군만의 희생을
내고 학교 당국에 극비밀을 지켜 농우연맹지부는 의연 비밀리에 계속
되었다 한다. 그리하여 학교 당국이 공인하는 기숙사 조선인 학생 간담
회를 틈타서 항상 그 진전책에 대한 강구를 거듭하다가 계림농흥사라
는 비밀 결사를 빚어내게 되었다.[23]

계림농흥사라는 건아단의 후신은 역시 농촌 이상사회의 구현을 표면
적인 목표로 표방하면서도 내면적인 목표는 민족운동을 대중화하고 확
대, 실현시킴에 있었다. 수원고농의 동료생활은 계림농흥사라는 위장된
항일구국단체를 중심으로 줄기차게 전개되어 마침내 '조선개척사'로 구
체화되었던 것이다.[24]

3. 조선개척사의 조직과 활동

1928년 여름 수원고농 학생들은 마침내 본격적인 농촌계몽과 개척
그리고 민족독립운동을 결행하기 위하여 건아단에 이어 계림농흥사를
조선개척사로 이름을 바꾸어 조직하게 되었다.[25]

비밀 항일결사단체인 조선개척사는 수원고농 재학생인 김찬도, 권영
선, 김봉일, 고재천, 육동백, 백세기, 우종휘, 남영희, 김익수, 황봉선,
김민찬 등 11명이 중심이 되었는데 그 가운데 김찬도와 권영선은 민족
주의자로 학교에서 요시찰 인물로 지목받고 있던 학생이었다.[26]

이들은 상경하여 6·10독립만세운동에 참가하였으며, 또한 6·10독

23) <동아일보> 1928년 9월 18일.
24) 앞의 책, 『수원농학70년사』, 49~55쪽.
25) 앞의 책, 『독립유공자공훈록』 제6권, 82쪽.
26) 앞의 책, 『수원농학70년사』, 51쪽.

립만세운동에 가담한 경험이 있는 중앙고보생 南榮熙가 조선개척사의 조직 일원이었다는 것은 결코 우연이 아니었다.27)

조선개척사의 목표와 활동상황을 더욱 내면적으로 이해하기 위해서 金燦道의 開拓社案을 살펴보면 다음과 같다.

> 중앙집권의 체제로서 농민운동을 해놓고 일본이 외국과 전쟁을 하는 기회를 틈타 농민봉기를 꾀하고 이로써 우리 민족의 자유와 정치적 독립을 획득해 보자는 것이었다. 그리하여 후일 조선총독부의 인가를 얻은 사업단체로 위장하기 위하여 개척사안에 쓰여있는 정치적 문구는 빼버리고 개척사안의 기본적인 목적, 즉 민족의 독립운동을 목표로 농민으로서 흥기하겠다는 뜻을 내포한 채 흥농사라 개명하고 조직의 방법과 사업의 내용은 순개척사안 그대로 하여 훌륭한 농촌개척사업 단체인 흥농사안을 만들어 결성하였다.28)

이는 일본이 다른 나라와 전쟁을 하는 혼란한 기회를 이용, 농민구국운동을 실현시킴과 동시에 우리 민족의 자유와 독립을 쟁취하겠다는 민족투쟁에의 큰 포부였던 것이다. 이들은 수원고농의 재학생과 졸업생이 일치단결 하여 조선개척사라는 농촌 이상사회 건설을 위한 정신사적 항쟁을 구심점으로 하여 대대적인 농민 참여의 구국운동을 결행하고자 만반의 준비를 게을리하지 않았다.29)

그러나 1927년 수원고농 제6회 졸업생인 金聲遠이 졸업 후 김해공립

---

27) 수원고농에서 진정한 민족정신과 실제적인 민족운동이 싹트기 시작한 것은 1926년이었다. 구한국 말년의 황제인 순종의 인산을 당하여 이들은 조국을 그리워 하는 마음 끝에 자진휴학을 결정했다. 6월 10일 인산식장에 참석하여 조국의 비운에 피눈물을 흘렸고, 늦잠 자는 버릇을 고치기 위하여 그들은 조기회를 조직했다. 한국 학생의 기숙사인 동료에 있는 학생은 모두 참가하여 덴마크 체조를 했다. 앞의 책,『수원농학70년사』, 51쪽.
28) 앞의 책,『수원농학70년사』, 51쪽.
29) 李炫熙,『韓國現代史散考』, 탐구당, 1975, 39쪽.

농업학교 교사로 있던 중 1928년 5월 1일 어린이날 축하회에서의 민족의식 고취성 발언이 문제가 되어 일경이 그의 하숙방을 수색한 결과 수원고농 후배인 우종휘 등 동료생들과의 왕래 서신이 발각됨으로써 세칭 「수원고농사건」이 세상에 알려지게 되었다.[30]

이에 관하여 당사자인 김성원(1998년 별세)은 당시의 정황을 이렇게 회고한 바 있다.

> 그해(1928) 5월 1일 김해 지방 각 사회단체 공동주최로 어린이날 축하대회가 있었는데 내빈으로 초청받아 참석한 저의 축사가 조금 지나쳐서 舌禍事件을 일으켰죠. 그래서 저의 하숙방을 경찰이 수색한 결과 수원고농 동료생과 연락한 서신이 발각되어 그 연락으로 경비경찰이 수원고농의 동료를 습격함으로써 관계자 11명이 구속되었습니다. 이에 전원이 서울 서대문 형무소에 수감되었습니다. 2년 이상 예심으로 심한 옥고와 장기 체형을 받았으며 예심기간 중에 權永善 동지는 옥사당하고 말았습니다.[31]

여기서 말하는 서신이란 禹鐘徽가 보낸 편지였는데 그 내용은 흥농사를 결성한다는 것이었다. 그리하여 이것을 도화선으로 수원경찰서의 경찰이 9월 초순 수원고농의 동료를 급습, 수색하여 개척사 결성의 취지문에 서명한 11명의 학생이 검거당하게 되었다.

김성원은 김해에서의 현행범이라는 이유로[32] 부산지방법원에서 2년

---

30) 앞의 책, 『수원농학70년사』, 50~55쪽.
31) 앞의 책, 『상록』 6호, 김성원의 회고담.
32) 수원고농 출신의 김성원이 재학시는 물론 졸업 후에도 민족의식을 암암리에 불러일으키고 있다고 결론지은 경찰은 급기야 강원도 금강산 외금강 온정리에서 하기 중등교원 강습을 받고 있던 그를 체포하고 치안 유지법, 보안위반법 혐의로 전격 구속했다. 곧이어 그가 살고 있던 김해의 자취방을 수색한 경찰은 동료와 연락을 주고받던 편지를 발견, 조선개척사 결성의 초안과 절차, 농촌야학전람회 관계 등이 적힌 증거를 모두 압수당했다. 동료에 싹텄던 비밀조직은 이렇게 해서 연쇄적으로 드러났으며, 경찰의 습격과 수사 끝에 개척사 정관을 작성했던 김성

의 선고판결을 받고 소위 일제의 大典減刑으로 일년 반 복역·출옥하였으며, 학생 11명은 수원경찰서에 감금되어 취조를 받았다. 학교 당국에서는 1928년 9월 3일부로 감금중이던 학생들에게 退學 처분을 내렸다. 검거된 11명의 학생은 서대문형무소 미결감에서 오랜 예심 끝에 일제의 정책이 일시 유화로 기울어진 것과 또 李仁[33) 변호사의 특별한 노력으로 결국 관계자 대부분이 면소되고 오직 김찬도와 권영선이 모든 책임을 지고 각각 2년의 선고판결을 받았다. 이에 관하여 당시 언론에서는 이렇게 보도하고 있다.

> 1928년 9월 15일
>
> 　수원고등농림학교 학생을 중심으로 농민에게 독립사상을 계몽하기 위해 비밀결사인 조선개척사를 조직하고 농촌에 야학교 또는 조합과 같은 세포단체를 설치하여 독립운동에 힘써오다가 지난 9월 1일 수원서에 체포되어 오늘 다음과 같은 11명의 학생이 경성 지방법원 수원검사국으로 송치되다. 처음 동교 한국인 학생들은 재작년 서울 경운동에 있는 某社의 지부를 학교 안에 두고 지부장 김찬도, 간부 권영선 등은 동교 학생 다수를 권유, 가입케 하여 종래부터 경영해오던 농촌 야학생들에게 민족의식을 계몽하여 왔다. 이것이 발전하여 건아단이라는 비밀결사가 조직되어 농민대중계발 신조선 건설을 목적강령으로 하고 단군 연호를 사용하며 단원 모집에 힘써 오던 중 도쿄에 본부를 둔 조선농우연맹은 그 뜻이 같다 하여 이에 가맹한 후 그 지부를 두었다. 지부대표 임과 2년생 한전종이 동연맹의 순회 강연

원을 비롯, 야학전람회에 출품되었던 작품을 숨겨오던 야학 교무책임자 권영선 등 11명의 동료생이 구속됐다. 이것이 이른바 제1차 수원고농항쟁으로 '조선개척사서건' '동료사건'이라고도 한다.

33) 조선개척사 항쟁을 자진해서 변호했던 이인은 당시 34세의 청년변호사로서 장장 1시간 동안 열변을 토하였다. 그는 養子의 예를 들어 양부모(일인)의 학대에 대해 친부모(한국)를 그리워함은 양자(수원고농학생)의 심리와 동일함을 비유하며, 일본의 식민지정책을 따지고 들었다. 또 인간이란 자유와 독립을 원하는 것이 인간의 심리이다. 배고프면 밥을 원하고 속박을 당하면 자유를 원하는 것이 인간의 본능이라고 변호했다.

회에서 연설한 것이 불온하다 하여 학교로부터 무기정학 처분을 받고 이 사실이 발각되자 그들은 학교 가숙사 안에서 감시를 피해가며 계림농흥사라는 비밀결사를 조직하고 농민 교양에 힘써오던 중 한국의 광대한 개간지를 개척하여 이상촌을 만들고 이곳을 기반으로 조선독립운동을 하자는 취지하에 조직을 변경하여 조선개척사라는 비밀결사를 조직하였다. 동교 출신이며 김해공립농림학교 교원인 김성원이 학생에게 독립사상을 고취하였다는 혐의로 체포된 것이 발단이 되어 탄로난 것으로 전문학교 학생의 비밀결사로는 이것이 한국 최초의 것이다.

육동백(21) 충북 옥천군 안내면 서대리 384 – 임과 3년생

김찬도(22) 황해도 황주군 화강리 162 – 농과 3년생

김익수(25) 전남 나주군 공산면 신곡리 353 – 농과 3년생

황봉선(22) 충남 천안군 목천면 교천리 18 – 농과 3년생

김민찬(27) 강원도 이천군 이천면 천안리 – 농과 2년생

남영희(24) 충남 아산군 음봉면 동천리 178 – 농과 2년생

고재천(25) 전남 담양군 창편면 용수리 115 – 농과 3년생

권영선(26) 황해도 안악군 용문면 민화리 – 농과 3년생

우종휘(25) 함남 삼수군 별동면 동하리 208 – 농과 3년생

김봉일(25) 경남 고성군 고성면 월평리 32 – 농과 3년생

백세기(22) 충남 공주군 계룡면 부암리 756 – 임과 3년생34)

한편 이 사건에 대해 크게 반발한 수원고농 학생들은 동맹퇴학계를 제출하였다가 20일 후에 등교한 바 있다.35) 언론기관에서도 이에 대하여 계속해서 기사화함으로써 전 국민의 시선이 수원고농 항쟁에 집중케 되었다.36) 신문보도에 따르면 조선개척사의 민족운동 계획은 국내

---

34) 국사편찬위원회, 『일제침략하 한국 36년사』 8권, 906~907쪽.
   <동아일보> 1928년 9월 16일.
35) 앞의 책, 『수원농학70년사』, 49쪽. 학사의 기록.

적인 규모뿐 아니라 국제적인 문제로까지 확대해 보고자 했던 것으로
이는 단순한 학생들의 항일투쟁 계획이나 실천의 의지에 그친 것이 아
님을 알 수 있다.[37] 이 의거로 인해 교장은 체포된 11명 중 5명을 출
학처분, 6명을 무기정학 처분을 내림과 동시에 교내 각종 회합은 모두
해산시켜버렸다.[38] 이에 항의하여 한국인 재학생 46명이 자진퇴학원을
학교측에 제출함으로써 사건이 확대되었다.[39] 그 후에도 이미 체포된
동료학생들의 애국독립의 의지와 신념에 깊이 동감하고 투쟁하다가 6
명이 또 출교처분을 받았다. 학교측에서는 퇴학원을 내는 자는 누구라
도 당장 출학 처분을 내리겠다고 으름장을 놓았다.[40]

　서대문경찰서는 수원고농 외에 배재고보생 2명도 검거하고 비밀서류
도 압수한 바 있으니 이는 서울의 각급 학교까지 이런 분위기가 파급,
확산됨을 미연에 방지하려는 고육지책이었떤 것이다.[41]

---

36) <동아일보> 1928년 9월 16일.
37) <동아일보> 1928년 9월 18일.
　안 사정을 조사해 국외에 발표하기로 산정 강반에서 누차 밀의.
　　금년 4월에 이르러 조선개척사의 구체안에 들어가 협의하고자 사람 눈을 피하여
　　기숙사에서 3마장 정도 떨어진 서호반의 麗妓山 밀림 절정에 올라가 새벽 2시가
　　되도록 의견을 교환하였다. (중략) 그리하여 이상의 목적을 관철함에는 내외 2반
　　으로 나누어 내적으로는 정치의 ○○과 경제의 파멸을 여실히 조사한 후 통계를
　　작성하여 외국에 발표하고 국제문제를 일으켜보자는 계획도 있었다 한다.
38) <동아일보> 1928년 9월 18일.
39) <동아일보> 1928년 9월 22일.
40) <동아일보> 1928년 10월 3일.
41) <동아일보> 1928년 10월 5일.
　서대문경찰서 돌연 활동 학생 2명 검거.
　수원고농사건의 여파인 듯. 비밀서류도 압수.
　시내 서대문서 고등계에서는 3일 오후 5시경에 정동 배재고등보통학교 3학년생
　方모, 李모 2명을 검거하는 동시에 모종의 비밀서류를 압수하고 엄밀 취조중이라
　는데 그 내용은 절대 비밀에 부치나 수소문한 바에 의하면 얼마 전에 수원고등
　농림학교 학생들의 비밀사건이 일어난 후로 나머지 조선인 학생들의 동맹퇴학이
　있어서 심상치 아니하여 경찰의 주목을 받아오던 중 그들로부터 어떤 격문의
　서류가 전기 배재고등학교로 와서 그들 학생들이 서로 돌려보았다는 것으로 그

이 사건으로 김성원은 1년 6개월의 옥고를 치루고 만기석방 되었다. 김찬도와 권영선은 모든 책임을 지고 징역 10월에 집행유예 3년을 선고받았고,[42] 남영희 등은 체포된 뒤 18개월 동안 모진 고문을 당하다가 1930년 2월 서울지법에서 면소판결을 받고 풀려났다.[43]

수원고등농림학교의 조선개척사 항일투쟁은 당시 국내에서 조직되었던 전문학교급의 비밀결사로는 최대 규모의 반일항쟁이었다고 평가되고 있다.

Ⅳ. 수원고농 학생의 제2·3차 항일투쟁

제1차 수원고농사건의 민족적 흥분이 조금씩 가라앉기 시작한 1934년, 한국학생들의 입학은 더욱 제한되고 일제의 감시와 탄압이 더욱 심해졌지만 그 속에서도 동료정신은 후배들에게 이어져 갔다. 동료생들은 전원 모두가 축구부에 가입하여 신체적 단련을 하였는데 이는 비밀집회로 둔갑, 새로운 소식이 오가는 중요한 모임으로 변하였다.[44] 일본인들에게 양보하는 것은 미덕이 될 수가 없다. 공부든 운동이든 정신력이든 져서는 안 된다는 것이 당시 그들의 마음속에 東寮訓으로 자리 잡았다.[45]

조기회와 덴마크 체조, 냉수마찰과 달리기 등 전통적인 일과를 계속하는 가운데 그들은 중단된 제1차 수원고농항쟁을 연결할 사업을 다시

같은 서류는 시내 각 교 생도들에게 대개 배부가 된 것인듯 하다더라.

42) <동아일보> 1930년 3월 10일.
43) 앞의 책, 『독립유공자공훈록』 6권, 25, 263~264, 285~286, 299~300쪽.
44) 앞의 책, 『수원농학70년사』, 53쪽.
45) <대한일보> 1972년 6월 12일.

벌여야겠다는 사명감을 모으기 시작했다.

　1929년 전남 광주에서 발생한 광주학생항일운동은 노도와 같은 기세로 그 정신을 전국적으로 파급시켜갔다. 아울러 제2차 수원고농항쟁의 결정적 조짐은 일련의 연속적 학생운동의 성격을 띠고 서서히 태동했다.

　그러나 제1차 고농항쟁 이후 수원고농을 향한 일본측의 감시의 눈길은 더욱 심해져　서둔골 등을 중심으로 활동했던 농촌야학이 중단되는 등 동료생들의 활동은 큰 시련에 부딪쳤다. 동교생 柳達永, 金鐘壽 등을 중심으로 매주 한 번씩 동료회를 연 학생들은 심한 감시를 피하기 위해 常綠樹運動을 없앤 것처럼 위장하고는 독서회에 이를 병합하였다.

　1920년대 중반부터 확산되기 시작한 사회주의 이념은 1920년대 말 이후 학생들에게 일제의 지배정책에 타협, 순응하기 시작한 민족주의자들의 궁색한 논리보다는 사회주의자들의 급진적인 투쟁방식 자체에 신선한 매력을 느끼게 하였다. 1930년대에 들어서는 합법적인 단체의 활동이 불가능해진 상태에서 학생들은 소규모로 정예화하여 사회주의 사상을 연구하는 모임인 독서회 활동을 실시하게 되었다. 1930년대 초 독서회운동이 사회과학의 연구 경향이나 공산주의 혁명노선을 추구하려는 성향을 농후하게 나타내고 있는 반면 1930년대 중반부터는 우리나라 독립의 참된 목표와 그 방향을 침범하거나 혼미케 하는 사회주의의 변질을 인식하고 극좌적인 경향에서 1930년대 이전의 민족주의적 분위기로 되돌아가는 양상을 띠게 되었다.[46]

　수원고농의 경우에도 항일투쟁에서 출발한 독서회 활동은 1930년대

---

46) 조동걸, 「한국근대학생운동조직의 성격변화」, 『韓國近代民族主義運動史硏究』, 일조각, 1987, 393~396쪽. 李炫熙, 『韓國現代史의 올바른 인식』, 동방도서, 1993, 35~39쪽.

들어서면서 사회주의적 성향을 띠는 가운데 학생들은 졸업 후에도 독서회와 연계하여 활동을 계속하는 한편,[47] 일부에서는 졸업 후 朝共재건협의회 金泉 그룹의 세포조직으로 각지역에서 사회주의 사상의 전파와 더불어 항일의식의 함양에 노력하였다.[48]

그러나 다시 독서회 내에 사회주의적 성향이 내포되어 있었다 하더라도 학생들의 정서와 지성은 민족독립 의지가 앞선 것으로 사회주의를 민족독립의 한 방편으로 이해한 것이지 민족의 처지를 외면한 세계계급혁명적인 것은 아니었다. 우선적인 목표는 일제로부터의 독립이었으며 독서회운동은 민족독립이라는 목적을 달성하기 위한 투쟁의 한 방법이었다.

또한 수원고농에서는 일제의 식민지 농업정책을 위한 소위 황민화 교육을 반대하여 한국인 학생 전원의 정신면과 행동통일 방안을 다음과 같이 세워놓았다.

1. 농촌지도를 위한 <새벽 사람>이요, <여명의 아들>이라는 긍지를 품고,
2. 한인 학생만의 기숙사인 東寮炊事部를 자치제로 운영하며,
3. 한인 선수만으로 구성한 축구부를 두어 한인 학생 전원이 부원이 된다.[49]

한층 두터워진 애국혼을 내세운 이들은 전국에 퍼져있는 졸업생들과 함께 문맹퇴치, 항일의식 고취라는 대전제를 구체화하기도 하였다. 당시 학생들의 한달 용돈과 생활비는 평균 14~15원이었으며 각자의 성

---

47) 대구복심법원, 「수원고농비밀결사사건 판결문」, 총무처기록보존소, 45~50쪽.
48) 1930년대 학생 독서회운동의 특징으로 독서회원들은 같은 지역 내에서 같은 목적을 수행하는 단체들과 연계투쟁을 전개하게 되는데, 수원고농 내에서도 학생들 중의 일부는 졸업 후 조공재건협의회 김천 그룹과 이용필을 매개로하여 연계했던 것을 알 수 있다.
49) 김승학, 『한국독립사』, 독립문화사, 1965, 227쪽.

의에 따라 2~3원씩 기숙사회비 명목으로 자금이 모아졌다. 사실 기숙사가 아니고서는 회의를 할 장소가 없었던 학생들은 1년에 두 차례씩 정조대왕릉이 있는 학교 근처의 화산에서 모의 정기 총회 형식의 비밀 회의를 열었다.

또한 직접 농촌야학에 참석할 수 없었던 이들은 고삭, 야목리 등 부락에서 선생을 고용, 신교육을 받은 뜻있는 젊은이들로 하여금 야학을 운영하도록 독려했으며 상록수운동을 보조해주기도 했다.[50]

이들은 조국독립의 쟁취방안을 농민의 단결과 항쟁에 중점을 두어야 한다는 결론을 내리고 이의 실천을 위한 동지 수합과 조직에 주력하였다. 이에 졸업생과 재학생의 총단결로 치밀한 연락하에 전국적으로 활동을 계속하던 중 졸업생 李容必이 김천고보 맹휴사건을 조종하다가 1935년 7월 검거됨으로써 평소부터 요주의 학교였던 수원고농의 제2차 비밀결사항쟁이 발각되어 치안유지법, 출판법 위반 및 불경죄 등으로 공판에 회부되었다.[51]

1937년 3월 22일 수원고등농림학교 비밀결사항쟁에 대한 공소공판이 대구복심법원에서 열렸는데 그 판결 내용은 다음과 같다.[52]

    징역 3년 – 이용필(27) 최홍기(27) 김광태(24)
    징역 2년 6개월 – 김준상(27) 유재환(24)
    징역 2년 – 김종수(28) 이재곤(옥사)

이외에 이치락, 최태환, 손찬규, 임기즙은 기소유예로 풀려났다. 이

---

50) <대한일보> 1972년 6월 19일. 횃불반세기.
51) 앞의 책, 『수원농학70년사』, 53쪽.
52) 대구복심법원, 「수원고농비밀결사사건 판결문」, 총무처기록보존소.
    <조선일보> 1937년 3월 24일

필규, 신근철, 유달영 등 민족주의 학생들도 교육사업에 책임을 지고 열렬한 활동을 했으나 사건이 너무 크므로 사회주의 계열의 학생만으로 범위가 축소되어 옥고를 면했다.[53]

제3차 수원고농 항일투쟁은 제1,2차 수원고농 학생들의 항일정신을 계승, 동료 안에 비밀리에 한글연구회를 추진 설치하면서 시작되었다. 이들은 졸업생들이 동료 자치운영비로 내놓은 10원씩을 모아 자금을 마련하고 한글연구회를 통한 농촌계몽과 농민들에 대한 독립사상 주입을 목표로 적극적인 활동을 폈다.

졸업생들이 교편을 잡을 때 가장 효과적으로 목적을 이룰 수 있다고 판단한 이들은 먼저의 제1,2차 항쟁이 교내 중심이었던 것과는 달리, 졸업생을 중심으로 대대적 농촌계몽을 벌이기로 결정, 이 계획을 동문들에게 전했다.[54] 선배들의 항일운동을 계승, 동일한 체계로 실천하여 오던 중 누군가의 밀고로 1941년 이병현을 중심으로 다수 학생이 체포 투옥되었으며 김중면을 중심으로 한 민족주의자들 또한 咸北에서 투옥됨으로써 많은 고초와 시련을 겪게 되었다. 이처럼 수원고농 학생들은 일제의 강압에 굴하지 않고 1945년 광복 때까지 재학생과 졸업생이 연계되어 항일투쟁을 계속하였다.[55]

수원고농의 한국인 학생들은 제1차 항일투쟁의 정신을 이어 제2차는 1930년에, 제3차는 1940년대 초에 각기 대대적인 항일투쟁을 전개하여 한국인의 애국사상과 그 신념을 내외에 유감없이 발휘하였다.

---

53) 앞의 책, 『수원농학70년사』, 53쪽.
54) <대한일보> 1972년 6월 19일, 횃불반세기.
55) 앞의 책, 『수원농학70년사』, 53쪽.

V. 수원고농 학생의 농촌계몽과 상록수운동

일제가 한국을 강점한 후 1919년 3·1혁명과 1926년 6·10독립만세 운동을 학생들이 계승, 주도적 임무를 담당하는 가운데 항일독립운동 의 한 방편으로 농촌계몽운동을 시작하게 되었다.

그러나 초기에 이러한 운동은 조직적이며 체계적인 형식을 갖췄다기 보다는 산발적이며 소극적인 형태로 나타나게 되었다. 이는 1931년 동 아일보에서 '배워야 산다. 아는 것이 힘'이라는 슬로건을 내걸고 브나 로드(민중 속으로)운동을[56] 전개하면서부터 더욱 활기를 띠게 되었다.

이 당시 학생들은 조국의 운명을 이끌어야 한다는 강한 민족의식과 함께 민중의 대다수를 차지하는 농촌을 계몽하는 것이 민족독리운동의 기초작업이라는 신념으로 적극적으로 참여하였다.

농촌계몽운동의 배경은 사회주의사조의 흐름과 농촌부흥의 필요성을 각성함으로써 이루어지게 되는데 기독교 청년단체에 의해 창도되었다. 천도교측에서도 『朝鮮農民』이라는 잡지를 발행하여 농촌의 문맹퇴치와 자질향상에 노력하였다.[57] 이와 함께 조선일보, 동아일보 등에서도 '농 촌으로 돌아가자'는 표어 아래 귀농운동을 벌였다. 이는 학생층의 열렬 한 호응을 얻었으며, 뒤이어 이광수, 沈薰 등의 감동적인 농촌소설이

---

56) 정요섭, 「일제하 브나로드 운동에 관한 연구」, 『숙명여대논문집』 14, 285~287쪽. 브나로드 운동은 19세기 제정 러시아 지식계급들이 농민 노동자들 속에 몸소 들 어가서 활동한 혁명적 전통 속에서 시작된다. 한국에서 이 용어를 차용한데는 아 마 농촌계몽을 일종의 혁명적 과업으로 생각했을 뿐만 아니라 청년들이 민중 속 으로 또는 농촌으로 돌아가야 한다고 생각한 데서 연유한 것이라고 보아진다. 또한 당시 동아일보 편집국장인 춘원 이광수가 러시아 문학과 문화에 영향을 받 은 사람이었다는 데도 이같은 이유가 있을 것으로 보인다.

57) 李炫熙, 『3·1혁명, 그 진실을 밝힌다』, 신인간사, 1999, 204, 359, 362쪽.

나오게 됨으로써 농촌계몽운동에 활기를 불어넣었다.

이같은 분위기는 항일독립사상고취와 더불어 농촌계몽운동이 각처에서 일어나게 뒷받침하였으며 수원고농 학생들은 농촌개발과 계몽을 통한 항일투쟁에 대처, 대동단결 하게 되었다.

야간에는 수원고농 주위에 거주하는 주민을 상대로 영농에 관한 지식을 보급하였으며 주간에는 전람회를 개최하여 농가의 수입증대에 노력하였다.58) 이에 대하여 김찬도는 다음과 같이 당시의 상황을 회고하였다.

> 우리들은 민족운동의 중심을 농민운동에 두었으나 재학중의 농민운동으로서는 농촌계몽만이 가능하다는 견지에서 계몽사업에 착수하여 우선 학원에서 제일 가까운 서둔과 고삭 두 부락에 야학을 설치하고 순번으로 나가서 선생이 되며 글을 모르는 농촌의 청년들과 아동들에게 우리 국문과 산수와 한국 역사를 가르쳐 주었다. 때로는 농촌 인사들을 모아서 민족의식을 고취시켜주는 한편 진실로 그들 속에 내재하여 눈물과 웃음을 마음으로 나누었던 것이다. 그리하여 계몽사업의 성격도 알며 널리 동리에 선전하고자 농촌야학전람회를 열었던 것이다.59)

제1차 수원고농항쟁 이후 수원고농의 한국인 학생들은 철저한 감시를 받고 있는 터인지라 서둔골 등을 중심으로 활동했던 농촌야학도 중단이 되는 등 사실상 동료의 활동은 큰 탄압과 시련에 부딪쳤다.

유달영, 김종수 등을 중심으로 한 이들은 농촌계몽활동인 상록수 운동에 직접 참여할 수 없게되자 고삭, 야목리 등에서 선생을 고용, '초가집 야학'을 운영토록 했으며 손수 만든 한글, 산수 등의 교재를 계속 전달해 줬다. 또 이들은 경기도 화성 샘골에서 상록수운동을 펴고 있

---

58) 앞의 책, 『수원농학70년사』, 49쪽.
59) 앞의 책, 「개척사 사건의 의의」, 『상록』 12호.

던 최영신에게 교과서와 사업비 등을 보조해주기도 했다.[60]

당시 수원고농 학생들로 구성된 농촌계몽위원회는 농촌의 정상적인 발전 없이는 겨레의 독립이 있을 수 없다는 이념 아래 회원의 돈을 모아 수원 일대의 농촌에 계몽강습소를 열고 스스로 나아가 교육하자는 운동을 전개하였다. 이 학생들의 비밀결사는 일제의 강압 속에 상록수운동을 비롯한 모든 활동이 금지되었으나 이에 굽히지 않고 계속 지하운동으로 발전시켜갔다. 각지에 보내는 농촌계몽운동 경비를 마련하는 열성적인 단체활동을 한 이들은 샘골에도 농촌계몽의 기금을 전달해 주었을 뿐 아니라 농촌 실정을 조사, 계몽자료를 제공하고 그 밖의 조언과 협조를 아끼지 않았다.[61] 수원고농 학생들의 농촌계몽활동은 이후에도 끊임없이 계속 확대되어 갔다. 제1,2차의 수원고농항쟁 때의 활동이 교내중심인 데 반해 제3차 수원고농학생의 항일투쟁시에는 확대되어 졸업생을 중심으로 하여 대대적인 농촌계몽을 벌이게 되었다.

이와 같은 농촌계몽을 통한 수원고농 학생들의 항일투쟁 정신은 일제하에서 민족자결의 사상과 그에 부응하는 정신적 무장을 고취했으며, 민족독립의 방향을 농촌계몽을 통한 농민결사와 자활에 두고 활동하는 흐름에 큰 힘이 되었다.[62] 이러한 운동이 학생 때는 물론 사회에 진출한 후에도 꺾이지 않고 염면히 이어져 왔다는 점에서 이 항쟁을 높이 평가해야 할 것이다.

---

60) 정요섭, 「일제치하의 브나로드 운동에 관한 연구」, 『숙명여대논문집』14, 310~314쪽.
61) 유달영, 『최용신 양의 생애』, 1969, 95쪽.
62) 앞의 책, 『상록』 창간호, 6호, 12호.

Ⅵ. 결론

일제감정하 한국 학생들은 민족의식과 민족정신 속에서 함양된 애국심과 책임있는 지성인으로서의 사명감을 가지고 비운에 빠진 민족과 국가를 구해야겠다는 결심 아래 일본제국주의에 대항하여 각 방면의 항일운동을 전개하였다.[63] 즉, 동맹휴학, 비밀결사, 학생단체의 조직, 문화계몽운동, 가두시위 등을 통하여 일제 식민지 정책에 항거하였으며 민족독립을 위한 민족운동으로서 이 운동들을 발전시키기도 하였는데, 그 중 대표적인 것이 동맹휴교와 비밀애국결사였다.

또한 1920년대 실력양성운동은 각 분야에서 우리 민족의 최대 이념으로 활발하게 전개되었다. 따라서 민족을 각성시키고 민족정신을 고취시키며 실력을 기르기 위해서는 민중을 계몽시키는 길이 우선이라는 생각이 일반화되어갔다. 그러므로 민족지도자들은 민중계몽운동에 주력하였다. 이에 영향을 받은 학생층에서도 단체 조직의 필요성을 느끼고 학생단체를 조직하여 실력양성에 입각한 학문연마와 체력단련에 노력하는 한편, 무지한 민중을 계몽하여 민족의식을 깨우치고 자신감을 불러 일으켜 생활개선과 함께 항일민족운동의 전개에 적극 노력, 동참케 하였다.

이러한 1920년대 근대 학생운동의 성격은 당시 사회상황과 더불어 수원고농에서도 그대로 반영되었다.

수원고농 학생의 항일투쟁은 1920년대 반제성, 교육개선을 위한 일련의 맹휴로부터 시작하여 특히 1926년 6·10독립만세운동에 수원고농 학생이 다수 참가함으로써 이는 1920년대 민족운동으로서의 성격을 여

---

63) 김호일, 「일제하 학생운동의 한 형태」, 『아세아학보』 11집, 1975.

실히 드러내는 가운데 1920년대 민족운동으로서의 하나의 특징을 이루게 되었다.[64]

당시 수원고농 학생들은 심한 민족적 차별과 천대 속에서 한국인 기숙사인 동료를 중심으로 하여 재학생인 김성원, 김찬도, 권영선, 우종휘, 남영희, 육동백, 백세기, 김봉일, 김익수, 황봉선, 김민찬, 고재천 등이 농촌을 계몽 개발하는 것만이 조국의 완전한 독립을 이루는 빠른 길이라는 신념 아래 농촌사회의 부흥과 이상촌 건설, 문맹퇴치를 위해 상록수운동의 일환으로 1926년 건아단이라는 비밀단체를 조직, 더욱 체계적인 항일투쟁을 실시하였다.

1926년 이후 더욱 내면화되고 조직화된 수원고농의 항일투쟁은 자신들의 활동목표와 유사한 조선농우연맹에 가입하여 활동하였다. 이 단체에 가맹하여 순회강연을 하던 학생 한전종이 무기정학을 당한 것을 계기로 하여 발각될 우려가 있자 계림농흥사로 명칭을 개칭, 위장하여 지속적인 항일운동을 실시하였다.

건아단, 계림농흥사에 이어 마침내 본격적인 농촌계몽과 개척 그리고 민족독립운동을 결행하기 위하여 1928년 여름 계림 농흥사를 김찬도의 제안에 따라 조선개척사로 개명, 조직하였다.

그러던 중 수원고농 졸업생 김성원이 김해공립농업학교 교사로 있던 1928년 5월 어린이날 축하회에서 민족의식 고취성 발언을 제기함으로써 문제가 되어 그의 하숙방을 수색한 결과 수원고농 후배들과의 왕래 서신이 발간됨으로써 수원고농 학생의 항일투쟁에 대한 전말이 알려지게 되었다.[65]

수원고농 학생들의 항일민족투쟁 계획은 국내적 규모뿐만 아니라 국

---

64) 李炫熙, 『韓國近·現代史의 爭點』, 삼영, 1993, 372쪽.
65) 김성원과의 면담(1994년 2월 10일 현대사연구소)

제적 문제까지 비화 확대하고자 했던 것으로 그 여파는 학생들로 하여금 자진 동맹휴학계를 제출케 했다. 국내외 여론을 의식한 일제는 김찬도와 권영선 두 명에게만 실형을 내리고 나머지는 거의 2년동안 억류 유치했다가 면소처분을 내림으로써 사실상 전원이 1년 이상의 징역형을 감수한 것과 다름없는 고문과 시련을 겪게 되었다.

1929년 광주학생항일운동의 전국적 파급은[66] 1934년 수원고농 내에서 제1차 수원고농 항일투쟁에 이어 제2차 항일투쟁을 유발시켰다. 1930년대 전반에는 일제의 군벌정권의 확립과, 동삼성 침략전쟁의 도발, 세계 경제공항의 심각성, 조선공산당의 파쟁 등을 고려한 코민테른의 지시로 사회주의 운동이 극좌적 계급혁명노선을 취함에 따라 학생운동이나 그의 조직도 극좌적으로 변질되는 양상을 보였다. 그러나 1930년대 중반 이후로 학생운동 조직은 극좌적인 경향을 극복하고 민족주의를 만회하려는 경향을 보이게 된다. 또한 1930년대 비밀결사의 형태로 나타나게 되는 학생조직은 당시의 노동, 농민단체들의 하부조직으로 혹은 이를 지도하는 입장에서 항일투쟁을 전개하는데 1930년대의 이러한 일반적인 특성과 함께 수원고농 내에서도 지하조직으로서의 움직임을 보이게 되었다. 제1차 수원고농항쟁 이후 감시의 눈길이 더욱 심해진 이유로 농촌계몽운동을 직접적으로 할 수 없었던 학생들은 수원 근교의 상록수운동을 지원 보조하였다. 그들은 사회주의적 성향이 농후한 독서회 활동을 전개하였는데 졸업 후에도 재학생들과 연계하여 항일의식 함양에 진력하였다. 여기서 이들 내부의 사회적 성향이라는 것은 당시 학생운동의 일반적인 성격과 합치되는 것으로 어떤 계급투쟁의 논리라기 보다는 다분히 민족독립을 우선으로 하고 있었음을 인정해야 할 것이다.

---

66) 『光州抗日學生事件資料』, 風媒社, 1979, 248~274쪽.

  제2차 수원고농 학생의 항일투쟁은 1935년 7월 이용필이 김천고보 맹휴사건을 조종하다 발각됨으로써 이용필, 최홍기, 김광태, 김준강, 유재환, 김종수, 이재곤 등 사회주의계열 학생들이 검거되었다. 사건의 범위가 확대되는 것을 원치 않았던 일제에 의해 이필규, 신근철, 유달영 등 민족주의계 학생들은 면소처분을 받게 되었다.

  제3차 수원고농의 항일투쟁은 1941년 이병현을 중심으로 제1,2차에서의 항일정신을 계승하여 농촌계몽과 농민들에게 독립사상을 주입하다 발각된 것으로 수원고농 학생들은 1945년 광복 때까지 재학생과 졸업생이 연계하여 그 정신을 이어왔다.

  이상으로 6·10독립만세운동의 민족주의적 민주정신의 파급으로[67] 1920년대 말부터 1940년대 초에 이르기까지 3차에 걸친 수원고농 학생들의 항일투쟁과정에 대해서 살펴보았다.

  수원고농 학생들의 상록수 운동을 통한 항일투쟁정신은 일제하에서의 민족독립의 방향을 농촌계몽, 농민결사에 두는 성과를 가져왔고 학생때는 물론 사회진출 후에도 그 정신을 연면히 이어왔다는 점에서 높이 평가해야 할 것이다.[68] 이러한 일련의 활동들은 민족의 독립을 쟁취할 때까지 계속됨으로써 전문학교 학생정도의 민족운동으로서는 초유의 최장기적 항쟁이었다는 점에서 큰 의미를 부여할 수 있다.[69]

---

67) 황묘희, 「6·10독립만세운동의 전개와 그에 나타난 민족주의 정신연구」, 『한국민족운동사연구』 9, 한국민족운동사연구회, 1994, 105~171쪽.
68) 李炫熙, 앞의 주2)와 같음.
69) 李炫熙, 『한국민족운동사의 재조명』, 자작아카데미, 1994, 결론.

1898年 濟州 房星七亂攷

吳 世 昌*

Ⅰ. 緒 論

1898년 3월에 제주에서 발생한 房星七 주동의 민란에 관하여는 필자가 1969년에 발표한바 있는 「活貧黨考」에서 이미 그 중요성을 간략하게 지적한 바 있다. 즉 이 房星七亂은 火田民이 주동이 되어 御南軍을 조직하여 무장항쟁을 격렬히 전개했고 이들은 南學을 신봉하는 南學黨이라고 하였다. 그러나 남학당에 대한 고증은 전연 없이 소개한 것이었다.[1]

이후 1984년에 姜在彦이 「제주도 유배기의 金允植」『탐라문화』제7호에, 1986년에는 趙誠倫이 「남학당의 활동과 방성칠란」『제주도연구』제

---

* 영남대 사학과 교수
1) 吳世昌,「活貧黨考」『史學硏究』21號, 1969, 267쪽.

3집 및 「1898년 제주도 민란의 구조와 성격~남학당의 활동과 관련하여」『한국전통사회의 구조와 변동』에서 방성칠란과 남학당과의 관계를 연관지어서 남학을 소상하게 설명하고 난을 설명하였다. 또 1990년에 權寧培가 「1898년 제주도 농민항쟁」의 검토를 『역사교육논집』 제15집에 발표하였다. 그러나 전기 강재언이나 조성윤의 논문을 보완할 수 있는 새로운 것은 아니었고 다만 남학에 대한 의문은 제기하였다.

그러나 외람된 지적이나 이상의 논문들은 당시의 사정으로 불가피한 문제점을 안고 있었다. 당시에는 국사편찬위원회가 발간한 한국사료총서 제11집 金允植의 『續陰晴史』上이 방성칠란을 취급한 유일한 사료에 속하였기 때문이었다. 방성칠란에 대한 자료가 없던 차에 당시 제주도에서 유배 중이던 雲養 金允植이 일기식으로 기록한 중요한 자료이기에 전적으로 의존할 수밖에 없었다. 때문에 기쁜 마음과 성급함이 그런 결과를 낳게 만들었다. 물론 『續陰晴史』가 기록에 오류가 많다거나 사료적 가치가 없다는 것이 아니고 시간과 여유를 가지고 사료에 대한 분석과 기타의 사료에 대한 탐색이 있었으면 하는 아쉬움을 지적하는 것이다. 이러한 지적의 대상자로 기술한대로 본인도 제외되지 않는다. 김윤식의 『續陰晴史』에 대한 사료 비판을 외람되게 하자는 것이 아니고 불가피 방성칠란에 대한 중요한 문제가 될 부분의 심층적 고려가 결여된 점을 지적하고자 하는 것이다. 그 기록을 보면 하나같이 저자에 의해서 확인되어 기록된 것이 아니고 난중에 사람들을 통하여 간접적으로 들은 것으로 거의가 다 "聞"으로 시작되고 있다는 점이다. 그 이외에 火田民은 모두가 南學黨이라 한 것, 방성칠의 제주도 입도 년도 등 사료 비판이 신중히 되어야 할 것이 하나 둘이 아닌데 그대로 인용하였음을 인정치 않을 수 없다. 또한 단편적인 사료이긴 하나 기타의 보조사료는 거의 인용되지 않았던 것이 사실이다.

　현재에는 『續陰晴史』이외에도 『高宗實錄』·『秘書院日記』·『官報』·『梅泉野錄』·『鳳南日記』·『響山日記』·『皇城新聞』·『독립신문』·『時事叢報』 등의 사료에 단편적인 기사가 나오고 있다. 다행히 1988년에 『司法稟報』가 한국사회사자료총서 10권으로 발간되어 그 중 제2권에 방성칠란에 대한 察理使兼濟州牧使 朴用元이 議政府贊政 法部大臣에게 上申한 광무2년 4월 20일자 報告書 제2호가 실려있다.2) 이 보고서는 방성칠란의 未捕者 및 追捉者에 대한 供草로서 전후 사실을 屢回 盤問한 訊問調書이다.

　찰리사겸제주목사 박용원의 이 보고서는 제주민란의 1차사료가 될 것임으로 『續陰晴史』와 비교연구가 되어야 될 것으로 본다. 그 「報告書」에 의하면 『續陰晴史』와 민란진행의 일자 등에 약간 차이는 있으나 민란의 목적과 진행 조직 등에 있어서 양쪽에 실려 있지않은 중요한 부분이 상당히 나오고 있다.

　민란 주도세력으로 보아온 남학당에 대한 새로운 고찰, 방성칠 등 민란참가자들과 함께 민란에 가담한 유배죄인 최형순·김낙영 등에 대한 새로운 평가 등이 이루어져야 될 것으로 보인다.

　다행히 朴贊植이 「방성칠란과 李在守亂의 주도세력에 관한 새로운 자료」를 『탐라문화』 제16집에 발표하여 양란의 자료소개와 기왕에 발표되었던 사실과 다른 관점을 몇가지 발표하였다. 그러나 방성칠란과 이재수란에 대한 새로운 자료 소개의 부분에 치중한 간단한 것들이어서 아직도 많은 여지가 남아 있는 것이 사실이다.

　실은 房星七亂攷는 1994年에 校貢의 受惠로 『司法稟報』를 주로 하여

---

2) 『司法稟報』는 현재 奎章閣에 보관되어 있는데 1894년 (고종 31년)부터 1907년 (광무 11년)까지 전국 각지의 官衙 지방재판소 등이 法部에 보고한「報告書」「質稟書」 등 각종 공문서 등을 법부가 사법품보(갑)·사법품보(을)로 제책 보관해오던 귀중한 자료이다.

일단 초고를 작성하였던 것이다. 개인적 사정으로 발표를 미루어 오던 것인데 박찬식의 발표가 나왔다. 그러나 기술한대로 南學黨問題 등 의문이 아직도 그대로 있어 문제점으로 제기하고자 하는 것이다. 역시 만족한 결과는 아직도 史料가 부족하고 본인의 능력의 한계로 남겨질 것 같다. 많은 叱正이 있었으면 하는 기대와 함께 강재언·조성윤·박찬식 그리고 이 논문과 연관이 깊은 「철종조 제주민란에 대한 연구」를 일찍이 발표한 金鎭鳳의 노고에 감사드린다.

Ⅱ. 民亂의 政治·社會的 背景

19세기 말엽 조선의 대내외 정세는 말기적인 혼돈 속에서 난마와 같이 얽혀져 있었다. 이미 1860년대에 衛正斥邪의 대표격인 산림의 元老 華西 李恒老는 "危急存亡之秋"로 표현했고 동학의 창시자 水雲 崔濟愚도 사회적 혼란을 지적하여 "莫知所向之地"라 개탄하면서 輔國安民 廣濟蒼生을 주장 東學을 창시하였다. 안으로는 勢道政治下에서 날이 갈수록 부패하여 갔고 국가권력은 안동 김씨 세도가문 일족과 거기에 기생하던 타락한 무리들에 의해 壟斷되었으며 국가권력은 민중에 대한 억압과 착취의 도구로 변해버렸다. 上濁下不淨으로 지방의 大小官吏들은 苛斂誅求로 백성의 膏血을 착취하는데 급급하여 민생은 도탄에 빠져 불만과 한숨으로 지내고 있었다. 그러한 와중에서 강징된 세금은 국고로 납입되기 보다는 세도가문으로 흘러가 국가 재정은 고갈상태였다.

이러한 상황 속에서 1876년의 朝日修好條規와 1882년의 朝淸商民水陸貿易章程이 勒約되어 일본상인과 중국상인에 의한 商貿易이 좌우되어 국내의 상공업은 갈수록 위축되었다. 뿐만 아니라 1882년의 朝美修好通商條約 이후 朝英・朝獨・朝露・朝伊・朝佛 등의 조약이 체결되어 조선내의 行商圈이 갈수록 개방되었고 1890년대에는 利權이 그들 자본주의 제국들에 모두 넘겨져 朝鮮이 열강의 侵略場으로 변하고 말았다.

드디어 반봉건 반제국주의를 위한 투쟁이 격화되고 생존권 수호를 위한 민중들의 봉기가 격화되기 시작하였다. 대내적으로 여기 저기에서 火賊이 일어나 들끓었고 民擾・民亂이 일어났다. 1862년에 일어난 晋州民亂과 꼬리를 물고 확산된 각지의 민란은 종전과는 다른 형태의 대대적인 반봉건투쟁이었고 1894년에 일어난 동학농민반란은 민중이 정치적으로 결집한 최대의 봉기였다. 이러한 대대적인 반제 반봉건 투쟁 이외에도 각지에서 끊임없는 대소의 민란이 전개되어 이 시대는 민란의 시대였다. 1896년의 경우만 해도 瑞興民擾・林川民擾・利原民擾・濟州民擾・甲山民擾・咸興民擾・江陵民擾・旌善民擾・吉州民擾・全州民擾・羅州民擾・光陽民擾・水原民擾・端川民擾・龍川民擾・新溪民擾・光州民擾・天安民擾・義城民擾・盈德民擾・醴泉民擾・安東民擾 등이 전국에서 일어났고 지방행정이 마비되었다. 민란의 형태도 종전과 같은 等訴形態로 자신들의 구체적 문제의 해결에 국한하는 등 소극적인 형태의 것이 아니었다. 양반관료들에게 너무나 오래 억압당하고 착취당한 원한으로 사무치고 국가의 收取體制가 불법적으로 운영되자 이에 대한 반항이었다. 그리고 봉건체제 자체를 부정하고 반대하는 반체제 형태로 전개되기 시작하였다.

그들은 새로운 세상을 기대하고 예언하는 유언비어에 깊이 빠져들고 『鄭鑑錄』 등 예언서가 사회전반에 풍미하였다. 이러한 현상은 낡은 사회의 붕괴와 새로운 사회의 도래를 갈망하는 민중의 待望에서 일어나는 世態로 왕조의 붕괴를 고대하는 것들이었다. 민요가 일어난 지역에서는 민중이 격앙하여 하나같이 군수와 관리들을 살해하고 관청을 훼손하고 印符를 탈취하였다. 1896년에 함경도에서 봉기한 崔文煥은 郡衙를 점령하고 군수를 살해하였음은 물론 軍令을 발포하고 함경도와 강원도까지 그 세력을 확대하여 갔는데 大砲를 설치하고 있었다.3)

火賊은 물론 東學黨·英學黨·活貧黨 등과 黨號를 내건 무장단체가 봉기하여 국부적인 활동이 아니라 전국적인 활동을 전개하기 시작하였다.4) 또한 명성황후 시해와 단발령을 계기로 의병이 봉기하여 수습할 수 없는 상태였다. 忠州府에서 起義한 金福漢과 安東 等地를 근거로 한 徐相烈 등은 관군도 대적이 불가능한 세력으로 안동관찰사의 보고에 의하면 의병수가 3,000여명의 대군이었다고 보고하고 있다.

도대체 國家紀綱은 찾을 길이 없어 亂脈이 되었고 설상가상 俄館播遷으로 정치적 혼란이 극에 달하였으며 獨立協會와 民會활동 등으로 중앙은 혼란하여 수습할 방도가 없었다. 이러한 혼란 속에서 貪官汚吏와 지방의 兩班 土豪들은 蓄財에 여념이 없는 상태였다.

특히 제주도의 경우는 특수하고 대표적 사례가 될 수 있을 것이다. 제주도는 1896년 8월 4일 지방제도의 개정에 따라 全羅南道에 屬하는 牧使를 설치하여 관할하도록 되었다. 이때에 목사는 李秉輝가 임명되었는데 그는 부임 전에는 法部刑事局長으로 있었으며 4월에 濟州觀察使가 되었고 지방제도의 개정에 따라 제주목사로 그가 다시 임명되었다.5)

3) 『續陰晴史』上, 建陽元年丙申元年3月18日, 『司法稟報』1, 274쪽, 咸興府觀察使 金裕成 質稟書 第1號.
4) 吳世昌, 「活貧黨考」 『史學硏究』21號, 韓國史學會, 1969.
　　吳世昌, 「英學黨硏究」 『溪村閔丙河敎授停年紀念史學論叢』, 1988.
5) 1896年 8月 4日에 地方制度를 改正함에 따라 전국이 23府 13道로 개편되었다. 이때에 제주는 觀察府에서 降牧되어 전라남도에 속하도록 되어 이에 대한 제주도민들의 불만이 고조되었던 것이다. 그리고 同 5日에는 勅任官의 濟州觀察使 李秉

그리하여 濟州觀察府는 一牧 二郡의 牧이 되어 牧使가 旌義 大靜의 二郡을 종전대로 관할하였고 1927년 12월에는 제주군이 신설되었다.

Ⅲ. 濟州의 社會·經濟的 特殊性

전술한대로 제주도는 地政學的 및 사회적 특수성이 특이한 관계로 제주목이 거의 독립적 내지는 자립적으로 전섬을 통치 관할되어 온 것이 역사적 관행이었다.

제주도는 우리나라 최대의 화산섬으로 옛 耽羅國이었다. 기후 풍토가 육지와 다르고 생활 풍속 등 정취가 다르다. 섬 중심을 차지하고 있는 한라산이 主山으로 섬전체의 자연환경을 지배하고 있으며 옛날 화산 폭발시 제주섬이 火山岩으로 뒤덮였다. 그 영향으로 山頂上을 정점으로 穹窿形으로 내려오면서 하나의 원을 그리듯 띠를 두르며 지층 등 생태계를 다르게 형성시켰다. 그리고 특이한 것은 高山地帶(漢拏山은 1,950m이며 頂上에는 둘레 3Km의 噴火口가 있다.)이면서도 惡獸가 살지않는 특이한 섬이다. 한라산은 房星分野에 속하는 지역으로 옛부터 말의 명산지로 알려졌으며 한라산을 한바퀴 돌면서 11개 所場의 牧場이 있어서 특별히 관리하여 왔다. 이 11개 소장의 초지 밑자락으로부터 해안가에 이르는 지대가 경작지로 가능한 지역이며 주생활 근거지였다. 그런데 바닷가의 만이 이곳으로 파고 들어와 있고 화산 폭발시에 날려 내려온 돌로 경작지로 일구는데는 어려운 점이 많다. 그러므로 경작할 수 있는 토질 좋은 곳이 적고 특히 水田이 없다. 뿐만 아

輝를 奏任官의 濟州牧使로 降格하여 임명하였다. 『日省錄』建陽元年 6月 25日, 『高宗實錄』,『官報』建陽元年 8月 4日·同月 6日.

니라 기후는 常暖하면서도 거센 바람과 雲霧가 농작에 지장을 많이 준다. 때문에 地瘠民貧이 된 제주도는 예로부터 뫼벼(秈), 보리·밀(大小麥), 피(稷), 기장(粱), 콩·팥(大小豆), 녹두(菉豆), 메밀(蕎麥), 감자(馬鈴薯)등을 심어 주식량으로 삼았는데 풍족치 않았으므로 육지와 물물교환으로 식량 등을 조달하여왔다.6) 제주도 농산물량을 보면 1926년의 조사이지만 一段步當 각종 농작물의 수확고가 콩이 40升 蕎麥이 100升 보리가 8斗이었다.7) 그 때문에 그나마 살아가기 위하여는 가난한 사람들이 한라산으로 들어가 火田을 일구는 수 밖에 없었다. 일찍부터 국가에서 화전(火田, 山田)을 금하여 『經國大典』에도 一律(死刑)토록하고 있었지만 금한다고 지켜질 수 있는 일이 될 수가 없었다. 법을 어기면서도 가난한 사람들은 火田民生活로 생계를 유지할 수밖에 없었기 때문이다. 이와같이 화전민이 늘고 火田洞이 점차 증가하자 이미 世宗때에도 문제로 제기되기도 하였다. 즉 前禮曹參議 高得宗은 다음과 같은 상소를 올려 화전에 대한 문제점을 지적하고 있다.

　　"臣鄕　濟州…且無識之類　數多縱火耕田　若此不禁　則地氣焦爛無草木…"8)

또 조선시대 柳成龍도 화전은 森林의 荒廢, 水源의 枯渴, 洪水의 慘禍, 國家經濟 및 保安問題에 중대한 영향을 미치므로 금지시킬 것을 주장하였으나 法은 空文으로 지켜지지 않았다.

---

6) 제주도는 육지와 멀리 떨어져 隔海에 있었으므로 養生送死之具를 내륙에 의존할 수밖에 없어 物物交易所를 설치하여 그곳을 통하여 제주도 토산물과 내륙상인들이 가져오는 식량 布木 등을 구해왔는데 결과적으로는 경제적으로 불이익을 많이 당해왔다. 이것을 凉臺라고 하였다.
7) 『火田の 現狀』朝鮮總督府 調査資料 第15輯, 大正 15年, 70쪽.
8) 『世宗實錄』64 世宗 16年 6月 乙亥條.

특히 근대에 오면서 국유지나 목장초지의 화전 개간이 官의 비호 내지는 주도 아래 전섬으로 확산되었고 한라산 서쪽 大靜郡 쪽은 더욱 火田이 확대되어 火田洞이 계속 이루어졌다. 그 결과는 地狹人多의 地帶로 점차 변해가게 되었다. 이미 논한대로 열악한 경제 환경속에서 관의 재정충당의 수단으로 이용되었을 뿐만 아니라 官吏와 土豪들의 致富의 수단으로 악용되어졌다. 『續大典』에 정해진바에 의하면 火田의 隨起收稅는 원칙상 土地原簿에 混入시키지 않았던 것인데 稅制가 문란했던 조선시대에는 火田稅의 착취가 점차 심해져 화전세의 존재가 간접적으로 화전장려의 결과를 초래하였다. 그러므로 地瘠民貧의 제주는 시간이 흐를수록 화전이 확대되어가 조선총독부가 조사한 『火田の現狀』을 통하여 보아도 1926년의 경우 아직도 제주에는 화전호수와 인구가 전국 8,898戶中 1,127戶를 차지하고 있었고 화전민인구도 26,427명중 4,240명으로 많았으며 1919년으로부터 1924년까지의 各郡 所在 화전면적도 한강이남에서는 제일 많은 면적을 차지하고 있었다.[9] 그 결과는 삼림이 점차 훼손되어갔고 화전민들이 2·3년 경작 후 地氣가 감소되면 또 새로 이동하여 가면서 화전을 일구어 심각한 현상이 초래되었다. 이와같이 "地瘠民貧" 현상의 열악한 경제적 환경으로 제주인의 눈에는 육지에 대한 동경과 부러움이 생기게되고 한편으로는 자신들의 처지에 대한 체념과 恨이 깔린 특유의 정서가 시간이 흐르면서 쌓이게 되었다. 그리고 간과할 수 없는 것은 제주가 流配地로 되면서 서울의 양반들로부터 학술 문화적으로는 큰 영향을 입었으나 가난하지만 사랑하는 제주땅에 대한 자존심이 상하고 限 없는 自愧之心을 품게되었을 것으로 보여진다. 특히 罪 지은 서울 양반관리들의 제주에서의 호사스럽고 죄수 아닌 자유스러운 생활을 어떻게 이해하고 받아들였을까 생

---

9) 『火田の 現狀』朝鮮總督府 調査資料 第15輯, 大正 15年, 30쪽.

각해 본다.

지나친 비약이 되는지 모르지만 역사적으로 제주에서 발발한 민란들이 다른 지역보다 격렬했던 점들도 단순히 넘길 것이 아니고 다시 한번 깊이 생각하여 볼 수 있지 않을까 하는 데까지 이르게 된다. 이러한 반봉건적 민란들은 생활 조건이 열악한 처지에 있는 민중들이 정치적이던 경제적이던 관의 탄압이 점차 심해지고 민중의식의 고조에 따라 횡적으로 연결이 가능해지면 드디어 힘을 통해 뭉쳐 폭발하게 되어 있다. 1862년의 제주민란은 9,10,11월에 걸친 3차의 민란으로 그 규모와 난의 과격성이 주목되는 큰 난이었다. 그리고 1896년의 병신민요가 있었고[10], 또 1898년에는 본 논문의 주제인 유명한 방성칠란이 봉기된다. 특히 1862년의 濟州 壬戌年 民亂과 1898년의 방성칠란은 민란의 전개과정에서 성격상 차이는 있으나 동기나 양상이 자못 비교되는 큰 난이었다. 그러므로 1862년 임술제주민란에 대한 양자의 理解가 반드시 선행되어야 할 것이다. 이미 1969년에 金鎭鳳이 「철종조의 제주민란에 대하여」 『사학연구』제21호에 당시 按覈使의 書啓를 통하여 자세히 분석하였다. 더 이상의 논급이 필요 없이 김진봉의 논문이 그대로 참고가 될 것으로 생각된다.

---

10) 丙申民擾는 현재까지 民亂의 실체가 규명되지 않고있다. 『官報』, 光武 2年 12月 10日 彙報 ○司法 高等裁判所檢事 咸台永의 大靜郡守蔡龜錫拘拏에 관한 보고서 가운데 "丙申春宋啓洪等 壓開化願復古作擾"란 말만이 나와 그 민란의 동기만이 막연하게 나와있어 그 이유만을 추측할 수 있을 뿐이다. 그러나 단순한 행정상 개혁에 대한 불만과 그에 대한 행정상의 복고는 아니었을 것이 분명하다.

Ⅳ. 房星七亂의 動機와 亂의 發生

제주목사 이병휘는 부임하여 善政을 베풀어 1862년의 제주민란 뒷수습에 힘쓰는 등 정치에는 관심이 없었다. 그는 제주목의 특수성은 무시한 채 정사를 장악하고 상식을 초월한 만행을 저질렀으며 현지 토호들과 결탁하여 蓄財에 여념이 없었다. 建陽元年에 제주백성이 견디다 못하여 몇 가지 죄상을 신문사로 투서하였는데 그는 자기의 貪虐 소문이 서울로 알려지는 것을 막기 위하여 각 浦口마다 파수군을 배치하여 차단하고 만행을 저질렀다고 한다. 투서의 죄상은 다음과 같은 것들이었다.

> "…본읍에 육방을 설치 부유리에게 5천량씩, 각 진장들 매명에 300량씩 각방림사들도 매명에 300량 씩 차출하며 환곡을 복설하여 창색에게 1,000량씩 넘쳐밧고 무죄한 정의 군수를 사혐으로 인신을 뺏고 법부에 무소하여 종신징역이 되게하고 그전 민요죄인을 연좌를 쓰고 송사마다 돈을 받고하여 주고 잡세를 낫낫치 받고 고대장은 이왕 죄를 경감하고 나갓거늘 또 잡아다 가두고 그 아들에게 돈 1,000량을 내라고 하여 안내니까 지금까지 가두어두고 순검들은 그전 노령과 갓다고 하고 무죄히 치도 곤으로 때리고 향교 근처 없는 묘를 파라고 고부자를 잡아다 돈 1,000량 밧고 방송하고 병정 수백명과 나졸 수십명을 설시하고 위엄을 서리갓치 하여 술이 취하면 무죄한 리민을 치도곤으로 마조쳐서 사경된 사람이 만코 기생 80명을 설시하고 매일 풍악과 술노리하고 어디던지 출납하면 좌우에 기악과 병정과 나졸이 나열하야 가진 취태를 부르고 그외 협잡한 일을 다 기록할 수 없다고 하였으니 우리는 이런 일을 자세히 모르거니와 내부에서는 별노히 사실하여 보아야 백성 사랑하는 마음이 될 듯하더라."[11]

이상에 열거한 것을 보면 목사 이병휘야말로 탐관오리의 전형적인 인물로 古阜郡守 趙秉甲 이상가는 인물로 볼 수 있을 것 같다. 조정에서도 12월 5일에 13도 관찰사에게 훈령하여 "관하 각 고을에서 결값을 度支部에서 정한 수외에 과다히 더 받으며 호포돈은 원호수가 자재한대 또 몇 호수가 있어 원호와 같이 일체로 받으며 나라에 상납은 원호수만하여 명목 없는 잡세를 갈수록 받는다고 소문이 낭자하고"[12] 등 경고하였으나 허사였고 각 고을에서 강징하는 각종 세금은 관리들의 협잡으로 백성들만 도탄에서 헤메일 뿐이었다. 그뿐 아니라 화전민에 대한 火贖結이 여전히 존재하는 폐단에 대하여 의논이 분분함을 지적하고 있는 신문기사가 나오고 있다.

"각도군에 원결총 외에 은익된 화속결이라 하는 것은 산간에 사는 백성들이 산을 갈아 콩과 팥과 조와 감자와 구밀과 모밀과 기장과 담배등 물을 심으는 땅에 구실이라 이는 나라에 상납하는 결총중에 드지 않고 각기 그 고을에서 화속결이라 명목을 지어 원결보다 먼저 받아 원의 관황을 만들고 관속의 요식을 삼으니 이러할진대 나라에서 신식을 경장한 후에 경비를 마련하야 각군 군수의 월봉과 관속의 요식을 작정하여 주신 본의가 어데 잇으리요 군수와 관속이 월봉과 요식은 의슈히 다 찾아먹고 화속결은 이전과 같이 민간에 받아먹으니 가히 한심한지라 각도 각도에 있는 화속 은결을 모도 집총하면 몇만결이 될터이니 탁지부에서 강명한 인원을 뽑아 각군에 보내어 궁슈먹듯하면 은휘 없이 몰수히 탄로날지라 백성에게 해와 폐가 될 것이 없고 나라에 큰 이득이 될지로 지각있는 사람들 공의가 자자하니 정부에서 마땅히 주의하야 범연히 조처치 안함이 좋홀 듯 하더라."[13]

11) 『독립신문』, 건양원년 12월3일 잡보.
12) 『독립신문』, 건양원년 12월 15일 훈령.
13) 『독립신문』, 건양원년 12월 19일 잡보.

　이상의 기사는 바로 제주도에 해당되는 火贖結 문제로 심각한 것이었다. 이런 상황 속에서 목사 이병휘에 대한 백성의 원성은 섬전체를 뒤덮을 정도였다.[14] 그 때문에 병신년 민요의 주된 동기가 갑오경장 이후도 화속결이 여전히 존치된데 있었고 민요의 불합리한 처리에 대한 불만이 그대로 있었기 때문에 방성칠란에서도 현안문제로 다시 제기되었던 것이었다.[15]

　이상과 같이 1862년의 임술제주민란이 대정군일대의 화전민들을 화전세의 濫徵으로 격분시켜 봉기시켰던 것처럼 1896년의 병신민요도 화속결 문제로 일어났고 1898년의 방성칠란도 제주목사 이병휘의 場火稅의 濫捧을 비롯한 諸般 惡政이 주원인이었다. 주지하는 바와 같이 제주도는 水田은 거의 없을 정도고 대정현 동쪽 40여리에 官營畓이 數畝 있을 뿐이고 그외 토호들이 몇말 정도씩 수확할 정도가 있을 뿐이다. 장화세는 장세와 화전세를 말하는 것으로 場稅는 목장내의 경작지에서 농사짓는 耕土稅로서 쌀로 收捧하여 주로 將士支放의 需用으로 삼았다.[16]

　그리고 火田稅는 화전 開墾이 법으로 금지되었으나 빈한한 농민들과 그 沾漑에서 利를 취하는 관리의 庇護로 이루어져 관에 납세하는 것이

---

14) 『續陰晴史』上, 戊戌 2月 7日.
15) 丙申民擾는 현재까지 反開化願復古가 이유로 막연하게 알려져 있지만 주13) 甲午更張이후도 화전민의 화속결이 그대로 존속하였고 불만이 되어왔던 것이므로 民亂의 중요원인의 하나였던 것으로 보여진다. 「보고서」에도 방성칠란이 丙申民擾와 깊은 관계가 있는 것으로 보고하고 있는데 병신민요의 원인이 바로 화속결에 있었던 것이 확실하다고 보겠다. 민란 주동인물들도 병신민요의 처리문제를 강력하게 주장하고 있다.
16) 濟州牧按覈使 李建弼 書啓別單.『日省錄』哲宗 癸亥年 6月 2日 丁丑條.
　場稅則牧場內所耕土稅 而以米收捧 爲將士支放之需也 本無定摠 逐年增加 至于庚申 乃以九百七十八石定摠者 較數歲之中 折半減削 不爲不多 而民尙稱寃 今日紀民之道 更以八百八十石 執摠定式.

공공연하게 된 것이었다.[17] 이것들이 島內 一般의 상황이었으나 大靜郡이 가장 넓은 지역을 차지하였다. 그러나 제주도의 화전세 총액이 450석으로 정해져 있었으나 그 세액이 점차 증액되어 倍額이 가깝도록 되자 화전민들의 불만이 쌓이고 원망의 소리가 높아졌다.[18] 더구나 작년에는 전국적인 흉년으로 농가경제가 파탄지경으로 이르렀는데도 대책은 강구되지 않은 채 변함없는 濫徵이 강행되어 다른 잡세에도 있었지만 장화세에 대한 濫捧이 가장 큰 민원을 사고 있었다. 이미 지적한 바대로 임술년의 제주민란의 主動機가 화전세의 남봉이었고 병신민요도 甲午更張 이후에도 여전히 계속된 화속결의 濫徵이었으며 방성칠란의 주 원인도 장화세의 남봉사였다.[19]

작년의 경우를 보더라도 민간징수가 1,838석 14두 9승 7합이었는데도 邑簿에 所載된 것은 불과 1,200석 1두 였다. 이로 인하여 민요가 일어나게 된 것이다. 전목사가 不得不 民間執收를 千八百三十八石零으로 하고 石數에 의하여 每斗頭 三升씩 減給하는 뜻으로 曉諭衆民하였다. 계속하여 매년 一千石씩 酌定하는 것으로 비록 度支部에 보고했으나 이것은 石數에서 떨어뜨려 떼어먹기 편하도록 顧慮한 것이라 보았다. 이와 같이 원망이 깊고 그 凶謀가 바야흐로 급한 때일 뿐더러 무릇 장화세를 一千石으로 작정한 즉 民間執收 一千八百三十八石零中에 八百

---

17) 濟州牧按覈使 李建弼 書啓別單,『日省錄』, 哲宗 癸亥年 6月 2日 丁丑條.
　　○ 火稅者卽火田之收稅 而付于官廩者也 山腰犯耕 在法當禁 則當初執卜屬公 出於禁耕 而末乃官吏 利其沾漑 任其起墾 從以徵稅… ○『壬戌錄』114쪽. 白雲嶺등의 供白 至若火稅倍增云云事 火田民輩 每年犯界 加耕執卜 監色夤緣容奸 爲其渠輩沾漑 其稅濫稅 便是無年無之.
18) 上同 書啓別單,『日省錄』, 哲宗 癸亥年 6月 2日 丁丑條.
　　執卜之際 課稅增加 紊亂莫甚 弊到劇處 民安得不稱冤乎 大抵火稅之屬之 官況其本不正 稅 擬今以四百五十石恒定.
19)「報告書」, 第2號『司法稟報』2, 690쪽, 695쪽, 696쪽. 이하 찰리사의「보고서」2호와 『사법품보』2를 생략하여「보고서」로 약식 표시함.

三十八石零은 반드시 민간에서 減給하는 것이 옳고 전목사가 一千八百
三十八石零에 每斗頭 三升씩 감한다했으나 불과 五百五十一石十斗四升
九合一夕인즉 未減之數는 오히려 二百八十七石四斗四升七合九夕이었
다.[20] 관리들의 남봉 및 협잡이 어느 정도였는가를 알 수 있다. 임술년
에도 이로인한 민란이 있었고 사실은 朝家에서도 이것을 革罷하는 결
정을 하였는데 관인들이 欺國誣民한 채 엄청난 착취로 사복을 채운 것
이었다. 제주민들은 더 이상 참을 수 없었고 민심이 흉흉해져 격앙하
기 시작하였다. 드디어 1898년 2월 8일부터 民擾의 소문이 돌기 시작
하고 2월 22일에 大靜郡 中面光 淸里에서 민요가 시작되었는데 狀頭는
房星七(一名 甲, 鎭杜)이었다. 그는 당년 50세로 제주출신이 아닌 전라
남도 사람으로 1891년에 入島하여 大靜郡 光淸里 菱花洞에 거주하고
있었다.[21]

　처음에는 等訴하기로 하고 그 목적은 기술한 대로 장화세 濫捧事였
으며 과격한 민요를 계획한 것 같지는 않다.[22] 그러면서도 等訴를 위
한 全島的인 준비와 민중동원을 위하여 임술민란 때와 같은 轉石방식
이 아닌 通文으로 민심을 鼓舞하였다. 그러나 목사가 백방으로 중지시
키려하고 민요설이 전파되자 자기들을 잡아 죽이기 위하여 姜伯을 使
嗾하자 격분하여 목사의 사주를 받은 姜伯을 먼저 잡아 죽이기로 하고
계속하여 諸弊를 개혁하기 위한 민란을 전개키로 하였다.[23]

---

20) 「報告書」, 695쪽.
21) 「報告書」, 693쪽.
22) 「報告書」, 691쪽에 의하면 入府하여 목사와 담판하고 요구가 허락되자 우선 해산
　　했고 衆民이 당일 즉각 해결할 것을 재차 요구하며 난입한 것으로 되어있다. 그
　　런데 『속음청사』上 454쪽 光武2年 2月 8日에는 州牧使 李秉輝 ――聽從 民皆解散
　　云하였고 三郡이 3월 1일에 皆動하여 數萬이 城外에 모여든 것으로 기록되어있
　　다.
23) 「報告書」, 690쪽.

민란이 시작되자 대정군수 蔡龜錫의 密命을 받은 前座首 경력의 梁明模가 방성칠란군에 가담하여 난군행세를 하며 그들의 정황탐지를 하고 있었다. 그는 난군지도부에 가담한 인물중 유일하게 鄕任을 지냈던 인물로 일반농민과는 달리 방성칠의 신임도 받았고 그가 유배인들과의 연락을 전담하였다. 그는 난민들의 入府計劃에 그 불가함을 주장하기도 하였다. 그러나 그의 주장은 받아들여지지 않았고 드디어 3월 2일에 단행되었는데[24] 처음부터 시작은 체제를 갖춘 규모있는 행동으로 행해졌다. 入府時에 姜齊平·金安日을 先軍領으로 하여 난민을 이끌고 우선 출발 통솔토록 하고 梁用已·姜明松을 後軍領으로 하여 뒤따르도록 하였다.

아울러 吳乙生과 방성칠의 동생 星化가 역시 장정을 모아 합력하도록 하였다. 그리고 난민들에게는 각기 木棒을 소지하도록 하였는데 목봉에는 南字를 刻印하였다. 그리고 출동시에 邑人, 官屬輩, 몰래 엿보고 있는 자들에게는 타살할 듯이 위협하고 난민의 이탈이 없도록 엄히 단속하였다.[25] 이때에 화전민이 전섬에서 많이 모여 그 무리가 가히 萬여명이나 되었다. 방성칠은 謫客인 최형순·김낙영을 거사에 동참시키기로 하고 그들을 청해왔고[26] 民願에 따르는 것이 옳은 일이라 하

---

24) 「報告書」第2號 光武2年 4月 20日, 691쪽에는 민란인들이 모여 各持木棒하고 入城한 날을 3월 2일이라 했는데 『續陰晴史』, 457쪽에는 2월 28일에 訴狀을 발송하고 다음날인 3월 1일에 입성하겠다고 하여 그대로 시행하여 하루의 일차가 차이가 나타난다. 그런데 「보고서」는 일차는 자세히 구분되어 있지 않고 개인들에 대한 供草를 중심으로 事件중심에 치중하고 있다. 그러나 亂의 발생일자는 「보고서」의 일자가 타당할 것 같다.

25) 「報告書」, 691쪽, 『續陰晴史』上, 光武2年 戊戌 3月 1日

26) 최형순·김낙영의 민란 가담은 『속음청사』上, 광무2년 무술 3월 4일에 "崔金佯許"라 했고 「報告書」, 693쪽에 配人 前校理 李容鎬와의 "假爲其心腹…"의 약속이 있었다고 되어있으나 두 사람의 가담은 거짓된 것이라기 보다 전후의 행동을 종합해 볼때 오히려 진심으로 볼 수 있다.

여, 四官長을 위협하여 잡아오도록 하였다. 그러나 최형순이 만일 정말로 이렇게 한다면 자기는 불참하겠다고 하면서 목사를 반드시 배좌시키고 神士들도 청하여 救弊를 爛確함이 옳다고 하였다. 그러자 방성칠은 종래에 약하게 보임으로 일을 끝맺임 할 수 없었던 것이라고 기어이 목사가 나오도록 청하였다. 이에 양명모가 政堂으로 들어가 말을 미쳐 전하기도 전에 방성칠이 난민을 이끌고 쳐들어왔고 목사도 그 위세에 굴하여 드디어 下庭하였다. 방성칠은 목사에게 "백성들의 억울함과 자신들의 訴狀이 이상한 일이 아니거늘 어찌하여 사람을 시켜 우리를 죽이려 하려는가"하고 말하자 목사는 "어디서 그런 말을 들었는지 처음 듣는 일이라"고 잡아떼었다. 방성칠이 계속적으로 "丙申民擾의 狀頭를 잡아 가둔 자와 현재 작폐를 일으키고 있는 자들을 함께 잡아들일 것"을 요구하자 목사는 그 요구에 順應하였다. 이에 방성칠과 중민들이 退出하였으나 중민들이 당장에 소원을 성사시키기를 원하여 일제히 다시 난입하여 목사를 구타하고, 大靜郡守도 병신민요의 捉納 혐의로 역시 상해를 입었다. 대정군수는 탈출을 하였고 목사도 천신만고 탈출하였으나 목사를 감싸 탈출시키려던 首書記 文周昊가 난민들에게 구타당하여 사망하였다. 그리고 衙廨의 파손과 文簿의 燒燼이 이루어졌다.27)

V. 民亂의 展開와 特徵

等訴로 시작되었던 것이 衆民들의 원한이 폭발하고 군중심리에 이끌

---

27) 「報告書」와는 달리 『續陰晴史』上, 454쪽에는 2월 8일에 모든 요구를 하고 당일로 그대로 해산을 한 것으로 되어있다.

려 드디어 폭력난동화하게 되었다. 官門을 나선 난민들은 觀德亭에서 金洛榮을 大將으로 하고 崔亨順을 中軍으로 한 후 본격적인 체제정비 와 계획을 세우게 된다.[28] 等訴가 변질되어 民亂化하고 더 나아가 反 逆으로 나가게 된다. 그리고 김낙영이 방성칠과 의논하여 戶庫와 武庫 를 열어 쌀을 풀고 武裝을 하였다. 또 소위 강벽곡이라고 하는 자가 가담을 하여 왔는데 방성칠이 先生으로 모셨고 이후로 방성칠, 김낙영, 강벽곡 세 사람이 모든 것을 의논하였다.[29]

　강벽곡이 말하기를 "梧登村에 高孝子 如松이라고 하는 자가 있는바 하늘이 내린 효자이다. 그러니 가히 天命을 받은 것이다. 그를 主法으 로 세우는 것이 옳을 것이다."고 말한즉 방성칠이 말하기를 "그는 여러 사람들이 바라는 새로운 新紀元을 이룩하기에는 부족하다. 그러므로 반드시 정씨로서 주법을 하도록 해야 한다." 마땅히 讖語에 응하는 것 이라 하고 "이른바 鄭洗馬[30]쪽으로 마음이 쏠려 그가 충분하고 마땅하 다. 지금 제주도 流配者 명단에 오른 여러 사람만으로도 가이 六曹를 갖출 것이라"하고 가마를 보내어 鄭丙朝를 맞이하려 했으나 정세마는 이미 도피한 후였다. 그리하여 강벽곡이 방성칠에게 자립을 권고한즉 처음에는 사양타가 곧 말하기를 "내가 지난번 山神이 現夢하여 나를 세상에 出世시켜 立身토록 500여명의 장군을 붙여 주는 꿈을 이미 꾸 었었노라."하고 드디어 스스로 자립하여 法司하니 즉 法天司民의 뜻이

---

28) 「報告書」와는 달리 『續陰晴史』上, 光武2년 戊戌 3月 4日에는 金洛榮·崔亨淳이 각기 左右大將으로 임명되어 1,000명의 亂民을 통솔하여 大將名으로 그들이 三郡 에 傳令을 발하여 "行於三郡 無風靡"라 하였다.

29) 「報告書」, 691쪽, 694쪽.

30) 鄭洗馬는 鄭丙朝로 『秘記』에 정씨가 왕위에 오를 것이라는 讖言에도 부합하고 그는 世祿之臣으로 才華超群하여 三郡公事를 視務해주기를 청하려 한다고 하였 다. 또한 배인 黃監役(黃炳郁)도 중앙의 將으로 등용하겠다 하였다. 「報告書」, 691 쪽. 『續陰晴史』上, 光武2年 戊戌 3月 5日.

라.31) 여기에서 민란지도부는 단순한 민요로 그치지 않고 反逆의 뜻을 품고 감히 새로운 왕국의 망상을 품게 되었다. 그뿐 아니라 그는 제주는 二十八宿上으로 볼 때 房姓分野로서 나의 성과 부합하고 또 『秘記』에 "房杜之將"도 역시 부합하니 하늘이 나에게 天命을 내리신 것이 아니겠는가. 지금 國運이 이미 衰하여 "眞人當出於海島"의 때가 되었다. 이 기회를 놓치면 안된다. 그리고 그의 居處名을 殿中이라 하고 난민을 선별하여 御南軍이라 칭하였다.32) 大靜 · 旌義 郡守를 파면한 후 새로 보냈고 場火稅와 貢馬代錢 蠲蕩事를 城四門에 게방하였다.33) 그리고 朝天民人등이 倡義來攻하여 온다는 소식을 듣고 민란군을 이끌고 朝天에까지 갔으나 그곳에 모인 사람이 數的으로 不利하여 해산해버렸다.34) 방성칠은 前判官 金膺斌 · 前主事 金膺海가 倡義軍을 모집한 것과 제주군수 金熙冑의 上京告変, 該郡守의 삼촌 前府使 潤柄의 丙申民擾 捕拉事에 혐의를 품고 상기인들의 家舍를 或燒 或毀하고 濟伜 즉 그 諸族의 家舍도 함께 打破를 하였을 뿐더러 그 종제 熙瑢이 房星七의 隨從 文基成에 살해되었다. 방성칠은 민란의 진행 과정 중에 中央의 情形으로 보아 京兵의 신속한 파병이 불가능할 것이라 보면서도 京兵의 下來를 제일 신경썼고 공포감을 가졌다. 城上에 積石하고 城頭에 埋砲까지 하였고 중과부족의 병력으로 별 방도가 없어 日本에서 借兵粮하려는 計策을 마련하여 제주근해에서 魚採中인 日人과 접촉을 계획

---

31) 「報告書」, 691쪽.
32) 「報告書」, 694쪽, 『續陰晴史』上, 光武2年 戊戌 3月 4日
33) 「報告書」, 691쪽, 『續陰晴史』, 상동
34) 朝天里에는 前判官 金膺斌 前主事 金膺海와 謫客들이 피신중이었는데 金應銓家에서 밤새 討賊倡義를 논의하였다. 그러나 空手로 不可敵이라 하여 相爭하다가 전기 兩金의 강력한 주장으로 近村 등지에 通文하여 1,000여명의 창의군을 모집하였는데 민란군의 도착소식에 대적도 못하고 해산되어 버렸다. 「報告書」, 691쪽 『續陰晴史』上, 光武2年 3月 5日.

하였다.35) 그 댓가로 三郡의 토지를 일본에 請屬하도록 하면 일본이 기뻐할 것이고 방성칠이 영구적으로 島主가 되도록 하면 된다는 語不成說의 密計가 수립되었던 것이다.36) 최형순은 은근히 그 계획을 자신이 성사시켜볼 생각으로 자청하여 城山浦에 있는 魚採日人을 만나 그 일을 성사시켜 보겠다 하고 드디어 자청하여 日船에 등선 후에 房의 逆狀을 일인에게 알리고 방성칠을 유혹 등선 시킨 후에 합심하여 그를 죽이면 반드시 重賞이 있을 것이라 밀약하고 돌아와 볼 일을 뜻대로 마쳤다고 말하였다.37) 방성칠은 이에 주민을 解送하고 양명모·김낙영·강제평·최형순 등과 함께 일선에 등선하였으나 풍랑으로 출선이 불가능하여 정박하고 있을 때 城中을 중심으로 來配人과 제주의 토호들이 倡義軍을 조직하여 성을 지키고 있다는 소식을 들었다. 그들은 그 소식에 놀라 모두 하륙하려 하였다. 그때에 浦邊에는 방성칠의 심복인 소위 御南軍 80여명이 아직도 있었던 고로 함께 入城하려는데 城中의 虛實을 알지 못하여 방향을 바꾸어 山村으로 향하였다.38) 이때까지만해도 房側의 來附者가 점차 늘더니 성중에서 창의문을 발송하여 민중을 모으고 擊賊하자 점점 흩어져 돌아갔다. 그리고 22일에 창의병들이 속속 도착하였고 성중에는 前縣監 洪在晉과 그의 아우가 있었고 전현감 在深이 그의 아들 조카들을 거느리고 급히 西門을 急閉하고 전현감 宋斗玉은 그의 아들 錫珍과 동생 允玉과 家丁들을 인솔하여 역시 성의 東·南·北門을 폐쇄하였다. 그러나 아직도 성중에 사람들이 적어 사태가 황급하게 되자 洪·宋 양인은 횃불을 곳곳에 많이 설치하여

---

35) 『續陰晴史』上, 光武2年 3月 14日 條에 의하면 최형순의 密計였다함. 그리고 일본 所送 請兵書와 都錄冊은 金成均이 所寫하였고 正法冊子는 房星七 自筆이었다함. 「報告書」, 692〜693쪽.

36) 『續陰晴史』上, 光武2年 戊戌 3月 14日

37) 「報告書」, 692쪽, 693쪽.

38) 「報告書」, 692쪽.

虛張聲勢하면서 各里로 창의문을 계속 발송하여 聚民을 서둘렀다.39)

그리고 그간 朝天里등지를 중심으로 피신하여 있던 여러 유배인들이 贊劃하였으며 이날밤 前主事 金熙斗는 州로부터 10여리에 있는 拱北村으로부터 피신해 있던 목사를 성중으로 모셔왔다. 민란 초기에 기세를 올리고 위압적으로 도민을 동원, 民冤을 풀어주겠다고 하여 상응하였던 衆民들도 민란의 실패에 해산 도피하였다. 방성칠과 민란의 지도자들도 사태가 역전되어 감히 입성을 못하고 주위의 山村으로 전전하게 되었다. 더구나 洪·宋 양인이 계속 창의군을 증발 동원하였고 특히 민란에 참여하였던 최형순이 창의군에 가담하여 前郎廳 吳順泳·前五衛將 高在瑢 前司果 姜時馨 등으로 남문으로 領出케 하고 出身 全南胤이 400여명의 衆民을 거느리고 西村으로부터 와서 하나로 합병하여 힘을 합치니 그 용맹스러움이 비할 바 없이 넘쳐흘렀다. 드디어 이들은 서쪽으로 20여리쯤 적을 몰아쳐 外都里 破軍峰에서 접전하였는데 최형순이 산상으로 따라 올라가 유리한 지대에서 적을 공격하니40) 그들 무리들이 패하여 흐트러졌다. 방성칠은 힘이 다하여 촌가로 피신하니 최형순·오순영 강시형 및 軍校 趙成五 등이 그 집에 불을 붙여 槍銃이 서로 오고 가던 중 합심하여 죽였다. 김낙영은 日船에서 방성칠이 하

---

39) 「報告書」, 693쪽.

40) 崔亨順은 京畿道陽川 거주자로 소위 李埈鎔모반사건의 연루자이다. 1894년에 韓祈錫 許燁 金國善과 24세 때 공모하여 大君主陛下와 太子殿下를 弑害하고 이준용을 추대하려던 謀反謀殺罪 사건으로 공모자 23인이 재판을 받아 최형순도 그 중의 한사람으로 제주도에 終身流配되었다. 그는 유배중인 1895년 11월에도 逃躱하여 警務署에 수감되어 있었는데 1896년 2월 11일에 濟州丙申民擾시에 城山浦까지 도주했다가 還入城하여 崔明先으로 變名 觀察府에 출입하며 訴狀을 올렸고 나중에 金寧浦에서 다시 出陸하는 등 要注意 인물이었다. 그는 행동의 진의를 신뢰하기 어려운 인물로 방성칠란의 가담·행동에서도 그의 행적이 사실은 불확실한 인물로 사태의 추이에 따라 변절할 수 있었던 인물로 볼 수 있다. 그후의 이재수란에도 가담한 자였다.

륙후에 사태의 추이를 분간 못하고 있다가 최형순을 따라 입성한 후
자기들의 종적을 숨겨 방성칠을 속여 그를 함께 죽이자는 핑계로 성상
에 埋砲하다가 김낙영 등의 흉모를 안 사람이 南城 아래로 발로 차 떨
어뜨려 사람들이 함께 달려들어 죽여버렸다.[41] 또한 강벽곡도 被捕되
어 오던 중 衆民에 살해되었다.

VI. 結 論

이상과 같이 방성칠란은 목사 이병휘의 학정과 苛斂誅求에 분개한
제주도민들이 場火稅의 濫捧과 諸弊의 革罷를 요구하면서 시작되었다.
그리고 특징적인 점은 이런 문제를 시정해주기 위한 等訴가 民擾로 확
대되었고 反逆으로까지 이르러 제주도를 거점으로 王國을 세우려는 꿈
까지 갖게 된다. 화전세, 화속결 등에 대한 제주민들의 불만은 이미
1862년과 1896년에 民亂으로 폭발하였고 이번에는 장화세의 남징이 쌓
이고 쌓인 冤이 되었다. 민란의 주동인물은 房星七로 1894년 甲午年에
제주도에 들어왔고 대정군에 살던 화전민으로 나이가 80여세에 가까운
인물로 알고 있었다.[42] 그런데 그의 이력과 직업 등에는 깊은 省察이

---

41) 김낙영은 前義軍府 都事로서 1897년에 37세였다. 전교리 李容鎬·전중추원 참서
  관 韓善會 등과 1896년 10월부터 정부의 變革을 모의하였고 그로 인하여 수차에
  걸친 그들의 구속이 있었는데 나중에 자현하였다. 그들은 각 대신을 살해하고 權
  柄을 專奪하는 등의 행동을 모의한 國事犯으로 15년의 유배형을 받아 제주도에
  서 생활하였다. 1898년 3월의 방성칠란에 최형순과 같이 가담하여 좌우대장으로
  난을 주도한 중요 민란 지도자였다. 그리고 난중에 철저히 난군의 입장에서 행동
  했고 최형순보다는 그 세력이 우위였다. 난의 실질적 주도자로 최형순과 끝내 행
  동을 같이하지 않고 최형순의 密計에 기만당한 인물인 것 같다.
42) 『續陰晴史』, 光武2年 3월 2일자에 年前入島者로 되어있고 전라도 同福人이며 년
  령도 未詳으로 되어있다. 그리고 『梅泉野錄』에도 甲午入濟州로 기록되어 있어 이

필요하다. 軀幹이 壯大하였고 담력이 있었으며 讖緯 性命學에 능하였고 術數를 좋아하여 사람들을 迷惑시켰던 것으로 보여진다. 讖言을 신봉하고 의지하며 山祭를 20여년 지냈다고도 한다.[43] 그러나 房鎭玉 所供內에 그는 菱花洞에 거주하고 있었는데 性情이 本來 浮浪하였고 부모의 말을 전혀 따르지 않은지 오래 되었다고 좋게 말하지 않고 있다. 어찌 친척형의 근면하여 달라는 말을 들어 그것을 고치겠는가 하면서 逆謀와 같은 情節을 갖고 있는 지는 사실 몰랐다고 하고 있다.[44] 「報告書」를 통하여 볼 때 그의 나이는 민란 당시 50세로 甲午年이 아닌 그보다 3, 4년 전인 1891년에 제주도에 들어왔고 순수한 농민이 아닌 인물이었다. 농사에 정착하기보다는 성격이 浮浪스러워 떠돌아다니기를 좋아하는 인물로 術數에 능하였다. 讖緯에 惑하여 사회적 불안 속에서 불만을 품고 지내던 사람으로 체구가 좋고 담력이 있는 자로 선동적이었으며 사람들을 잘 미혹시킬 줄 알았다. 민란에 가담하였던 姜師穀을 先生으로 칭하고 잘 모신 것도 姜이 방성칠과 같은 부류의 讖緯 성명학 등 술수의 선배로 선생으로 모셔진 것으로 볼 수 있다.

다음 민란의 발생일자는 入府일자로 보아 기존에는 하나같이 1898년 3월 1일이라 했지만 察理使兼濟州牧使 朴用元의 報告書가 정확한 발발일자가 될 것이다. 민란 관련자 梁明模의 所供內에 2월 8일에 呈狀之事 소식을 들었고 2월 22일에 煽民作擾를 모의한다는 소문이 狼藉하게 선전되었으며 3월 2일에 입성하여 목사에게 呈訴하고 담판한 것으로 되어있다. 또 당일에 牧使·大靜郡守 등이 被傷하고 官衙가 파괴되고

___

를 참고한 연구자들이 그를 東學參加者로 추측하였고 그로 인하여 제주로 도피하여 온 것으로 그대로 의심 없이 믿어왔다.

43) 「報告書」, 691쪽, 『續陰晴史』, 光武2年 3月 1日, 『梅泉野錄』, 光武2年 2月 2日.

44) 「報告書」, 693쪽. 房鎭玉 所供內 "房星七 矣身同胞弟也 年今五十而本以全羅道之民 辛卯夏入濟州 今居菱花洞 而性本浮浪 旣不從父母之言者 久矣 則那有聽同生之勉而改之 其造逆情節 實所不知".

文簿도 소진된 것으로 되어있다.45) 그러나 『續陰晴史』에는 2월 7일에 통문을 돌린 후 다음날에 방성칠이 狀頭로 수 백명의 사람들을 이끌고 입성하여 呈訴하자 목사가 일일이 응락하여 해산했고, 2월 25일에 三郡民에게 다시 通文 入訴하여 민요를 일으킨다는 소문이 널리 퍼진 것으로 되어있다. 그리고 그때 白巾木棒으로 每戶 一名씩 出丁하여 府城으로 근접하고 있었고 그때 목사에게 서신을 보내 우리들이 성외에 모여 있는 바 반드시 입성할 필요까지는 없다. 단 죄인들을 問招하되 訴追에 따라 성밖으로 내쫓아 주면 좋겠다 하고 明日에 입성하겠다고 하였다. 그리고 3월 1일에 입성하여 목사 대정군수 吏房 등이 被傷한 것으로 되어있어 하루의 차이가 난다.46) 그러나 이상의 사실은 거의가 "聞"으로 즉 소식을 들으니 식의 기록이다. 그러므로 「報告書」의 3월 2일자를 따를 수밖에 없다. 그러므로 방성칠란은 3월 2일에 민란군이 입성하여 성을 장악한 후 4월 4일에 방성칠이 파군봉에서 죽기까지 54일만에 종결되었지만 전제주를 석권하고 장악한 대란이 되었다.

그런데 가장 문제가 되는 것은 『續陰晴史』의 소위 "火田民은 다 南學黨"이라는 것과 또한 "화전민은 다 陸地人"이란 기록이다.47) 이것도 현재까지 누구 하나 주의깊게 살펴본 일이 없이 오히려 흥미있고 중요한 기사로 취급하여 온 것이다. 그런데 어떻게 화전민은 皆陸地人이었으며 전섬의 화전민이 다 육지인이었을까. 오히려 화전민의 발생은 제주도의 경제·사회적인 여건이 자연발생적으로 만들어 낸 것이라고 보는 것이 옳지 않을까. 때문에 어느 郡에만 집중적으로 생활하고 있지 않고 전섬에 한라산을 중심으로 火田洞이 다 있었다.48)

---

45) 「報告書」, 691~692쪽.
46) 『續陰晴史』, 光武2年 2月 7日, 8日, 25日, 26日, 28日, 3月 1日, 3月 2日.
47) 『續陰晴史』, 光武2年 3月 1日, 4日.
48) 『輿地圖書』上·下는 전55冊이 1973년에 國史編纂委員會 史料叢書 제20집으로 영

 그리고 화전민은 다 남학당이라는 것도 신중히 연구되어야 할 문제이다. 방성칠란에 관심이 있는 사람들은 다 그대로 그 기록을 받아들이고 민란은 처음부터 방성칠을 포함한 南學党이란 종교조직에 의하여 이루어졌다고 보고 있었던 것이다.[49] 그러나 南學이 제주도에 언제 어떻게 傳教되었고 그들의 종교활동과 그 교인의 분포 및 세력 등에 대한 구체적인 연구는 아직 연구되지 않은 채 화전민은 다 남학당이란 결론의 근거도 제시된 것이 없다. 단지 『續陰晴史』만의 기록에 의존하였을 뿐이다. 南學에 관한 연구가인 李康五가 「구한말 남학의 발생과 그 성격에 관하여」『全羅文化研究』제1집을 통하여 깊은 연구 성과를 발표하면서도 전라도 · 충청도 중심의 남학발생을 연구하는데 그쳤을 뿐 그 남학이 제주에 전파된 사실에 대하여는 구체적인 언급이 없다. 전술한 대로 기존의 연구성과는 단지 『續陰晴史』의 화전민이 다 남학당이란 것과 방성칠의 심복 鄭山馬 · 姜辟穀 등 수 백명이 남학당이었다는 기사를 그대로 전적으로 믿고 있다.[50] 그런데 방성칠 · 강벽곡 · 정산마 등도 본인이 전술한 바대로 『정감록』등 비기를 신봉했고 산제를 열심히 지냈던 방성칠의 先輩格 인물이 아니었을까 추측해보는 것이 옳을는지 모른다.

 그외에 그들이 지녔던 목봉에 각인한 "南"자는 남학당의 상징표시로

인 발간되었다. 이 책은 조선왕조 英祖 33년(1757년)에 시작되어 英祖41년에 어느 정도 보완이 마무리된 것으로 그 후로도 高宗때까지 부분적으로 보충된 것이다. 여기에 있는 濟州地圖에는 全郡에 걸쳐 火田洞이 자세히 나와있다. 이것은 成宗12년의 『東口興地勝覽』이 발간된 지 270여년 후의 改修本으로 가장 완전하고 최근의 것으로 볼 수 있다.

49) 조성윤 · 강재언 · 박찬식의 논문도 막연한 추측에 불과하다. 조성윤; 「1898년 제주도 민란의 구조와 성격」~남학당 활동과 관련하여. 조성윤; 「남학당의 활동과 방성칠란」; 강재언 「제주도 유배기의 김윤식」; 박찬식 「방성칠란과 이재수난의 주도세력에 관한 새로운 자료」.

50) 『續陰晴史』, 光武2年 3月 4日.

58

사용한 것이 아니고 제주가 우리 나라 최남단이며 제주에서 난을 일으
켜 제주를 근거로 자기들 나름대로 왕국을 꿈꾸던 그들이었기 때문
에 남쪽인 제주를 표시한 것이 아닐까. 그리고 사회에 대한 불만이 많
았던 그들이었기 때문에 『정감록』등『秘記』에 "海島에 眞人出"이란 말
에 혹하여서 당시 민중들이 종교처럼 믿어왔던 待望의 南朝鮮思想과
같은 것과 혼합되어 거기에 깊이 빠져있던 인물들이었던 것으로 볼 수
있다.51) '南'자도 그러한 뜻 등으로 해석하여 볼 수 있지 않을까 한다.
그리고 중요한 것은 찰리사겸제주목사의 보고서에 죄인들을 공초한 사
실이 나오는데 개인별 所供內에 남학 信奉이라든가 남학당 이야기는
전혀 나오지 않고 있는 것으로도 알 수 있다. 이것은 죄인들에 대한
공초에 기초한 것이고 국가에서도 남학문제로 주목을 하고 있었던 바
였기에 그대로 남학 문제를 묵과했을 리 없을 것이다. 본인은 남학당
主體論은 이후에라도 선명한 해명이 나오기를 고대하고 싶다.

끝으로 문제가 되는 것은 그들이 文武의 六曹구성과 같은 정부조직
을 구상하고 謫客들을 가담시키려고 했지만은 그것이 제대로 이루어지
질 않았다.52) 단지 한때의 그들 나름의 헛된 구상이었을 뿐이다. 그리
고 御南軍의 구성은 火田民은 다 陸地人이고 다 남학당이라는 것을 본
인은 그대로 믿지 못하고 있는 입장이므로 단지 양반관리 및 토호배들

51) 조선왕조 말기에 와서 피압박민중들은 현실세계의 개혁에 앞서 관념적 국가의
건설을 생각하여 언제부터 조선인의 전두에는 "남조선"이라는 황금시대가 기다리
고 있는 신념이 성립하였다. 현실 국토의 온갖 것이 아주 막다른 골에 들어가는
때에 南方海島上에 국가와 민족이 현실적으로 어떤 악경에 빠질지라도 그들은
낙심 실망하는 일 없이 내일을 기다리고 나가는 정신적 彈力을 가졌었다. 『六堂
崔南善 全集』1권 56쪽, 348쪽, 409쪽, 10권 541쪽.
52) 당시 제주의 배인들은 거의 다 모살모반등의 혐의로 국사범이 되어 유배되어 있
었지만 김낙영·최형순외에는 방성칠과 같은 인물의 요청에 당장 응하여 합심
협력할 정도의 수준이 아닌 양반 관인들이었기 때문에 그들은 처음부터 난을 피
하여 도피하였다.

에게 불만을 많이 품고 있었고 활력이 일반인들보다 나았던 화전민 중심으로 구성하였다고 보겠고 방성칠이 거처를 殿中이라 칭한 것들은 분명 反逆에 속하는 일이었지만 그것도 자기망상에 속하는 일로서 사실 그들은 제주를 독립시켜 독립국가로 세우려 했다는 주장53)도 설득력이 없다고 보여진다. 이 민란은「報告書」 결론부에 보이듯 화전민들의 장화세에 대한 불만에 편승하여 중민을 선동했고 그 때문에 만여명 이상의 민란 참가자가 동원될 수 있었다. 그리고 이중에는 강압적 동원이나 家舍 파괴 등의 협박이 작용하고 있었음이「보고서」·『속음청사』에 의해서 증명되고 있다. 또한 참가한 순박한 농민과 화전민들은 민란이 어느 방향으로 즉 反逆으로 변하고 있는 것조차 그들 민란지도부 이외에는 모르고 있었다고 볼 수 있다. 이때의 민란참가자에 대한 아래의 조사표에서 볼 수 있다. 이 조사표는 완전무결한 것은 못되지만 사료상으로는 향임을 경력한 자 1명이고, 농업이 7명, 笠工이 1명으로 당시로서는 거의 무식층으로 보아도 좋을 듯하다. 문자의 이해나 유식층으로 분류할 수 있는 사람이 2~3명 정도, 선생으로 모셔졌다는 강벽곡·정산마 조차도 현재로서는 어느 정도의 수준에 속하는지 의심스럽다. 그러므로 정부조직 등 계획 자체가 제주의 정치·사회적 여건 등으로 헛된 하나의 구상으로 볼 수 있다. 그들에게는 그것을 시행에 옮길 知識이나 理念이 결여된 사람들로서 오히려 配人 최형순과 김낙영 같은 國事犯들의 정치적 욕망이나 作亂에 불과한 것으로 보며 청일본논도 민란지도층 내부의 허황한 밀계로 이것이 민란군에게 알려졌을 때 난의 참가자들도 놀라움으로 등을 돌렸을 것으로 생각된다.

---

53) 조성윤의 전계 논문 주49)참조

방성칠란 참여자 신상표

성명	년령	직업	거주지	비고
房星七	50		大靜郡中面光淸里 菱花洞	民亂主動者, 法司 正法冊子 白筆
姜僻穀	80			民亂主動者, 房星七의 兩翼, 被殺
鄭山(先)馬	80			民亂主動者
金洛榮			濟州邑居住流配者	大將(續陰晴史에는 左大將) 방성칠의 兩翼
崔亨順	28		濟州邑居住流配者	中軍(續陰晴史에는 右大將)
梁明模	35*	농민	大靜郡左面上文里	前座首 民亂의 거짓참가자로 始終동참 懲役 15年
金安日	48*	농민*	大靜郡左面道順里 法正洞	民亂煽民之家 民亂先軍領 終身懲役
姜齊平	28*	농민*	大靜郡左面上文理	民亂先軍領, 終身懲役
梁用已	44*	농민*	大靜郡左面上文里	民亂後軍領 姜伯의 甥姪 兪海辰을 打殺
姜明松				民亂後軍領
吳乙生				
房星化				방성칠의 동생
金成均				日請兵書, 都錄冊 所寫
朴信吉	47*	농민*		先犯牧使 犯殺而在囚者 破其枷放之 終身懲役
金在能	36*	농민*	大靜郡西峙*	金熙瑢斫之軍刀 懲役15年
文基成				방성칠의 隨從 光武2年 4月 獄死
姜如云	48*	농민*		文周昊先打殺 懲役15年
白鶴彈	37*	笠工*	濟州一徒里	左翼將 →執事 無識 懲役15年
房鎭玉				방성칠의 親戚兄 無干與 放送
高龍振				逃躱出陸
朴在權의 父			大靜郡左面道順里 法正	率民來到
文景煥				打破東軒, 毆打牧使・吏房 燒燼文簿

○ 이상의 민란참가자 신상표는 『司法稟報』2・3・4・5책을 참고 작성.
　　표중 * 표는 박찬식 작성의 표에서 보충한 것임을 표시한 것이다.

대한제국기 商務社의 조직과 활동

徐 珍 敎*

Ⅰ. 머리말

19세기 후반에 일어난 중요한 정치적 사건에는 褓負商이 자주 등장하였다. 甲申政變 때에는 보부상이 정변을 일으킨 세력의 무력적 기반이 되었다. 1894년에는 정부가 농민군을 토벌할 때 보부상들을 동원한 일도 있었다.[1] 大韓帝國期에도 예외는 아니었다. 1898년에 독립협회의 활동이 활발해지자, 高宗은 보부상들을 동원하여 皇國協會를 조직하고

* 수원대 사학과 강사

1) 갑신정변 때 보부상의 활동에 대해서는 李光麟, 「甲申政變과 褓負商」, 『東方學志』 49, 1985 ; 『韓國開化史의 諸問題』, 1986을 참조. 1894년의 보부상의 활동은 『東學亂記錄』 上, 「甲午略歷」 pp. 63-64 참조.

그들로 하여금 독립협회를 공격하게 하였다. 1899년에도 정부에 의해 商務社라는 단체로 조직된 보부상들이 궁궐을 지키는데 동원된다거나, 군대로 편성되는 등의 모습을 보이고 있다. 따라서 대한제국기 보부상의 동향을 살피는 일이 당시의 정치적 상황을 이해하는 데 커다란 도움이 될 것이다.

학계에서는 일찍부터 보부상에 대해 관심을 가져왔다.[2] 대부분 行商으로서의 역할 즉 경제적인 측면에 관심을 보였다. 그리고 보부상 조직과 그 변화과정에 주목한 연구들이었다. 이를 통해 상무사의 대체적인 실체를 알 수 있었다. 그러나 기존의 연구를 통해서도 풀리지 않는 궁금한 점들이 있다.

그것은 어떻게 行商인 褓負商 조직에서 정치적 역할이 두드러지게

---

2) 보부상에 관한 기존 연구는 다음과 같다.

李能和,「朝鮮の負・褓商 其の變遷」,『朝鮮』271, 1937.

文定昌,「朝鮮의 褓負商」,『春秋』3-5, 1941.

柳子厚,『朝鮮褓負商攷』, 1948.

劉敎聖,「忠淸右道苧産八區商務社左社」,『歷史學報』10, 1958.

_____,「忠淸右道苧産八區商務社右社」,『歷史學報』17・18合, 1962.

金炳夏,「褓負商에 關한 考察」,『經濟學論集』(中央大學校) 3권 1호, 1960.

朴元善,『褓負商』, 韓國硏究院, 1965.

李光麟,「甲申政變과 褓負商」,『東方學志』49, 1985;『韓國開化史의 諸問題』, 1986.

李宗相,「開港期 褓負商文書 生産의 政治・社會的 背景」,『社會科學論叢』4-2,(釜山大學校), 1985.

崔珍玉,「韓末褓負商의 變遷」,『精神文化硏究』29, 1986.

李勳燮,「褓負商의 經營活動에 관한 硏究」,『論文集』(慶熙大學校) 20, 1987.

嚴妙燮,「朝鮮後期 褓負商 集團의 社會的 機能」, 慶北大學校 博士論文, 1987.

趙彙玨,「開化期 政治活動에 動員된 褓負商에 관한 硏究」,『仁川大學校論文集』, 12, 1988.

黃善民,『褓負商의 經營活動硏究』, 1989.

李憲昶,「朝鮮末期 褓負商과 褓負商團」,『國史館論叢』38, 1992.

趙宰坤,「한말근대화과정에서의 褓負商의 조직과 활동」,『白山學報』41, 1993.

_____,「高宗代 褓負商 組織의 변천과 역할」國民大學校 博士論文, 1997.

나타났는가 하는 점이다. 이를 밝히는데 있어 중요한 것은 상무사를 움직여 나간 사람들이 누구였는지를 파악하는 것이다. 상무사는 행상인 보부상만으로 구성된 것은 아니었다. 상무사에서 활동하던 사람들, 특히 상층부의 사람들 중에는 실제로 행상이 아닌 사람들이 많았다. 이들이야말로 상무사를 움직인 핵심인물이었다고 여겨진다. 이들의 정치적인 지향이 상무사의 정치적인 역할과도 밀접한 관련이 있다고 여겨진다. 따라서 그들이 어떤 인물들이었는지 그들의 성향은 어떠했는지를 파악하는 것이 상무사를 이해하는데 있어 가장 우선되어야 한다고 생각한다. 하지만 지금까지의 연구에서는 이 점이 소홀하게 다루어졌다.

이 글에서는 이와 같은 문제의식을 가지고 상무사의 조직과 구성원에 특히 주목할 것이다. 그 내용을 구체적으로 살펴보면 먼저 상무사가 조직되는 과정에 대해서 살펴보고자 한다. 그러기 위해서는 1898년 황국협회가 조직된 상황부터 보아야 할 것이다. 보부상들의 단체인 황국협회가 해산된 뒤 다시 상무사로 조직되기 때문이다. 다음으로는 상무사의 지도부를 이루는 사람들과 그들의 성격을 검토할 것이다. 이것은 상무사의 정치적 역할과 위상을 이해하기 위한 것이다. 이어 상무사의 활동 내용을 살펴보기로 하겠다. 그것은 고종의 황제권한의 강화과정과 관련하여 살피고자 한다. 이러한 검토를 통해 대한제국기 상무사의 실체는 물론 정치사의 구체적인 실제에 좀더 접근할 수 있기를 기대한다.

Ⅱ. 皇國協會의 활동과 商務社의 설립

1895년에 보부상단체인 商理局이 혁파되었다. 각 任房도 모두 해체되었다. 이후 다시 전국적인 규모의 보부상 단체인 상무사가 1899년 5월에 만들어졌다. 그런데 보부상단체가 다시 결성된 계기는 상무사가 만들어지기 이전인 1898년 후반 皇國協會의 활동에서 찾을 수 있다. 당시 황국협회에서는 보부상들을 끌어 모아 전국적인 조직을 다시 설립하려고 하였다. 1898년 10월에 황국협회에서는 농상대신 및 상공국장에게 자신들이 農商工鑛의 사무를 관장할 수 있게 해줄 것을 청원하는 등 보부상 단체의 복설을 여러 차례 요구하였고, 정부에서는 몇 차례의 실랑이 끝에 11월 21일 황국협회에서 청원한 商務所를 인가하였다.3)

그러나 그 뒤에 보부상들이 만민공동회를 습격한 사건과 관련하여 독립협회와 같이 황국협회도 혁파되었다. 상무소도 당연히 혁파되었다. 그런데 황국협회에서 활동했던 인사들은 계속해서 상무소를 다시 세우게 해달라는 상소를 올렸다.4) 당시 만민공동회에서는 집회를 계속하고 독립협회의 복설을 요구하고 있었기 때문에 정부에서는 보부상들의 요구를 당장 들어줄 수 없었다. 그러나 1899년에 들어 정국이 안정된 뒤, 정부는 商務會社라는 명칭으로 보부상들의 조직을 허가하였다. 그리고 5월에는 칙령을 내려서 상무사가 설립되었다.

이렇듯 상무사가 설치되게 된 데에는 황국협회가 끊임없이 보부상

---

3) 『독립신문』 광무 2년 8월 1일자, 『皇城新聞』 光武 2년 10월 29일자, 『독립신문』 광무 2년 11월 21일자.
4) 1898년 11월 13일에 正三品 朴有鎭 등이 상소하여 商務復設의 명을 내릴 것을 청하였다. 11월 30일에는 前判官 金炳駬 등이 상소하여 상무소의 복설을 청하였다.

단체를 설립할 것을 요구한 결과였다. 그렇다면 황국협회에서 보부상들의 전국적인 조직을 만들려 하고, 또 혁파된 상무소를 복설하기 위해 그처럼 부심했던 까닭은 무엇이었을까. 황국협회원의 한 사람이고, 이후에 설립된 商務社에서 平北都公事員이라는 직책을 가졌던 閔龍鎬의 기록을 통해서 그 까닭을 알 수 있다.

나라를 위해 뜻을 같이한 인사들은 은밀히 時宜를 도와 여러 道의 褓負商들을 불러모으려 하였다. 오래 전 惠商公局을 세워 모든 商人을 유지하여 褓商을 右社, 負商을 左社라 일렀다. 각 任所에는 頭領이 있고 환자를 구제하고 죽은 사람을 장사지내는 데 서로 친애하는 기품이 친척과 같았는데 비록 바람에 빗질하고 비에 목욕하는 떠돌이들이라도 역시 용감한 사람이 많았다. 나라에 전쟁이 일어나면 물자를 운반하는 일을 맡았고 朝廷에서서도 보호하고 구제한 일이 오래 되었다. 甲午年 여러 가지 제도가 更張될 때 혁파되었다. 이 때 서울의 보부상을 소집하니 그 수가 수만 명이었다. 위로는 公卿으로부터 아래로 閭巷에 이르기까지 나라를 위해 힘을 바치는 사람으로 그 임원에 참여하는 것을 영광으로 여겼다. 손에는 木棒을 들고 머리에는 패랭이를 쓰고 農商工部 문전에서 수개월을 風餐路宿하였는데 겉으로는 認可를 청한 것이지만 내실은 全國의 많은 인사들이 참여하기를 기다린 것이었다. (중략) 나와 沈相禧, 黃輔淵, 金燦奎 등 수십 명은 聯名하여 協會員들을 뿌리 뽑기를 누차 상소하였는데 이 때 각 군대가 五部의 要路에 진을 치고 독립협회가 모여서 연설하지 못하게 하였지만 그 편당들이 도성에 가득차서 朝夕으로 무슨 일이 일어날까 염려되었으므로 같은 뜻을 가진 인사들은 商務社를 설치해 全國的으로 조직하여 不虞에 대비하였다.[5]

여기에서 보부상을 불러모아 이전에 혁파되었던 惠商公局 같은 단체를 만들려는 까닭, 그리고 商務所의 인가를 몇 달 동안 계속하여 청원

---

5) 閔龍鎬, 『關東倡義錄』, 國史編纂委員會, 1984, pp. 120-121.

한 이유를 살필 수 있다. 겉으로는 상무소의 인가를 요구하는 활동을 하면서, 실질적으로는 그것을 빌미로 전국의 많은 인사를 끌어들이려 한 것이었다. 당시는 독립협회·만민공동회의 기세가 등등할 때이므로 황국협회의 세를 불릴 방도가 필요하였던 것이다. 보부상들은 전국적으로 수만 명이나 되었기 때문에 황국협회의 세력을 키우기 위해서 보부상 조직의 복설을 요구하며 그들을 끌어들이려고 했던 것이다.6)

그러면 이 과정에서 주도적인 역할을 하였던 황국협회원들은 어떤 사람들이었을까. 그들은 '위로는 公卿에서부터 아래로는 閭巷'에 이르기까지의 사람들이었다는 것이다. 곧 실제 행상인 보부상이 아닌 사람들이 많았다. 실제로 위의 기록을 남긴 민용호는 보부상이 아니었다. 그는 1895년 10월 원주에서 봉기하여 1896년 11월까지 관동지방과 관서지방을 중심으로 활약한 의병장이었다.7) 황국협회에서 주도적인 활동을 하던 많은 이들이 민용호와 같은 위치에 있었다고 여겨진다. 즉 이들은 행상을 하는 보부상이 아니었던 것이다. 이들에 대해 좀더 파악하기 위해 다음의 황국협회 설립에 대한 기사를 참조할 수 있다.

> 앞서 皇帝가 獨立協會를 꺼려하여 法部民事局長 李基東으로 하여금 皇國協會라 칭하는 一會를 설립하게 하고 負商 數千人을 모아 그 회원으로 하였다. 李基東이 會長이 되고 高永根이 副會長이 되었다. 朝官 및 士民 중 그 회에 앞다투어 참여한 자가 역시 많았다. 그 회원중 負商 姜昌熙와 平民 玄德鎬는 參尉에 임명되었고 中人 韓允祖와 前摠巡 趙秉瑢 등은 中樞院議官에 임명되었다. 그 회인즉 황제의 뜻을 받들어

---

6) 당시 보부상의 징확한 수에 대해서는 알기 힘들다. 그런데 『東京經濟雜誌』 1885년 2월 7일자 「朝鮮負商·褓商의 勢力」에는 부상이 8만 명, 보상이 10만 명이라고 하여 수만 명에 이를 것으로 생각할 수 있다.

7) 閔龍鎬, 『關東倡義錄』, 「行狀」, 민용호의 의병활동에 대해서는 朴敏泳, 「江陵義兵將 閔龍鎬의 生涯와 擧義論理」, 『尹炳奭敎授 華甲紀念 韓國近代史論叢』, 지식산업사, 1990을 참조할 것.

독립협회에 대항하는 것을 主旨로 삼았다.8)

이 기록은 당시 독립협회측 인사였던 鄭喬가 쓴 것이다. 여기서 황
국협회에는 '朝官 및 士民'이 다수였다는 것을 알 수 있다. 그 조관으
로는 앞의 이기동, 고영근 등의 고관과 1898년 11월 28일 중추원의관
에 임명된 황국협회계열 인사들을 염두에 둘 수 있다.9) 이들은 대체로
전·현직 관리들이었다. 다음 기록에서는 '士民'이랄 수 있는 사람들을
찾을 수 있다.

> 戊戌年에 獨立協會가 일어나 겉으로는 國政을 개혁한다고 이르고 內
> 實은 실지로 일본과 내통하여 정부를 전복하려고 하였다. 尹致昊 李相
> 在 宋秉畯 등이 演壇에서 웅변을 하니 모이는 자가 수만 명이나 되었
> 다. 이 때 許蔿 李相天 李文和 黃輔淵 李建中 蔡光默 等 復讐疏廳人들
> 은 對抗하는 계책으로 同志를 규합하여 皇國協會를 세웠다.10)

이 기록에서 復讐疏廳人들, 즉 許蔿·李相天·李文和·黃輔淵·李建中·
蔡光默 등이 독립협회와 대항하기 위하여 皇國協會를 세웠다고 한다.
복수소청이란 을미사변 이후 국모 시해에 대한 복수를 주장하며 상소
를 올리던 도약소와 같은 단체를 말한다. 위의 인물들 가운데 李相天·
蔡光默·李文和는 도약소의 구성원이기도 하였다.11) 그리고 당시 '皇國

---

8) 鄭喬, 『大韓季年史』 上, 國史編纂委員會, 1957, pp. 234-235.
9) 이 때 정교가 負商이라 표현한 황국협회 사람들은 다음과 같다.
   정삼품 李南珪 洪鍾億 李敎奭 洪鍾宇 李觀濟 沈殷澤 李時宇 元世性(侍從院侍從),
   정삼품 尹履炳, 사품 李秉應, 오품 金炳馹, 육품 朴夏成 李琦 金奎弼 宋達顯 金永
   祐 尹始永 鄭寅穆 李德夏 崔錫彰 金蓮植, 칠품 朴永駱 尹錫榮 兪奭濬 李埈惠 姜相
   驥, 팔품 柳渡秀 都鎭三 朴來秉, 구품 李秉昭, 유학 金相範 李奎煥(鄭敎, 『大韓季年
   史』 上, p. 391).
10) 閔龍鎬, 『關東倡義錄』, p. 120.
11) 復讐疏廳과 都約所 등에 관해서는 徐珍敎, 「1898年 都約所의 結成과 活動-1890

協會는 乙未事變의 討逆上疏를 濫發하고 日本 亡命者의 대두를 저지하는 상소를 연발하며 討逆復讐의 전술로서 獨立協會와 對戰하였다'는 것을 보면 을미사변 이후부터 민비시해에 대한 복수를 상소하던 사람들 중 상당수가 황국협회 구성원이 되었다는 것을 확인할 수 있다.[12]

이렇듯 보수적인 성향의 관리와 양반 유생들이 활약하던 황국협회에서는 보부상 단체인 상무소 설립을 계기로 보부상들을 모아 독립협회와 만민공동회에 대항해 나갔던 것이다. 당시 그들은 '吾人은 皇帝의 密旨에 의해 집합했다'[13]는 것을 내세웠다. 곧 그들이 고종의 지시에 따라 황국협회의 상층부를 이루고 주도적인 역할을 하였던 것이며, 실제 보부상들은 하부의 행동집단으로 활약하였던 것이다.[14]

독립협회 세력을 제압한 뒤, 황국협회에서 활동하던 이들 가운데는 정부에서 관직을 얻은 경우가 많았다.[15] 그것은 다음과 같은 기록에서도 확인할 수 있다.

年代 後半 保守儒生層의 動向에 대한 一檢討—」, 『震檀學報』73, 1992 참조.

그런데 1898년 7월에 皇國協會가 세워졌을 때, 발기인 명단에서 그들의 이름을 확인할 수 없어, 이들이 황국협회를 세웠다는 말을 그대로 믿기는 어렵다. 그러나 뒤에 보이듯이 독립협회를 공격할 시점에 그들이 적극 가담하였던 것을 보면 황국협회에 참여했다고 볼 수 있다.

황국협회의 발기인으로 신문기사에 나온 인물은 원세성·강창희·강원달·이승원·원운·이희철·김경수·우병세·최용환·이병소 등이었다(『독립신문』光武 2년 7월 1일자).

12) 菊池謙讓, 『近代朝鮮裏面史』下, 鷄鳴社, 1940, p. 516.

13) 信夫淳平, 『韓半島』, 東京堂書店, 1900, p. 65.

14) 물론 이 하부 구성원들도 실제 행상이 아닌 사람들이 많았다. 이는 해링턴이 이때의 보부상이라 불리던 사람들은 옛날의 보부상들이 아니라고 하였던 것을 보아도 알 수 있다. 그는 보부상들은 이미 없어졌거나 그 이름만 남아 있다고 하였다(F. H. 해링턴 著, 李光麟 譯, 『開化期의 韓美關係』, 一潮閣, p. 164).

15) 한편 1899년 3월 19일 황태자 탄신기념일에는 商務會社에 2천 량을 하사한 적이 있는데 이 또한 보부상에 대한 배려라고 할 수 있다.

이 때 負商輩들은 李基東을 보고 負商을 속히 復設할 것을 청하였는데 基東은 이들을 吉永洙에게 보냈다. 負商들은 吉永洙에게 다투어 나아가 크게 분쟁했다. 負商들은 또 모여 의논하여 '獨立協會의 會員들은 다만 名譽를 취할 뿐이고, 우리들은 다만 利得만을 취할 뿐이다. 우리들 중 46명은 이미 官職을 제수받아 이득을 얻었으나 우리 같은 無識한 부류는 다만 負商이 復設되기만을 바라고 있다. 만약 속히 復設되지 않는다면 40여 명의 眼睛을 빼버리겠다'고 하였다.16)

이를 보면 황국협회에서 활약하던 사람들 중 40여 명은 1899년 초반까지 독립협회를 해산한 공으로 관직에 나아갔다고 한다.17) 황국협회의 구성원 중 정부관리였다거나 적극 활약하였던 유생들은 그 대가로 관직을 얻었던 것이다. 그러나 관직은 한정되어 있었다. 그 밖의 사람들과 상인에게도 功에 따른 보상이 필요하였다. 그들은 '利得'을 바라는 사람들이었고 부상이 복설되기를 기대한 사람들이었다.

따라서 고종은 商務社를 설치하여 그들의 요구대로 전국적으로 보부상들을 조직하고, 각 지역의 부상 임소를 설치할 것을 허락하였던 것이다. 이렇듯 상무사를 설치한 이유가 논공행상적인 것임은 다음의 사료들에서 두드러진다.

李漢英이 司務長으로 되어 장차 十三府 都公事員을 조직하려고 하였다. 協會를 해산한 공으로 有力한 자는 이미 商務社와 같은 정부단체에 擢用되었는데, 그 나머지 京鄕間에 아직 收用되지 않은 자는 삼삼오오 모여 힘들인 공을 스스로 늘어놓는 자가 천 명에 이르렀다. 이한영은 고종에게 아뢰기를 한 道의 頭領은 그들이 아니면 감당할 수 없고, 또

---

16) 鄭喬, 『大韓季年史』 下, p. 15.
17) 이후 5월 30일의 중추원의관 서임자 명단을 보면, 앞서 언급된 인물 중 윤이병, 유맹, 송수만, 김연식 등이 들어있다. 이는 곧 1898년 후반의 활동에 힘입은 것이라고 생각된다(『舊韓國官報』 光武 3년 6월 1일자 참조).

論功行賞의 지경에 公議를 따라 발탁하면 人心이 원망하는 것이 없을 것이라고 했다. 고종은 편의대로 하라고 하였다. 이 때 李漢英이 農工商部 안에 여러 사람을 모아놓고 姓名을 써서 벽에 揭載한 후 모인 사람들에게 오늘의 발탁은 論功이지 사사로운 것이 아니라고 하였다. 그리고 皇國協會를 설립하고 商務社를 설치하여 獨立協會를 혁파시킨 날에 공이 다른 사람의 耳目에 두루 미친 자들의 이름을 크게 소리내어 불러, 사람들은 擧手하였다. 公議에 맞지 않은 자는 말이 없었다. 이 때 발탁된 자는 백에 둘 또는 셋에 불과했는데, 나도 뽑혔다.[18]

商務社長 申箕善이 副司務 李圭桓으로 하여금 負商中에서 十三道明事長을 뽑아 정하게 하자, 昨年에 民會를 擊破할 때 國家에 공헌이 많았다고 하는 자 200여 명과 또 그 다음이라고 하는 자를 다 셀 수가 없었다. 사람들이 서로 공을 다투고 그 중 세력있는 자 60여 명은 終日토록 서로 다투어 마지막에는 제비를 뽑아 선발하려 했다. (중략) 14일 申箕善이 소를 올려 參政에서 물러날 때 역시 社長 자리를 물러났다. 李漢英이 署理社長이 되어 오래지 않아 다시 十三道 明事長을 뽑고 340여 郡의 都接長을 뽑았다. 그 接長輩들은 비록 관리를 거치지 않은 자들었음에도 불구하고 다 宕巾를 입고 玉圈子를 늘어뜨리고 所管하는 郡에 가서 支社를 설치하고 章程價 10元 印章價 10元을 商務本社에 바치고, 各郡의 商民과 閒散之類로부터 負商 憑標價를 받아 都接長 支社의 비용으로 충당하였다. 이 때 負商의 명칭은 國中에 두루 차서 위로는 搢紳으로부터 士庶人 아래로는 隸賤에 이르기까지 부끄러움을 모르는 자들이 다투어 참여하고 무리지어 모여다녀 郡邑과 마을에 끼친 폐를 이루 다 열거할 수 없다.[19]

이 기록들은 商務社의 간부를 조직해 나갈 때의 상황을 전하여 주는 것이다. 이에 따르면 독립협회를 공격하고 해산시킨 공의 정도에 따라 상무사의 간부를 뽑으려 한 것이 확인된다. 앞의 기록을 남긴 閔龍鎬

18) 閔龍鎬, 『關東倡義錄』, p. 127.
19) 鄭喬, 『大韓季年史』 下, p. 23.

대한제국기 商務社의 조직과 활동 71

도 그의 동지들과 함께 독립협회를 격파한 공에 따라 平北都公事員에 임명되었다.[20]

한편 상무사의 복설은 논공의 성격 이상의 의미가 있었다. 1899년 들어 독립협회의 해산으로 민회세력이 와해되었고 고종은 자신의 권한을 강화하려는 노력을 펼쳐나갔다. 하지만 언제 다시 황제와 정부에 도전하는 움직임이 나타날 지 모르는 상황이었다. 따라서 앞으로 일어날 수 있는 상황에 대항할 세력이 필요하였다. 고종은 그에 대비하기 위해 보부상들을 전국적으로 조직하여 상무사를 설치한 것이었다. 그것은 곧 '不虞'에 대한 대비책이었던 것이다.

이와 같이 1899년에 들어 전국적인 보부상 조직인 상무사가 설치된 것은 황국협회가 고종의 뜻에 따라 독립협회를 공격하고 혁파에 이르게 한 것에 대한 보상으로 이루어졌다. 나아가 고종은 자신의 지지세력을 규합하여 앞으로 있을지 모르는 반정부적 움직임에 대처하기 위해 전국적으로 보부상을 조직화하여 활용하고자 하였던 것이다. 이러한 고종의 정치적 의도에 따라 1899년 5월 상무사가 설치된 것이었다.

Ⅲ. 商務社의 조직과 지도부의 성격

상무사는 1899년 3월 16일에 설립되었고, 5월 12일 칙령에 의해 정식 기구가 되었다. 그리고 조직도 마련되었다. 중앙에 있던 상무사 본사에는 社長(1인), 句管社長(1인), 副社長(1인), 司務長(1인), 副事務(3인)를 두었고, 그 아래 사원으로서 公事員, 掌務員, 明査員, 財務員 등을 두었다. 사장과 부사장은 政府 大臣이 겸임하는 직책이었다. 그리고 공

---

20) 閔龍鎬, 『關東倡義錄』, p. 124, 『皇城新聞』 光武 3년 12월 4일자.

사원과 장무원은 각 13인이 있어 13도의 사무를 나누어 맡았다. 지방에는 지사가 있었다. 13도에는 分社長을 두어 觀察使가 겸임하였다. 分司務長은 334곳에 두어졌는데 목사·부윤·군수 등이 겸임하였다. 그리고 각각 掌務員, 財務員, 書記, 幹事, 雇傭 등을 두었다. 이외에 각 도에 都公事員 1명과 掌務員 2명을 중앙 본사에서 파견하여 지방 지사를 점검하게 하였다.[21]

이러한 상무사 조직 내의 지휘·명령체계는 다음과 같이 짜여졌다. 상무사 본사의 社長은 각 도의 觀察使인 分社長에게 訓令하고, 副社長, 事務長 등은 分社長과 상호 照會하게 하였다. 각 도에 파견된 都公事員은 관찰사인 분사장에게는 보고하고, 분사무장인 府尹, 牧使, 郡守 등과 서로 조회하게 하였다. 상무사 조직은 또 다른 지방통치 조직처럼 전국을 망라하고 있었던 것이다. 그리고 보부상 조직이라고 하지만 그 간부들은 관리가 겸임하거나 관리와 같은 지위를 가졌음을 알 수 있다. 당시 商務社의 위상과 영향력을 짐작할 수 있는 부분이다.

이와 같은 상무사의 중앙과 지방의 조직은 行商인 褓負商들을 지휘하고 통제하였다. 그 휘하에 서울 내외의 30여 지사가 있었고, 지방의 각 군 단위로 상무사가 조직되었다. 그런데 이들의 통제를 받는 보부상의 우두머리인 13도의 明査長과 340여 郡에 都接長 또한 商務社 本社에서 차출하였다. 이들 또한 독립협회를 공격하여 해산하게 만든 공에 따라 선출되었다. 이처럼 상무사의 중앙 및 지방조직은 민회를 혁파한 공이 있는 사람들로 채워졌다. 그 공이 있는 사람들을 모두 정부의 관직에 등용할 수는 없었다. 따라서 보부상들의 임방을 복설하면서 그것을 관리하는 조직인 상무사에 그들을 기용하였던 것이다.

그렇다면 상무사에서 활동했던 사람들은 어떤 사람들일까. 중앙 본

---

21) 『舊韓國官報』光武 3년 5월 15일자 「勅令第19號 商務會議所規例 改正件」.

사의 경우 1899년 봄에 민용호가 공사원으로 입사하였을 때, 본사의
하급 간부의 하나인 掌務員의 직책에 26명이 있었는데 이들은 모두 3
품 이상이었고 자신만이 서생이었다고 하였다.[22] 이를 보면 상무사 조
직의 대부분은 관력이 있는 사람들이었다고 판단된다. 그 상부 조직은
대체로 전·현직관리로 구성되었던 것을 알 수 있다. 황국협회의 상층
부를 구성하며 주도적인 활동을 펼쳤던 사람들이었던 것이다. 1899년
상무사를 조직할 당시 본사의 간부진들은 아래와 같았다.

> 1899. 3.16 都社長 : 沈相薰.　社長 : 閔丙奭.　副社長 : 李基東.　都司務 :
>   吉永洙.　副司務 : 朴有鎭, 金光熙.[23]
> 1899. 5. 9 都社長 : 申箕善.　句管社長 : 閔泳綺.　都司務長 : 李根澔.　副司
>   務長 : 李漢英.　副司務 : 金光熙, 李圭桓, 趙永淳[24]

정부 대신들이 사장과 부사장을 겸하고 司務·副司務의 경우 황국협회
에서 보부상 집단을 진두 지휘했던 인물들이었다.

　사장과 부사장 사무, 부사무에 임명된 吉永洙, 朴有鎭, 金光熙, 李圭
桓, 趙永淳 등 외에 황국협회의 구성원들이 포진했을 것이다. 앞서 閔
龍鎬가 밝힌 황국협회를 세웠다는 인물들로 許蔿 李相天 李文和 黃輔
淵 李建中 蔡光默 閔龍鎬 (復讐疏廳人)등이 있었다.[25] 그리고 황국협회
가 독립협회를 습격할 때 행동하고 상무사를 세웠다는 인물은 沈相熙
洪鍾宇 李基東 金燦奎 金弘濟 宋振玉 李在華 羅裕錫 閔龍鎬 許蔿 李相

---

22) 閔龍鎬, 『關東倡義錄』, p.122.
23) 鄭喬, 『大韓季年史』 下, p. 15.
24) 『皇城新聞』 光武 3년 5월 9일자. 10일자. 길영수나 박유진은 보부상들의 만민회
　　습격사건의 주동으로 지목되어 홍종우와 함께 유배형에 처해지기도 할 정도로
　　핵심인물들이었다(鄭喬, 『大韓季年史』 上, p. 343).
25) 閔龍鎬, 『關東倡義錄』, p. 120.

天 黃輔淵 등이었다.26) 이들이 상무사에 발탁되었다는 것은 1899년 12월 각도에 파견된 都公事員의 명단에서도 확인할 수 있다. 이 때 각도에 파견된 인물들은 朴喜明·李鍾吉(경기도), 韓秉鎬·李圭煥(충청남북도), 沈相禧·河在淸(경상남북도), 尹順伯·李福憲,(전라남북도), 車秉魯·羅裕錫(강원도), 金光鉉·邊泰鉉(황해도), 鄭周永·河在著(함경남북도), 金燦圭·閔龍鎬(평안남북도) 등이었다.27) 여기서 나유석·심상희·김찬규·민용호는 앞에서 독립협회를 습격하고 상무사를 세웠다는 인물들이다.28)

이상에서 보면 상무사를 구성한 사람들, 특히 상층 지도부의 인물들은 전직관리 그리고 1898년 후반에 都約所 혹은 建議疏廳이란 이름으로 민비시해에 대한 복수를 주장하던 유생들이었다. 이들은 1898년 황국협회의 활동을 통해 친정부적인 활동을 지속했던 인물들이었다.29) 그들은 국모의 시해에 대한 복수를 주장하는 상소활동을 하며 결속한 인물들이었다. 더구나 都公事員이 된 閔龍鎬와 沈相禧 등은 을미년 이

---

26) 閔龍鎬, 『關東倡義錄』, p. 121.
27) 『皇城新聞』光武 3년 12월 4일자.
28) 沈相熙는 곧 沈相禧와 동일 인물인 것으로 생각된다. 민용호는 沈相熙·黃輔淵·金燦奎 등 수십 명이 연명하여 독립협회를 뿌리뽑아야 한다는 뜻으로 상소를 거듭하였다고 하였는데,(閔龍鎬, 『關東倡義錄』, p. 121.) 당시 상소자중 沈相熙란 이름은 보이지 않고 沈相禧란 이름으로 상소가 올려지고 있기 때문이다(『高宗實錄』光武 3년 1월 2일조 참조).
29) 그렇다면 황국협회의 발기인들도 상무사의 구성원 범주에 넣을 수 있지 않나 한다. 신문기사에서 확인할 수 있는 명단은 다음과 같다.
원세성, 강창희, 강원달, 이승원, 원운, 이희정, 김경수, 우병세, 최용한, 이병소 (『독립신문』광무 2년 7월 1일자).
한편, 1899년 상무사가 설치된 이후 상무사에는 北黨과 南黨의 갈래가 있어 서로 자주 다투었다. 그런데 이 때 남당은 惠商公局 때부터 보부상과 관련이 있었던 사람들이었고, '爲國托商圖報涓埃之士'들이 북당을 만들었다는 말을 볼 때, 민용호 등 실제 보부상이 아닌 사람들이 북당이었다고 보인다(閔龍鎬, 『關東倡義錄』, pp. 120-121 참조).

후 의병으로 활동하였던 인물이었다. 특히 민용호는 국왕의 密旨를 받고 기의하였다. 심상희는 여주지방에서 기의하여, 아관파천을 준비하던 李範晉의 명령을 받아 日本軍用電信線을 파괴하고 절단하는 등의 활약을 보였던 인물이었다.30)

이들은 전통적인 존왕사상과 보수성을 가진 사람들이었다고 할 수 있다. 그리고 체제 유지에 앞장서고 황제권 강화에 지지적인 성향을 보여준 인물들이었다. 의병활동이나 상소활동의 전력에서 드러나듯이 이들은 또한 반외세적인 성향을 가진 인물들이었던 것이다. 그러므로 이들은 근대적인 개혁에 앞장서기보다는 기존 체제의 고수에 적극적이었다고 할 수 있다.31) 또 일제의 침략에는 적극적으로 저항하였으리라는 것을 알 수 있다.

이러한 성격의 상층부의 인물들과 하층부의 실제 보부상들로 조직된 것이 상무사였다. 상부의 사람들은 황제에 대한 충성의 대가로 관직 혹은 상무사의 직책을 차지할 수 있었다. 하부의 보부상들은 전국적인 조직을 갖게 됨으로써 정부의 보호 아래 지방관으로부터 침탈 당함이 없이 상업행위를 지속할 수 있게 되었던 것이다. 고종은 이러한 것들을 제공함으로써 그들에게 지속적인 충성을 기대할 수 있었고, 상무사 조직을 자신의 세력기반으로 유지할 수 있었던 것이다.

---

30) 沈相禧는 斷髮令 이후 堤川에 낙향하여 봉기하였다. 그는 沈相薰의 일족이었는데, 심상훈은 고종과 이종간으로 최측근이었다(吳瑛燮, 「華西學派의 保守的 民族主義 −그들의 衛正斥邪論과 義兵運動을 中心으로−」 翰林大學校 博士學位論文, 1996, pp. 142-149 및 p. 165 참조). 심상훈은 1899년 3월에는 상무사 도사장으로 임명되었다.

31) 조재곤은 상무사를 왕실측과 깊은 관계를 가지고 근대화를 추진하는 개혁 추진의 하부 기구였다고 하였다(趙宰坤, 앞의 논문과 「대한제국기 洪鍾宇의 近代化 改革論」, 『澤窩許善道先生停年紀念 韓國史論叢』, 1992 참조). 그러나 이러한 상무사 구성원들의 성향을 볼 때 근대적이고 개혁적인 성향을 보이기는 어려울 것으로 보인다.

Ⅳ. 商務社와 고종의 황제권 강화

고종이 상무사를 설치한 것은 논공행상의 조치임과 동시에 장차 정치적·경제적인 입지 강화가 필요한 시기에 상무사를 활용하려 했기 때문이었음을 보았다. 그리고 앞서 살펴본 상무사 지도부의 성격을 고려할 때 상무사는 고종의 명령에 충실히 움직였을 것임을 쉽게 짐작할 수 있다. 이제 고종의 황제권력 강화와 관련된 상무사의 구체적인 활동을 살펴볼 것이다.

상무사는 印紙를 발매하여 그 비용으로 운영하였다. 그런데 그 수입은 상무사의 것만은 아니었던 것으로 보인다. 황국협회에서 상무소 인가를 요청할 때 제출한 「節目」에

印紙發賣時에 十之八은 農部에 納하고 一分은 各該任房에 付給하고 一分은 付之本社하야 殖利補用ᄒ고 每商民에게 商會信章을 表給ᄒ나니[32]

라는 조항이 있다. 재정난에 시달리던 정부와 고종으로서는 상무사를 설치하면서 당연히 인지 발매 때의 수익을 염두에 두었을 것이다. 상무사에서는 각 군 지사의 도접장들에게 상무사의 章程價 10원과 印章價 10원을 납부하게 하고 각 지역에서 負商憑標를 매매하게 하였다. 그것을 가지고 도접장과 각 지사의 활동 비용을 충당하게 하였던 것이다. 그래서 그 빙표를 商民과 閑散의 무리에게까지 팔아 負商의 명칭이 나라 안에 넘쳤다고 한다.[33] 여기서 한산의 무리에는 곧 위로는 '搢

---

32)『皇城新聞』光武 3년 3월 16일자.
33) 鄭喬,『大韓季年史』下, p. 23.

紳으로부터 아래로는 賤隷'에 이른다는 지적처럼, 본래 상인이 아닌 사람들까지 포함되었던 것이다. 즉 보부상 등의 상인에게만 상인의 憑標가 판매된 것이 아니라 다른 사람들에게도 판매된 것이었다. 각 도에 도공사원으로 파견된 사람들의 주 임무도 이 상표의 판매였다고 보인다. 이 점은

> 商務社에서 商標를 竣刊ᄒ고 十三道에 都頭領을 派往함은 向報에 記
> ᄒ얏거니와 수에 更聞한즉 其 商標ᄂ 國內 各樣商民에게 出給ᄒ야 每
> 張에 葉一兩을 捧ᄒ야 五錢은 商務社에 納하고 三錢은 該所管支社에
> 納ᄒ고 二錢은 都頭領의 旅費로 除한다더라[34]

라는 기사에서 확인할 수 있다.

상무사에서 각도에 파견된 都公事員들은 이미 한 사람당 2만 냥씩 미리 납부하고 파송되었다.[35] 파견된 사원들은 상표를 파는 일에 힘썼다. 그러다 보니 도공사원들은 상표를 상인들이 아닌 사람에게도 판매하였다.

> 竹山郡守 尹炳氏가 商務社分事務를 兼察ᄒᄂ디 各面執綱에게 傳令ᄒ
> 고 戶口를 從實調査하야 各洞頭民을 官廷으로 招致ᄒ야 負商帖狀 每戶
> 一張式 分給ᄒᄂ되 該帖狀에 郡守 印을 捺ᄒ고 每名下에 五兩式收歛ᄒ
> 고 ᄯᅩ 該郡接長洪祐七씨로더부러 白巖場에 坐定ᄒ고 各商民에게 帖狀
> 一張式分給ᄒ後에 代價五兩式收捧ᄒ니 民情이 嗷嗷ᄒ고 商路가 阻絶ᄒ
> 더라[36]

---

34) 『皇城新聞』光武 3년 12월 9일자.
35) 『皇城新聞』光武 3년 12월 4일자.
36) 『皇城新聞』光武 3년 10월 11일자.

이 기사를 보면 分司務長인 군수가 상표를 호당 1매씩 할당하여 강매한다든지, 혹은 시장에서 각 상민에게 강매하던 상황을 알 수 있다. 당시 관찰사, 군수 등이 상무사의 직책을 겸임하고 있던 상황을 볼 때 이러한 현상은 전국적이었다고도 볼 수 있다. 그러므로 그에 따른 잡음도 많이 나타났다. 다음의 尹致昊의 1900년 12월의 일기를 보면 그것을 알 수 있다.

> 황제의 친당이며 이 나라 악의 근원인 보부상들이 그들의 조직을 원산에 설치하여 불법적인 세금을 거두려 한다. 그들은 무장을 하고 황제의 칙령과 그들 단체(상무사)의 장정을 지니고 오는데 나는 그들이 원산에 오는 것을 막을 수 없다. 내가 할 수 있는 것은 그들의 불법적인 행위를 견제하는 것 정도이다. 그들이 帖狀을 그들에게 가입하지 않으려는 사람들에게도 팔고 또 장날에 사람들이 장에 오면 세금을 거두며, 사법적인 역할까지 수행하려는 것을 허락하지 않으려 한다.[37]

이를 보면 첩장(상표)을 일반인들에게도 勒賣하며, 장에서 사법적인 기능까지 하고 있다는 것을 확인할 수 있다. 그리고 보부상들이 시장에서 세금을 마구잡이로 거두어 들이다 보니, 상인들이 그 과도한 세금을 피해 물건을 들여오지 않아 쌀과 땔감값이 폭등하는 일까지 생겼다.

이들의 위력은 감리가 '그들을 제어할 수 없을 정도'라고 한 말에서 단적으로 드러난다. 그 세력의 근원은 '황제의 칙령'이었다. 곧 상무사원들은 황제와 정부의 비호 아래 활동하였던 것이다. 그것은 윤치호가 "황제와 그들의 주구들이 돈을 만들기 위한 음모를 꾸미느라 밤낮없이 바쁘다"고 하고 "보부상조합은 정부의 한 부서로 합법화되었고 세금을

---

37) 尹致昊, 『尹致昊日記』 5, 國史編纂委員會, 1975, p. 235.

징수할 권한 등을 가졌다"라고 비난하고 있는 내용에서도 알 수 있다.[38]

판매된 商標 값의 일정한 액수는 황실에 소속되었을 것이다. 이는 황실재정을 확충하기 위해 쓰여졌다고 여겨진다. 이 점은 1899년 들어 황실재정기구인 내장원을 만들고, 여기에서 홍삼제조·광산·둔토·철도·관개 사업 등을 관리하게 한다든지, 각종 잡세를 다시 부과하던 상황을 보아도 짐작할 수 있다. 당시는 황실재정 확보가 긴요한 현안이었다. 더욱이 윤치호는 상무사 설치 자체가 황실 소요 경비를 마련하기 위한 것이라고 하고 비난하였다.[39] 이를 보면 고종이 상무사의 운영을 통해 황실의 재정을 확충하려 하였다는 것을 알 수 있다.

상무사의 상층부의 사람들은 황제의 비호 아래 관리와 같은 지위를 획득했고, 행동집단인 상인들은 시장에서 세금을 거둘 수 있는 권리를 누릴 수 있었다. 따라서 '황제에 대한 충성'을 내세우던 상무사와 황제의 관계는 굳건하게 유지될 수 있었다. 더구나 관리들에 의해서 통제되고, 중앙에서 다시 도공사원이 파견되어 관리되던 상무사원들은 황제를 지지하는 세력기반으로 작용하였던 것이다.

이처럼 상무사가 황제의 세력기반이 되었기 때문에, 고종은 필요에 따라 황실의 일에 이들을 동원할 수 있었다. 예를 들면 皇室의 陵을 옮기는 데 보부상들이 동원되었다.[40] 遷陵의 사역에 동원할 때, 그 지

---

38) 尹致昊, 『尹致昊日記』 5, p. 210과 p. 232.

39) 尹致昊는 해관 총세무사 브라운(J. McLeary Brown)을 축출하여 고종이 海關을 마음대로 하려 하였고, 1902년 8월까지 3-4년 동안 그 값이 400-1500냥인 陵參奉은 묘지의 나무수보다 많이 임명되었다고 비판하고 있다. 또한 地契衙門, 量地衙門, 水輪院, 商務社, 惠民院, 鐵道院, 禮式院, 警衛院, 典閘局, 平式院, 管理署, 綏民院과 같은 대부분의 궁내부 산하 기구들에 대해서도 그에 소속된 신설 관직들을 황제가 돈을 긁어 모으는 데 이용하였다고 비판하고 있다(尹致昊, 『尹致昊日記』 5, p. 288과 p. 330 및 pp. 337-340, p. 360, p. 370 참조).

40) 『皇城新聞』 光武 4년 10월 2일자.

휘를 수월하게 하기 위해 상무사장을 교체하여 警部大臣에게 겸임하도록 하는 등 상무사는 황제의 의도에 의해 운용되었던 것이다.

한편, 1899년 6월 독립협회의 잔여 세력들이 일본에 망명해 있는 박영효의 지시로 정부 대신집에 폭열탄을 던지는 사건이 발생하자, 고종은 상무사원들을 조종하여 일본에 있는 박영효 등의 망명자를 국내로 인도할 것을 요구하라고 외부에 청원하게 하였다.[41] 그리고 보부상들을 동원하여 야간에 시내를 순찰하게 하였다. 이러한 일은 정국이 어수선해질 때마다 반복되었다.[42] 또 동학 잔당을 토벌하는 데 동원되기도 하였다.[43] 또한 1900년 초에 일본에 망명해 있던 安駉壽와 權瀅鎭이 자수해 오자 그들을 처벌할 것을 강력하게 주장하는 등 고종 황제의 뜻에 따라 활동하였다.[44]

고종은 상무사를 정규의 군대로 편성하려고도 하였다. 1900년 5월에 商務社를 商備隊로 개칭하고 군액을 1000명으로 두고자 하여 각 지사의 부상 가운데 3인씩을 모집하도록 하였다. 상비대의 장관은 상무사의 두령으로 겸임하게 하고 내장원소관의 둔토로써 경비를 마련하도록 하였다.[45] 또 1903년 6월에도 "元帥府가 商民을 兵士로 편성하여 8개 대대를 만들었다. 대대는 각기 천명이고 東別營을 주둔지로 한다"[46]는 것을 볼 때 상무사에 소속된 보부상들을 군대로 편성하고자 하였던 것이 드러난다. 각 대대 천 명으로 8개 대대를 구성하려고 하였다.[47] 이

41) 『駐韓日本公使館記錄』9,「本省往來信」, 1899. 7.7 發, 제67호.
42) 鄭喬, 『大韓季年史』下, p. 20. 『皇城新聞』光武 3년 7월 3일자, 10월 25일자, 光武 4년 11월 13일자, 光武 7년 4월 22일자.
43) 『皇城新聞』光武 4년 10월 2일자.
44) 鄭喬, 『大韓季年史』下, pp. 67-68.
45) 『皇城新聞』光武 4년 5월 11일자.
46) 黃玹, 『梅泉野錄』, 國史編纂委員會, 1955, p. 294.
47) 보부상으로 군대를 편성하려는 이러한 시도들이 실현되었는지는 분명하지 않다. 이후 군제상에서 상비대나 혹은 상민으로 구성된 대대들이 나타나지 않고 있기

렇듯 상무사는 비상시에 고종과 정부의 편에 서서 황제를 지지하고 그 뜻대로 움직이는 조직으로 운영되었던 것이다.

V. 商務社와 일본제일은행권 유통저지운동

상무사는 일제의 경제적 침략에 대해서도 앞장서 저항하였다. 그것은 1903년에 들어서 두드러지게 나타난다. 日本第一銀行券의 유통에 대한 반대운동을 펼친 것이었다. 일본은 한국의 화폐제도를 근본적으로 정리하려는 생각을 1900년부터 갖고 있었다. 그 방법 중의 하나가 日本 貨幣를 교환할 수 있는 어음을 한국에 통용시키는 것이었다. 일본은 정식화폐도 아닌 日本銀行兌換券을 한국에서 발행하였다. 한국정부와는 협의도 없이 1902년 5월 20일 일본제일은행 부산지점을 시작으로 목포, 인천, 서울 등에서 일본은행태환권인 제일은행권이 발행되었다.[48]

때문이다.

48) 국제 銀 가격의 상승으로 日本銀貨가 한국에서 빠져나가고, 한국에서의 白銅貨 인플레이션으로 인한 한국화폐의 확대가 일본의 자본진출에 방해가 됨과 동시에 한국에서 일본화폐가 구축되었다. 그리하여 일본은 한국화폐를 폐지하는 방법으로 대책을 세웠는데 그것이 日本第一銀行券의 유통이었다. 일본은 1900년 6월부터 제일은행권의 발행을 구상하였고, 1901년 11월 일본 대장성의 허가를 받고 1902년 5월 부산을 시작으로 한국 내에서 발행하기 시작하였다. 이 제일은행권 곧 '第一銀行 一覽拂手形'의 발행에 대해서는 다음과 같은 연구들을 참조할 수 있다.
澁澤榮一, 『韓國貨幣整理報告書』, 第一銀行, 1909.
柳子厚, 『朝鮮貨幣考』, 1940.
羅愛子, 「李容翊의 貨幣改革論과 日本第一銀行券」, 『韓國史研究』 45, 1984.
趙恒來, 「韓末 日帝貨幣金融의 침략과 그 실제(2)」, 『歷史敎育論集』 13·14, 1990.
吳斗煥, 『韓國近代貨幣史』, 韓國研究院, 1991.
金玉根, 『朝鮮王朝財政史研究』 IV, 一潮閣, 1992.

상인들은 그것을 받아도 되는지 정부에 묻기 시작하였고,[49] 인천의 紳商協會에서는 은행권의 授受를 반대하는 결의도 있었다.[50] 이에 정부에서는 9월 11일 外部大臣을 통해 각 항구의 감리에게 훈령하여 제일은행권의 수수를 금지하게 하였다. 日本公使는 이에 맞서 금지 훈령을 철회할 것을 계속 요구하였고, 정부는 6월 12일 하는 수 없이 그 통용 금지령을 철회하였다.[51] 그러나 정부의 결정은 다시 번복되어 漢城府 判尹이 1903년 1월 30일 '한국인 중에 제일은행권을 수수하는 자는 처단하겠다'고 고시하고, 2월 3일에는 탁지부에서 각 항 감리에게 제일은행권의 통용금지를 명령하였다.[52]

이러한 정부의 움직임에 대해 일본은 공약을 이행하지 않았다고 협박하고, 2월 10일에는 서해안에 군함 3척을 파견하여 위협을 가해 왔다. 정부는 또 다시 제일은행권의 수수를 상민들의 임의에 맡기고 금지령을 철회해야 하였다.[53] 그와 함께 1903년 3월에는 「中央銀行條例」와 「兌換金券條例」를 제정하여 한국 화폐의 발행을 서둘렀다.[54]

그런데 이 즈음인 1903년 2월 초 상무사에서는 李根澤·吉永洙 등이 商務社員들에게 제일은행권을 사용하지 말 것을 성명하고 鐘路에 檄文

趙宰坤, 「1902, 3년 日本 第一銀行券 유통과 한국상인의 대응」, 『于松趙東杰先生停年紀念論叢』 II, 『于松趙東杰先生停年紀念論叢』, 1997.
이 연구들을 통해 제일은행권 유통의 배경과 한국정부의 대응, 그리고 그에 대한 한국민의 반응에 대해 알 수 있다. 그런데 한국민의 대응에서 본고에서 살펴볼 商務社와의 관계는 파악하고 있지 못하다. 대부분이 韓國商人들이 유통방해운동을 펼쳤을 뿐이라고 하고 있으며, 趙宰坤만이 共濟所에 대해 주목하여 공제소가 보수적 유생들과 商務社와 관련이 있음을 언급하고 있는 정도이다.
49) 『農商工部來去文』 제10책(奎 17802) 照會 제81호.
50) 澁澤榮一, 『韓國貨幣整理報告書』, pp. 151-152.
51) 『皇城新聞』 光武 7년 1월 21일자.
52) 『皇城新聞』 光武 7년 2월 5일자.
53) 『舊韓國外交文書』 6, #7222, 1903. 2.12.
54) 『舊韓國官報』 光武 7년 2월 26일자.

을 붙이며 대중을 선동하였다. 2월 13일에는 宋守萬·李相轍 등이 전
국에 '은행권 통용이 불가함'을 항론하는 통문을 보내었다.[55] 정부에서
제일은행권의 통용을 허용하고 中央銀行 설립에 대한 조례를 준비하는
동안 잠잠하였던 사람들이 1903년 6월에 들어 앞서 통문을 보낸 바 있
는 宋守萬·李相轍·李熙斗·沈相禧 등 4명의 이름으로 다시 종로에
아래와 같이 揭榜하였다.

> 무릇 財貨라는 것은 국가의 血脈이요 백성의 生命이니 그 關係가 어
> 떠할 것인가. 그런데 華商 同順泰의 紙票와 日人 銀行의 新券이 積置
> 한 資本도 없고 또 列國에 통행되는 것도 아닌 즉 다만 一片의 空紙
> 입니다. 저들의 만들어냄은 無限하여 우리의 有限한 天産을 취할 것이
> 니 장차 우리 三千里 안이 다 그 소유가 되어도 오히려 부족함이 있을
> 것입니다. 근심하는 말과 생각이 이에 미치니 어찌 원통하고 한탄스럽
> 지 않겠습니까. 本年 正月경에 우리들이 피흘리며 글을 지어 國中에 통
> 고하였는데 (중략) 우리 대한 臣民되는 僉君子께서는 오는 陰曆 14일
> 일제히 鐘路 鉢里廛 都家에 모여 衆心을 합하여 大事를 마칩시다.[56]

제일은행권의 통용과 관련하여 집회를 가질 것을 선동하였던 것이
다. 청상동순태상표와 일본제일은행권은 준비금 없이 발행된 것이니
휴지와 같은 것이고 유통을 그대로 둔다면 우리의 강토가 저들의 소유
가 될 것이라는 논지였다. 그리하여 송수만·심상희·이상철·이희두
등이 '大會民衆하여 (은행권등을) 約書禁斷'하고 통문을 전국에 발송하
였다.[57]
한편 6월 8일자로 한성 각 지역에 부착된 통문에는 宋守萬·鄭應

---

55) 京城府, 『京城府史』1, 1934, p. 696과 『皇城新聞』光武 7년 2월 13일자.
56) 『皇城新聞』光武 7년 6월 10일자.
57) 『皇城新聞』光武 7년 6월 12일자.

髙・沈相禧・鄭衡基・李相轍・姜昌熙・李熙斗・朴基英・金璉植・劉錫・이은철・金光熙・洪鍾宇・양재학 등의 명단이 있어 이 운동을 주도한 인물을 알 수 있다. 이들 가운데 심상희, 김광희는 상무사의 간부였다. 특히 『東京朝日新聞』에는 "송수만・심상희・이상철・이희두 등이 부상 상무사에 관계한 사람들이며, 이들은 평리원재판장 李南熙과 李根澤・閔景植・朱錫冕 등의 '露派' 등과 결탁하였다"고 하여,[58) 상무사에서 제일은행권 배척운동을 주도했다는 것을 알 수 있다.

그렇다면 상무사에서 일본제일은행권의 유통에 대한 반대운동을 주도하였던 이유는 무엇이었을까. 당시 정부로서는 일본이 군함까지 동원해 가며 강력하게 밀어붙이던 제일은행권 발행에 대처할 수 없었다. 일본 화폐의 유통량이 늘어나고 제일은행권까지 사용되기 시작하였다. 그러자 한국정부는 화폐제의 확립이 시급하게 되었다. 정부는 지폐를 발행하려고 차관을 시도하였다. 그러나 일본의 방해로 실패하였으며, 총세무사인 브라운까지 반대하여, 한국은 독자적인 화폐제도의 확립에 실패하게 되었다.[59)

따라서 정부는 일본의 제일은행권 유통을 막을 새로운 방법이 필요하였다. 그것은 반대여론을 조성하고 확산시켜 정부의 의도를 관철하고자 한 것이었다. 이러한 의도에 상무사가 부합되었다. 상무사는 전국적인 조직을 갖고 있었고, 장시에서 수세를 하고 있었으므로 그 효과는 자못 클 수 있었다. 더구나 그 상층부의 사람들은 반외세적 성향을 가지고 있었고, 근왕적인 성격을 가지고 황제에 충성하던 인물들이었다. 이들은 앞장서서 은행권 저지운동을 펼쳐나갈 수 있는 인물들이었

---

58) 『東京朝日新聞』 1903년 6월 19일자 「第一銀行券排斥의 揭榜」.
59) 吳斗煥, 앞의 책, pp. 236-238.

던 것이다.

이러한 활동에 대해 일본은 압력을 넣어 송수만을 체포하게 하고 집회를 해산시켰다.[60] 그러나 송수만이 체포된 뒤에 해산을 거부한 심상회 등은 6월 20일 무렵에는 共濟所라는 이름으로 다시 방을 붙였다.

> 昨日共濟所長尹履炳 總務沈相禧 主務高石柱氏等이 揭榜廣告한 全文이 如左하니 晩近錢弊가 已難橋求인데 況同順泰紙票와 日人銀行券이 出而物價沸湧하야 可謂日異而時不同하니 (중략) 於是國人이 大會하여 必以同票與銀券勿用之意로 一紙着名하고 以死爲誓하오니 從玆以往으로 如有不遵者면 此卽國人이 皆曰可殺이라 小心守約하고 各保姓命하야 毋致後悔가 幸甚[61]

이제 공제소에서는 제일은행권을 유통시키는 자들에 대해 위협하는 쪽으로 방향을 돌렸다. 위 기사의 말미에 '共濟所長 前判事 尹履炳, 副長 前郡守 李圭恒, 總務 前議官 宋秀晩·前議官 沈相禧·前警務官 金弘濟·幼學 李相轍, 主務 前議官 鄭應㫇·前議官 鄭衡基·前議官 金璉植·前參奉·高石柱' 등의 명단이 있어 앞서 6월 8일에 각 지역에 통문을 보낸 상무사원들이 대부분 공제소의 간부로 되어 있는 것을 알 수 있다.[62]

---

60) 『皇城新聞』 光武 7년 6월 17일자.
61) 『皇城新聞』 光武 7년 6월 20일자.
62) 공제소의 구성원으로 나타나는 사람들을 정리하면 다음의 <표>와 같다.

<표> 공제소의 구성원

이름	관직, 경력	1902년 이전활동	1903년 이후 활동	공제소 직책
尹履炳	前判事	황국협회	同友會	長
李圭恒	前郡守	상무사 부사무		副長
宋守萬	前議官	도약소	보안회, 13도유약소	總務
沈相禧	前議官	1896여주의병, 상무사도공사원		副總務
金弘濟	前警務官	1897홍주의병, 1898독립협회공격.		
鄭應喬	前議官			
金璉植	前議官	1898도약소, 황국협회	보안회, 13도유약소	主務
高石柱	參奉			주무
李熙斗		1896의병		주무
鄭衡基				주무
朴基英				
姜昌熙		황국협회	1907년 의병진에 고종밀지 전달.	
劉錫				
李相轍	幼學			
金光熙		상무사 부사무		
洪鍾萬				
梁在鶴				
李殷哲				
李文和		도약소, 1898독립협회공격		

李圭恒과 金光熙는 1899년 상무사가 설립될 때 부사무의 직책에 있었던 사람들이다. 또 이들은 대체로 前職官吏 또는 유생들이었다. 특히 간부들이 그러하다. 이들이 관직에 나아간 시점도 1898년 독립협회가 해산된 때로 보인다. 宋守萬·金璉植·尹履炳은 1898년 황국협회와 도약소 계열로 의관에 임명된 사람들이었다

이것을 보면 공제소라는 명칭을 사용하기 시작한 것은 곧 상무사에서 추진하던 제일은행권 유통 저지운동이 일본의 반대에 부딪히자, 민간에서의 자발적인 운동인 것처럼 보이게 하기 위하여 따로이 명칭을 내건 것이었다.

공제소의 장인 윤이병은 황국협회에서 활동하였던 인물이었다. 윤이병과 金弘濟는 俄館播遷 後에 高宗의 密命을 받고 朴泳孝와 밀통한다고 여겨지던 劉世南 · 金春熙 · 具完善등 친일개화파 잔당제거를 도모하다 발각되어 유배당한 적이 있던 사람이었다.63) 宋守萬 · 金璉植 · 李文和는 都約所, 황국협회에서 활동하던 사람들이었다.64) 沈相禧 · 金弘濟 · 李熙斗 등은 1896년에 義兵으로 활동하던 것으로 드러난다.

공제소를 구성하고 있는 사람들 곧 상무사원은 '보수적'이며 '친황제적' 성향이 강하였고, 고종황제의 의사에 따라 활동한 인물이었다고 여겨진다. 그들의 배경으로 볼 때 대체로 유교적인 왕조체제와 구제도를 유지하는 것을 바라는 사람들이었다. 이들은 1898년부터 도약소에서 활동하다가 다시 황국협회에 가담하여 활약하였고, 이어서 1898년부터 상무사에서 활동하였다. 즉 이들은 1890년대 말부터 제일은행권 배척운동이 벌어지는 1903년에도 황제를 외곽에서 지원하는 일정한 세력으로 활약하고 있었다는 것을 알 수 있다. 고종황제와 이들에 관계는 다음의 기록에서도 짐작할 수 있다.

> 귀국민 宋秀萬 등 4명이 連書하여 鐘路 및 各門에 게방하였는데 (중략) 제일은행권의 유통을 방해하려는 것이다. 은밀한 첩보에 의하면 이는 貴國 商務社員 중 近日 궁중에 출입하는 某某輩가 敎唆한 것이라 한다.65)

---

63) 鄭喬,『大韓季年史』上, pp. 13-18.
64) 徐珍敎, 앞의 논문 참조.

　　1903년의 제일은행권의 유통저지운동은 궁중의 뜻 곧 고종의 지시에서 비롯된 것임을 알 수 있다. 당시 악화된 재정을 해결하기 위한 貨幣制度의 개혁 시도는 李容翊을 중심으로 이루어졌다. 이용익은 1901년 「貨幣條例」를 제정하여 폐제를 개혁하려고 시도하였고, 그 자금조달을 위해 借款交涉에 진력하였다. 그리고 제일은행권 유통을 저지하기 위해 1903년 3월 「中央銀行條例」와 「兌換金券條例」를 공포하여 은행을 설립하고 지폐를 발행하려고 한 것이었다.66)

　　한편 공제소라는 단체로 이름을 내건 상무사원들은 제일은행권의 발행을 저지하기 위하여 몇 가지 방법을 동원하였다. 첫째로는 각 지역에 방을 붙이고 통문을 보내어 저지하는 방법이 있었다. 그 방과 통문의 내용은 '各廛·各客主·各中商 各行商坐賈는 절대 은행권, 동순태 상표를 수수치 말 것'을 호소하고 요구하는 내용이었다.67) 또 제일은행권 수수금지령을 기록한 격문을 각 도와 각 항구의 상인에게 부치기도 하였다.68)

　　이에 머무르지 않고 "지난 달 5일 京城에 거주하는 金弘濟 鄭衡基 鄭應高 朴基英 등 4명이 本港의 紳商協會(天一銀行支店)에 와서 第一銀行一覽拂手形의 授受를 거절할 것을 권유하고 강제로 同盟連判帳에 記名調印하게 하였으나 다 거절했다. 다시 이달 9일 金弘濟 외 3명이 본항에 와서 그 手形을 授受하는 韓國商人을 조사하고 그 은행권을 수수

65) 『舊韓國外交文書』 6, # 7404, 1903. 6. 10.
66) 이 때 이용익이 주도한 차관교섭은 1900년 11월부터 1902년 2월까지의 프랑스 雲南신디케이트와의 교섭, 1903년 8월의 러시아의 「露淸銀行」과 벨기에와의 교섭, 日本大阪製銅會社의 增田信之와의 차관교섭 등으로 나타났다(羅愛子, 앞의 논문, pp. 68-76 참조).
67) 『皇城新聞』 光武 7년 6월 22일자.
68) 『東京朝日新聞』 1903년 6월 23일자 「褓負商의 飛檄」.

하는 자를 거듭 强迫했다 한다."[69]라는 기록에서 볼 수 있는 것처럼 직접 방문하여 은행권 수수를 거절하는 동맹연판장에 강제로 조인하게 한다든지, 은행권을 주고 받는 상인을 조사하여 위협하기도 하였다. 또한 각 항구에 共濟社(所) 檢察員이라 부르는 사람들을 파견하여 상인들이 일본은행권을 사용할 경우 이를 몰수하기도 하였다.[70]

이와 같이 상무사에서는 공제소라는 이름을 걸고, 정부에서 직접적으로 나설 수 없는 일들을 대신하였다. 일본에서는 이들이 당시 "일본에 군함 양무호의 대금을 지불하는 것과 관련하여 破約說 등을 내며 담판진행을 방해"하려는 목적에서 제일은행권 반대운동을 펼치고 있다고 주장하였다.[71] 그리하여 일본측은 지속적으로 공제소의 게방과 통문을 단속하여 줄 것을 요청하였고, 송수만·윤이병 등의 체포를 요구하였다.

일본의 계속되는 통용허용요구와 주동자의 처벌요구, 그리고 국제담판에 의한 해결 협박에 한국정부가 굴복하자, 은행권 유통반대운동도 수그러졌다.[72] 당시 공제소는 궁중의 지시를 받고 있었기 때문에 일본은행권의 유통저지활동도 정부의 조치에 따라 중지되었다. 그러나 그것은 한국 정부가 지폐를 주조하려는 계획에 따라 중앙은행을 설치하여 업무를 시작하려고 하였으므로 제일은행권에 대한 반대운동을 계속할 필요가 없어졌기 때문이기도 하였다. 이에 상무사에서는 제일은행권의 유통반대운동에서 손을 떼고 일본의 경부철도 부설 반대운동으로 그 운동의 방향을 바꾸어 나가게 되었다.[73]

---

69) 『舊韓國外交文書』6, # 7498, 1903. 8. 18.
70) 『東京朝日新聞』1903년 7월 4일자 「第一銀行手形排斥運動續報」. 이러한 상무사원들의 활동에 따라 6월 말 며칠 사이 은행권 거절상황은 경성에서 93,000여엔에 달하고, 각 지점을 합치면 197,000여엔에 달할 정도였다(『京城府史』1, p. 696).
71) 『東京朝日新聞』1903년 6월 19일자 「第一銀行券排斥의 揭榜」.
72) 『東京朝日新聞』1903년 7월 7일자 「褓負商의 第一銀行手形排斥運動」.

  이처럼 정부가 직접 나서기 어려운 문제가 나타날 때마다 고종은 상무사를 앞세워 문제를 해결하려고 하였다. 그것은 상무사 구성원들의 성향과도 일치한 것이었다. 특히 반일적인 활동을 펼쳐왔던 상무사의 상층부의 인물들과 고종의 의향이 부합되어 나타난 활동이었던 것이다.

  그러나 상무사원들의 활동은 국내에서 정부의 비호를 받고 활동할 때는 그가 고종의 정책을 지지하는 세력으로 기능하였지만, 1903년 제일은행권 방해운동과 관련된 활동에서 보이듯이 외압에 대해서는 그리 큰 힘을 발휘하지 못하고 있는 모습을 확인할 수 있다. 곧 외압에 대항하려는 정부의 정책이 변화하거나 포기될 때 상무사 역시 정부의 태도를 따르고 있는 것이다. 이것이 고종의 지지세력이 가지는 한계이기도 하였던 것이다. 그러나 이들의 세력이 소멸된 것은 아니었다. 1904년 일본의 荒蕪地 開拓權 요구에 대한 반대운동을 펼치는 保安會에서 이들이 운동의 초기부터 주도적인 역할을 하였다. 1905년에도 을사조약 체결되자 그 무효운동을 주도하는 등, 계속 고종황제와 정부의 편에서 활동을 벌이고 있는 것을 확인할 수 있다.

VI. 맺음말

  이상에서 상무사의 조직과 활동에 대해 알아보았다. 이를 통해 알 수 있었던 내용은 다음과 같다.

  보부상들은 한말의 중요한 정치적 사건에 자주 등장하였다. 대한제국기에 있어서도 그러한 양상은 계속되었다. 1898년 후반 독립협회의

---

73) 『東京朝日新聞』 1903년 7월 8일자 「共商社설립(宮廷一派의 계획)」.

활동이 활발해져 고종과 정부가 수세에 몰리게 되었을 때, 고종은 이들 보부상들을 동원하여 독립협회를 무력화시키려 하였다. 이 일은 보부상 조직으로 알려진 황국협회에서 맡아 하였다. 이 때 세운 공으로 1899년 5월에는 보부상들의 전국적인 조직이 국가에 의해 인정되었는데 이것이 곧 商務社였다. 상무사의 설치는 논공행상적인 성격이 농후하였던 것이다. 상무사의 사장이나 부사장 등에는 정부의 대신이 임명되었다. 이것은 전국적으로 갖추어진 수만 명의 보부상들을 고종이 적극적으로 활용하려는 목적 때문이었다.

상무사의 상부조직, 곧 본사의 주요 직책이나 각 도의 상무사 조직을 총괄하는 도공사원의 자리에는 황국협회에서 주도적인 역할을 하던 사람들이 자리잡았다. 이들은 대체로 전현직 관리이거나 양반 유생들이었다. 이들은 을미사변 이후부터 의병활동을 하거나 그것이 좌절된 뒤 서울에서 복수를 주장하며 도약소에서 상소운동을 펼친 사람들이 많았다. 따라서 그들은 기본적으로 황제중심의 정치체제를 옹호하는 성향을 가진 사람들이었던 것이다. 그리고 보수적이면서 반외세적인 활동 성향을 가진 사람들이었던 것이다.

상무사는 印紙, 商標를 발매하여 운영하였다. 상무사에서는 보부상들에게 그것을 발매하였을 뿐 아니라 본래의 상인이 아닌 사람들에게까지 판매하였다. 그리고 각 도의 공사원에게 상표를 판매하게 하여 재정을 확보하였다. 그리고 보부상들은 각 장시에서 세금을 거둘 수 있는 권리를 가지게 되었다. 이를 통한 상무사의 수입은 황실의 재정에 충당되기 마련이었다. 정부에서 각 도·군의 지방관에게 상무사의 직책을 겸하게 한 것은 이러한 의도와도 관련이 있었다. 곧 고종은 상무사 조직을 통하여 황실재정을 확충하려 하였던 것이다.

고종황제와 정부는 상무사를 직접 정부의 일에 동원하였다. 황실의 능을 옮기는 일이나, 정국이 어수선할 때 순검을 보조해 순찰 임무를 맡는 일을 상무사에서 담당하여 보부상들을 동원했다. 그리고 정부 재정에 큰 부담을 주지 않고 군액을 확보하기 위해 부심한 고종은 상무사원들로 상비대를 구성하려고도 하였다. 곧 상무사는 정부의 주변단체로서 고종 황제의 필요에 따라 언제든지 이용이 가능한 세력이었다.

상무사의 친황제적 성격은 무엇보다도 황제나 정부가 수세에 몰렸을 때의 활동에서 드러난다. 일본에 망명해 있는 사람들이 고종에게는 큰 부담이 되었고 실제로 그들은 몇 차례에 걸쳐서 정부를 전복하려는 모의를 실행하려고 하였다. 이럴 때, 고종은 1899년 7월에 상무사원들을 조종하여 일본에 있는 박영효 등의 망명자를 국내로 인도할 것을 일본에 요구하라고 외부에 청원하였다.

1903년에 들어 일본이 제일은행권을 한국에 통용시켜 한국화폐시장을 장악하려 하자 상무사에서는 그 유통반대운동을 펼쳤다. 이 역시 고종이 상무사원들을 조종하여 일으킨 것이었다. 정부에서 직접 그 유통을 막을 수 없자 민간에서의 움직임으로 가장하여 여론을 형성하고 그 유통을 방해하려 하였던 것이다. 1898년 말에는 국내의 반대세력을 제어하는 데 이용되었던 세력이 1903년 무렵에는 일본의 침탈에 대응하기 위해 고종에 의해 이용되었던 것이다.

이처럼 상무사가 고종의 세력기반의 하나로 작용할 수 있었던 데에는 그 구성원들의 활동 지향과 고종의 의도가 부합된 결과였다. 특히 상부의 조직을 차지하고 있는 사람들이 1890년대 후반부터 의병활동, 을비사변에 대한 복수 상소 활동을 펼치던 근왕적이고 보수적인 인물들이었기 때문이었다. 이들은 1898년에는 황국협회에서 주도적인 활동을 하였고, 1899년 이후 1900년 전반에 걸쳐 상무사를 활동을 통해 황제의 편에서 그 지지세력으로 활동하였다.

민족정체성 형성에 있어서 근대신문의 역할
-한성순보와 한성주보를 중심으로-

이 용 성*

Ⅰ. 머리말

한국언론사 연구에서 민족이나 민족주의에 대한 관심은 그렇게 두드러지진 못했다. 오히려 조선일보와 동아일보간의 민족신문 논전만이 뚜렷이 기억될 뿐이다. 그러나 근현대 한국언론사는 민족과 민족주의를 건너 뛰어서는 제대로 접근하기 어렵다. 그것은 근현대 한국언론이

─────────────

* 한서대 신문방송학과 전임강사

짊어졌던 시대적 과제가 바로 민족독립과 자주적 민족통일국가의 형성이었기 때문이다.

민족의 형성은 민족의식 혹은 민족정체성의 형성을 전제로 하게 된다. 한국 민족의 정체성은 장구한 기간 형성되어 왔다고 볼 수 있다. 그러나 근대 한국 민족주의는 서세동점의 세계사적 격동 속에서 저항적 민족주의 형태를 띠면서 출현하였다. 근대 한국 민족정체성 역시 이러한 외적 충격에 대한 내적 대응 과정에서 형성되었다고 볼 수 있다. 그런데 이와 같이 민족정체성이 형성되는 과정에서 미디어의 역할은 어떠했을까. 미디어는 집단정체성을 형성하는데 주된 역할을 한다고 알려져 있다. 그렇다면 민족정체성이 형성되어 가는 과정에서도 미디어가 지대한 역할을 하게 되는가?

이 논문에서는 위에서 언급한 민족정체성의 형성에 있어서 미디어의 역할을 규명하기 위해 근대 조선의 한성순보와 한성주보를 분석하려한다.

지금까지 한성순보와 한성주보는 관보라는 한계를 지니고 있어서 그 사상성과 언론사적 의의가 간과되곤 하였다. 그러나 근대언론이 민족정체성의 형성에서 어떤 기여를 하였는지 살펴보고자 한다면, 한성순보와 한성주보에 대한 접근이 그 출발점이 될 것이다. 한성순보와 한성주보는 조선을 근대적 민족국가로 혁신하고자 시도하였던 개화파가 창간·발행하였기 때문에 근대적 민족정체성을 형성하는데 일정한 기여를 하지 않았을까 추정할 수 있기 때문이다.

Ⅱ. 민족정체성의 형성과 언론

1. 상상된 공동체와 민족정체성의 형성

한국 민족주의는 전근대에 이미 형성되었다. 지방분권적 봉건사회를 경험하고 근대에 비로소 민족이 형성된 서구와 달리 한국 민족주의는 전근대와 근대라는 두 가지 꼴을 가지고 있다. 근대 한국 민족주의는 근대적 민족국가의 형성을 지향하는 서구형 민족주의와 같은 유형으로 설명될 수 있다.1) 여기서 전근대적 민족을 통해 형성된 전근대적 민족 정체성은 지역, 언어, 문화 등에 뿌리를 두고 있지만 근대적 민족정체 성은 산업화, 자본주의화, 매스커뮤니케이션 등의 근대적 현상들과 연관되어 있다.

근대적 민족정체성(National Identity)에 대한 이론적 접근을 위해 앤더슨(Benedict Anderson)의 민족형성론을 살펴보자. 앤더슨은 민족의 형성을 자본주의, 산업주의, 매스커뮤니케이션 등 근대적인 현상과 연관시키는 근대주의적 민족형성론의 입장을 지니고 있다. 앤더슨은 민족을 상상된 공동체(Imagined Community)라 부른다. 상상된 공동체는 민족국가(National State)를 형성하게 되는데, 그것은 일정한 경계와 독립된 주권을 전제로 하는 공동체를 뜻한다. 앤더슨은 거의 모든 공동체들은 작은 마을과 같이 얼굴을 맞대고 상호동일시할 수 없으므로 상상에 의해 형성되었다고 본다. 그래서 거의 모든 공동체는 사람들이 어떻게 상상하느냐에 따라 나뉘어질 수 있다.2)

---

1) 신용하, 『한국근대사회사상사연구』, 일지사, 1987, 11면.
2) 윤형숙 역, 『민족주의의 기원과 전파』, 나남출판, 1991, 22면(Anderson, Bedict, *Imagined Communities:Reflections on the Origin and Spread of Nationalism*, Verso, 1983).

그녀는 민족형성의 결정적인 계기를 인쇄자본주의(Print Capitalism)의 출현으로 본다. 근대적 생산과정을 거친 최초의 상품인 인쇄미디어가 민족정체성의 형성에 결정적인 역할을 했다고 보는 것이다. 인쇄미디어의 광범위한 파급력은 자본주의 생산양식의 확산과 인쇄기술의 급속한 발전을 배경으로 민족정체성을 다음과 같이 발생시켰다.[3]

먼저, 각 지역어(Vernacular Language)가 민족언어로 자리잡았다. 인쇄자본주의 기간, 초기 인쇄미디어시장은 라틴어시장이었다. 그 시장은 라틴어를 구사할 수 있는 소수 엘리트를 소비자로 형성된 시장이어서 일정 기간이 지나자 포화상태가 되었다. 인쇄미디어산업은 하나의 인쇄어(Print Language)로 통일된 대중적 시장을 모색하게 되었다. 그 결과로 각 지역어가 인쇄어가 되고 민족언어가 된 것이다. 대중은 이런 과정을 거치면서 인쇄미디어를 매개로 관계망을 형성하였으며, 상상된 공동체로서 민족을 형성하게 된다고 지적한다. 따라서 상상된 민족은 모더니티의 현상인 동시에 근대 자본주의 사회가 야기하는 기술·경제적 변동의 맥락에서만 경험될 수 있는 형태로서 매스미디어에 의해 중개된다.

둘째, 대량인쇄된 민족어 미디어의 효과는 사회적 시공간의 상상력을 조정하게 된다.[4] 근대 민족소설과 같이 신문은 사람들이 공간적으로 멀리 떨어진 여러 사건들의 동시적인 발생을 상상하는데 기여한다. 특히 일간신문은 국내외에서 발생하는 사건들을 일정한 원칙에 따라 동시적으로 배열한다. 그 일정한 원칙은 시계와 달력에 입각하게 되는데, 이는 균질적이고 공허한 시간(Homogeneneous Empty Time)이라는

---

3) 윤형숙 역, 위의 책, 59~70면; 강대인 역, 『문화제국주의』, 나남출판, 1994, 154~156면(Tomlinson, John, *Cultural Imperialism:A Critical Introduction*, Printer Publishers, 1991)
4) 윤형숙 역, 위의 책, 41~58면.

근대적인 시간관을 뜻한다. 대중은 이러한 시공간적 외파로 다른 사람과의 관계를 인식하게 된다. 근대적 신문과 민족문학은 일정한 동질성을 지니고 있는 상상적인 대상독자를 설정하게 된다. 앤더슨은 신문이 문화·역사적 상상력인 '그간'(Meanwhile)이란 개념을 재생산해 주게 되고 그로 인해서, 반복되는 시간인식은 상상된 공동체가 형성되는 토대가 되었다고 보았다.

앤더슨의 민족정체성의 형성에 대한 이론적 접근은 사람들이 민족국가라는 추상적 개념에 어떻게 동일시되어 가느냐를 설명해줄 수 있는 강점을 갖고 있다. 왜 민족국가란 문화적 상상물이 필요하게 되었으며, 그것이 어떻게 문화적 자기동일시의 지배적 형태가 되었는지를 설명해 줄 수 있다.[5]

결국, 민족정체성은 공동체를 상상하는 특유한 양식으로 사회적 모더니티 과정을 따르게 된다. 그 과정은 세속적 합리주의, 달력의 근대적 시간관, 자본주의가 추동하는 과학기술의 발달, 대중교육, 매스커뮤니케이션, 정치적 민주화, 근대 민족국가 등이다. 이와 같이 앤더슨은 민족정체성과 모더니티 과정을 연관시켰고 민족정체성을 매스미디어에 의해 중개되는 상상된 소속감이라고 보았다. 결국 민족정체성은 조국을 향한 뿌리깊은 문화적 소속감이기보다는 오히려 특수한 역사적 조건 속에서 형성된 복잡한 문화적 구성체라 볼 수 있다.[6]

2. 민족정체성의 형성과 미디어

이미 앤더슨이 설파하였듯이 민족정체성의 형성에서 미디어의 역할은 지대하다. 특히 인쇄미디어는 대중을 정치영역으로 견인하여 민족

---

5) 강대인 역, 앞의 책, 157면.
6) 강대인 역, 앞의 책, 159면.

국가로 통합시키는데 커다란 역할을 하게 된다. 민족국가는 인쇄자본주의의 결과물이라 볼 수 있는데, 인쇄자본주의는 각 민족어를 인쇄어로 정하면서 시장을 크게 확장시켜 근대 유럽사회를 개막했다. 이 때, 라틴어로 커뮤니케이션이 되지 않았던 대중들이 민족어(인쇄어) 메시지를 전하는 미디어의 중개로 서로 이해하고 동일시할 수 있게 되었다. 그리고 눈에 보이지 않았지만 민족이라 불리는 상상된 공동체의 맹아로서 독자집단이 모습을 드러냈다.[7] 인쇄미디어는 발생기에는 엘리트 계층을 대상독자로 했지만 사회적 과제를 중심으로 민족정체성을 형성하고 각 지역을 국가로 통합시키는 역할을 수행하였다. 이러한 민족의 언어적(상징적) 구성과정은 상상된 공동체가 형성되어가는 과정이라 볼 수 있다. 미디어는 이러한 상상된 공동체를 민족어를 매개로 형성시키는 기능을 수행했다.

여기서 언어의 중요함은 거듭 강조해도 지나치지 않다. 언어는 대중의 초보적인 미디어를 자리잡고 있으며 정서적이고 정치적 열정의 바탕이다. 그래서 언어는 커뮤니케이션을 위한 중립적인 미디어가 아니라 그 자체가 당파적인 문화적 대상이다. 민족국가는 국가적 통합을 위해 공인된 언어를 강조하게 된다. 언어교육은 공식화되고 민족문화, 민족적 상징, 민족어의 확산이 초점이 된다. 따라서 교육제도는 국가의 상이한 집단간의 문화적 동질성과 민족정체성을 형성하는 역할을 미디어와 함께 나누어 수행하게 된다.[8]

특히, 지식인은 인쇄자본주의가 민족정체성을 형성시키는 과정에 적극적으로 개입하게 된다. 유럽사회에서 지식인은 고전을 민족어로 번

---

7) 윤형숙 역, 앞의 책, 67면.
8) 사회문화연구소 편, 「민족사회의 문화와 통합」, 『문화사회학』, 사회문화연구소, 1997, 179면(Schudson, Michael. "Culture and the Interaction of National Societies", *International Social Science Journal*, 139/1994).

역하고 창작과 교육과정을 통해 확산시켰으며9) 그 과정에서 미디어와 교육제도는 고대의 유산을 재발견하고 민족어를 전파하여 민족정체성의 형성에서 토대를 마련하였다.10) 이 때, 민족어는 라틴어보다 훨씬 쉬웠기 때문에 문맹퇴치를 가속화시켜 민족주의를 확산시키는데 효과적이었다고 할 수 있다.11)

Ⅲ. 한성순보·한성주보의 발행과 개화파

1. 개화파의 근대적 신문발행

한성순보와 한성주보가 어떻게 민족정체성이 형성되는데 기여하였는지 살펴보기에 앞서, 두 신문을 발행하였던 개화파에 대하여 살펴봐야 할 것이다. 그것은 두 신문의 성격이 개화파에 의해 규정되었기 때문이다.

조선 후기에 이르러 점차 격화되고 있던 봉건제의 위기와 외부로 밀려오던 제국주의 열강의 위협 속에서 중인출신 지식인과 개명 양반관료들 사이에서는 사회경제적 모순을 자각하고 세계정세의 추이에 따라 사회를 개혁하려는 사상운동이 태동하였고 개화파라 불리는 정치집단이 이 운동을 주도하였다. 주지하다시피 박규수, 오경석, 유대치 등에 의해 싹트기 시작한 개화사상은 1870년대에 이르러 김옥균, 김윤식, 김

---

9) 겔너(Ernest Gellner)는 특히 교육제도를 통해 전달되는 민족언어가 민족통합의 기초로서 가장 중심적이라고 인식하였다. 반면에 앤더슨은 더 복합적인 요인들을 제시하게 된다(Schlesinger, Philip. *Media, State and Nation:Political Violence and Collective Identies*, Sage, 1991, 163면).

10) 사회문화연구소 편, 앞의 글, 178~179면.

11) 백낙청 엮음, 「근대화와 민족주의」, 『민족주의란 무엇인가』, 창작과 비평사, 1981, 145면(Gellner, Ernest. Thought and Change, Weidenfeld and Nicolson, 1964).

홍집, 박영효 등 양반관료층으로 확산되었다.12)

그런데 박규수를 정점으로 통합되어 있던 개화파는 서서히 분파되기에 이른다. 분파된 개화파의 범주 설정은 여러 이견을 낳고 있다. 추진 방식의 완급을 기준으로 하여, 온건과 급진, 개량과 변법, 동도서기와 문명개화 등으로 범주를 설정하거나 근대화 모델이 청이냐 일본이냐 혹은 유교적인 사상·제도를 인정하느냐, 하지 않느냐 등이 기준이 되어 왔다.13) 이 논문에서는 동도서기파와 문화개화파의 범주에 의거해서 논의를 진행하겠다.14)

김윤식, 어윤중, 김홍집 등 동도서기파는 정통주자학의 개량적 변모인 採西에 불과하고 중앙정계 관료들 가운데 일반화된 사상경향으로 문화개화파와 다르게 집단적 정체성이 결여되어 있다는 점에서 개화파의 범주로 하기에는 무리가 있지만 갑오개혁에 주도적으로 참여하면서 조직적 면모를 갖는다는 점에서 역사적 범주화가 필요하다고 볼 수 있겠다.15)

---

12) 오경석, 유홍기 등 중인지식인들은 근대조선의 개혁을 추진하기 위해서는 권력중심에 접근이 가능한 개명관료와 연결될 수밖에 없었다. 그것은 오경석이 유홍기에게 조선의 개혁을 위해서는 유력한 양반자제들 중에서 동지를 얻어야 한다고 말한 데서 알 수 있다(신용하, 앞의 책, 80면).

13) 서영희, 「개화와 척사」, 한국역사연구회 엮음, 『한국역사입문③』, 풀빛, 1996, 47~48면.

14) 동도서기파와 문명개화파는 긴밀한 인적·사상적 연관을 맺다가 임오군란 이후 開化觀과 청에 대한 인식을 둘러싸고 갈등하게 된다. 그러나 계속된 두 분파의 관계는 다음과 같다. 첫째, 임오군란때 두 분파간에 청을 둘러싼 갈등은 심각하지 않았다고 한다(주진오, 「개화파의 성립과정과 정치·사상적 동향」, 한국역사연구회지음, 『1894년 농민전쟁연구3』, 역사비평사, 1993, 168~169면). 둘째, 갑신정변으로 구성된 내각에 김홍집, 김윤식 등이 요직에 임명되었다. 셋째, 이러한 문명개화파의 접근에도 불구하고 김윤식 등은 청과 협력하여 갑신정변을 진압하였다(한철호, 「시무개화파의 개혁구상과 정치활동」, 한국근현대사회연구회지음, 『한국근대개화사상과 개화운동』, 신서원, 1998, 61~68면). 그러나 갑신정변에 대해 김윤식과 어윤중은 나중에는 중립적인 입장을 가졌고 갑신정변 관련자 가족의 장례를 치러준 결과로 유배되었다.

동도서기파는 정통 주자학을 기반으로 하여 서양의 과학기술문명을 도입하되, 부국강병정책은 민씨척족정권과의 타협 아래 점진적으로 수행하자는 입장이었다. 따라서 중국에 대한 사대외교를 그대로 유지한다고 볼 수 있다. 이러한 동도서기파의 근대화 기획은 기본적으로 청의 洋務論을 모델로 하고 있었다. 그래서 동도서기파는 청과의 사대관계를 이용하여 서구열강의 압력에 대처하고 근대화의 방향은 전통적인 유교문화·제도의 개혁보다는 근대적 생산력의 발전과 무장력의 강화에 초점을 두고 있었다.

반면에 김옥균, 박영효, 서광범 등의 문명개화파는 서양의 과학기술문명 뿐만 아니라 사상·제도까지도 적극적으로 도입함과 동시에 민씨척족정권을 타도하여 개혁을 급진적으로 추진하자는 입장을 갖고 있었다. 그래서 청과 사대관계에서 벗어나서 독립국가로 나아가는 방향을 모색하였다. 문명개화파는 명치유신을 근대화의 모델로 상정하였고 군주의 開明을 통한 위로부터의 개혁을 추진하였고 김옥균 등의 특권적 지위를 활용하여 고종과 민영익 등 왕실·척족세력을 설득하여 개화를 추진하는데 주력하였다.[16]

이러한 개화파의 두 분파가 한성순보와 한성주보의 발행과정에 어떻게 개입하게 되는지 살펴보자.

박영효는 1883년 2월, 한성부 판윤으로 취임하여 근대적 도시건설과 치안제도 확립에 전념하였다. 그러던 중, 2월 28일에 신문발행을 추진하라는 下敎를 받아 한성부 내에 박문국을 설치하여 실무작업에 착수

---

15) 서영희, 앞의 글, 49~50면.
16) 급진개화파의 구체적인 개혁방향은 신식군대의 양성, 유학생 파견, 저술활동과 한성순보 발행을 비롯한 근대적 출판물을 통한 사회문화개혁운동 등의 다양한 방향으로 전개되었다(박충근, 「조선에 있어서 근대적 개혁의 추이」, 『갑신갑오기의 근대변혁과 민족운동』, 청아출판사, 1983, 145~147면).

하였다.17) 유길준은 통리아문의 주사로 있으면서 福澤論吉이 추천하고 박영효가 초빙한 井上角五郎 등과 함께 신문발간을 추진하였다. 유길준은 '한성부 신문국 장정', '신문창간사', '신문해설문' 등을 직접 집필하였다. '신문해설문'에 따르면 신문은 민간에 의해 발행되는 영리사업인데, 아직 우리 문화가 널리 열리지 못해 신문구독자가 아무래도 소수일 것이니 교육과 開道를 위해 관비로 발행한다고 밝히고 있다.18) 이 때, 김옥균도 통리아문의 협판으로 있었으며, 井上도 주사로 채용되어 근대 신문 발간에 관련을 맺게 된다.19)

그러나 박영효는 한성부의 개혁추진 과정에서 민비와의 갈등으로 광주유수 겸 어영사로 좌천되었고 유길준도 외아문 주사를 사임하게 되었다. 또한 일본에서 초빙된 이들중 井上만이 잔류하였다. 박영효의 좌천과 유길준의 사임, 牛場 일행의 도일로 한성부 신문국에서 추진하였던 신문발행 준비는 중단되었다.

이렇게 문명개화파가 추진하던 근대신문 발행은 좌절되었지만 그 작업은 다시 통리아문으로 이관되었다. 그해 4월 26일 통리아문 참의 김만식이 외국어 교육기관인 동문학의 장교로 임명되면서 하위기구로 박문국을 설치하여 신문발행 작업을 다시 추진하였다. 결국 문명개화파인 박영효가 추진하였던 근대적 신문발행은 동도서기파인 김만식 등에게 계승되어, 그해 10월 한성순보의 창간으로 실현되었다.20) 박영효가

---

17) 정진석, 『한국현대언론사론』, 전예원, 1985, 27~28면.
18) 김영희, 「한국 근대언론사상의 형성과 그 성격에 관한 연구」, 한양대 신문방송학과 박사논문, 1994, 63~64면.
19) 이상호, 「한성순보와 개화사상」(사회과학원 력사연구소 편, 『김옥균』,1964) 역사비평사, 1990, 270면).
20) 동도서기파가 근대 신문발행에 기여한 바는 지대하다. 동도서기파는 한성순보와 한성주보의 발행을 발행한 주체였으며, 황성신문 발행을 주도한 개신유학자와 사상적으로 연계되었다.

초빙하였던 井上이 편집에 참여하였고 신문발행 기관인 박문국에는 다수의 개화파가 포진해 있었다.[21] 문명개화파는 비록 신문발행 사업을 동도서기파에 이양했지만 실무 편집진에 그 구성원을 파견하였는데, 장박과 오세창이 그 대표적 인물이었다.[22] 이때, 井上은 김만식의 소개로 당시 통리아문의 협판이었던 김윤식을 알게 되어 고문으로 임명됨과 동시에 신문 발행에 참여하였다. 신문발행에 대해 홍순목과 김홍집 등의 반대가 있었으나 김윤식의 강력한 후원으로 추진될 수 있었고 결정적인 배경은 한성순보가 관보적 성격을 갖고 있었기 때문이었다고 한다.[23]

한성순보는 1884년 12월에 이르러 갑신정변의 실패과정에서 발행이 중단되었다. 한성순보가 친일신문이라고 여긴 민중들이 박문국을 불질렀기 때문이다.[24]

이듬해인 1885년부터 신문복간 준비가 시작되었다. 근대신문의 복간은 많은 사람들이 바랐기 때문에 가능했다고 한다. 갑신정변이 일어나서 박문국이 철폐되어 한성순보가 발행되지 않자 상하관민이 모두 그전에는 불편함이 없이 지냈는데 폐간되고 나니 조금 열렸던 耳目이 다시 어두워졌다고 하면서 복간을 원했다고 한다.[25] 통리아문 협판이던 김윤식이 독판으로 승진하여 신문복간에 일조하였고 井上도 1885년부터 신문복간 촉구 격문을 널리 배포했다고 한다. 그런데 井上의 격문

---

21) 강재언, 『한국의 근대사상』, 한길사, 1985, 117면

22) 이상호, 앞의 글, 271면.

23) 채백, 「한국 근대신문 형성과정에 있어서 일본의 역할에 관한 연구」, 서울대 신문학과 박사논문, 1990, 44~45면.

24) 한성순보에 대한 여론은 좋지 않았다고 한다. 西敎傳播나 日本宣揚이란 비난이 가해졌고 세계정세에 대한 기사를 집필할 때는 적대적이라는 청의 불만이 있었다(최준, 『한국신문사』, 일조각, 1987, 18면).

25) 『한성순보』, 1886년 1월 25일, 旬報序(『한성순보·한성주보 번역판』, 관훈클럽신영기금, 1983).

에는 자신이 한성순보 발간을 주도했는데 그 신문은 개화란 수구 한쪽에 기울지 않고 단점을 버리고 장점을 취하며 仁義를 宗으로 殖産을 本으로 부국강병에 뜻을 모았다고 주장하였다. 이렇게 동도서기파의 입장에 동의하면서 복간이 허락되었다고 볼 수 있다.[26]

한성주보의 실무진은 한성순보 때부터 참여한 장박, 오용묵 등이 근무하였고 인원은 발행빈도가 잦아지면서 더 늘어났다. 한성주보가 발행되면서 동도서기파가 전권을 장악하게 되었는데, 井上도 한성순보가 동도서기파의 입장에 서 있었음을 강조하였고 신문사설의 성격을 띤 私議는 주로 김윤식이 집필하였다.

2. 한성순보와 한성주보의 신문적 성격

한성순보와 한성주보의 기사유형은 朝報와 유사하다. 한성순보는 조보의 기사를 인용하거나 형식을 따르고 있다. 그것은 조보→관보→근대적 民報[27]의 단계로 신문이 발전되어 온 것을 반영하고 있다. 한성순보와 한성주보 등의 準官報는 官報[28]와 명확히 구분된다고 볼 수 있다. 한성순보와 한성주보는 모두 관보임을 밝혔지만 官報欄과 私報欄을 두었으며, 외신, 논설, 논문 등을 게재하여 법령이나 공보만을 게재하는 관보와는 달리 민보에 가까웠다.

또한 한성순보와 한성주보는 朝報와 다르게 일정한 신분계층에만 배포된 정기출판물이 아니라 누구나 경제력이 있으면 구입할 수 있는 상

---

26) 정진석, 앞의 책, 1985, 34~35면.
27) 신문의 종류에는 관보와 사보가 있는데, 관보는 공보로 사보는 민보로 부르며, 관보는 정사의 발표와 명령을 시행하는 것이고 민보는 風俗을 觀察·採集하는 것이다(『한성순보』, 國內私報, 1883년 12월 9일).
28) 관보는 관청의 소식을 알리는 정부의 공식기관지로서 법령의 공포와 예산의 편성과 집행, 敍任 및 辭令, 그리고 관청의 동정 등이 게재된다(최정태, 『관보의 변천과 특성에 관한 연구』, 성균관대 행정학과 박사논문, 1991, 4면).

품이라는 점에서 전근대적 신문과 차이가 있다고 본다.[29)]

갑신개혁 기간 박문국이 파괴되고 한성순보가 폐간된 과정을 보면 근대신문 발행이 갖고 있는 정치적 함의를 포착할 수 있다. 이렇듯이 한성순보와 한성주보는 개화파가 개화사상을 보급·전파한 당파적인 미디어라고 할 수 있다. 특히 한성주보는 사설에 해당하는 私議欄을 강화하고 신문의 비판적 기능을 내세운 최초의 정론지로 꼽을 수 있다.[30)]

한성순보의 발간은 봉건정부의 관보적 외피를 띠었다는 점에서 근대적 신문으로 보기 어렵다는 견해도 있을 수 있지만 근대적 신문의 특수한 발생방식으로 이해하면 근대 부르주아 신문의 시초라고도 볼 수 있다.[31)] 그러한 이해는 한성순보를 관보를 겸한 문화교양신문으로 규정한 데서 기인한다. 따라서 정부기관지인 官報와는 다르다고 할 수 있다. 그것은 官報의 발행부서인 관보국과 한성순보와 한성주보의 발행부서인 박문국의 역할이 분명히 다르다는 점에서 찾을 수 있다. 곧, 박문국은 문명개화파 및 동도서기파 관료 등이 포진하여 다소 당파적인 견해를 드러낼 수 있었지만 관보국은 政令, 헌법 및 각 官府 일체의 公判, 成案을 배포하는 등 행정의 효율성만을 추구하는 기구에 불과하였다. 또 한성순보와 한성주보에는 私報란 지면이 있는데 그 취지를 "중국이나 서양을 막론하고 관보가 있고 사보가 있어서 각각 독자성을 유지하며 統攝하지 않는다. 그러나 우리 나라에는 아직 사보가 없어서 기록할 만한 기사들이 대부분 散失되고 있다. 그래서 이에 한두 가지 항간에서 보고들은 중요한 일만을 다음에 기록하되 閑漫하거나 쓸데없는 말로서 정치에 도움이 되지 않은 것은 일체 기록하지 않

---

29) 이상호, 앞의 글, 269면.
30) 조맹기, 『한국언론사의 이해』, 서강대학교 출판부, 1987, 105면.
31) 리용필, 『조선신문 100년사』, 나남출판, 1993, 32~33쪽.

고 관보의 체제에 따르노라"[32]라고 밝혀, 한성순보가 **民報**가 없는 실정을 반영하여 私報의 역할을 어느 정도 담당한다고 볼 수 있다. 더욱이 시사적인 기사가 아니라 논문이라 할 수 있는 각종 論 등이 各國近事欄을 중심으로 다수 포함되어 있었다. 그것은 한성순보와 한성주보가 지리, 천문, 과학, 각국 제도문물 소개 등을 통해 계몽언론의 역할을 추구하고 있음을 알 수 있다.

한성순보가 청군의 만행을 폭로한 기사를 문제삼아 북양대신 이홍장이 조선정부와 박문국에 항의하면서 보낸 글에, 한성순보는 관보인데, 관보는 收聞收錄하는 민보와는 다르다고 지적한[33]바 있는데, 여기서 한성순보는 관보로 인식됨과 동시에 민보적 성격을 지녔다는 점을 엿볼 수 있다.

Ⅳ. 한성순보·한성주보와 민족정체성 형성

한성순보와 한성주보가 민족정체성 형성에 있어 기여한 부분을 논의한다면, 먼저 한성순보와 한성주보의 영향력에 대한 검토가 있어야 할 것이다. 한성순보와 한성주보는 기본적으로 한문을 읽을 수 있는 지식인층이 주요 독자층을 구성하였고 특히, 중앙과 지방의 관리가 주축을 이루었다. 그리고 한성순보와 한성주보의 발행 부수는 3천부 정도로 추정된다.[34] 그러나 각 관아에서 신문을 벽에 게시하여 많은 사람들이 공람하였다고 하니 발행 부수보다는 훨씬 많은 사람들이 읽었다고 할수 있다. 예컨대, 독립신문은 한 부를 200명 정도가 읽었다고 한다.[35]

32) 『한성순보』, 國內私報, 1883년 12월 9일.
33) 최준, 앞의 책, 19면.
34) 정진석, 『한국언론사』, 나남, 1990, 97면.

따라서 그 영향력을 상당하리라 추정할 수 있다. 물론 한성순보와 한성주보는 독립신문과는 다르게 언어적 한계로 지식인 중심의 민족정체성 형성에 주로 기여했으리고 추정할 수 있다.

1. 민권인식과 민족통합 모색

민중의 권리와 전제군주권의 상호관계를 어떻게 파악했느냐가 개화파의 사상적 정향을 가늠할 수 있는 준거 중에 하나라고 할 수 있다. 문명개화파는 전근대적인 臣民을 근대적인 민족으로 통합할 수 있는 전망을 제공하였다. 특히 문명개화파는 民權에 관심을 가졌는데, 당시의 시대적 한계로 인하여 政體的 모색보다는 民智의 계발, 곧 교육에 초점이 맞추었다.36) 그래서 문명개화파의 교육관은 민중의 평등의식을 바탕으로 民智의 계발을 강조하였다. 이는 곧, 근대적인 민족의식, 달리 말하면 민족정체성을 정립할 수 있는 바탕일 것이다.

이러한 교육에 대한 관심은 긴급한 무력 강화에만 관심을 집중한 동도서기파와는 다른 모습이다. 이미 문명개화파는 부국강병은 근본적으로 근대적 민족국가의 형성이 없이는 불가능하다는 점을 인식하고 있었으며, 그 출발점은 민중을 대상으로 하는 근대적 교육의 실천이라고 보고 있었다.37)

한성순보는 철저하게 동도서기론의 입장에 선 한성주보와는 다르게 정치개혁을 동반하는 민족통합을 주창한다. 한성순보는 입헌군주제 정체에 대한 집중적인 소개와 전제군주제보다 우월하게 묘사된 의회제도

---

35) 홍찬기, 「개화기 한국사회의 신문독자에 관한 연구」, 한국사회언론연구회편, 『한국사회와 언론』, 한울, 1996년 제 7호, 105~107면.

36) 조민, 「변법개화파의 정치적 구상」, 한국근현대사회연구회 지음, 『한국근대개화사상과 개화운동』, 신서원, 1998, 44면.

37) 조민, 위의 글, 46면.

의 소개 등으로 한성주보와는 차별성을 지니고 있었다.38) 그것은 君民
同治(立憲君主制)에 대해 소개하면서 중국은 엄정한 예의를 갖고 있으
나 君臣, 官民間의 봉건적인 위계질서에 의해 민족적 통일성이 결여되
어 국토가 방대하고 자원이 풍부한데도 불구하고 서구에 밀리고 있다
고 지적하였다.39)

이는 조선에도 國民同治의 입헌군주제가 적절하다고 보는 듯하다.40)
그러나 현실적 조건 때문에 서구 입헌정체의 실현을 "인민에 슬기가
없으면 함께 의논할 수 없는 것은 당연하다. 인민들 슬기가 많아서 국
가의 治亂과 得失의 연유를 안 다음에야 이런 일을 거행 할 수 있
다"41)라고 하여 민중이 무지를 벗어나야 한다면서 유보적인 입장을 취
한다.42)

한성주보는 서구 제국주의 침략을 경계하면서 그 대안으로 민족통합
을 강화해야 한다고 본다.43) 국력을 강화하기 위해서는 "오로지 임금
과 백성이 한 마음으로 힘을 다하여 부강하기 위한 계획을 세워 밀고
나가는 한편 위태하기 전에 안전을 도모하고, 혼란해지기 전에 다스림
을 도모해야 한다"44)며 제국주의 침략에 대항하기 위한 부국강병과 민
족통합을 거론한다. 약육강식의 사회 진화론에 입각한 국제정세에 대

---

38) 유재천, 「초기 한국신문의 민족주의 수용」, 『한국언론과 이데올로기』, 문학과 지
성사, 1990, 67~70면.
39) 『한성순보』, 各國近事, 在上不可不達民情論, 1884년 1월 30일.
40) 강제언, 앞의 책, 93면.
41) 『한성순보』, 各國近事, 歐美立憲政體, 1884년 1월 30일.
42) 한성순보는 여러 곳에서 君民同治에 대해 유보적인 입장을 취했지만 개화파가
정치적 주류가 되지못했던 당대의 현실을 살펴볼 때, 소개조차도 의미를 갖는다
고 하겠다(서영희, 「개화파의 근대국가 구상과 실천」, 한국사연구회편, 『근대 국
민국가와 민족문제』, 1995, 264~266면).
43) 유재천, 앞의 글, 63면.
44) 『한성주보』, 私議, 論天下時局, 1886년 2월 8일.

한 인식을 제시하면서 자강과 국권 보위의 방도인 민족통합을 강조하고 있다. 결국 "실이 없는 명분만 따르지 말고, 서양제도를 본받되 껍데기만 모방하지 말고 實效를 도모하여 백성들과 함께 하고, 또 각국과 통상하는데 정성을 다하여 彼此의 情이 통하고 遠近할 것 없이 막힘이 없고 上下의 뜻이 貴賤할 것 없이 다 통한다면 안으로 나라를 다스리고 밖으로 外國을 상대하는 도가 오로지 이에 있다"45)라고 하여 정치제도 등의 변화를 통한 민권상승으로 민족통합을 기하기보다는 국권을 보위하기 위한 방도로 민족통합을 강조하고 있다고 볼 수 있다.

2. 세계인식과 민족정체성 : 華夷觀의 극복

홍대용, 박제가, 정약용 등에 이르러서 華夷的 세계질서나 세계관에 대한 비판이 제기되었다. 홍대용은 고정불변하고 절대적인 中華 중심적인 세계관을 거부하고 正界(세계의 중심)는 상대적인 개념으로 세계 각지가 모두 正界가 될 수 있다는 均是正界의 새로운 세계관을 제시하였다.46)

특히 박지원은 民人들에게 유익하고 국가에 이익이 된다면 洋夷의 법이라도 거두어야 한다면서 中華인 明이 멸망한 뒤 조선이 小中華가 되었다는 인식틀에 입각하여 청을 오랑캐로 규정한 채, 청의 선진 문물과 제도를 수용하지 않는 小中華主義를 비판하면서 진보적인 합리주의를 표방하였다. 여기서 실학사상은 전통 주자학이 갖고 있던 세계관을 압도하는 과학적인 세계인식을 제공하게 된 것이다. 華夷觀에 대한 도전을 커다란 의미를 갖는데, 이러한 중국중심주의가 주변부 민족국가에 대해 현실적이고 정신적 질곡으로 작용하였고 그 질곡을 타개하

---

45) 『한성주보』, 私議, 論西日條約改證案, 1886년 5월 24일.
46) 강재언, 『한국의 개화사상』, 비봉출판사, 1981, 82~83면.

는 지점에서야 민족적 자아가 모색될 수 있다는 점에서 그러하다.[47]

박규수가 아직 華夷觀에서 벗어나지 못한 김옥균에게 地球儀를 통해 '中國'이란 개념이 가변적이란 점을 각성하게 하여 개화운동에 전념하게 하였다는 逸話는 華夷的 명분론의 극복이 개화사상의 출발점임을 대변해주고 있다.[48]

한성순보는 창간호부터 '地球論'을 게재하여 華夷的 세계관을 공격하기 시작하였다. 문명개화파와 동도서기파의 견해가 혼습되어 있는 한성순보에서는 이미 중국적 세계관으로부터 탈피가 엿보이고 있다. 특히 '地球圖解', '論州洋', '地球全圖' 등을 통한 세계지리의 인식을 통해 華夷觀을 극복하고자 하였다.

특히 "세상에서들 하늘은 둥글고 땅은 모졌다고 하는데, 이는 다만 천지의 道를 말한 것이지, 천지의 모양을 말한 것은 아니다. 그러나 이전의 東方의 先儒들은 아무도 이를 천명하지 못했다. 明나라 중엽에 이르러 서양인 利氏가 처음으로 지구는 둥글다는 말을 증명하자, 온 세상이 모두들 그 새로운 이론에 놀랐다. 學士大夫들은 中外의 편견에 젖어 있었으므로 때때로 들고 일어나 이를 비난하였다. 그러나 이치가 있는 것은 다만 분명히 따져 밝히는 것이 옳지, 中國과 外國을 따져서 구별할 게 아니다[49]라 하여 華夷觀을 본격적으로 비판하고 있다.

이는 조선의 지식인이 정통유학적 세계관에 의해 지구에 대해 제대로 인식하지 못하고 화이적 세계관에 매몰되어 있던 지적 흐름을 타개하기 위해 노력이었다고 한다.[50] 또한 한성순보는 당시의 공식 연호인

---

47) 임형택, 「한국문화에 대한 역사적 인식논리」, 『창작과 비평』, 창작과 비평사, 1998년 봄, 229면.
48) 강재언, 앞의 책, 1981, 130면.
49) 『한성순보』, 地球論, 1883년 10월 31일.
50) 채백, 앞의 글, 45면.

청의 연호를 이차적으로 배치하고 발행일을 조선개국 연호를 공식 표
기한 바 있었다.

　이러한 한성순보의 華夷觀 탈피는 수구파와 청의 압력을 불러 일으
켰고 그 압력으로 한성순보 4호부터는 조선개국 연호와 중국연호를 병
기하는 방식으로 후퇴하게 된다.[51] 특히 청군의 만행을 폭로한 기사[52]
는 청과 외교적 마찰을 불러일으키게 된다. 그러나 한성순보에서는 아
프리카, 아시아, 아메리카의 민중들이 제국주의 열강의 침략에 직면해
있음을 거론하여 위기에 처한 조선을 경고하고 있지만 실질적인 기사
내용은 제국주의 침략을 문명화시켜주는 개화의 후원자로 오인하거나
진화론의 優勝劣敗 논리에 의해 식민화를 정당화하였다.[53]

　동도서기파의 세계인식은 한성주보를 통해 살펴볼 수 있다. 그것은
김윤식이 외아문의 독판으로 박문국의 실질적인 책임자였고 사설인
'私議'를 직접 집필하였다는 점에서 그러하다.

　한성주보는 서구 제국주의 열강이 자기 이익의 실현을 위해 萬國公
法을 무시하고 침략을 한다고 보았다.[54] 또한 조선이 일본 등 제국주
의 열강과 체결한 불평등조약이 내포한 치외법권과 관세권 이양 등이
자주권을 침해하리라고 지적하고 있다. 그러나 이러한 불평등조약을
개정하기보다는 제대로 이행하여 침략의 빌미를 주어서는 안 된다는
수세적인 정책대안을 제시하고 있다. 이는 김윤식의 대외인식과 같다.
김윤식은 불평등조약을 지키는 일도 신의를 지키는 것이라고 보았고
만국공법의 준수를 주장하였다. 그는 도덕적 발상을 한 것이나 제국주

---

51) 채백, 위의 논문, 46면.
52) 『한성순보』, 國內私報, 華病犯罪, 1884년 1월 30일.
53) 구선희, 「개화파의 대외인식과 그 변화」, 한국근현대사연구회지음, 『한국근대개화
　　사상과 개화운동』, 신서원, 1998, 145~146면.
54) 한성주보, 私議, 論天下時局, 1886년 3월 8일.

의가 악용하는 **萬國公法**의 논리를 제대로 파악하지 못하고 있다.[55] 김 윤식은 국민에게 세계정세와 각국의 문물제도, 조약 내용 등을 널리 알려 피해를 최소화시키기 위해 국민계몽에 역점을 두어야 한다고 보았고 그 과정에서 한성주보를 적극적으로 활용하였다. 그러나 김윤식은 중국중심 질서의 붕괴에도 불구하고 계속해서 사대교린관계를 유지해야 약육강식의 진화론적 세계정세 속에서 보호받을 수 있다고 보았다. 따라서 민족주의적 지향에는 이르지 못했다.[56]

3. 언어와 민족정체성

조선인들은 동일한 시간대에 일어난 다양한 사건들이 병렬되어 있는 신문을 통해 새로운 사회의식을 얻게 되었다. 이러한 사회의식은 민족국가를 형성시켰고 그 과정은 근대언론이 담당해야 하는 역할은 지대했다.

근대언론이 구축한 상징적 현실은 한글이라는 언어의 사용이 토대가 되었다. 중국중심주의와 유교정통주의는 한글에 대한 천시를 확대시켰고 한글은 언문이나 암글로 천시되었다. 그러나 **傍刻本**에서 볼 수 있듯이 한글이 갖는 대중성과 민중성을 주목할 만한 것이다. 이것은 중국적 문자세계에서 벗어나서 한글이란 문자세계로 바탕으로 근대를 지향하려는 추구이다. 서구의 근대화 과정에서 언어란 중립적이지 않았다. 라틴어의 붕괴와 민족어의 부상은 그대로 중세봉건사회의 와해로 표출되었다. 따라서 한글의 사용은 중국중심주의에서 탈피하여 우리의 언어로 사고하는 의식세계의 지평을 연 것이다.

개화파가 지향한 근대 프로젝트는 기본적으로 한글로부터 출발하여

---

55) 구선희, 앞의 글, 144면.
56) 한철호, 앞의 글, 72~79면.

민족정체성을 발견해 가는 과정이라 할 수 있다. 독립신문으로 구체화
되는 한글신문의 토대를 바로 한성주보가 마련하게 된 것이다.

따라서 근대조선 언론의 상징적 기능은 '한글'의 사용에서 비롯된
것이다. 그런데 한글은 화이관으로 표현되는 중화질서를 배격하고 사
회진화론을 바탕으로 하는 세계인식을 심어주어 교육의 매개체로 자리
하게 된다.

박영효가 근대신문 발행을 추진하였을 때, 실무를 전담한 유길준은
국한문 혼용 창간사와 해설서를 남겨 한글을 신문언어로 사용할 가능
성을 보여 주었다. 그러나 박영효가 한성판윤에서 좌천되면서 유길준
의 기획은 좌절되었고 한성주보는 반대여론을 의식하여 한문을 신문언
어로 선택하게 되었다.

1886년 복간된 한성주보는 문체혁신을 실현시켰다. 곧, 한문, 국한문
혼용, 한글 등의 방식으로 기사를 작성하였다. 이는 한성주보가 정부기
구인 박문국이 발행된 정부기관지였다는 점에서 큰 의미를 갖는다.[57]
이렇게 한글을 사용한 한성주보에 대해 일반독자에 대한 호의적 반응
은 물론, 고종을 찬양하는 여론까지 일어났다고 한다.[58]

김옥균은 개화를 위해서는 신교육을 통한 民智의 계발이 시급하다고
보았다. 특히 일반민중의 교육을 위해서는 모든 政務와 관계되는 것을
언문으로 번역 인쇄하여 널리 민중들의 民智를 발전시키는 것이 개화
의 要務라고 강조하였다.[59] 그래서 김옥균은 治道略則을 언문으로 번
역하여 반포해서 백성들에게 알려 이해관계를 알게 하여야 고무하는데
도움이 될 것이다[60]라고 하였다.

---

57) 조동일, 『한국문학통사4』, 지식산업사, 1986, 223~224면.
58) 최준, 앞의 책, 28면.
59) 신용하, 앞의 책, 235면.
60) 『한성순보』, 國內私報, 治道略則, 1884년 7월 3일.

한성순보의 국한문혼용과 한글 사용에는 井上이 상당한 역할을 했다고 한다. 井上이 한성주보에서 손을 뗀 뒤, 국한문 혼용체가 사라지게 된 것을 보면 그렇게 볼 수도 있다. 福澤은 일찍부터 조선의 개화를 위해서는 한글을 활용해야 한다고 주장하였다고 한다. 그래서 미리 한글활자로 준비해두었으나 박영효가 시기상조라고 하여 한성순보에는 사용하지 못했다고 한다. 그러나 福澤과 井上의 한글사용 추진은 중국사대주의의 타파와 국한문 혼용을 통해 가나 혼용체를 보급시키려는 시도라고 한다. 곧, 중화숭배의 사상을 와해시키고 日鮮融和의 매개체로 유용하다고 본 것이다.61)

한성주보에서는 "우리 나라는 본디 학과를 분류하는 제도가 없는 데다가 더구나 근세에 비로소 개발된 학술을 언문 책으로 가르치므로 학문이 있는 士大夫들이 거개 입학하는 것을 수치스럽게 여기고 있다. 원컨대 要職에 있는 諸公들께서는 정부차원에서 의논하여 특별히 번역하는 기관을 설치, 각종 학과의 기술을 모두 언문으로 하게 해주기 바란다. 그리하여 번역된 것을 책자로 만들어 국내에 頒布하여 士民들로 하여금 이것이 편리하다는 것을 주지시키게 해야 한다. 그리고 정부에서 학비를 보조하고 격려 권장한다면 학문이 머지 않아서 대대적으로 확장될 것이다. 西語에 이런 말이 있다. 朝鮮에 그 나라 글자가 있는데 동양 각국의 글자 가운데 더욱 간편하다. 만약 조선의 士民들이 그 나라의 글자를 이용하여 모두 그 편의함을 체득한다면 정치와 學政이 틀림없이 동양에서 으뜸이 될 것이다"62)라고 하여 학문발전과 교육을 위한 한글의 사용을 주장하면서 그것인 국가발전의 지름길임을 설파하고 있다.

---

61) 채백, 앞의 글, 83~86면.
62) 『한성주보』, 私議論學政 第3, 1886년 2월 15일.

V. 맺음말

지금까지 관보라는 한계로 인하여 그 사상성과 언론사적 의의가 간과되었던 한성순보와 한성주보를 중심으로 민족정체성 형성과정에서 근대신문이 어떤 역할을 하였는가를 구체적으로 규명해 보았다. 그래서 앤더슨의 민족형성론에 입각하여 민족정체성 형성과 언론의 역할을 살펴보았고 한성순보·한성주보와 개화파의 관계도 살펴보았다.

결과적으로, 한성순보와 한성주보는 일반적인 관보와 달리 어느 정도 당파적인 견해를 피력할 수 있는 미디어라는 점이 감안되어야 한다. 그래서 한성순보와 한성주보는 동도서기파와 문명개화파의 역학관계를 반영하여 그 논조가 달라지고 있는 점도 파악할 수 있었다.

지금까지 살펴본 바와 같이 한성순보와 한성주보는 민족정체성 형성에 일정한 기여를 하였다. 비록 명확하게 기여한 바가 드러나지는 않지만 최초의 근대적 신문이란 점을 고려하면 아래와 같이 그 의의를 발견할 수 있다.

첫째, 한성순보와 한성주보는 중화적 세계질서, 즉 華夷觀을 간접적으로 비판하여 중국중심주의로부터 조선의 지식인이 벗어나는데 디딤돌이 되었다. 둘째, 민권의 신장을 바탕으로 하는 민족통합의 논조를 개진하여 민족정체성 형성의 기반을 마련하였다. 셋째, 한성순보 발간 준비 과정에서 한글 사용이 검토되었고 한성주보에서는 실제로 한글이 사용되어 평이한 민족어를 매개로 하는 민족정체성 형성에 일정한 기여를 하였다.

물론 한성순보와 한성주보의 배포범위가 민족정체성 형성을 운운하기에는 부족할지는 모르지만 민족정체성 형성에 주도적인 역할을 하게 되는 지식층을 계몽하였다는 점에서 만이라도 의의를 발견할 수 있다.

1920년대말~1930년대초 南谷 權容斗의 抗日運動

金 亨 國[*]

Ⅰ. 머리말

이 글은 庚戌國恥 직후에 태어나서 식민지 상황 속에서 성장한 평범한 생활인이었던 南谷 權容斗의 삶을 연구 대상으로 하고 있다. 權容斗는 이름 있는 독립운동가는 아니다. 하지만 그의 삶은 지역에서 전개되었던 민족운동의 양상을 이해하는데 많은 단서를 제공해 주고 있으며, 명망가의 독립운동만큼이나 우리에게는 소중한 역사적 교훈을 제시해 주고 있다.

* 충남대 국사학과 강사

필자의 문제의식은 권용두의 삶을 통해 일제에 의한 식민지 재편과정과 지배 속에서 대전지역민들의 저항 형태를 분석하는데 있다. 일제는 1920년대 초반부터 대전지역을 식민지 지배와 수탈을 위한 행정과 교통 그리고 상업의 중심지로 재편하게 된다. 그리고 이 과정에서 대전 지역사회의 전통적인 세력 판도가 바뀌게 되고, 일본인 거류민·일제 권력과 조선인 유지1)들 사이에 첨예한 갈등 관계가 형성된다. 그리고 한편으로는 대전지역의 경제권이 파괴되면서 지역민들의 불만이 누적되고, 특히 1930년을 전후한 시기에는 경제공황까지 겹치면서 지역민들의 분노가 폭발하게 된다. 이러한 일련의 과정 속에 권용두의 삶이 놓여져 있었고, 권용두는 저항의 중심에 서 있었다. 필자가 권용두를 중심으로 이 글을 구성하는 것도 바로 이러한 이유를 갖고 있다.

이 글은 두가지 내용을 중심으로 구성되어 있다. 첫째는 권용두의 생애와 1920~30년대 일제의 식민도시 건설 과정과 대전지역의 사회변동 상황이다. 이는 1920년대말~1930년대초 권용두와 대전지역 민족운동을 이해하기 위한 배경이며, 지역 단위에서 어떠한 형태로 식민지 체제가 구축되었는가를 확인하는 작업이다. 둘째는 권용두가 참여하고 주도했던 학생조직 '鮮友會'와 사회운동 단체였던 '大田前衛同盟'의 항일운동 사례이다. 이를 통하여 권용두 개인의 항일운동에 대한 복원뿐만 아니라 대전지역 항일운동의 형태와 성격을 밝혀 역사적 자리매김을 하려고 있다.

---

1) 일제시대 지역 사례 연구에 있어서 유지 집단에 대한 이해는 매우 중요한 의미를 갖고 있다. 유지 집단에 대한 개념은 지수걸에 의해 정리되었는데, 재산·학력·신용·사회적 인망을 갖춘 공인된 '사회적 지위집단'이다. 따라서 일제시기 조선의 지역사에서 발생하는 다양한 정치적 사건과 갈등을 이해하기 위해서는 일제 권력과 유지 집단 사이의 관계에 대한 분석이 필요하다(지수걸, 「日帝下 公州地域 有志集團 硏究 - 사례 3: 池憲正(1890-1950)의 '有志基盤'과 '有志政治'」, 『역사와 역사교육』 제2호, 웅진사학회, 1997. 12. 참조).

그 동안 일제시대 민족운동에 대한 지역 사례 연구는 많은 연구자들에게 관심의 대상이었다. 그러나 대부분의 연구가 중앙에서의 운동이 지역적 차원에서 어떻게 적용되고 있었는지에 초점을 맞추고 있어서, 민족운동의 지역적 특성에 대해서는 다소 소홀했었다. 따라서 앞으로의 지역 사례연구는 민족운동의 지역적 특성을 구체화하는 방향으로 나아가야 한다고 생각한다. 필자는 이 점을 염두에 두고 본고를 작성하려고 한다. 물론 본고도 지역사 연구가 일반적으로 갖고 있는 한계인 자료의 불충분으로 특정 자료에 의존하여 논리의 치밀성이 결여되어 있고, 풍부한 서술을 하지 못했음을 먼저 밝혀 두고 싶다.

Ⅱ. 南谷 權容斗의 生涯

南谷 權容斗는 庚戌國恥 3년후인 1912년 6월 15일(음력 5월 3일) 충남 대덕군 산내면 무수리(現 대전광역시 중구 무수동)에서 출생하였다.[2] 그는 대전지역에서 상당한 영향력을 행사하던 명문가문 출신(安東權氏 參議公派)이다.

◇ 권용두의 가계도

有懷堂 權以鎭(戶曹判書)－洞徵－世檍－尙熺(縣監)－堪－用銓(進士)┐

└(參判)－景采(進士)┬容漢
　　　　　　　　　└容斗

---

2) 권용두의 생애는 「한밭人物誌」(대전광역시사편찬위원회, 1994), 「大田中學校學籍簿」(1932), 「刑事裁判書原本」(昭和8年 刑公 1905-1910號, 全州地方法院. 1933. 3. 31)을 참조하여 재구성하였다.

　권용두는 有懷堂 權以鎭[3)]의 8世孫으로 대전지역에서는 恩津 宋氏와 함께 대표적인 명문가문이었다. 그러나 권용두의 가문은 전통사회가 해체되어 가는 상황 속에서 舊學만을 고집하지는 않았던 것으로 보인다. 1921년 무렵 門中의 주도하에 무수리에 신학문 교육기관인 文興講習所를 설치하여[4)] 일본인 위주의 교육기관에 대응할 정도로 새로운 환경의 변화에도 적절히 대처하고 있었다.

　이러한 집안 분위기 속에서 권용두는 일찍부터 신학문을 접하였고, 1923년에는 무수리를 떠나 읍내에 거주하면서 大田第一普通學校 3학년에 편입하게 된다. 1926년에는 6·10 만세 운동에 참여하였다가 무기정학을 당하여, 1927년 大田尋常高等小學校에서 나머지 과정을 마치고 1928년에는 道內의 유일한 고등교육기관인 대전공립중학교에 입학하여 당시로서는 최고의 엘리트 과정을 밟게 된다. 권용두가 대전중학에 입학할 당시 한국인 입학은 매년 10명 남짓으로 전체 정원의 10% 미만에 불과하였다.[5)] 그러나 권용두는 보장된 장래와 현실에 안주하기에는 너무 강렬한 민족의식의 소유자였다.

　권용두는 일찍부터 강한 민족의식을 갖고 있었던 것으로 보인다. 여덟살때 무수리에서 친척이었던 권명복이 일본군의 총칼에 희생되었던 사건에 대한 기억은 그에게 일본인에 대한 저항 의식으로 자리잡게 된다.[6)] 이 사건이 감정적인 차원이었다면, 의식적인 반일감정은 族兄인

---

3) 권이진은 炭翁 權諰의 3子인데, 外祖가 尤庵 宋時烈이다.
4) 『大田市誌』上, 대전시사편찬위원회, 1984년판. 271쪽. 이 책은 1984년에 출판되었지만 1차 자료적인 성격을 갖고 있다. 일제시대에 청년기였던 지헌영, 권용두 등이 집필진으로 참여하고 있어서 당시에 대한 기억을 통해 많은 사실들을 기록하고 있기 때문이다.
5) 1920-30년대 대전지역 교육 상황에 대해서는 『忠淸南道發展史』(湖南日報社編, 1932)의 '本道의 敎育'條 참조.

權容成과 대전제일보통학교 교사 權庚得으로부터 영향을 받았던 것으로 보인다.

권용성은 권용두의 보통학교와 중학교 시절 가장 빈번히 접촉했던 인물이다.[7] 그런데 권용성은 규모는 정확히 알 수 없지만 당시 운송업에 종사하고 있었는데, 대전지역에서 운송업은 일본인들이 독점하던 업종이었다. 따라서 권용성이 운송업에 진출하기 위해서는 상당한 식견과 수완이 필요했었을 것이다. 그리고 권용성은 1920년대 일본 상인들의 경제권 침탈에 대항했던 대전지역 유지집단의 핵심 인물이었다.[8] 대전읍에서 활동하던 50여명의 청년유지들을 중심으로 1923년에는 大田우리物産獎勵會의 설립과 활동을 주도하였으며, 1932년 大田前衛同盟에도 참여한다. 따라서 권용성의 이러한 활동들을 보면서 성장한 권용두는 비판적인 사회의식을 체득했을 것으로 보인다.

권용성 다음으로 권용두에게 영향을 준 인물이 大田第一普通學教(現 삼성국민학교) 교사 권경득이다. 권용두는 대전제일보통학교 시절 '보아라 소년단' 활동과 6·10 만세 운동에 참여하게 되는 과정에서 권경득의 영향을 직접적으로 받게 된다. '보아라 소년단' 지도교사였던 권경득은 1920년대 대전지역 민족운동을 지도했던 인물로 大田우리靑年會, 大田勞農會 그리고 신간회 대전지회를 주도하였고, 노동야학을 설립하기도 했었다.[9]

권용두의 보통학교 재학시절이 민족의식의 각성기였다면, 대전중학교 재학시절은 민족운동을 준비하던 시기였다. 당시 대전중학은 일본

---

6) 權容敬, 「3월이 오면」, 『새 맑은 바람』, 1981.
7) 「大田中學學籍簿」(1932년)의 권용두 카드에는 권용성이 권용두의 兄인 권용한과 함께 신원보증인으로 기록되어 있다.
8) 『大田市誌』 上, 266쪽.
9) 倭政時代人物史料 5권, 출판일 미상, 47-49쪽.

인 학생들이 주축이었고, 극소수의 한국인 입학을 허용하고 있었다. 따라서 한국인 학생들은 학교 당국에 의해 자행되는 민족적 편견과 차별 속에서 일본인 중심의 교육을 받던 상황이었다. 이러한 교육여건 속에서 권용두는 한국인 학생들의 친목 단체로 결성되어 있었던 鮮友會를 민족의식의 확산과 독립운동의 준비 단체로 변화시킨다. 이때부터 권용두는 학교 당국과 경찰로부터 민족의식이 강렬한 '要注意' 인물로 감시당하게 된다.10)

1932년 권용두는 본격적인 항일민족운동에 나서기 시작한다. 같은 해 5월 결성된 반일 단체인 '忠南前衛同盟'에 참여하면서 부터이다. 권용두는 이 단체에 가입하여 대전지역 민족운동의 중요한 축을 이루게 된다. 그는 무수리에 농민야학을 개설하여 농민들에게 민족정신을 고취시키는 한편, 대전중학의 선우회를 중심으로 학생운동을 주도하는 역할을 맡고 있었다. 그리고 1932년 11월에 발생한 군시제사대전공장 노동쟁의를 지원하는 등 활발한 항일민족운동을 전개하다가 같은 해 12월 검거되어 전주경찰부에 수감된다. 이듬해 공판에서 '치안유지법' 위반으로 징역 1년에 집행유예 3년의 형을 받고 출감한다.11)

그러나 권용두는 4개월여의 수감생활과 고문으로 엄청난 후유증을 겪게 된다. 그의 삶에 있어서 가장 큰 좌절이며 시련이었다. 그러나 권용두는 좌절하지 않고 1934년부터 다시 활동을 재개하여 '祖國光復血書發願祭', '日本艦隊擊沈祈願祭', '祖國光復豫祝祭', '日本帝國主義打倒祭' 등을 거행하여 끊임없이 반일 민족주의를 전파하는 활동을 전개하였다.12) 1930년대 후반 일제의 파시즘화와 함께 국내에서는 거의 민족운동이 불가능하던 시기였음을 감안할 때, 그가 펼친 활동들은 비록

---

10) 『鷄龍會報』 14會, 출판일 미상 복사본, 53쪽.
11) 「刑事裁判書原本」, 昭和8年 刑公 1905-1910號, 全州地方法院. 1933. 3. 31. 참조.
12) 대전시사편찬위원회, 『한밭 人物誌』, 1994. 113쪽.

상징적인 행위였지만 권용두의 민족의식을 잘 표현해 주고 있다. 이와 같은 항일민족운동으로 권용두는 때늦은 감은 있지만, 1990년 정부로부터 建國勳章 愛族章을 받게 된다.

조국 광복 이후 권용두는 교육가와 문인으로서 활동하며 새로운 조국 건설을 위해 노력하였다. 그는 1947년에서 1950년까지 호서민중대학 교수로, 1950년에서 1958년까지는 호서중학에서 교육에 전념하였고, 1958년 이후에는 「호서신문」,「중도일보」 등을 통한 문필활동으로 지역의 언론문화 형성과 발전에 기여하였다. 또한 권용두는 문인으로 호서문학회, 차령시조회, 가람문학회, 대전시조시인 협회의 동인으로 많은 문학활동을 전개하였다.[13] 우리나라가 주권을 상실한 직후 태어나 민족의 독립을 위해 청년기를 보냈던 권용두는 1992년 3월 30일 향년 81세의 파란만장한 삶을 맺게 된다.

Ⅲ. 일제의 식민도시 건설과정과 대전지역 사회변동

권용두가 항일민족운동을 전개했던 1930년대초는 일본의 금융공황과 농업공황으로 농촌경제가 피폐하여 우리 민족의 반일감정이 최고조에 달했던 시기였다. 대전지역의 경우에도 예외는 아니었다. 일제시대 대전지역은 일제에 의해 만들어진 新興都市로서 식민지 수탈을 위한 교통과 행정을 중심지였으며, 식민지 지배의 모순이 폭발되었던 대표적인 도시였다. 따라서 권용두의 항일민족운동 방향은 이러한 사회적 배경 속에서 영향을 받았던 것으로 보인다.

1920년대부터 대전은 상업과 유통의 중심지로 일본인의 이주가 급증

---

13) 『한밭 人物誌』, 113-114쪽.

하면서 경제권을 둘러싼 대립이 끊임없이 발생하고 있었다. 1930년 대전군의 인구는 113,136명으로 1925년 보다 15,727명이나 증가하였다. 그중에서도 대전면의 경우 21,696명으로 13,082명(152%)나 증가하였다.[14) 이처럼 대전군의 인구증가는 경제활동이 집중되어 있던 대전면을 중심으로 급증하고 있었고, 이는 일본인들과 충청북도와 경상북도 등지에서 유입된 인구에 의해 초래된 것이었다. 그리고 이러한 인구의 증가는 사회적 변동을 초래하여 대전지역의 경제가 일본인과 외지인들에 의해 잠식되는 현상을 초래하였고, 일제는 기존의 전통적인 사회·경제적 구조를 깨고 새로운 식민 도시 건설을 구상하고 있었다.[15)

대전의 성장은 일제의 식민지 조선에 대한 수탈 체제 확립과정과 밀접하게 연관되어 있었다. 대전은 식민지 수탈의 효율성을 높이기 위한 기반이었던 철도공사와 함께 성장하는데, 1904년 경부선 철도공사가 시작되면서 일본인들의 관심을 끌게 되었다. 1910년에는 호남선의 분기점으로 대전이 결정되면서 대전은 교통의 중심지로 그 중요성을 인정받게 되고, 1914년 鎭岑郡·公州郡·懷德郡 일부 지역을 통합하여 대전군이 독립된 행정구역으로 설정된다. 그리고 그 이듬해인 1915년에는 교육기관과 각종 관공서, 日人會社의 支社가 만들어지면서 일본인을 위한 도시로서의 면모를 갖추기 시작한다.[16)

이와 같은 일본인들의 대전지역 장악 과정에서 한국인 유지들의 대응양상은 크게 두 갈래로 나뉘고 있었다. 일본의 대전지역 지배에 참여하여 자신들의 영향력을 확대·유지하던 부류와 한국인들과의 결속을 통하여 자신들의 기반을 지키고, 일본인에게 대응하고자 했던 부류로 나뉘게 된다. 전자의 대표적인 예는 大地主 출신인 閔台植(한국은

---

14) 朝鮮總督府,『昭和5年 朝鮮國稅調査報告書』第3卷 忠淸南道編, 1937.
15) 田中麗水著,『大田發展誌』대정6년, 194-195쪽.
16)『忠淸南道發展史』, 45-47쪽.

행, 조선견직 이사, 탄동면장), 洪景杓(남선홍업, 기성면장), 朴廣熙(유성면장) 등과 전통적인 士族 출신인 宋斗憲(회덕면장), 宋殷用(산내면장) 등이다.17) 이들은 面協議會를 통해 자신들의 公的인 영향력을 행사하고 있었고, 부르조아 地主로 성장하고 있었다. 특히 민대식과 홍경표는 1920년대에 집중적인 농외 투자를 통해 상당한 재력가로서의 입지를 굳히고 있었다.18)

반면에 한국인간의 결속을 통하여 일제의 지역민에 대한 지배에 대항하고자 했던 부류는 권경득, 李康夏, 柳昌穆, 권용성 등이 대표적인 인물로 大田有志懇親會, 儒城農友會, 柳川面農友會, 大田勞農會 등을 조직하여 私的 영역을 통해 활동을 강화하고 있었다. 이들은 청년 유지들로서 1920년대 초부터 활발히 조직되었던 청년회와 농민회를 기반으로 하고 있었다.

대전지역에서 가장 먼저 조직된 청년회는 大田青年俱樂部였다. 1920년에 한국인 상권 지역이었던 本町 2丁目(현재의 仁洞과) 外南面 거주 청년들이 중심이었다. 이들은 大東禮拜堂을 집회장소로 이용하고 있었는데, 뒤에 서술 1930년대초 '大田前衛同盟'의 결성 및 활동 지역과 정확히 일치하고 있는 점이 주목된다. 다음으로는 1921년에 동아일보 대전지국의 주도하에 大田青年會가 조직되었고, 잇달아서 大田中學鮮友會와 鎭岑面鶴下里農友會·大田禁酒斷煙會·佳水院農友會·大田有志懇親會·儒城農友會·柳川面農友會·大田勞農會 등이 설립되었다.19)

한편 대전지역 유지들은 강습소와 야학 설립에도 적극적이었다. 安東權氏 門中에서 문홍강습소(山內面 무수리), 恩津宋氏 門中에서 山東

---

17)『朝鮮總督府職員錄』, 1923년 참조.

18) 장시원,『日帝下 大地主의 存在形態에 관한 研究』, 서울대 박사학위논문, 1989. 173-179쪽 참조.

19)『大田市誌』上, 255-256쪽.

講習所(산내면 德山里)에 설치하여 문중간의 경쟁 양상까지 보였고, 木尺夜學·노동야학·豆磨義塾·芙沙里 야학, 龍坊里 야학 등 15개 이상의 야학이 설립되었다.[20] 이들 강습소와 야학의 설립은 부족한 보통교육 시설을 대체하는 교육기관으로서 민족의식을 확산시키는 기능을 했을 뿐만 아니라, 일제의 지역민 장악에 대한 저항으로서 대전지역 유지집단의 기반이기도 했다.

대전지역 청년유지들의 결속력을 강화시켜 주었던 또 다른 활동은 물산장려운동이 계기였다. 1923년 大田우리物産獎勵會가 本町에 위치한 大安醫院에서 지역 유지 50여명이 모여 발기되고, 권용성의 집에서 창립대회를 개최하였다. 이를 계기로 대전지역 청년유지들의 활동이 더욱 활발해지게 된다.[21] 그러나 1920년대말을 기점으로 한국인 유지들은 지역의 정치·경제적 기반을 철저히 상실당하게 되고, 지역민들의 경제적 파탄이 사회 문제화 되면서 혁신적인 청년층을 중심으로 일제의 지배에 대한 격렬한 저항이 발생하게 된다.

일제의 대전지역에 대한 지배 구도는 1931년 1월 13일 충남도청의 이전 결정으로 더욱 구체화되고, 일본인의 이주도 더욱 증가하게 된다. 1931년 대전지역의 일본인은 전체인구수의 8.9%에 해당하는 7,147명이 있는데, 읍내의 거주자 비율은 더욱 높아서 전체 인구의 44%(6,523명)에 달하였다.[22] 이미 일본인들은 1920년대 초반부터 대전역을 중심으로 거주지를 형성하고 있었으며, 1926년 7월에는 大田面協議會와 大田繁榮會가 중심이 되어 대전도시계획위원회를 설치하여 일본 거류민 중심의 도시 건설과 상권을 구축하면서 사회·경제적 주도권을 행사하게 되었다.[23] 특히 대전 번영회 회장이었던 白石鐵二郎이 大田面長에 취

---

20) 『大田市誌』上, 271쪽.
21) 『大田市誌』上, 266쪽.
22) 『忠淸南道發展史』, 26-28쪽.

임한 것은 일본인 거류민과 상인들의 입지를 강화시키게 되는 결정적인 계기로 작용한다. 이후 1931년까지 주택지, 상하수도, 도로 건설을 마치게 되어 일본 거류민 중심의 신시가지가 탄생하게 된다. 한편, 1929년 대전지역 최대의 門中이었던 恩津宋氏의 先塋을 허물고 그 자리에(大興町, 現 대흥동 성모여중 자리) 神祠(天照皇太神宮)를 준공한 것은 매우 상징적인 의미를 갖고 있었는데, 天照皇太神宮은 이후에 건설된다. 本町의 天滿宮, 春日町의 戒神宮과 함께 일본 거류민들에게는 정신적 지주로 그리고 조선인들에게는 지배의 상징으로 자리잡게 된다.24)

한편 일본인 상권이 대전역을 중심으로 지금의 元洞·中洞·貞洞·銀杏洞·宣化洞을 중심으로 형성되면서, 일본인의 급속한 숫적 증가와 함께 富의 편중 현상은 심각한 사회 문제로 대두한다. 本町 2丁目의 太田市場을 중심으로 형성되었던 기존의 한국인 상권은 새로 조성된 일본인 상권에 경제적 주도권을 완전히 상실하게 된 것이다. 특히 일본인들은 정미업, 금융조합과 운송업, 도매업 등을 독점하고 있었으며, 대표적인 독점재벌인 三井 계열의 郡是製絲도 대전에 진출하고 있었다. 특히 일본 거류민들은 일본인만의 각종 조합을 결성하여 경제적 이권을 배타적으로 독점하고자 했다. 1927년에는 森林組合, 1928년에는 桑苗組合, 1930년 12월에는 大田産業組合이 결성되었다.25) 이와 같은 경제적 독점 뿐만 아니라 식민지 정책의 집행에 영향력을 행사하던 면협의회도 일본인들로 채워지는데, 조선인은 1~2명 정도에 불과했다. 결국 대전은 일본인을 위한 새로운 식민도시로 전락하게 되고, 조선인은 몰락의 길을 걷게 된다. 단순 비교이기는 하지만, 당시의 경제수준

을 가늠할 수 있는 지표로서 戶稅賦課 현황을 보면, 일본인이 조선인에 비해 3배 이상이었다.[26]

이와는 대조적으로 대전지역민들은 파산자가 속출하는 상황이었다. 다수의 농민들이 풍년을 맞이하고도 穀價의 폭락으로 소작료, 水稅, 각종 세금등을 납부하지 못하는 실정이었다.[27] 이러한 상황은 조선의 농업 구조가 일본 수출을 전제로 하고 있어서 악화된 일본의 경제 상황과 맞물려 1930년대초 곡가의 폭락을 발생시킨다.[28] 따라서 농업공황속에서 파산한 대전군내의 농민들은 자립적인 농업경영의 능력을 상실한 채 실업예비군인 농촌과잉인구로 존재하게 된다. 1930년을 전후하여 대전군내에서만 8~9천명의 遊離群이 발생하고 있었는데, 이들은 생계를 위해 일본·북간도 등지로 이주하거나 일자리를 찾아서 대전읍내로 나오고 있었다.[29] 당시 대전읍내에는 이와 같은 농민들이 2,000여명 정도가 떼지어 다니면서 일자리를 구하고 있어서 주요한 사회문제로 대두되고 있었다.[30] 한편 대전 읍내 거주민의 상황도 농민들과 마찬가지의 처지였다. 1931년말 대전읍내에서 家屋稅를 체납하여 파산한사람이 367명이나 되었고[31], 乞人들이 밤마다 수십 명씩 몰려다니는상황까지 초래되고 있었다.[32]

이처럼 1930년을 전후한 대전지역의 급격한 사회구조 변화와 농민들의 불안정한 생활은 일제의 식민지 정책과 밀접한 관련을 갖고 있다. 대전지역의 식민지 재편과정에서 식민지 권력과 일본 거류민단은 커다

---

26) 『동아일보』 1931. 6. 15.
27) 『동아일보』 1930, 12. 3.
28) 朝鮮農會, 『朝鮮農業發達史』(發達編), 1944. 부록 제26표 참조.
29) 『동아일보』 1930. 12. 3.
30) 『동아일보』 1931. 4. 1.
31) 『동아일보』 1931. 9. 17.
32) 『동아일보』 1932. 3. 28.

란 이익을 보았지만, 농민들과 대전지역 상인들은 생존에 대한 위협마저 느끼고 있던 실정이었다. 그리고 1920년대 말 이후 계속된 穀價의 폭락으로 농민들은 몰락해 가고 있는 것과는 대조적으로 일본상인과 대표적인 일본 독점자본인 郡是製絲大田工場은 養蠶農民과 노동자들에 대한 가혹한 착취를 바탕으로 급성장하고 있었다. 따라서 1930년을 전후한 대전지역의 여론은 일제의 지배정책에 비판적이었고, 대전군민 사이에는 반일감정이 급속히 확산되고 있었다.[33]

Ⅳ. '鮮友會'와 '大田前衛同盟'을 통한 항일운동

일본인 거류민에 의해 대전지역의 정치·경제적 주도권이 장악되고, 세계적인 대공황이 시작되던 해인 1928년 4월 권용두는 대전중학교에 입학한다. 당시 대전중학은 매년 10명 미만의 한국인 학생을 뽑고 있었고, 전교를 통틀어도 한국인 학생은 20명에 불과했었다. 한국인 학생들은 숫적인 열세 뿐만 아니라, 학교 생활에서도 일본인 학생들의 오만한 태도와 치욕적인 言動으로 亡國의 悲哀를 항상 느끼고 있었다. 특히 한국인은 '未開하고 無知한 劣等民族'이라는 일본인 학생들의 우월 의식은 兩國 학생들 사이에 잦은 마찰을 일으키는 주요한 요인이었다. 애당초 극소수의 한국인 학생들에게 입학을 허가한 것은 한국인들의 교육열을 제어하고 체제내화 시키기 위한 당국의 입장이었기 때문에, 이러한 교육환경은 당연한 귀결이었다.[34]

이러한 상황 속에서 한국인 학생들은 서로 돕고 단결할 필요성을 느

---

33) 『조선일보』 1931. 2. 14.(이후 10월까지 거의 한달에 세차례 이상 대전지역에 대한 일제 지배정책의 문제점들을 비판하는 기사들이 실리고 있다.)

34) 『大田發展誌』, 37-43쪽.

끼고, 민족적 입장에서 실력을 양성하기 위해 1922년 7월 선우회라는 학생조직을 만들게 된다. 선우회는 학업, 생활, 체육, 기능 등 각 방면에서 실력을 함양하기 위해 적극 노력하게 된다. 그러나 선우회의 활동은 여기에만 그치지 않았다. 1928년 권용두가 입학하면서 선우회는 한국인학생회로 명칭을 바꾸고, 민족운동을 위한 학생조직으로 탈바꿈하게 된다. 특히 한국인 학생들은 1929년 광주학생운동에 자극받아 식민지 교육의 모순을 분명히 인식하고, 민족주의와 관련된 각종 서적을 읽고 토론하였다.[35]

1928년부터 권용두가 주도하던 한국인 학생회는 표면적으로는 신입생 환영회와 졸업생 환송회 등 2차례 모임을 갖고 있었지만, 비밀리에 매주 독서회를 개최하는 등 더욱 활발한 활동을 지속하고 있었다. 이때부터 학교 당국은 한국인 학생회를 불법단체로 규정하고, 가입한 학생들을 처벌하기도 하였다. 또한 일본 경찰도 한국인 학생회의 움직임을 감시하고 있었으며, 몇차례 모임의 책임자인 권용두의 검거를 시도하기도 하였다. 그러나 번번히 물증의 부족으로 內査에 그치고 말았다.[36] 이처럼 일본 경찰의 감시 하에서도 권용두는 독서회와 토론을 통하여 동료들에게 민족 독립의 필요성의 강조하고, 민족운동에 헌신할 同志들을 획득하기에 힘썼다. 당시 권용두의 활동에 적극적으로 동참했던 徐載潤, 吳明根, 朴炳琪 등은 이후 항일민족운동의 전면에 나서게 된다.[37]

이처럼 대전중학의 선우회는 단순한 학생회로는 보이지 않는다. 그이유는 이 모임의 창설을 주도했던 李在祺의 행적에서 찾아 볼 수 있

---

35) 송백헌, 「대전중학 독립운동의 발자취」, 『大田文化』 4집, 충남도사편찬위원회, 1995. 188-190쪽.
36) 『조선일보』 1931. 4. 14.
37) 「大田中學校學籍簿」(1932년)

다. 이재기는 대전지역 청년운동에 깊숙히 개입했던 인물로 지역 사회에서 가장 진보적이고 영향력 있었던 신문사 지국(동아일보)을 운영하고 있었다.[38] 따라서 '선우회'는 학생회로서의 성격보다는 1920년대 초반 대전 지역 청년운동의 일환으로 전개되었을 가능성이 크다고 할 수 있다. 이를 뒷받침해주는 또 다른 근거는 '선우회'의 모임장소로 大安醫院을 자주 이용했다고 하는데, 이 곳은 1923년 大田우리物産獎勵會의 발기회가 열렸던 곳이다. 또한 대전지역 청년유지들의 거점이기도 했다. 따라서 '선우회'는 청년운동을 위한 모임의 성격을 갖고 있을 것으로 보이며, 이후 1930년대초 대전지역 항일운동을 주도했던 다수의 인물을 배출한 母胎이기도 한 것이다.

이상에서 살펴본 바와 같이 권용두는 대전중학시절 확고한 민족의식을 바탕으로 선우회를 민족운동을 위한 준비기관으로 만들어 나갔다. 그리고 5학년때인 1932년부터는 본격적인 항일투쟁을 벌이게 된다.

일제에 대한 저항 방식은 1920년대와 1930년대를 비교해 보면 상당히 달랐다. 1920년대는 주로 東洋拓植, 朝鮮興業 등의 토지 잠식과 소작인 지배에 대응하여 농민조합 운동이 활발했었다. 진잠면과 유천면 그리고 유성면을 중심으로 중소지주들이 주도하고 소작인들이 참여하는 농민조합을 결성하여 대항했었다. 그러나 1920년대 후반부터는 지역 상권과 대규모 공장에서 행해지고 있던 수탈이 중요한 문제로 대두하고 있었다. 따라서 1930년대 초반 일제에 대한 저항은 상인과 청년층이 중심이 되어 전개되고 있었다. 충남전위동맹을 주도한 정창세와 원종응이 상인을 대표했다면, 권용두는 반일의식을 갖고 있었던 청년층을 대표하고 있었다.

그리고 충남전위동맹에 참여하면서 1930년대초 대전지역 민족운동을

---

38) 『大田市誌』上, 266쪽.

주도했던 인물들은 일제 식민지하에서 성장한 20대의 청년층이다. 따라서 이들은 1920년대 대전지역 有志로서 청년회와 소작인조합을 중심으로 활동했던 인물들보다는 급진적이었다. 그리고 이들은 다시 두 부류로 나뉘는데 外地人 출신으로 대전지역에 이주하여 상업에 종사했던 인물들과 대전제일공립보통학교 출신으로 1926년 6·10만세 운동 사건을 계기로 민족문제에 관심을 갖게 된 청년들이다. 전자는 정창세와 원종웅에 대표적인데, 정창세는 진주 출신으로 동경 유학 경험과 신간회 진주 지회 집행위원 그리고 간도 대성학교 교사 생활을 한 인물이다. 그는 1932년 1월 대전으로 이주해 果物商과 구두제조업을 경영하고 있었다.39) 후자는 권용두를 중심으로 한 외남면 출신의 청년들이 중심인데, 보통학교 졸업 후에도 상급학교 진학, 신문배달부, 郡是製絲職工으로 생활하면서도 권용두를 중심으로 밀접한 관련을 맺고 있었던 것으로 보인다. 그리고 이들은 1930년을 전후한 일제의 가혹한 지배정책과 대전지역 농민들의 경제적 어려움, 일본인에 의한 부의 편중으로 발생한 반일여론을 기반으로 조직적으로 항일운동에 참여하게 되었던 것이다.

이처럼 1930년대초 대전지역 사회운동을 주도한 인물들은 식민지 상황 속에서 성장한 청년층이었음을 알 수 있는데, 이는 1920년대 운동을 주도하던 인물들이 1930년 신간회 대전지회 사건으로 대거 구속된 상황과도 관련되어 있다.40)

1930년대초 대전지역은 이러한 반일감정을 바탕으로 조직적인 사회운동의 기미를 보여주고 있었는데, 1920년대와는 달리 급진적이고 조직적인 사회운동이 그 모습을 갖추기 시작한다. 일제에 의한 지배정책

---

39) 「刑事裁判書原本」(昭和9年 刑控公 제161-164호), 大邱覆審法源, 1934. 11. 16쪽.
40) 『중외일보』 1930. 9. 13.

의 모순이 노출되어 대전지역 농민들의 생존이 위협받던 1930년대초 대전지역 항일 민족운동의 구심점으로 '忠南前衛同盟'이 결성된다.[41] 1932년 5월 1일 大田郡 外南面 仁丹山 高山寺에서 鄭昌世[42], 元鍾應 등이 중심이 되어 충남전위동맹을 결성하고, 소년학생, 운수노동자, 郡是製絲大田工場 직공을 대상으로 조직원 규합에 나서게 된다. 이들이 주목하고 있던 운수업과 군시제사대전공장은 일본인에 의해 경영되고 있었으며, 이미 여러 차례 한국인에 대한 차별대우와 열악한 노동조건 으로 사회 문제화되었던 업종이다.

권용두는 충남전위동맹의 결성 직후 조직에 참여하였고, 최초의 산 하단체인 소년동맹의 결성을 주도한다.[43] 비밀결사단체였던 소년동맹 에는 신문배달부였던 김지성, 이삼봉, 송도용 등이 가담하고 있었는데, 이들은 모두 대전제일공립보통학교 선후배 사이였으며, 이삼봉은 1930 년 무산 아동을 대상으로 야학을 개설한 바 있다.

권용두는 같은 해 6월 충남전위동맹 제3회 집회에서 조직의 명칭을 대전전위동맹으로 변경한 이후 단체의 실질적인 책임자가 된다.[44] 또 한 전북지역의 사회운동 조직과 연합하면서 본격적인 항일민족운동을 전개하기 시작한다. 이는 권용두의 주도에 의해 재편성된 대전전위동 맹의 또 다른 의미인데, 지역적으로 인접해 있던 전북 지역 사회운동 단체와 협동전선을 구축했다는 것이다. 전북지역에도 일본인 독점재벌 의 제사공장이 집중되어 있어서 대전지역과 유사한 사회문제들이 노출 되고 있었다. 권용두와 대전전위동맹은 전북지역 사회운동 단체와의

---

41) 「刑事裁判書原本」, 16쪽.
42) 「刑事裁判書原本」, 昭和 8년 刑公 1905-1910號, 全州地方法院檢事局, 1933. 3. 31. 50-52쪽.
43) 「刑事裁判書原本」 54-55쪽.
44) 「刑事裁判書原本」 17쪽.

연대에 의해 저항운동을 위한 조직 방침과 투쟁 전략을 배우게 된다.

명칭변경 이후 대전전위동맹은 4개의 班을 구성하여 활동하게 된다.[45] 권용두는 자신이 다니고 있던 대전중학 한국인 학생들의 모임인 선우회를 중심으로 학생반을 구성한다. 권용두 자신이 책임자를 맡고, 교양부에는 오명근, 재정부는 서재윤이 맡았으며, 朴炳培, 張斗鎭과 일본인 학생 片山謙藏 등도 참여하였다. 또한 권용두는 자신의 거주지인 산내면 무수리에서 '농민 계몽'과 '민족의식 고취'를 목적으로 농민반을 구성한다.[46] 여기에는 權容成, 權容綺, 崔海孫 등이 참여하였고, 매월말 토요일에 정기적으로 모여 활동 협의 및 독서회를 실시하였다. 한편 권용두의 대전중학 동창생인 薛億萬은 박병기, 李興萬, 柳敎天, 金知成 등과 함께 노동반을 만들었다.[47]

대전전위동맹이 가장 노력을 기울였던 부분은 군시제사대전공장의 노동자들을 규합하는 것이었다. 군시제사대전공장은 대전군내에서 최대의 공장으로 '총독부의 제사공장'이라고 불릴 정도로 경제수탈의 상징이었으며, 열악한 노동조건과 가혹한 노동통제 그리고 조선인에 대한 차별대우로 비판적인 여론의 대상이었다.[48] 또한 군시제사대전공장은 원료의 확보 과정에서 충남지역 양잠농민들의 희생을 강요하기도 하였다. 따라서 군시제사대전공장 노동자들의 저항은 단순한 노동쟁의 성격 이상의 것이었다. 그것은 대전지역의 경제권을 장악하고 있었던 일본의 독점기업에 대한 저항이었으며, 이를 비호하고 있는 일제 권력에 대한 거부이기도 했다. 당시 권용두는 군시제사대전공장 노동쟁의

---

45) 『동아일보』 1932. 12. 9.
46) 「刑事裁判書原本」 60쪽.
47) 「刑事裁判書原本」 18쪽.
48) 郡是製絲大田工場의 노동통제와 노동조건에 대한 상세한 내용은 拙稿 「1930년대 郡是製絲大田工場 勞動狀態와 勞動爭議」(『重山鄭德基博士華甲紀念 韓國史學論叢』 1996)을 참조.

를 독립을 위해 식민 정책의 기반을 붕괴시키기 위한 투쟁으로 규정하고 있었다.

1932년 5월경 대전전위동맹의 원종웅과 박병기는 권용두의 주선으로 군시제사대전공장의 宋兒彬, 徐相福 등과 만나 조선인 노동자 차별대우에 저항 운동을 협의한다.[49] 군시제사대전공장의 노동자들은 이미 1929년 4월 조선인 노동자에 대한 차별대우에 저항한 바 있었다. 1932년 11월 7일 아침 작업 시작 기적과 함께 남자 직공들이 간부직원을 구타하면서 쟁의는 시작되고, 여기에 600여명의 여자 직공들이 가담함으로써 동맹파업으로 발전하게 된다.[50] 당시 노동자들이 내건 요구 조건은 ① 노동시간 단축, ② 임금 인상, ③ 인종차별 반대, ④ 식사 개선, ⑤ 조선인 해고 반대, ⑥ 일본인 교육계장과 인사계장의 면직 등이었다.[51] 이상의 요구 조건은 당시 조선인 노동자에 대한 가혹한 노동 착취와 고용 불안, 그리고 민족적 반감 등이 반영되고 있었다.

경찰은 작업 거부와 동시에 이병철 등 파업 주도자들을 검거하고, 회사측은 47명의 남자 직공 중에 파업에 적극 가담한 37명을 해고하여 노동쟁의를 조기에 진화하려고 하였다.[52] 그러나 노동자들은 여기에 굴하지 않고 斷食, 街頭示威 등 8일간이나 동맹파업을 지속하였다.

이처럼 대전전위동맹의 지원아래 전개된 군시제사대전공장의 노동쟁의는 쟁의의 슬로건뿐만 아니라 쟁의 전개양상에서도 이전의 노동쟁의와는 달리 한 단계 발전된 양상을 보여주고 있었다. 주동자가 파업 첫날 검거된 상태에서도 8일 동안 지속적으로 쟁의를 전개했고, 투쟁방법도 단식동맹 파업과 검거된 동료 노동자의 석방을 위한 가두 진출과

49) 「刑事裁判書原本」 58쪽.
50) 『중앙일보』 1932. 11. 9.
51) 『중앙일보』 1932. 11. 9.
52) 『동아일보』 1932. 11. 11.

같은 전투적 방법이었다. 이는 다른 제사공장의 쟁의방법과는 매우 다른 양상이었다. 다른 제사공장의 쟁의는 대부분이 작업 거부나 항의 수준이었고, 주동자가 검거되면 쟁의가 곧 종결되는 양상이었다. 따라서 이 부분은 군시제사대전공장 노동자들의 선진적인 모습을 보여 주고 있는데, 비등한 지역의 반일감정과 대전전위동맹의 지원 그리고 군시제사대전공장 노동자들의 치밀한 사전 준비로 가능했던 것이다.

군시제사 대전공장의 노동쟁의 과정에서 권용두는 이삼봉, 박병기와 함께 지원대책을 논의하였다. 그리고 권용두는 학생반을 동원하여 군시제사대전공장의 동맹 파업을 지지하는 전단을 살포하여 파업 노동자들을 격려하고, 대전 지역민들의 여론을 이끌어 파업을 승리로 이끈다.53) 9일과 11일 두차례에 걸쳐 살포된 전단에는 "高喊을 높여 싸우자! 싸움 뒤에는 승리가 온다", "제사공장파업동지들의 싸움은 반드시 승리할 것이다!"와 같은 격려와 선동의 내용을 담고 있었는데, 이를 통해 대전 지역민들의 참여를 끌어내고 있었다.

대전전위동맹과 군시제사 대전공장 노동자들이 주도했던 파업은 일본 권력의 상징인 경찰서 앞에서 검거된 노동자의 석방을 요구하는 시위를 갖는 등 대담했으며54), 대전지역민들의 여론도 여기에 동조하여 8일만에 승리하게 된다. 郡是製絲 측이 노동자들의 요구를 무조건 수용한다는 의사를 밝힘으로써 파업은 종결되었다.

군시제사 대전공장의 노동쟁의는 노동자들의 요구 조건이 받아들여졌다는 측면 이외에도 중요한 의미를 담고 있다. 그것은 일제시대에 발생한 노동쟁의중 처음으로 경제적 구호가 아닌 '조선인 차별과 해고 반대'라는 민족적인 구호를 내세우고 쟁의에 돌입했다는 것과 이를 일

---

53) 『동아일보』 1932. 11. 17.
54) 『동아일보』 1932. 11. 10.

본인 기업가가 모두 수용했다는 점이다. 특히 군시제사대전공장의 노동쟁의는 일제의 지배에 대한 대전지역민들의 저항이었다. 일반적으로 노동쟁의는 고립된 투쟁의 양상이었지만, 군시제사대전공장 노동쟁의는 대전 지역민들의 호응으로 노동자들의 요구를 관철시킬 수 있었던 것이다. 물론 이 과정에서 권용두와 대전전위동맹원들의 역할은 매우 크다고 할 수 있다.

그러나 대전전위동맹의 항일민족운동은 오래가지 못했다. 같은해 12월 한종식이 전주에서 체포되어 취조받던 중 대전전위동맹 조직과의 관련성이 드러나 권용두를 포함한 대전전위동맹원들이 전부 검거되었기 때문이다. 이로써 권용두를 중심으로 일본의 식민지 지배와 경제적 침탈에 저항했던 대전전위동맹은 붕괴하게 된다.

Ⅴ. 맺음말

이 글은 애국지사 남곡 권용두의 1920년대말 - 1930년대초 항일민족운동을 일제에 의한 식민도시 건설 과정과 대전 지역 사회 변동 속에서 살펴 보았다. 대전은 일제의 식민지 수탈을 위해 새롭게 만들어진 식민 도시의 성격을 띠고 있었다. 경부선 철도의 건설과 함께 유통의 중심지로 자리잡게 된 대전에 일본인의 이주가 시작되면서, 일본인을 위한 도시가 건설된 것이다. 그리고 그 과정에서 전통적으로 사회적·경제적 영향력을 행사하던 조선인 유지들은 도태될 수 밖에 없었다. 그 뿐만 아니라 대전군 내의 많은 농민들도 식민 정책에 희생되어 몰락의 길을 걷게 된다. 이 과정에서 대전지역의 청년들이 중심이 되어 격렬한 항일운동을 전개하였다.

　이러한 저항 운동은 권용두에 의해 주도되었다. 권용두의 집안은 1920년대 일제의 지배정책과 경제수탈에 대립하고 있던 대전지역 유지 집단의 핵심이었다. 따라서 권용두는 당시 최고의 엘리트 과정인 대전중학교에 입학할 수 있었다. 그러나 권용두는 일제의 지배에 순응하여 미래를 보장받기에는 너무 강렬한 민족의식을 소유하고 있었다. 그는 1926년 6·10 만세 운동에 참여하면서 민족의식을 소유하게 되었으며, 대전중학교 재학 시절부터 항일민족운동을 준비하고 있었다. 그리고 가혹한 일제 지배정책에 의해 경제적 어려움이 극심해졌던 1932년을 전후하여 권용두는 대전전위동맹에 가담하고 본격적인 항일민족운동을 전개하게 된다.

　권용두가 항일민족운동을 벌였던 1930년을 전후한 시기는 대공황으로 인한 경제 파탄이 가속화되던 시기였다. 대전지역도 예외일 수는 없었다. 대전군내 농민들은 세금을 납부하지 못할 정도로 파산상태였고, 8～9천여명의 농민들이 경제능력을 상실한 상황이었다. 따라서 대전지역의 여론은 일제의 식민지 정책과 엄청난 富를 축적하고 있었던 일본인 상인들과 대표적인 독점재벌인 郡是製絲大田工場의 횡포를 비판하고 있었다. 이러한 상황 속에서 권용두가 주도한 대전전위동맹은 대전지역민들의 반일감정을 바탕으로 일제 권력과 일본인 기업을 대상으로 투쟁하였다. 이는 일본 제국주의에 대한 저항이었으며, 민족의 독립을 위해 일제 지배정책의 기반을 붕괴시키고자 하는 의도였다. 따라서 1930년대초 권용두의 민족항일운동은 중요한 역사적 의미를 갖고 있는 것이다.

1920~30年代 申興雨의 基督教 民族運動*

김 권 정**

Ⅰ. 머리말

한국기독교계는 그 수용 초기부터 일제의 침략에 대한 저항세력으로 그 위상을 구축해 왔으며, 이는 3·1운동 과정에서 다른 민족운동세력과의 적극적인 연대투쟁으로 표출되었다. 그러나 3·1운동이 현실적으로

---

* 기독교 민족운동은 단순히 기독교인들이 참여한 민족운동을 의미하지 않으며, 거기에는 기독교 신앙과 비전을 통해 형성된 내적인 이념적 논리가 민족운동의 동력이 되고 있음을 의미한다. 여기서 사용하는 '기독교 민족운동'이란 용어는 바로 기독교적 이념을 바탕으로 하여 시대적 과제를 해결하고자 했던 운동과 사상이라고 볼 수 있다.
** 숭실대 강사

실패로 끝나게 되자 이후 기독교계는 이 영향으로 크게 신비주의 신앙 운동과 계몽주의 신앙운동이 뚜렷하게 나타났다.[1] 특히 후자의 흐름은 3·1운동의 실패를 민족의 독립역량 부족으로 인식하고 적극적인 항일 투쟁보다 민족의식을 고취하거나 독립역량을 양성한다는 국내 우파 민족주의운동과 그 맥락을 같이 하는 것이었다.

여기에서는 후자의 흐름에 입각하여 1920-30년대 기독교의 민족·사회 운동을 주도한 신흥우(1883-1959)의 민족운동을 주목하고자 한다. 그 이유는 1920-30년대 기독교의 대표적인 민족·사회운동가인 신흥우를 통해 1920-30년대 기독교 민족운동의 모습을 살펴볼 수 있으며, 나아가 국내 민족주의세력의 일 양상을 살펴볼 수 있기 때문이다.

얼마 전까지만 해도 신흥우는 역사학계에서 거의 주목을 받지 못했다.[2] 그러다 최근에 그에 관한 연구가 이뤄졌는데, 이 연구는 신흥우가 '사회복음주의'를 배경으로 1920년대 민족운동을 전개하지만 그 운동은 많은 한계를 지닌 것이었고 1930년대 전반에는 '파시즘'을 수용했으며, 이에 따라 일제 말에는 적극적인 친일파로 '변절'하게 되었다고 평가했다.[3] 그러나 이 연구는 신흥우의 일제 말의 변절모습에 초점을 맞추었기 때문에 일제 말 이전, 즉 1920년대와 30년대 중반까지 신흥우의 사상과 활동이 지닌 민족운동사적 의미를 놓치고 있다고 생각한다.[4]

---

1) 한국기독교사연구회, 『한국기독교의 역사Ⅱ』, 기독교문사, 1990, p. 41.

2) 신흥우가 일제 강점기 동안 해외 이승만의 '심복'이었고, 또 일제말기 적극적인 친일파로 변절했다는 것이 중요한 이유였다고 생각된다. 이는 일반 연구자들뿐만 아니라 기독교사 연구자들에게도 신흥우에 대한 무관심을 불러온 중요한 원인으로 보인다. 이런 상황에서 1970년대 초에 나온 그의 전기(傳記)는 그를 이해하는 데 많은 도움을 주고 있다. 전택부, 『人間 申興雨』, 기독교서회, 1971(이하 『人間 申興雨』로 略).

3) 김상태, 「일제하 신흥우의 '사회복음주의'와 민족운동론」, 『역사문제연구』 창간호, 역사비평사, 1996.

4) 이런 의미에서 본 연구에서는 신흥우에 대한 검토 시기를 그가 YMCA 총무에서

이에 본 연구는 이런 문제의식을 바탕으로 민족운동의 배경, 민족운동의 전개과정, 그리고 그 성격 등의 고찰을 통해 1920-30년대 신흥우의 기독교민족운동을 살펴보고, 이를 통해 1920-30년대 기독교운동의 일면을 파악하고자 한다.

Ⅱ. 민족운동의 배경

신흥우가 민족운동을 전개하는데 배경이 되고 있던 것은 무엇이었을까?

첫째, 신흥우는 청소년기부터 신학문과 함께 기독교를 수용했다.[5] 12세의 나이로 배재학당에 입학한[6] 신흥우는 학교 내에 조직된 협성회(協成會)라는 단체의 활동을 통해 자유와 민권의 교육뿐 아니라 민주적 절차와 태도를 배움으로써 근대적 지식과 시민가치를 습득할 수 있었다.[7] 그의 신학문 습득은 국내에만 머무른 것이 아니었다. 1903년에 미국 유학을 감행한 그는 남가주대학에서 1910년 학사학위를 받고, 1911년에 대학원 과정을 마칠 수 있었다.[8] 신학문의 습득과 미국유학을 통

물러나는 1935년으로 제한하고자 한다. 그것은 일제 말기 그의 친일활동에서 보이는 그의 생각이나 활동을 민족운동이라고 볼 수 없다는 이유에서이다. 이외에도 최근에 신흥우의 일제말기 '친일'의 문제를 중점적으로 다룬 논문이 나왔다. 野田晶子, 「申興雨의 民族運動과 '變節'에 관한 硏究」, 誠信女大 大學院 碩士學位論文, 1998.

5) 신흥우는 1883년 3월 26일 충북 청원군에서 조선 초기 대신인 申叔舟의 16대 孫으로 山東 申氏 문중에서 태어났다. 19세기 말에 이르러 개화의 필요성을 깨달은 산동 신씨 청년들은 어린 신흥우를 비롯해 신채호·신규식·신백우 등이 서울에 올라와 신학문을 습득하였다. 이에 대해 『人間 申興雨』, pp 16-22를 참조.

6) 배재학당 입학과정에 대해서는 『人間 申興雨』, pp. 27-29를 참조.

7) 『人間 申興雨』, pp. 44-45.

해 신흥우는 서양의 과학문명이란 새로운 세계를 접하고, 세계가 빠르게 변화하고 있다는 사실과 함께 어렴풋이 알고 있던 민주적 사회질서를 직접 체험할 수 있었다.

신흥우는 이 과정에서 기독교를 실제적이고 현실적 개혁이념으로 인식하게 되었다.[9] 배재학당 시절에 독립협회운동과 개화자강운동을 지지하던 배재학당 설립자인 아펜젤러[10]의 모습과 사회 개혁적인 학교의 분위기로부터 그는 큰 영향을 받았다.[11] 여기서 자연스럽게 기독교를 접촉하면서 신흥우는 기독교가 매우 실용적이고 현실적인 개혁을 위해 반드시 필요하다고 인식하게 되었다.

이와 함께 그는 1900년 초 한성감옥에 투옥되었던 적이 있었는데,[12] 이 때 기독교 신앙에 비로소 눈을 뜨기 시작했다. 기독교 신앙을 철저하게 자신의 가치관으로 내면화하게 되었다.[13] 감옥 내에 콜레라가 창궐하여 불결한 환경 탓에 병에 걸려 죽는 죄수들을 본 신흥우는 삶에 대한 진지한 생각을 하게 됨과 동시에 기독교 신앙에 대한 새로운 발견을 하게 되었다.

따라서 그는 신학문의 습득을 통해 서구문명의 발전을 주도하는 근

---

8) 그의 대학원 진학은 분명하지만, 그가 실제로 석사학위를 받았는지는 분명하지 않다.

9) Hugh Heung-wu Cynn, "Layman and the Church", *Within the Gate*, 1934, p.117.

10) 김승태·박혜진 엮음, 『내한 선교사 총람 1884-1984』, 한국기독교역사연구소, 1994, pp. 104-105. 감리교 선교사인 아펜젤러는 1885년에 장로교 선교사 언더우드와 함께 공식적인 선교사로 처음 한국에 내한한 인물이었고, 1886년에 최초의 근대식 기독교 학교인 배재학당(培材學堂)을 설립했다.

11) 이만열, 「아펜젤러의 교육사업」, 『한국 기독교 수용사 연구』, 두레시대, 1998, pp. 240-247.

12) 『人間 申興雨』, pp. 49-64. 1901년 德語學校에 입학한 신흥우는 학생회를 조직하고 토론회를 개최하다가 정부를 비판한 이유로 1902년에 한성감옥에 투옥되었다.

13) 『人間 申興雨』, p. 58.

대적 지식과 가치관을 몸소 배울 수 있었으며, 또 이 과정에서 수용한 기독교는 현실과 유리된 종교가 아니라 현실의 문제를 해결하고 이를 변화시켜 나가는 '적극적' 성격이 내포된 것이었다.

둘째, 신흥우는 1920-30년대 장기적이고 지속적인 투쟁을 통해 민족문제 해결을 모색하는 민족실력양성론을 견지했는데, 이것은 그의 기독교적 인식과 현실본위의 점진주의적 자세에서 비롯되었다.

1911년 신흥우는 미국 유학을 마치고 귀국했다. 이에 대해 그는 "하나님은 없는 데서 있는 것을 만드셨으니, 내가 아무리 미미한 자라 할지라도 나의 적은 범위 안에서 無에서 有를 만들어 낼 도리밖에 없다고 생각했습니다. 그 만들어지는 것이 작으나 크냐 하는 것은 하나님에게 맡기고, 또 동포들의 판단에 맡기고, 나로서는 그것을 해야겠다고 생각하고 왔습니다."[14]라고 하여, 그의 귀국 이면에는 모든 것을 神에게 맡기고 오직 자기가 할 수 있는 범위 내에서 최선을 다하자고 하는 '종교적 결단'이 놓여 있었다.

이에 그는 독립의 실력을 키우기 위한 시간과 노력이 필요하다는 의미에서 現實本位의 점진주의적 자세를 갖게 되었다. 이것은 그가 망명하여 독립운동을 하는 것도 중요하지만, 일제의 압제에 고통받는 민족과 동일한 현장에서 있으면서 그들을 위로하고 민족의식을 불어넣으며 민족독립을 준비하는 것이 더욱 중요하다는 생각에서였다. 이는 그가 일제 식민지 통치를 극단적 동화정책과 민족차별을 기초로 하고 있다고 파악하면서도 그의 활동이 일제 식민지 권력을 현실적인 권력으로 인정하고 식민정권의 직접적 통제를 받는 제한적인 상황에서 끊임없이 민족적 독립을 지향하게 된 중요한 배경이 되었던 것이다.

신흥우는 이것을 소극적 방법으로 생각하지 않았고, 오히려 더 어렵

---

14) 위의 책, p. 83.

고 적극적인 방법으로 생각했다.15) '급진파와 점진파', '재내파와 재외파'를 구별하지 않은 그는 민족운동의 두 가지 큰 흐름을 거시적 차원에서 대립·투쟁으로 인식하지 않고 독립을 위해 '상호보완적'인 것으로 파악했다.

셋째, 국내에 귀국한 신흥우는 1910년대에 배재학당의 교장16)과 감리교단의 임원17), 그리고 YMCA에서 그 두각을 나타냈다. 특별히 YMCA는 그에게 국내외의 민족운동을 전개하는데 필요한 '조직'을 제공했다.

당시 YMCA에는 제도권 교회와 다른 집단적 성격이 있었다. YMCA의 회원이 대개 20-30대 청년들로 구성되었기 때문에 이들은 사회문제에 대해 관심을 갖고 능동적으로 참여할 수 있었다. 기독교 사회단체였던 관계로 일반교회들이 부딪히는 종교적 문제들을 피할 수가 있었기 때문에 사회문제와 관련된 프로그램을 자유롭게 진행할 수 있었다. 각 교단의 압력으로부터도 벗어날 수 있었다. 또한 국제 YMCA와의 유기적 관계를 맺고 국내의 '국제적 창구' 역할을 했다. 이런 성격때문에 YMCA는 일제 식민권력의 강압적 통제나 압제로부터 어느 정도 자유로울 수 있었다. 이는 점진주의적 민족실력양성론을 갖고 있는 그에

---

15) 『人間 申興雨』, p. 108.
16) 그는 1912년 1월 30세의 나이로 제4대 배재학당장에 정식으로 취임했는데, 한국인으로서는 최초의 일이었다. 그의 학력뿐만 아니라 배재학당이래 체득한 민주적인 기독교 정신은 선교사들뿐만 아니라 미국 감리교 선교부의 전폭적인 지지를 받았다.
17) 신흥우는 국내 귀국한 이후 감리교 평신도 지도자로서 활동을 시작했는데, 1916년 미국에서 열린 감리교 4년 총회에 조선감리교 평신도 대표로 참석했다가 한국 감리교회의 첫 담당 감독이 될 웰치 감독을 만나게 되고, 그를 한국으로 오게 하는 교섭에 적극 나서서 일을 성사시키는데 크게 공헌했다. 이 일이 계기가 되어 그는 감리교단 내에서 웰치감독의 절대적 지지를 받으며 교단 내에서의 위치를 확고히 할 수 있었다.(『人間 申興雨』, pp. 118-119)

게 적합한 활동무대였다.

1920년 2월에 신흥우가 윤치호의 뒤를 이어 YMCA의 총무에 선출되었을 때,[18] 그의 나이 38세였다. 신흥우는 국내 최대의 전국적인 기독교단체인 YMCA의 실무 책임자가 됨으로써 기독교계의 핵심적인 인물로, 또 YMCA뿐만 아니라 국내의 기독교계 민족운동을 주도적으로 전개하는데 발판을 확보했다. YMCA는 이후 민족문제·현실문제의 타개책을 모색하던 그에게 새로운 운동의 무대와 함께 국내외적으로 민족운동을 전개하는 근거지가 되었다.

넷째, 신흥우는 개인의 내세신앙을 강조하는 '개인구원'보다 현실의 문제를 외면하지 않고 적극적이면서도 점진적으로 해결하려는 '사회구원'을 추구했다. 그리하여 예수의 인생관이 '정의'와 '사랑'으로 이뤄진 '하나님 나라'를 이 땅에 실현하는 것이라고 파악한 신흥우는, '하나님 나라의 건설'이야말로 우리 인생 최고의 목적이 되어야 한다고 강조했다.[19]

또 그는 기독교의 신앙이란 자기와 인류 전체의 운명을 개척, 향상시키는 것이며, 종교의 원칙은 영원하기 때문에 변함이 없지만 그 개인이나 사회의 배경이나 지식정도에 따라 변하며 거기에 따라 원칙의 해석과 적용방법이 얼마든지 달라질 수 있다고 인식했다.[20] 이같은 기독교관은 구체적 삶과 분리될 수 없는 것이었고, 그것은 항상 현실의 당면한 문제를 해결해 나가는 적극적인 개혁이념의 성격을 띠고 있었다.

이를 바탕으로 그는 한국교회가 계급주의를 기초로 소수의 有産階級을 위한 종교조직이 되었음을 한탄하면서, 한국교회는 이론상 평등 또

---

18) 『尹致昊日記』8, 1920년 2월 9일.

19) 申興雨, 「人生問題」, 『靑年』, 1925년 3월호, pp. 5-6.

20) 申興雨, 「良心의 解放」, 『靑年』, 1926년 1월호, pp 3-6.

는 형제주의를 상실하고 계급 차별주의로 돌아가고 말았다고 비판했다.[21] 이와 함께 그는 제국주의적 선교방법과 문화적 우월주의자세를 배경으로 하는 외국선교사업이 한국교회의 맹목적인 서양숭배자세와 신앙의 소극적 자세를 형성시키는 주요한 원인이라고 날카롭게 지적했다.[22] 즉 신흥우는 한국교회의 당면한 문제 중의 하나로 한국교회의 자치·자립의식의 결여를 지적하고, 이것은 재정과 사상 면에서 선교사들의 계속적인 영향력 행사에서 비롯되었음을 지적했다.[23] 이런 그의 비판은 당시 의식있는 한국교회 지도자들의 인식을 대변하는 것이었다.[24]

따라서 당시 일제의 식민지라는 상황에서 볼 때, 신흥우의 현실 개혁적인 기독교관은 한국교회가 처한 역사적 상황을 타파해 가는 원동력으로서 작용할 수 있었다. 이런 의미에서 그가 추진한 일련의 한국교회의 개혁운동은 민족적 성격을 지닐 수 있었다.

III. 외교운동과 실력양성운동

1. '태평양회의'와 외교운동

신흥우의 외교운동은 3·1운동 직후부터 시작되었는데, 당시 그는 어

---

21) 申興雨, 「反基督敎運動에 對하야(續)」, 『靑年』, 1925년 12월호, p 3.
22) 申興雨, 「宗敎改造와 우리의 役割」, 『靑年』, 1926년 4월호, pp. 11.
23) 申興雨, 「信仰과 自由」, 『靑年』, 1932년 3월호, p. 3.
24) 1923년에 이상재는 선교사들을 향해 "그리스도인으로 우리는 하나다. 우리의 천국은 세상의 어떤 경계도 초월한다. 그러므로 민족적 우월감에 사로잡혀 천국을 건설하는 일에 방해가 되지 않도록 하자. 비록 천국이 전투적이고 진취적인 것이라 할지라도 그 본래 목적은 남을 지배하거나 파괴하는 것이 아닐지니 오히려 서로 도와 모든 민족의 구원을 완성해야 할 것이다"라고 하여, 선교사들의 문화적 우월감에서 비롯한 파괴주의를 경계하며 이를 날카롭게 비판하였다. Yi Sang Chai, "What I would do if I were a Young Missionary", KMF, Dec, 1923, p. 258.

떤 인식하에 외교운동을 전개했던 것일까?

그는 세계 국제질서를 '正義'와 '人道'가 주도하는 시대로 보고, 民主主義는 正義와 人道가 실현되는 체제이며 앞으로 우리 사회가 지향해야 할 이상적 체제임을 주장했다. 그는 세계 각국이 계급전쟁이란 혼란에 빠진 것이 정의인도론의 구체적 실현인 민주주의를 무시하고 자국의 이익에 따라 움직인 결과라고 비판하고, 민중이 직접 정치에 참여할 수 있는 권리가 보장된 민주주의야말로 계급간의 갈등으로 첨예화된 계급문제를 해결할 수 있다고 주장했다.25) 즉 민주주의 藥은 더욱 철저한 민주주의의 實踐이라고 역설했다.26)

또한 신흥우는 민주주의가 현존하는 정치체제 가운데 가장 기독교적인 체제라고 생각하고, 기독교가 민주주의적인 원리를 증진시키며 민주주의적 이상과 기독교의 가르침이 강력하게 결합되어 있기 때문에 이것들을 분리하거나 구분하는 것이 불가능하다고 보았다.27) 이는 그가 직접 쓴『한국의 갱생』28)에서 한국이 독립한다면 미국과 같은 基督敎 民主主義國家를 수립하게 될 것이라는 점을 주장하는 점에서 더욱 구체적으로 언급되었다.29)

이같은 인식 속에서 신흥우의 외교활동은 3·1운동부터 전개되기 시작했다. 3·1운동과 관련해 그는 두 가지의 중요한 역할을 했다. 그것은 그가 3·1운동이 발발하게 되었을 때 미국에서 열리는 미 감리교 백주년 기념대회에 조선대표로 출국하면서였다.

하나는 3·1운동 발발 이후 서울에서 비밀리에 13도 대표에 의해 조

25) 申興雨,「듸모크레시의 意義」,『靑年』, 1921년 3월호, p. 3.
26) 申興雨,「民本主義와 獨裁主義」,『靑年』, 1927년 4월호, pp. 203-204.
27) H. W. Cynn, *The Rebirth of Korea*, (New York: Abingdon Press), 1920, p. 129.
28) H. W. Cynn, 위의 책 참조.
29) 이같은 주장은 이승만에게서 더욱 분명하게 표명되었다.「우리나라를 예수교국으로 만드러」,『新韓民報』, 1919년 4월 8일자.

직·선포되었다는, 이승만을 執政官 總裁로 하는 '漢城臨時政府案'을 이
승만에게 그가 직접 전달했다는 점이고,[30] 다른 하나는 3·1운동 가운데
벌어진 한국의 참혹한 사정을 직접 자료를 갖고 나가 미국 기독교 연
합회 실행위원회에 보고했고 또 이런 사실을 『韓國의 更生』이란 책자
를 써서 미국사회에 널리 알렸다는 점이다.[31]

그의 활동은 이후 이승만이 초대 임시정부의 '대통령'이 될 수 있는
'정통성'을 만들어 주었다는 점에서, 그리고 3·1운동 중에 한국민에 가
한 일제의 가혹한 탄압이 세계 언론에 의해 비판되고 이것이 일제에게
외교적 압력으로 작용했다는 점에서 결코 과소평가할 수 없을 것이다.

신흥우는 1920년 8월 24일 미국 하원의원단이 관광삼아 상해를 거쳐
한국에 오게 되었을 때, 이를 독립운동의 '기회'로 활용하고자 했다. 이
때 조직된 환영회 준비위원으로 뽑힌 그는 미 의원단이 서울에 도착하
자 방문하여 환영회 참석을 초청했으나, 일제 총독부의 저지로 좌절되
고 말았다.[32]

하지만 신흥우의 국제적 활동은 이후 더욱 적극적으로 전개되었다.
그 가운데 하나가 일본 YMCA에 예속되었던 한국 YMCA를 독립시킨
일이었다. 한국 YMCA는 합병 이후 1913년 4월 반강제적으로 일본 기
독교청년회 동맹에 가입되어 그 독립단체권을 상실당했다.[33]

---

30) 高珽烋, 『大韓民國臨時政府 臨時委員會(1919-1925) 硏究』, 高麗大學校 大學院 史
   學科 博士學位論文, 1991, pp. 55-90. 이승만과 신흥우는 비록 8살의 나이 차가 났
   지만, 기독교와 신학문을 수용하는 시기는 거의 동일했고, 두 사람 모두 한성감
   옥에 수감되어 상호간의 깊은 '동지적' 유대감을 맺고 있었다. 이후 거의 같은
   시기에 함께 미국유학을 했다. 이런 관계는 자연스럽게 그가 미국에 가는 길에
   이승만을 만나게 되었고, 그것을 통해 신흥우는 민족운동에 대한 방향이나 생각
   들을 이승만과 나누면서 민족운동론을 설정하는데 많은 영향을 받았다.
31) 『人間 申興雨』, pp. 129-130.
32) 『人間 申興雨』, pp. 145-149.
33) 전택부, 『한국 기독교청년회 운동사』, 정음사, 1978, pp. 177-182.

이에 기독교운동을 통해 독립운동의 국제적 지원을 획득하기 위해 한국 YMCA가 일본 기독교연합회에서 반드시 독립해야 한다고 판단한 신흥우는 1922년 5월 일본 YMCA으로부터 독립권을 획득하고,[34] 이어 1924년 YMCA세계 동맹에 한국 YMCA가 독립단체로 정식, 가입하는 데 큰 공헌을 했다. 한국 YMCA가 세계기독교계에서 일본 YMCA의 통제로부터 벗어나 독자적으로 활동할 수 있는 근거를 만들었다는 점에서 높이 평가할 만 하겠다.

또한 그의 외교적 활동이 가장 두드러졌던 것은 1925년 6월 30일 하와이에서 열린 「범태평양문제연구회」에서였다. 이미 그는 미국을 비롯하여 뉴질랜드·일본·중국 등 10여 개 나라 사람들이 참석한[35] 1921년 8월 제1회 「범태평양협회 교육대회」에서[36] 일본의 교육정책을 날카롭게 비판하기도 했다.[37] 다수의 한국인들과 함께 한국대표로 참석한 「범태평양문제연구회」는 원래 YMCA 명의로 소집된 것이었지만, 나중에는 YMCA와 상관없이 태평양 각국의 종교문제 이외에 미일간의 문제를 토론하려는 회의로 변했다.[38]

한국측의 기조연설을 맡은 신흥우는 이 자리에서 일본의 '同化政策'의 실상, 民族資本의 형성을 가로막는 조선은행의 기능, 그리고 한국농민을 희생시키는 동양척식주식회사의 역할, 이에 발생한 조선 농민의 만주로 이주와 중국인과의 마찰 등을 열거하고, 이것은 정치적 문제가

---

34) 전택부, 위의 책, pp. 281-287.
35) 미국이 이 시기에 민간단체를 내세워 태평양 지역의 평화를 주장한 것은 이민문제로 나빠진 일본의 국민감정을 무마하는 동시에 소비에트 러시아의 동아시아에 대한 영향력 확대를 견제하려는 의도의 일환이었다. 고정휴, 「태평양문제연구회 조선지회와 조선사정연구회」, 『역사와 현실』6, 역사비평사, 1991.
36) 『人間 申興雨』, pp. 167-169.
37) "Speechs by Dr. Cynn", 1921. 8(『人間 申興雨』, pp. 353-363).
38) 申興雨, 「布哇를 갓다온 前後左右」, 『靑年』, 1925년 9월호, pp. 4-5.

150

아니라 인도적 차원에서라도 반드시 해결되어야 한다고 강조하고 이에 대한 참가국의 적극적인 협조와 도움을 요청했다.[39] 이처럼 신흥우는 연설을 통해 일본의 식민지 한국에 대한 정책의 불평등과 차별성을 날카롭게 비판하고 일제의 지배에 억눌린 한국인의 요구를 주장하여 한국독립운동의 지원을 호소하였던 것이다.[40]

태평양문제연구회를 마치고 귀국한 신흥우는 1925년 11월 28일 서울에서 태평양문제연구회 조선지회를 창립했다.[41] 이러한 공개적 단체의 조직은 "일미 양국의 관계가 점점 긴장하여 가므로 태평양문제라면 일미양국의 문제인 것 같이 되었다"고 하여,[42] 이는 얼마 안 있어 태평양을 중심으로 몰아닥칠 지 모를 '미일전쟁'에 대비하자는 의도에서였다.

그러나 신흥우의 외교활동은 ·1925년을 정점으로 이후 대폭 약화·위축되었다. 1925년 이후 국내 YMCA 농촌사업을 그가 본격적으로 추진하게 되었다는 점, 그리고 이후 태평양문제연구회 대회의 참석범위가 '국가단위'로 제한되면서 국가 주권이 없는 한국인의 참석이 사실상 불가능해졌기 때문이다.[43]

또한 이것은 정의인도론에 기초한 민주주의가 갖는 현실적 한계를 직시한 결과였다. 그는 민주주의가 구호만 외친다고 해서 달성되는 것이 아니라 이것을 실현시킬 수 있는 현실적 '실제세력'이 무엇보다 중

---

39) "Speechs by Dr. Cynn", 1925. 7(『人間 申興雨』, pp. 364-369); 宋鎭禹, 「太平洋會議에서 申興雨 氏 演說」, 『東亞日報』, 1925년 7월 31일자.
40) 신흥우를 비롯한 YMCA 임원들은 동양척식주식회사(東洋拓植株式會社)를 '백해무익'한 것이라고 비난했다.(『朝鮮日報』, 1926년 2월 9일자.)
41) 『東亞日報』·『朝鮮日報』, 1925년 11월 30일자.
42) "太平洋關係의 諸問題를 研究할 必要로 創立하엿다는 委員某氏의 談", 『朝鮮日報』, 1925년 11월 30일자.
43) 고정휴, 「태평양문제연구회 조선지회와 조선사정연구회」, pp. 317-318.

요하다고 깨닫게 되었다. 실제세력의 준비야말로 정의인도를 이루는
관건이 된다고 보았다.[44] 이제 정의인도를 지탱하고 유지할 수 있는
실력의 양성은 무엇보다 필요하게 된 것이다.

신흥우가 전개했던 외교운동은 자국의 힘과 역량을 확보하지 못한
상황에서 우리의 운명을 미국으로 상징되는 세계열강에 의존했다는 한
계를 지적할 수 있다. 이런 의미에서 그의 외교운동이 미국에 조선의
독립을 호소한다는 것은 현실적으로 아무런 실효를 거둘 수 없는 것으
로 보인다. 그러나 미국은 당시 한국인들이 독립을 호소할 수 있는 유
일한 국제적 강국이었다. 미국은 유럽과 아시아에서 전제정치를 피하
거나 자민족 독립운동의 조직을 위해, 그리고 생계를 위해, 19세기 말
이래 많은 이민들이 몰려든 나라였다.

그렇기 때문에 미국정부가 시종일관 한국문제를 백안시하고 무시했
음에도 불구하고, 미국사회의 다원적 성격을 최대한 활용하여 한국인
들은 개인적으로, 단체로서, 정치가·종교가·언론인들과 접촉하면서 한국
의 독립에 대한 지원을 구할 수 있었고 실제로 많은 도움을 받았다.
이 때 기독교는 가장 강력한 매개체 역할을 담당했다. 신흥우는 이런
미국의 이중성을 누구보다도 정확하게 파악한 인물이었다. 미국이 민
주주의를 내세우면서도 국익을 위해 물불을 가리지 않는 '제국주의',
'인종차별주의' 국가라는 점을 정확하게 인식한 그는 세계기독교와 연
결된 한국 YMCA의 총무의 자격을 십분활용하여 독립기반의 모색을
위한 외교활동을 전개한 것이다.

요컨대 신흥우의 외교운동은 태평양을 중심으로 이민문제를 둘러싸
고 미국과 일본의 대립적 구도 속에서 형성된 틈을 활용하여 태평양문
제연구회를 통해 조선의 독립 가능성과 열강의 독립운동에 대한 지원

---

44) 申興雨, 「우리의 活路」, 『靑年』, 1927년 10월호, p. 6.

획득을 모색했고, 다른 한편으로는 민족의 독립을 자력으로 쟁취할 수 있는 실력을 준비하는 민족실력양성운동을 전개하게 되었다.

2. 흥업구락부와 농촌사업 추진

잇따른 국제회의에서 민족운동가들은 한국의 독립문제 상정을 기대했지만 일본의 방해와 세계열강으로부터 독립을 보장받는다는 것이 어렵다는 것을 알게 되었다. 이에 민족운동가들은 세계열강에 대한 기대도 중요하지만 自力으로 독립을 해야 한다는 것을 자각하게 되었다. 이런 인식의 변화는 신흥우도 예외가 아니었다.

> 최초는 국제연맹이나 구미 여러 외국의 간섭 등에 의하여 외부적으로 조선의 독립을 촉진하고 실현시킬 예정이었지만 이들 외부적인 힘은 아무래도 믿을만 하지 못하다는 것이 점점 판명되어 이러한 타력본원으로 불가하다고 생각하게 되었으며, 다음으로는 조선 민중 전체가 학문적으로나 경제적 실력의 양성에 힘을 기울이고 이들에 대하여 독립의식을 주입 고취하여 그렇게 함으로써 이 종합적 실력에 의하여 어떤 시기에 조선의 독립을 실현하려는 것이었습니다.[45]

이런 인식의 전환에서 1925년 3월 22일에 그는 자신의 집에서 표면적으로 친목단체를 가장한 비밀결사체로 興業俱樂部를 조직했다.[46] 이 단체는 경제운동을 통한 민족문제의 해결을 지향하는 일종의 정치적 비밀결사로, 이승만과의 일정한 교감을 갖고 그의 노선변화와 관련되어 진행된 민족운동이었다는 점이 주목된다.

1924년 5월 해외에 나갔다 귀국길에 하와이에서 이승만을 만난 신흥

---

45) 「興業俱樂部事件關聯 申興雨 訊問調書」, 『思想彙報』 16, 1938. 9, pp. 130-131.
46) 『尹致昊 日記』9, 1925년 3월 22일; 金相泰, 「1920-30년대 同友會·興業俱樂部 研究」, 서울대 국사학과 석사학위논문, 1991, p. 16.

우는 그에게서 '미국에서는 조선독립을 위해 동지회를 조직하여 활동 중인데, 동지회와 같은 목적을 지닌 단체를 조직하여 홍사단을 견제하고 조국광복의 목적에 힘써 달라'는 부탁을 듣게 되었다.[47] 쾌히 승낙한 신흥우는 국내에 귀국하여 동년 11월에 YMCA의 이상재, 구자옥, 유억겸, 이갑성, 박동완, 안재홍 등에게 이승만의 뜻을 전달하여 공명을 받자 동년 12월 15일 중앙기독교청년회에서 '단체조직준비회'를 개최했다. 여기서는 단체의 목적과 방법은 동지회의 3대 정강과 4대 진행방침을 따라 정하고 다음과 같이 결의했다.[48]

ㄱ. 민족관념을 보급하고 조선독립을 도모할 것.
ㄴ. 단체 행동을 실행할 경우에는 단체의 지도자에 복종토록 할 것.
ㄷ. 산업 발전과 자급 자족에 노력하도록 할 것.
ㄹ. 계급과 종교 및 지방적 파벌을 타파하여 민족적 대동 단결을 기할 것.
ㅁ. 조직의 목적을 설명, 상대방을 선도 혹은 설복시켜 동지를 확보할 것.
ㅂ. 교양 사업-학교 또는 문화단체의 민족 계몽강연회 등 개최-에 진력할 것.

이런 준비를 거쳐 탄생한 홍업구락부는 비록 동지회의 국내 정식지부가 아니었지만, 그 참석인물이나 운동방향에서 해외의 동지회계열이라 할 수 있을 것이다.

이 자리에서 통과된 단체의 규약 내용을 살펴 보면, 이 단체가 민족운동의 일환으로 결성된 것임을 알 수 있다. 홍업구락부의 명칭인 '大業을 일으킨다'는 것은 실제로 '조선독립'을 의미한 것이었고, '이 부의 목적은 금전을 저축하여'라는 것은 '운동자금을 모집하여'라는 의미이며, 또 '상당한 금액을 도달할 때는 실업을 발달시켜'라고 하는 것은

---

47) 朝鮮總督府警務局, 『最近における朝鮮の治安狀況』, 1938, pp. 380-381.
48) 『最近における朝鮮の治安狀況』, 1938, p 321.

'운동 자금 혹은 동지를 획득할 때'의 의미이고, '시기에 웅하여 내외국과 무역 혹은 대금을 빌려주고 또는 부원간에 상호부조를 목적으로 한다'고 하는 것은 '정세를 보아 동지회와 연락하여 운동자금도 만들고 혹은 동지가 출장할 때는 돈을 내어 이렇게 동지로서 협력하고 대업을 성취할 것을 목적으로 한다'는 의미였다.[49]

이 단체의 활동은 주로 회원의 획득과 재정의 확보, 그리고 동지회와의 국제적 연락 및 국제정세의 파악 등을 주요 목적으로 이루어졌다. 이들은 기독교문화단체에 대한 지도권을 확보하기 위해 조선기독교연합회, 중앙기독교청년회, 조선기독교감리회 등의 지도권을 획득하기 위한 운동을 전개했다. 특별히 그 가운데서 홍업구락부는 독립운동 자금 조성을 위해 적극적으로 노력했는데, 금액이 상당액에 이르면 단체 내에 산업부를 설치하여 사업을 전개하고자 했다.[50]

이처럼 신흥우는 홍업구락부를 통해 표면적으로 실업의 육성을 강조하면서도 이면적으로는 조선독립을 도모하기 위한 민족운동의 기반을 건설하기 위해 노력하였던 것이다. 이 과정에서 그는 일제가 허용한 '합법적' 공간 내에서 조선독립의 기반을 모색하는 실력양성운동의 일환으로 YMCA의 농촌사업을 본격적으로 전개하게 되었다.

이는 일제의 살인적인 농업정책으로 자작농의 몰락과 소작농의 급증, 농가부채의 증가 등 전체 인구 80%이상인 농민들 대부분이 절대빈곤에 빠져 있다는 현실을 직시한 신흥우의 현실인식에서 비롯되었다.[51] 그는 소작인이 비참하게 죽도록 일해도 먹을 수 없고 입을 수 없을 정도로 농촌이 파탄되게 되었다고 파악하고[52], 빈민 소작농을 위

49) 「興業俱樂部事件關聯 申興雨 訊問調書」, pp. 129-130.
50) 위의 글, p. 137.
51) 申興雨, 「農村事業에 就하야」, 『新民』, 1925년 5월호, pp. 12-15; 『東亞日報』, 1927년 6월 24일자; 「깁히 드러갑시다」, 『靑年』, 1931년 5월호, p. 3.

해 아무런 시설이 없기 때문에 소작농이 밤낮 일해도 죽을 수밖에 없
게 되었다고 주장했다.[53] 이것은 민족실력양성운동을 통해 독립의 기
반을 모색하던 그에게 외면할 수 없는 현실이었다.

그래서 신흥우는 소수의 도시청년에 한정된 사상운동보다 현실적으
로 실제적인 민족 최대의 행복을 추구하며,[54] 농촌현실을 變化시킬 수
있는 현실적인 운동이 필요하다고 보고, YMCA 농촌사업을 실제적이
고 현실적인 측면에 초점을 맞추어 전개해 나갔다.[55] 이같은 인식은
때마침 세계기독교계를 풍미하고 있던 '사회복음'의 영향에 의해서 더
욱 고조되었다.[56]

또한 이것은 신흥우가 YMCA의 사업방향을 시대에 맞춰 새롭게 재
해석한 결과였다. 그는 한국인의 8할 이상이 농촌에 거주하는 상황에
서 YMCA 사업이 조선의 농촌상황에 맞추어 실제적인 사업으로 추진
되어야 한다고 보았다.[57] 이와 함께 반자본주의를 내세우며 계급해방
운동의 일환으로 전개된 사회주의자들의 반기독교운동에 대해,[58] 그는
러시아의 반종교운동[59]이나 국내 반기독교운동의 긍정성을 일부분 인

---

52) 申興雨, 「今後의 活動」, 『青年』, 1922년 4월호, p 8.

53) 『東亞日報』, 1927년 6월 24일자.

54) 申興雨, 「朝鮮日報 사설을 읽고」, 『青年』, 1926년 2월호, pp. 9-11.

55) 申興雨, 「변천되는 시대에 교육밧는 사람의 생활」, 『青年』, 1927년 3월호; 「실적
생활로 향하는 금일의 청년」, 『青年』, 1927년 7·8월호.

56) 장규식, 「1920-30년대 YMCA 농촌사업의 전개와 그 성격」, 『한국기독와 역사』4,
1995, pp. 218-219. 1928년에 예루살렘선교대회에서 기독교 '사회화'의 일환으로
제기된 '농촌문제'는 한국대표들에게 큰 주목을 받았다. 신흥우도 그런 사람 가
운데 하나였다.

57) 『人間 申興雨』, p 331.

58) 이준식, 「일제침략기 기독교지식인의 대외인식과 반기독교운동」, 『역사와 현실』
10, 역사비평사, 1993; 졸고, 「일제하 사회주의자들의 반기독교운동에 관한 연구」,
『崇實史學』 10, 숭실대학교 사학회, 1997 참조.

59) 申興雨, 「革命과 宗教」, 『青年』, 1925년 5월호, p. 5.

정하면서도 이것을 극복할 수 있는 현실적인 대안으로 民衆本位의 농촌사업을 생각했다.

신흥우는 전체 인구 대부분이 거주하는 농촌사업에 YMCA의 사업방향을 두고 1925년부터 본격적으로 추진하기 시작했다.[60] 그러나 YMCA 농촌사업의 본격적인 시작은 1925년부터이지만, 그 준비는 1923년부터 이미 이뤄지기 시작했다.[61] 1923년 3개월간 농민들과 함께 생활하면서 농민들의 실상을 파악하는 조사를 한 신흥우는 이를 토대로 1924년 미 국제 YMCA에 농촌사업에 대한 지원을 요청하였던 것이다.[62]

1923년경에 그가 YMCA 농촌사업을 준비하기 시작한 것은 당시 국내 민족운동의 상황과 연결되어 있었다. 1923년 청년당대회에서 사회주의자들이 민족주의세력과의 분리를 선언한 이후 국내 민족운동의 주도권을 확보하고자 하는 의도에서 각지에 조직된 농민단체를 기초로 농민층을 끌어들이기 위한 활동을 전개했다.[63] 국내 민족주의세력의 중요한 기반이 되고 있던 YMCA의 실세인 신흥우로서는 이런 국내 운동노선의 변화에 무관심할 수 없었다.[64] 즉 그의 YMCA 농촌사업 준비에는 피폐된 농촌을 구하자는 인식과 함께 당시 민족·자본주의 비판세력으로 등장한 사회주의세력의 농촌 침투를 견제하고자 하는 의도도 크게 작용했다.[65]

---

60) 『東亞日報』, 1925년 1월 1일자.
61) The Rural Program of the YMCAs in Korea, Published by the National Council of the Korean YMCAs, 1932, p. 3.(『人間 申興雨』, p. 185 재인용)
62) "農村에 天堂建設", 『東亞日報』 1925년 2월 14일자.
63) 金昌順·金俊燁, 『韓國共産主義運動史』2, 청계연구소, 1986, pp. 90-99 참조.
64) 申興雨, 「反基督敎運動에 對하야」, 『靑年』, 1925년 11월호; 「反基督敎運動에 對하야(續)」, 1925년 12월호.
65) 일제는 YMCA 농촌사업의 시작을 반기독교운동의 영향으로 보고 있었다. 朝鮮總

1925년부터 시작된 YMCA의 농촌사업은 전국으로 확산되는 동시에 외국인 전문농업간사가 선정되어 효율적이고 체계적으로 추진되었는 다. 그렇다면, 신흥우가 전개한 농촌사업의 특징은 무엇이었을까?

먼저, 신흥우는 소작농의 생활과 지위를 향상시켜 자작농으로 만드는 '自作農創定'이 농촌문제 해결의 핵심이라고 주장하고, 이에 대한 대안으로66) 그는 농촌재편의 일환인 中小農民을 주축으로 하는 토지개혁과 협동조합론을 주장했다. 덴마크와 아일랜드의 토지개혁을 참고로 하여 지주에게 집중된 경지를 소작인에게 점차 분배하거나 국가의 돈으로 매입해 소작인들에게 상환하는 방식을 제안했다.67) 이어 그는 농민들이 대자본의 물결로부터 대처할 수 있는 조직인 '협동조합'을 통해 농촌사회를 새롭게 재건하며,68) 또 중소농민이 자본주의 경제하에서 지주·자본가와의 경쟁에서 탈락할 수밖에 없기 때문에 소자본 소생산자가 대자본 대생산자에게 대항할 수 있는 조직의 필요성을 강조했다.69)

따라서 일제의 농업정책이 日本人 위주, 大地主·大資本 중심으로 하는 상황에서 신흥우의 농촌운동은 실력양성운동의 일환으로 일제의 농업정책에 저항하며 중소농민의 생활경제를 안정시켜 민족자립경제의 수립을 지향했다.

둘째로 신흥우는 농촌운동을 지속적으로 추진할 수 있는 전문 인력으로서 농촌지도자 양성의 필요성을 제기했다는 점이다. 그는 "지속할 引導者를 養成하여 농촌계발사업으로써 민족의 經濟的 精神的 救援의

督府 警務局,『最近における朝鮮の治安狀況』, 1927, pp. 362-363.

66) 申興雨,「根本的 解決은 自作農創設에」,『朝鮮之光』82, 1929년 1월호, pp. 61-62.

67) 申興雨,「우리의 活路」,『靑年』, 1927년 10월호.

68) 申興雨,「우리의 활로」,『靑年』, 1927년 10월호, p. 4-5.

69) 申興雨,「丁抹의 協同組合」,『靑年』, 1928년 12월호, pp. 13-15.

正路를 삼고저 하는 이들의 최후 목적에 達케 함이 올시다"[70]라고 했
는데, 이것은 농민이 주체가 되지 않는 농촌운동이란 현실적인 한계를
가질 수밖에 없다는 인식에서 비롯된 것이었다. 이는 농촌운동이 지식
인 중심에서 벗어나 농촌 현지 지도자 중심으로 바뀌어야 한다는 현실
적인 요구의 반영이었다.

셋째, 신흥우는 정신적·도덕적 측면의 '農民自覺'을 중요하게 생각했
다. 그의 농촌운동론이 경제적 향상을 목표로 한 것이 사실이지만, 그
가 기독교 이념을 기초로 하고 있었다는 점에서 정신적·도덕적 측면을
강조하는 것은 당연한 일이다.[71] 그는 농사개량과 생활조직을 통해 농
민과 농촌을 발전시키는 것도 필요하지만, 근본 바탕에는 항상 농민의
자각이 밑받침되어야 하고, 자각된 농민이 농촌운동의 주체가 되어야
한다고 인식했다.[72] 즉 농민 대중을 대상화하지 않고 농민들 스스로가
자신의 문제를 해결할 수 있는 주체임을 강조했다.

그러나 신흥우의 농촌운동론은 일제가 지주제를 축으로 하는 한국에
대한 농업정책을 변경하지 않는 한 현실적으로 어려운 것이었고,[73] 또
교회는 교회대로 그 자신이 적지 않은 토지를 소유한 지주이기도 하였
으며, 교인들 가운데 지주 또한 적지 않았던 상황에서 토지분배에 적
극 나설 입장이 아니었다.[74] 그리고 총독부와의 관계를 고려해 합법적
이고 온건한 노선을 취했다거나 지주와 농민간의 계급모순의 해결보다
는 총독부의 권력을 인정하면서 관념적 차원에서 제기된 성격이 강했
다는 한계 또한 지적할 수 있을 것이다.

---

70) 申興雨, 「一九二九에 對한 우리의 所望」, 『靑年』, 1929년 1월호, pp. 1-2.
71) 『人間 申興雨』, p. 187.
72) 申興雨, 「農村事業의 三大綱領」, 『靑年』, 1931년 12월호, p. 3.
73) 金容燮, 「日帝 强占期의 農業問題와 그 打開方案」, 『韓國近現代農業史硏究』, 一潮
　　閣, 1992, pp. 436-445.
74) 한규무, 앞의 책, p. 97.

그러나 그런 한계에도 불구하고 당시 토지문제의 근본적 해결이 일
제를 타도하지 않고서는 실현될 수 없는 것이라는 점에서 보면, 그의
토지개혁론과 협동조합운동론, 농민을 주체적 대상으로 한 그의 농촌
운동론은 일제 강점하에 민족문제 해결하기 위한 적극적인 타개책으로
분류될 수 있을 것이다. 나아가 민족전체의 행복을 위한 민족자립경제
의 건설과 근대적 농촌으로의 개조를 통해 독립의 기반을 도모하는 것
이었다.

IV. 적극신앙운동

1. 적극신앙운동의 배경

1930년대 들어 신흥우는 기독교를 매개로 하는 새로운 운농을 모색
했는데, 이것은 다음과 같은 역사적 배경을 갖고 있었다.

첫째로, 신흥우의 적극신앙운동은 기독교 신앙운동의 성격을 띠고
있는 것으로 세계 기독교 사조에 부합되고 국내 실정에 맞는 기독교
정신·신앙운동의 필요성에서 비롯되었다.

그는 1920년대 초반부터 기독교 문제를 직시하고, 이에 대한 적극적
인 개혁의 필요성을 주장했다. 1928년에 개최된 예루살렘 선교대회[75]
에서 그는 기독교의 개혁문제가 한국만의 특수한 문제가 아니라 세계
기독교의 보편적인 흐름임을 확인하게 되었다.

이미 1920년대 전반부터 '조선인의 사업은 조선인 자체가 경영 유지

---

75) 鄭仁果, "예루살렘大會에 參席하고(三)", 『基督申報』, 1928년 6월20일자; 梁柱三,
   "예루살렘會議의 特色", 『基督申報』, 1928년 7월 11일자; 金活蘭, 「예루살렘大會와
   今後 基督敎」, 『靑年』, 1928년 11월호 등을 참조.

해야 하고, 조선인의 사업은 조선화되어야 한다'76)고 주장한 신흥우는 1926년 2월 '기독교 개혁'이란 취지에 동조하는 인물들과 「基督敎硏究會」를 조직하여,77) 기독교의 민중화, 생활의 간소화, 산업기관의 시설, 조선적 기독교의 설립에 관한 것을 심도있게 논의했다.78)

이처럼 1920년대 초부터 기독교 문제를 인식하고 기독교 개혁의 필요성을 제기한 신흥우는 1928년 예루살렘 대회를 계기로 자신의 개혁에 대한 이념적 지향을 더욱 구체화할 새로운 단체를 모색하게 되었다.

둘째, 신흥우의 적극신앙운동은 흥업구락부의 정신을 계승한 민족운동의 성격을 띠고 있었다.

경제운동을 통해 민족관념을 보급하고 조선독립을 도모한다는 목적아래 신흥우의 주도로 조직된 흥업구락부에서는 결성초기부터 회비로 모은 금액이 상당액에 이르면 산업부를 설치하여 무역을 통해 독립자금을 조성한다는 계획을 갖고 있었다. 그러던 중 1931년 11월 일제가 만주사변을 일으킴으로써 국제적 비난을 당하게 되었다.79) 이 기회를 이용하여 신흥우는 민족운동의 발전을 위한 흥업구락부운동의 확대를 위해 산업부 설치를 추진하지만, 거액 출자자들의 비협조로 산업부 설치가 실현되지 못했다.80)

이같이 흥업구락부 내에 산업부를 설치하여 조선특산물을 해외에 수출하고 그 이익을 거두어 독립운동자금으로 활용하고자 했던 신흥우는 회원들의 운동에 대한 열의와 정신이 결여되었기 때문이라고 파악하

76) 申興雨, 「北美視察談」, 『靑年』, 1923년 5월호, pp. 61-63.
77) 金良善, 「韓國基督敎史; 改新敎史」, 『韓國文化史大系』 6, 高麗大民族文化硏究所, 1971, pp. 666-668.
78) 『基督申報』, 1926년 4월 28일자.
79) 구대열, 『한국 국제관계사연구1』, 역사비평사, 1995, pp. 338-340.
80) 『尹致昊日記』11, 1938년 8월 16일.

고,81) YMCA총무라는 위치를 활용하여 단체의 결성을 추진했다.

셋째, 그의 적극신앙단운동은 합법적 범위 내에서 열정적으로 추진 하던 YMCA의 농촌사업이 1930년대에 들어서 약화·위축되었다고 하는 것과 직접적인 관련이 있었다.

YMCA의 농촌사업은 1930년대에 들어 세계 대공황의 영향으로 YMCA 국제위원회의 지원이 대폭 감소됨에 따라 큰 타격을 받게 되었 다.82) 또 일제가 대륙침략의 거점으로 1932년 7월부터 '農村振興運動' 을 전개하며 기존의 농촌운동에 대한 탄압과 압력을 가함으로 인해,83) 1933년에 들어 국내의 운동이 일제에 의해 차단되고 통제되는 상황에 서 YMCA의 기독교 농촌사업은 점차 축소되고 농촌진흥운동에 흡수되 어 갔다. 이에 1933년 6월 신흥우는 일제가 허용한 합법적인 범위에서 민족자체의 생활개선, 미풍의 작흥, 양속의 보존에 노력한다는 취지의 <중앙진흥회>라는 조직에 참여했다.84)

그러나 이것은 지속적인 민족운동을 전개하기 위한 모색의 과정에서 나온 것이었다. 즉 신흥우는 모든 민족·사회운동이 현실적으로 어려워 지는 상황에서 합법단체에 가입함과 동시에 다른 한편으로 '비밀결사 체' 성격을 갖는 기독교운동을 통해 독립의 기반을 모색하는 적극신앙 단을 조직하였던 것이다.

넷째, 신흥우의 적극신앙운동은 사회주의세력의 농촌지역에 대한 공 세적 확산과 1920년대 말부터 재개된 반기독교운동에 대한 대응성격을 갖고 있었다.

---

81) 「興業俱樂部事件關聯 申興雨 訊問調書」, pp. 136-137.
82) 전택부, 『한국기독교청년회운동사』, pp. 398-399.
83) 지수걸, 「1932-1935년간의 조선농촌진흥운동」, 『한국사연구』 46, 1984; 김용섭, 앞 의 글, 1992.
84) 朝鮮總督府警務局, 『最近における朝鮮の治安狀況』, 1933, p. 70.

1920년대 후반의 공황으로 노동자·농민들의 투쟁의식이 고양되어 노동쟁의·소작쟁의가 활성화되면서 대규모 대중투쟁이 격렬하게 전개되었다.[85] 특히 사회주의와 연계된 소작쟁의, 농민항쟁은 기독교 농촌운동을 압도하기 시작했고, 기독교 농촌운동에 대한 비판도 심각해졌다.[86] 또한 국내의 사회주의자들에게 계급노선이 대두되는 가운데 신간회의 해소론이 등장하는 상황이 복잡하게 맞물리면서 사회주의자들의 반기독교운동도 재개되었다. 종교자체를 사회과학적인 논리를 통해 근본적으로 부정하고, 이를 현실적으로 박멸하자는 '전투적 무신론'에 입각한 반기독교운동이었다.[87]

이런 상황에서 1920년대 중반 YMCA 농촌사업을 사회주의자들의 반기독교운동에 대한 대응의 성격으로 시작했던 신흥우는 이같은 상황을 좌시할 수는 없었다.[88] 그는 "소위 사랑을 가졌다 仁義를 존중한다 善意가 인류사회에 결속적 원동력이라 하는 이들은 제절로 되는 힘안 드는 승리를 앉어서 기다릴 것이 아니오, 적어도 뭐움에 힘만큼은 힘을 내여 꾀있게 조직적으로 나가야만 뭐움의 힘을 제어할 것이다"[89]라고 하여, 사회주세력의 공세에 대해 기독교 세력의 조직화를 강조했다. 기독교계의 개혁을 주도하며 사회주의자들의 반기독교운동에 맞설 수 있는 새로운 단체의 결성을 주장했다.[90] 그런 그의 주장이 구체화된 것이 적극신앙단이었다.

---

85) 이준식, 「총론 : 세계대공황기 민족해방운동 연구의 의의와 과제」, 『역사와 현실』 11, 1994, pp. 12-21 참조.
86) 金容燮, 《韓國近現代農業史研究》, pp. 428-453.
87) 졸고, 「일제하 사회주의자들의 반기독교운동에 관한 연구」, pp. 215-226.
88) 朝鮮總督府警務局, 『朝鮮治安狀況』, 1927, pp. 362-363.
89) 신흥우, 「뭐움의 힘」, 『靑年』, 1932년 4월호, p. 3.
90) 申興雨, 「新思潮의 批判」, 『新生』, 1932년 5월호, pp. 6-8.

2. 적극신앙단 조직과 그 성격

신흥우가 '積極信仰'의 필요성을 주장한 것은 1920년대 초반부터였지만, 그것이 구체적으로 등장하게 된 것은 1928년 예루살렘 선교대회를 다녀온 직후의 일이었다. 기독교신앙의 실체화·사회화 및 선교 토착화 문제가 논의된 이 대회를 통해 그는 적극적인 기독교의 수립이 한국교회에 무엇보다 필요하다는 것을 절실히 깨닫게 되었다.

그래서 예루살렘 대회를 다녀온 직후 그는 장로교의 정인과에게 '積極信仰'을 지향하는 새로운 기독교 조직을 설립하자는 의도를 제시했다. 그런데 그의 이런 제의는 적극신앙을 주장하는 것이 급진적이며 현실에 맞지 않는 '시기상조'라는 이유에서 정인과에 의해 거절당함으로써 현실화되지 못했다.[91] 그러다가 이것이 실제로 본격화된 것은 1932년 6월경으로 보인다. 그것은 그가 미국에 다녀온 직후의 일이었다.

1932년 4월 미국에 건너갈 때 배 안에 있는 도서실에서 신흥우는 『히틀러전』을 읽고, '히틀러가 적극기독교를 주장하여 기독교운동을 통해 게르만 민족의 대동단결을 꾀하고 기독교 청소년을 히틀러 청소년단으로 개편하여 민족 국가주의적 훈육 단련을 하여 독일 민족국가운동에 기여하게 하였다'고 기록된 한 구절에서 힌트를 얻고, 홍업구락부의 운동을 전환하고 기독교계 각종 문화단체의 주도권을 획득하여 '民族的 獨立'을 지향한다는 생각에서 적극신앙단의 결성을 추진하게 되었다.[92]

그래서 신흥우는 1932년 6월 중순 경부터 기독교 청년회관에서 '積極信仰'의 취지에 동의하는 기독교계 인물들과 함께 합법적으로 적극

---

91) 陸鴻山, 「朝鮮基督教는 어대로?」, 『四海公論』, 1936년 8월호, pp. 212-213.
92) 「興業俱樂部事件關聯 申興雨 訊問調書」, p. 137.

신앙단을 조직했다. 이 과정에서 그는 새로운 생활 신앙 선언과 이를 실천하기 위한 21개조의 실천 강령을 구상하고, 보수적이지 않은 선교 사들과 진보적인 교회 목사와 지도자들, 그리고 교회의 공적 관계가 적은 한국인 지도자들과 만나 자기의 구상을 설명했으며, 또 당시 YMCA의 농업간사로 있던 월버의 주선으로 외국선교사들과 만나 자신 의 개혁구상을 밝히며 협조를 요청하기도 했다.[93]

여기에 참여한 인물의 대부분은 1920년대부터 신흥우와 같이 활동했 는데, 대개 기호지역 출신의 감리교와 장로교인들로, 미국 및 일본에서 신학과 인문학을 공부한 유학생들 출신들이었으며, 또 이들은 3·1운동 이후 YMCA, 흥업구락부, 태평양문제연구회 조선지회, 신간회 등 여러 민족·사회운동에 적극 참여 왔다는 점에서도 주목된다.[94]

신흥우는 당시 신앙이 갖는 피안적이고 관념적인 소극적 태도를 비 판하고 삶의 원동력으로서 삶을 역동적으로 변화시키는 현실 참여적인 적극신앙의 모습을 확신하고 있었다.[95] 그의 인식은 적극신앙단에 채 택한 이념 속에서 더욱 구체적으로 나타났다.

적 극 신 앙 선 언

I. 나는 자연과 역사와 예수와 경험 속에 계시되는 하느님을 믿는다.

II. 나는 하느님과 하나가 되고, 악과 더불어 싸워 이기는 것을 인생 생활의 제1원칙으로 믿는다.

III. 나는 남녀의 차별없이 인간의 권리 의무 행위에 있어서 완전한 동등권이 보장되어야 하며 타인의 권리를 침해하지 않는 완전한 자유가 있어야 된다고 믿는다.

---

93) 『人間 申興雨』, pp. 224-225.
94) 전택부, 『한국기독교청년회운동사』, p. 410; 김상태, 「일제하 '사회복음주의'와 민 족운동론」, p. 198.
95) 申興雨, 「信仰과 自由」, 『靑年』, 1932년 3월호, p. 3

Ⅳ. 나는 신사회의 건설을 위하여 개인적 취득욕이 인간적 공헌욕으
　　로 代價되어야 된다는 것을믿는다
Ⅴ. 나는 사회가 많은 사람에게 경제적 문화적 종교적 생활에 있어서
　　승등적 균형과 안전이 보장되어야 한다는 것을 믿는다.

이외에도 생활재건을 위한 21개조 실천요강을 채택하였는데, 여기에
는 "정결한 신체와 마음, 일에 대한 헌신, 토지에 대한 사랑, 협동적 경
제, 고리 대금업 철폐, 절제하는 생활, 간소한 관혼상제, 조혼의 폐지,
결혼 선택의 자유, 도덕의 단일 표준, 가정과 사회의 동등한 대우, 동
일노동에 대한 동일보수, 혼성의 단체활동, 단체에 대한 충성, 약자와
저특권층에 대한 집단 보호, 단체권익의 증진, 구습 타파, 도덕 표준에
대한 재확인, 진리와 정의에 대한 복종, 산 정신과 유익한 사상의 보
급" 등의 내용이 담겨 있었다. 이는 당시 민족·사회의 여러 문제를 기
독교적 이념 속에서 해결하고자 하는 방향에서 제기된 것으로, 기독교
의 실제화와 사회화를 주장하는 신흥우 및 그의 그룹의 개혁이념이 구
체적으로 표현된 것이다.

한편 신흥우의 적극신앙단운동은 단순히 기독교 개혁운동에 그치는
것이 아니었다. 이 운동은 표면적으로 기독교 운동을 띠고 있었으나,
그 이면에는 궁극적으로 '독립'의 기반을 건설하고 이를 지향한다는 민
족적 성격이 내포되어 있었다.[96]

일제는 적극신앙단을 기독교운동을 통해 궁극적으로 종교의 이름아
래 동지를 모으고 독립사상을 갖게 하여 장래 조선독립의 투사를 양성
하고자 했던 것으로 보고 있었다.[97] 이것은 "민족 의식의 양성", "민족

---

96) 당시 한국교계의 보수적 언론도 적극신앙단의 민족적 성격을 지적하고 이를 비
　　판하고 있었다. 金麟瑞, 「積極團問題를 推하여 黨閥問題를 論홈」, 『信仰生活』,
　　1935년 6월호.
97) 「興業俱樂部事件關聯 申興雨 訊問調書」, p. 139.

체위(體位)의 향상", "단결 정신의 함양과 훈련","산업의 발전과 경제의
독립"이란 단체의 목적에서도 보이는데, 이 단체가 경제운동을 통한 민
족독립을 도모한다는 흥업구락부의 정신을 계승하고, 이를 기초로 하
여 기독교운동을 통해 민족운동을 전개하고자 하였다는 데서도 알 수
있다.

물론 일제가 이 단체의 궁극적 목적을 "폭력혁명을 통한 봉기"이라
고 본 것은 다소 과장된 추론이다. 하지만 그만큼 단체의 민족주의적
성격이 일제에게는 위협적인 것으로 인식되었고, 그래서 "기독교를 통
해 조선독립운동의 실천에 착수한 것"으로 파악하는 일제의 인식은 단
체의 민족적 성격을 그대로 보여준다고 생각된다.98)

여기서 주목되는 점은 그가 적극신앙단을 조직하면서 특별히 단체의
'단결'과 '지도자의 역할'을 강조한 것이다. 그는 단체활동의 삼대요소
로 신념과 단결, 지도성을 지적하고, 단체에 속한 구성원들이 개인의
권리만 주장한다면 단체의 기능을 상실할 수밖에 없으므로 구성원들의
단체와 지도적 인물에 대한 '신용'과 '충성'이 무엇보다 필요하다고 주
장했다.99)

이런 주장은 이미 1920년대 흥업구락부의 결성 때부터 신흥우가 중
요하게 제기하던 것이다. 흥업구락부는 단결과 지도적 인물에 대한 충
성이 부족했기 때문에 그 활동이 지지부진했다. 그래서 재정을 모아
독립운동의 자금으로 활용하려고 하던 단체의 계획에 차질이 나타났
고, 1930년대에 들어 거액을 출자하여 산업부를 설치하려고 하던 것도
역시 회원 중 일부 거액 출자자의 비협조로 실패할 수밖에 없었던 경
험을 신흥우는 갖고 있었다.

---

98) 『最近における朝鮮の治安狀況』, 1938, pp. 385-386.
99) 申興雨, 「오늘 團體活動에 三大要求」, 『靑年』, 1932년 7·8월호, p. 3.

단체 활동의 '실패' 경험을 지닌 신흥우로서는 단체의 단결과 지도자적 인물에 대한 충성이 무엇보다 중요한 문제가 아닐 수 없었다. 이 때문에 단체에 대한 단결과 지도적 인물에 대한 충성을 유난히 강조했다. 그런데 이런 강조가 곧 전체주의인 파시즘의 논리를 수용한 결과는 아니었다.[100]

당시 신흥우가 민중이 지도적 인물을 신뢰하며 지도적 인물이 민중의 행복을 위하는 것은 민주주의가 현실적으로 불안하기 때문에 독재식이 이에 가깝다고 보았던 것이 사실이지만, 그런 독재식일지라도 민중의 정신적·물질적 행복에 기초하지 않는다면 오래 유지될 수 없다고 강조해 현실적으로 파시즘에 대한 경계도 늦추지 않고 있었다.[101] 또한 1934년 그가 탄식하면서 '독재와 파시즘의 이런 시대에 자유주의와 민주주의가 심각한 역류를 만나 고통을 당하고 있다'고 지적하고, 기독교 사상이야말로 '자유주의의 혼'이라고 역설하여 파시즘을 비판하였다는 점에서도 확인된다.[102]

한편, 적극신앙단원들은 신흥우가 직접 마련한 5개조 신앙선언과 21개조 실천 요강을 채택함에 따라 5개조 신앙선언을 카드로 만들어 전국 회원들에게 배포하는 동시에 YMCA연합회를 통해 전국적인 적극신앙운동으로 추진했다.[103] 이와 함께 적극신앙운동의 확대를 위해 기독교계 내의 지부설립을 추진하기도 하였는데, 在日 YMCA 내에는 적극신앙단 지부가 조직되기도 하고, 감리교 내에서는 적극신앙의 이념을 띤 성경반이 설치·운영되기도 했다.[104]

---

100) 그의 단체 단결과 지도자에 대한 충성의 강조를 '파시즘'의 수용이라고 보는 견해도 있으나, 이는 신흥우의 생각과 거리가 있는 것이라고 생각된다. 김상태, 「일제하 신흥우의 '사회복음주의'와 민족운동론」, pp. 199-200.

101) 申興雨, 「自由와 統制」, 『靑年』, 1932년 10·11월호, p. 3.

102) Hugh Heung-wu Cynn, "Laymen and the Church", *Within the Gate*, 1934, p. 119.

103) 『人間 申興雨』, p. 227.

그러나 적극신앙운동에 대한 제도권 교회나 YMCA 내에서의 강한 반발이 거세게 일어났다.105) 적극신앙단이 민족주의 단체인 이승만의 '동지회'계열이라고 하는 당파성을 지녔다는 점과, 또 적극신앙운동이 진보주의적 기독교관을 중심으로 급진적이고 비밀결사체적 성격을 띠며 전개되었다는 점이 가장 큰 이유였다.106)

이제까지 신흥우를 적극 지지해 오던 윤치호와 양주삼은 적극신앙단이 '비밀결사적' 이고, '급진적' 이라는 이유에서 이 단체에 대한 배척을 선언했다.107) 또 YMCA의 원로 김정식이 주도한 「在京基督敎有志會」는 신흥우의 YMCA 총무 사임과 적극신앙단을 배격하는 성명서를 발표하고,108) 나아가 적극신앙단을 반대하는 의견서를 1935년에 감리교와 장로교에 직접 제출했다. 급기야 적극신앙단은 국내 최대 교단인 장로교와 감리교부터 '인정불허' '가입금지'라는 조처를 당했던 것이다.109)

이런 가운데 '朴仁德과의 스캔들' 문제가 터지면서,110) 신흥우는

104) 「興業俱樂部事件關聯 申興雨 訊問調書」, p. 137.

105) 신흥우에 대한 반발은 적극신앙단 결성 이전에 이미 서북지역 기독교인들로부터 있었다. 세계대공황으로 인해 미 YMCA 국제위원회가 한국에 파견된 농업전문가를 소환하게 되었는데, 그 때 신흥우가 미국에 가서 자신과 같이 일하는 클라크 대신 서북지역에서 일하는 내쉬를 소환하도록 해놓고 오면서였다. 이 일을 나중에 알게 된 평양 YMCA에서는 신흥우에 대한 불신임안을 제출하고, 신흥우의 행동에 대해 강력하게 반발했다.(『東亞日報』, 1930년 9월 29일자, 11월 17일자, 11월 20일자.)

106) 김승태, 「積極信仰團 事件」, 『韓國基督敎史硏究』 20, 1988, p. 16.

107) 『人間 申興雨』, p. 251.

108) 『基督申報』, 1935년 2월 20일자.

109) 김승태, 앞의 글, pp. 18-20 참조.

110) 박인덕과의 염문설은 진위와 관계없이 신흥우에게 결정적 타격을 입혔다. 이것은 이제껏 자신을 지지하던 윤치호, YMCA 농촌사업의 실질적 이념가인 홍병선, YMCA 내 행정가인 현동완 등과 결별하게 되는 결정적 계기가 되었다. '박인덕과의 스캔들'로 인해 갈라선 이들과의 대립은 그가 YMCA를 떠나게 된 중요한 원인이 되었다. 舌火子, 「俎上에 올닌 朝鮮基督敎의 全貌」, 『批判』, 1936년 3월호, pp. 50-51; 陸鴻山, 앞의 글, pp. 200-207.

1935년 1월 YMCA 총무직을 사퇴하게 되었고, 이와 동시에 그의 사직
이 4월 3일에 YMCA 이사회에서 수리됨으로써 결국 YMCA를 떠나게
되었다. 이에 따라 그가 주도한 적극신앙단도 그 중심을 잃고 사실상
해체되게 되었다. 신흥우가 이후에 회고했듯이, 민족운동의 일환으로
추진된 적극신앙단운동은 그 목적과 동기가 훌륭했지만 그 추진 방법
이 너무 성급했고, 또 기독교계의 보수적이고 지역적인 갈등의 벽을
넘지 못하고 실패로 끝나버렸던 것이다.111)

V. 맺음말

신흥우의 신학문의 습득과 기독교 수용은 그의 사상 형성에 결정적
영향을 미쳤다. 청소년기부터의 신학문에 대한 섭렵과 경험을 통해 그
는 서구문명의 발전을 주도하는 근대적 가치관 및 세계관을 습득하였
고 이를 통해 봉건적 사회관념에서 벗어나 근대적인 시민가치를 내면
화할 수 있었다. 특별히 그는 개인의 내세신앙을 강조하는 외국선교사
들이나 보수적 기독교인들의 '개인구원관'을 소극적 기독교로 비판하
고, 신앙과 현실의 밀접한 관계를 주장하는 '사회구원관'이 실제적이고
사회적인 적극적 기독교라고 강조했다. 그의 기독교관은 민족운동과
기독교 개혁운동의 중요한 동력이 되었다.

이같은 인식에서 그의 민족운동론이 비롯되었다. 그는 국내에서 기

---

111) 신흥우의 YMCA 총무사퇴와 적극신앙단 실패는 결국 그가 일제의 친일화 유도
　　정책에 휘말리는 중요한 계기가 되었던 것으로 생각된다. 그의 일제 말기에 대한
　　연구는 일제하 민족운동가들의 일제 말기 친일과 관련하여 앞으로 중요한 연구
　　과제가 될 수 있을 것이다. 최근의 한 연구에서는 신흥우의 친일이 소극적인 친
　　일이었음을 논증하고 있는데, 이는 신흥우의 일제 말기의 친일행적을 이해하는
　　시사점을 준다는 점에서 주목된다.

독교적 소망 중에 고통받는 민족과 더불어 그들을 위로하고 민족의식과 독립의 기반을 준비하는 것이 무엇보다 필요하다고 보았다. 일제에 대한 정치적 '저항'보다는 사회경제적인 현실의 문제를 타개하고 궁극적으로 이를 통해 독립의 기반과 독립을 지향한다는 자세를 견지했다.

신흥우는 1920년대 외교운동과 민족실력양성운동을 전개했다. 외국을 자주 드나들 수 있다는 잇점을 이용한 외교운동은 태평양회의를 무대로 하여 미국과 일본의 대립과 갈등을 활용하여 세계 열강에 대한 한국의 독립운동 지원과 나아가 독립획득의 보장을 달성하기 위한 것이었다. 1925년 범태평양문제연구회에 한국대표로 참석하여 일제 식민정책에 대한 직접적 비판과 이에 대한 한국민들의 요구를 주장하기도 했다.

신흥우는 1925년에 해외 이승만과의 교감을 통해 경제운동을 중심으로 하는 민족운동단체로 비합법단체인 興業俱樂部를 결성하고, 재정확보를 통한 독립기반의 건설을 모색했다. 이와 동시에 그는 합법적인 실력양성운동의 일환으로 YMCA의 농촌사업을 전개했다. 농촌사업은 일제의 파괴적인 농업정책에 따라 전체인구 80%가 거주하는 농촌사회의 피폐화와 파탄현상에서 기인한 민족운동적 성격이 강했다. 이를 통해 신흥우는 몰락한 농촌사회를 근대적 농촌사회로 재편하여 일제의 대자본과 지주제 정책에 저항하고자 했다.

그러나 이 사업도 1930년대에 들어서서 침체·약화되었다. 1929년 이후의 세계 대공황으로 인해 국제 YMCA의 지원 감소되었고, 일제가 농촌진흥운동을 전개하면서 기존의 농촌운동에 대한 탄압과 압력을 가했기 때문이다. 신흥우의 민족운동도 그 방향을 전환하게 되었다.

신흥우는 기독교운동을 통한 민족운동의 전개를 위해 積極信仰團을 조직했다. 이 단체 이념은 기독교의 실제화·사회화라는 내용을 담고 있었지만, 그 의미는 단순히 기독교 개혁운동에 그치는 것이 아니었다. 합법적인 실력양성운동과 외교운동이 현실적으로 어려워짐에 따라 신흥우는 기독교조직을 활용하여 홍업구락부의 정신을 계승함과 동시에 이 단체를 통해 민족의식을 고취하고 단결정신을 함양하며 독립 일꾼을 양성하고자 했다.

1920-30년대 신흥우의 민족운동은 많은 한계를 갖고 있었던 것이 사실이다. 기독교라는 '종교적' 이념이 그의 민족운동 방향과 현실인식에 중요한 근거였다는 점, 거기서 비롯된 정치적 문제와는 일정한 '거리'를 두고 일제의 식민권력을 현실적으로 인정하는 상태에서 '온건한' 민족운동을 전개했다는 점, 그리고 그가 조직한 단체들이 기호지역을 중심으로 하는 '당파적' 성격이 매우 강했다는 점에서도 그렇다.

그러나 당시 역사적 제약 속에서도 체념하지 않고 끊임없이 '민족의 독립'과 '독립역량의 건설'을 지향하는 여러 운동과 이념을 실천했다는 점에서 보면 그의 1920-1930년대 중반까지 전개한 민족운동은 높이 평가받아야 할 것이다.

「滿洲國」에서 日帝의 對朝鮮人 新規入植政策과 朝鮮人開拓民의 入植實態

―中日戰爭 時期를 중심으로―

孫 春 日*

Ⅰ. 머리말

일제는 만주사변이후 만주개척이란 슬로건을 내걸고 만주 농업 이민 정책을 실시한다. 일제의 이민 목적은 일본 국내에서 악화되고 있는 인구문제와 토지문제를 해결할 뿐만 아니라, 동시에 만주의 민족 구성 비례를 적당히 조절하여 중국인에 대한 안정된 통치를 하며, 나아가 대륙침략전쟁을 위해 인적 물적 토대를 마련하려는 것이다. 때문에 만주국 시기 일제의 만주 이민정책은 내용상 일본인에게 중점을 두고 있

* 연변대 민족연구소 연구원

지만 일본인 이민을 순조롭게 하기 위해 조선인과 중국인에 대해서도 이민정책을 마련하였다.

만주국 시기 조선인에 대한 일제의 이민정책을 일반적으로 安定時期 (1931~1936)와 撫育時期(1937~1941)시기로 나눈다. 안정시기를 또 조선인 이민에 대한 放任時期, 撫育시기는 新規入植時期로 볼 수 있다. 이 두 시기의 구별점이라면 일제는 조선인 이민에 대해 방임정책을 시행하던 것을 통제정책으로 전환한 것이다. 본 논문에서는 바로 일제가 이 통제정책으로 전환한 원인과 그 시행과정을 살펴 보려는 것이다.

만주국 시기를 포함한 조선인이주사에 대해 한국학계에서는 꽤 많은 논문이 발표되었다. 그러나 논문의 대부분은 이민과정에만 치중되어 있고, 한 시기에 대한 깊은 연구는 미약하다고 할 수 있다. 때문에 필자는 중일전쟁 시기 일제의 조선인 이민에 대한 통제정책을 중심으로 좀 더 깊은 연구를 시도해 보고자 한다.

Ⅱ. 朝鮮人移民에 대한 政策을 '放任'에서 '統制'로 전환할 필요성

만주국 설립 초기 일제는 만주개척이란 슬로건을 내걸고 만주 농업 이민정책을 시행하였다. 그러나 이 시기 이민정책의 중점은 일본인에게 두고 조선인과 중국인에 대한 이민정책은 부차적이었으며, 다만 일본인이민을 순조롭게 진행하기 위해 억제하거나 조절하는 것이었다. 조선인에 대한 이민정책은 在滿朝鮮人의 안정을 도모하는데 主眼하고 조선인들의 新移住에 대해서는 적극적으로 獎勵하지 않는 방침을 정하였다.1) 즉 조선인의 이주에 대해서는 스스로에게 맡기는 자유 방임정

책을 실시하고, 장려하거나 추진하지는 않았다.[2]

  그러나 1936년 중국대륙에 대한 일제의 침략전쟁이 임박하면서 일본인 개척민들과 함께 조선인들에 대한 본격적인 신규입식정책을 시행하게 된다. 일제가 이렇게 만주국 성립 초기 조선인에 대한 방임정책에서 신규입식정책으로 전환하는 것은 그 나름대로 이유가 있었다.

  먼저 만주사변 이후 조선인들의 대량 이민은 일본인에 대한 본격적인 만주농업이민정책「二十個年百萬戶移住計劃」의 순조로운 실현에 위협을 주고 있기 때문이다. 이「二十個年百萬戶移住計劃」은 관동군이 직접 작성하여 나중에 일본정부의 동의를 얻은 일본인 농업이민계획이다. 이 계획에 의하면 1937년부터 20년 동안, 약 백만호(일호당 5명으로 하면 약 500만명으로 계산됨)되는 일본인을 만주로 입식시키는 것을 목표로 하였다.[3] 이것은 당시 일본의 약 560만호가 되는 농호가운데서 5反이하 토지를 가진 빈농이 차지하는 비례가 약 35%, 200만호가 되는 것을 참작하여 작성한 것이다. 즉 만일「百萬戶移住計劃」에 따라 일본 국내에서 이런 토지기아에 빠진 전체 호수의 절반에 해당되는 백만호를 만주로 이주시킨다면, 앞으로 20년후에 만주의 인구가 5000만명에 달해도 일본인이 차지하는 비례가 10%가 된다는 계산이다.[4] 이렇게 되면 장차 만주국 5族 가운데서 일본인을 "中核"으로 하여 만주에서 "日本人的 秩序"를 확립하는데 문제가 없다는 것이 관동군의 생각이었다.

  그런데 만주사변 후 일본인 농업이민정책에 중점을 두고 조선인 이

---

1) 滿鐵經濟調査會, 『朝鮮人移民方策』, 立案調査書類第二編第一卷第一號, 1936年, 245쪽.(이하 『朝鮮人移民方策』으로 생략함).
2) 물론 이 시기 관동군을 중심으로 한인이민계획을 작성한 것이 많다. 그러나 이것은 다만 탁상공론에 그쳤고 실제로 계획적으로 이민한 것이 없었다.
3) 앞의 책, 『現代史資料』, みすず書房, 949쪽.
4) 앞의 책, 『滿洲國百萬號移民國策全貌』, 19쪽.

176

민에 대해 자유 방임정책을 취하는 틈을 타 만주로 이주하는 조선인이 대량으로 늘어났다. 예컨대 사변전 해마다 이주하는 조선인이 1만 5천여 명에 불과하던 것이 사변 후 5, 6만명으로 급증하여 사변 전보다 훨씬 더 많아졌다.5) 더욱이 1935년 한 해에는 10만명을 돌파하는 상황이 일어났고 이것은 만주사변전 한 해에 이주하는 조선인의 4배 이상이었다.6) 日本大使館 朝鮮課의 조사에 의하면, 滿洲事變 前後 각 3년 동안 재만조선인의 증가 추세는 만주사변 전인 1927년말 재만조선인의 총수는 558,280명이었는데, 1930년말에 이르러 607,119명으로 늘어나 3년 사이에 모두 48,839명이 증가하였으며, 이것은 3년 사이에 평균 16,279명이 증가한 것으로 된다. 그러나 만주사변 후의 상황을 보면 1933년말 재만조선인은 673,794명이던 것이 1936년에 이르러 888,181명으로 증가하여 3년 사이에 214,387명이 증가되었으며, 이것은 3년 사이에 평균 71,462명씩 증가한 것이다.7) 즉 재만조선인은 만주사변 후, 사변 전보다 년 평균 55.183명씩 더 증가되었다는 설명이다. 1938년말, 만주국 국무원 통계처의 조사에 의하면, 재만조선인의 인구수는 비록 111만 7892명이라 하지만 편벽한 시골에서 유동하고 있는 조선인이 통계에 빠진 것을 감안한다면, 아마 120만 내지 130만명을 초과한다고 보는 것이 정확할 것이라고 하였다.8)

---

5) 『滿洲年鑑』, 1936年, "開拓民", 311쪽.
6) 앞의 책, 『滿洲年鑑』, 1940年, 359쪽, 1943年, 279쪽을 참조.
7) 滿洲國通信社 編, 『滿洲開拓年鑑』, 1941年, 276쪽. 여기서 재만한인의 총수를 보는 시각에서 일본과 중국측에서 보는 120만 내지는 130만보다 상당한 차이가 있다. 그러나 만주국 성립후 재만한인의 대량 증가에 대해서는 양측이 異議가 없다.
8) 위의 책, 『滿洲開拓年鑑』, 1940年, 207쪽. 당시 재만한인에 대한 통계는 만주국을 제외하고도 外務省東亞局, 朝鮮總督府, 滿鐵 그리고 기타 각 기관에서도 작성하였다. 그러나 누구도 정확한 통계를 내지 못하였다. 그것은 재만한인은 워낙 유동성이 강하기 때문에 편벽한 곳에 살고 있는 한인은 일반적으로 통계에 들어가기 매우 어려웠다. 때문에 여기서 통계는 여러 기관에서 통계낸 것을 종합한 것에 불과

그런데 이렇게 대량으로 밀려 오는 조선인은 또 다른 사회문제를 불러 일으킬 소지가 있었다. 만주국 성립 초기 일본정부와 관동군이 韓人移民獎勵政策을 반대하였던 주요 이유 하나가 재만조선인 가운데 궁핍한 소작농이 너무 많다는 것이다. 재만조선인의 대부분은 그 지방 중국인 혹은 滿人地主의 소작농에 불과하며, 열심히 개간하고 경작하였다 해도 이들이 차입하였던 고리대자금과 소작료에 의해 결국 가을 수확물은 모두 지주에게 돌아가고 마는 것이다. 일제는 물론 이런 상황을 개선하기 위해 안전농촌과 집단부락을 중심으로 저리금 자본을 융자하면서 자작농창정을 실시하고 있었다. 그런데 그 과정은 또한 상당한 자금과 시간이 필요하기 때문에 만주사변이후 재만조선인에 대한 자작농 창정정책이 아직 실효를 거두지 못하고 있었다. 더욱이 自作農 創定計劃에 따라 조선인 개척민에 대한 補助金 貸付도 조선인 이주를 통제하는 것을 전제로 하여야 하지 무한정으로 대부할 수 없었다. 이런 상황에서 또 다시 아무런 자금도 없는 조선인을 대량으로 만주에 이주시킨다면 또 다른 사회문제를 야기시키는 것은 시간문제에 불과한 것이다. 때문에 일제는 이런 무계획적이고 무작정으로 이주하는 것을 저지하고 통제와 지도하에 정착시키겠다는 것이다.9) 그리하여 日滿 두 정부가 협의하여 자작농창정을 전제로 한 조선인 개척민 이주 호수를 년 평균 1만호로 한정하는 것도 바로 이런 원인 때문이다.10)

그리고 만주사변 이후 급증하고 있는 韓人移住는 일본인 만주농업이민계획의 실행과 충돌되는 것이 매우 중요한 문제였다.11)「二十個年百

하다. 1936년 지역별로 통계한 것을 보면 間島省, 47만, 奉天省, 11만2천, 安東省, 11만, 濱江省, 9만, 吉林省, 6만7천, 三江省, 2만, 龍江省, 6천, 錦州省, 2천8백, 黑河省, 8백, 熱河省, 8백이고 興安 各 省에 약 2, 3백명씩 있었다.(『滿洲年鑑』, 1938年, 355쪽을 참조)

9) 앞의 책, 『滿洲年鑑』, 1940年, 359쪽, 1943年, 279쪽을 참조.
10) 앞의 책, 『滿洲開拓年鑑』, 1941年, 276쪽.

萬戸移住計劃」에 따라 일본내국인을 대량적으로 만주에 농업이민을 시행하고 있는데, 조선인까지 급증하고 있으니 당지 중국인들의 반감을 사는 것은 뻔한 일이었고, 또 조선인의 자유적이고 방임적인 이주는 일본인 입식용지의 선정과 충돌되는 경우가 많았다. 더욱이 일본인 농업이민의 중심지이었던 北滿 변경지역에 까지 조선인들이 정착하고 있어 일제의 농업이민계획에 차질을 빚을 우려가 있었다. 마침 이 시기에 이르러 일제는 안전농촌과 집단부락건설 등의 정책을 통해 재만조선인 피난민들에 대한 처리가 일정하게 마무리면서 조선인 개척민문제에 대해 관심을 가질 수 있는 여유가 생겼다.

다음은 조선인의 저렴한 노동력이 일본 국내에 흘러 들어 일본국내 노동력시장을 위협하는 현상을 저지해야만 하였다. 1929년에 시작되었던 세계경제 대공황으로 조선에서 심각한 실업문제가 대두되었다. 만주사변 후 조선국내 상황만 보더라도 土地喪失, 人口激增, 産業不振 등 원인으로 해마다 30만명의 농업실업자와 6만명의 高等遊民들이 나타났으며, 1932년만 하여도 680만명의 파산자가 있었다.[12] 조선의 노동자, 농민들의 급격한 빈곤화는 결국 해외로 이민하는 방법으로 탈출할 수밖에 없었다. 조선총독부도 이런 상태의 해결 실마리를 이민하는 방법으로 해결하고자 하였다. 조선총독부는 조선 국내 심각한 실업문제와 궁핍한 생활은 결국 그들의 통치를 위협할 것이라고 판단하여 조선인 이민을 통하여 국내 모순을 이전시키고 조선국내 통치를 확고히 하자는 것이다. 당시 조선인들이 해외로 이주하는 나라는 주로 일본이나 만주였다. 그런데 일본으로 이주하는 조선인은 해마다 늘어나 이들은 일본의 노동력시장에 심각한 타격을 주고 있었다. 일본에서 조선인들

---

11) 滿鐵調査部, 『滿洲農業移民槪說』, 産業調査資料第五十二編, 1939年, 4쪽.
12) 「朝鮮農民は何處へ行くべきか」, 『滿蒙』, 第十三年, 第十一號, 1932年 11月.

이 노동자로 등장한 것은 第一次世界大戰 時期부터였다. 물론 이들에 대해 일본정부는 일본내의 失業, 治安對策上 단기적인 "自由渡航"을 제외하고 조선인들이 유입되는 것을 될 수 있는 한 억제하는 정책을 시행하였으며, 이 정책은 1939년 7월까지 계속되었다.[13] 그러나 渡日하는 朝鮮人은 끊임이 없었다. 예컨데 30년초에만 하여도 부산부터 일본의 下關을 넘어 關西, 關東 등 대도시까지 60만명의 朝鮮人 移住群이 줄을 서 있었다. 일본으로 건너 간 조선인들은 주로 東京과 大阪을 중심으로 모여 살았는데, 약 10%를 유학생 혹은 小商人, 官公吏가 차지하고 나머지 90%는 모두 筋肉勞動者이다.[14] 그러나 도항한 60만명 조선인 가운데서 또 약 17%만 공업, 광산, 농업 등 부분에서 고용노동자로 일하고 있고 나머지 83%는 자유노동자로서 실업 혹은 반실업상태에 있었다.[15] 실업 조선인들이 일본으로 진출하는 것은 일본의 노동시장을 위협하고 있었으며, 만일 이것을 저지하지 않는다면 일본 국내에서 대량의 失業, 失職事態를 빚어 낼 수 있었다. 때문에 이런 상황을 방비하는 최선책은 바로 조선에서 이른바 과잉인구를 만주로 이주하는 것이었다.

이와 같이 일본의 국익을 위한다는 점에서 결국 총독부와 관동군 그리고 일본정부는 조선인을 만주로 이주시키는 방향을 선택할 수 밖에 없었다. 조선총독부는 1932년 6월에 "對滿朝鮮人移民에 대하여"[16]라는 문장을 발표하여 만주로 이민의 필요성에 대해 역설하였다. 먼저 "滿蒙新政策의 출현은 旣成의 사실이며, 이로부터 오는 정치경제의 변화는

---

13) 堀 和生, 「日本帝國主義の植民地支配史試論」, 日本史研究會編輯, 『日本史研究』, 1986, 1, 89쪽.

14) 『中央公論』, 1931年 7月號, 350쪽.

15) 앞의 글, 「朝鮮農民は何處へ行くべきか」.

16) 原文은 日本文으로 "對滿朝鮮人移民に就て"이다.

滿蒙에서 排日 行爲를 일소할 것이다. 또 다년간 해결을 보지 못하던 商租權을 해결하는 등 帝國民의 권익을 신장하는 기회를 주었으므로 국방상에도 변화가 나타날 것이다"17)라는 인식아래 이민계획에 조선인 이민계획도 첨가해야 한다고 주장하였다. 그 이유로는 "조선동포의 이주는 內地人보다 적은 경비자금으로 비교적 많은 사람을 이주시킬 수 있으며", "內地人移民만 하고 조선인 이민이 없다면 실효를 거두기에는 쉽지 않다"고 생각하였기 때문이다.18) 동시에 "만일 내지인에게만 역점을 두고 조선인 이민에 대해 等閒視하다면 그들은 越境한 다음 일정한 지역에 정착할 수 있는 바탕을 構築할 수 없어 정말로 이주하는 목적을 이룰 수 없는 것이며, 영구히 비참한 생활 속에 빠질 것이다. 이것은 조선통치에 있어서 한심한 일이 될 것이다. 때문에 滿蒙에서 對朝鮮移民의 시설과 安住할 수 있는 농촌을 건설해야 하며, 보호와 통제하는 이민계획이 필요하다"고 하였다. 총독부는 또 조선인이 만주로 이주하면 "조선인이 내지로 이주하는 것도 자연히 완화될 수 있을 것"이라고 내다 보았다. 조선총독부의 주장을 보면, "조선도 內地와 같이 山國으로서 경작지 면적이 적고 국토가 狹隘한 것을 느낀다. 조선은 토지가 척박하고 기후도 꼭 양호한 것이 아니며, 일호당 경작지면적은 1町6反步에 지나지 않는다. 때문에 농업은 할 수 있지만 경제적인 고통도 있다. 특히 조선인의 인구증가는 매우 급속하므로 생활은 점점 어려워진다. 從來 백만되는 조선인이 만주로 이주한 것은 꼭 만주가 樂土이기 때문이 아니고 조선내에서 생활이 窮迫한 까닭이다. 만주는 토지가 비옥하고 地價가 저렴하며 또 可耕地 면적이 많다. 때문에 指導를 적당히 한다면 조선에 비해 확실한 농업의 安樂地로 될 수 있다".19)

---

17) 朝鮮總督府官房外事課 編, 『對滿朝鮮人移民に就て』, 1932년 緖言.
18) 위의 책, 『對滿朝鮮人移民に就て』, 緖言. 여기서 內地人이란 바로 일본인을 가르킨다.

즉 조선인을 만주로 이주시켜야 하는 이유는 일본인보다 경제적이고
또 조선통치에 유리하다는 것이다. 그러나 그렇다고 해서 조선인이면
누구든지 만주로 이주시키는 것은 아니다. 입식조건을 보면 입식자는
반드시 각도, 군, 읍, 면의 엄격한 심사를 받아 추천된 후 그 증명서에
의해 입식할 수 있으며, 賭博癖이 있는 자, 怠惰한 자, 입식후 負債가
있을 자, 더욱이 일본인에 非親和한 자는 입식할 수 없다고 하였다.[20]
물론 이것은 조선총독부가 조선 각지에서 나타나고 있는 일본인에 대
한 불평 불만이 만주까지 연장되는 결과를 우려하기 때문이다.[21]

  이런 상황에서 일본정부, 관동군과 조선총독부 사이에는 조선인 이
민문제로 약간의 갈등이 있었던 것을 중일전쟁이 임박하면서 더는 미
룰 수 가 없게 되었다.

Ⅲ. 日帝의 對朝鮮人 新規入植政策 內容과 그 修正 과정

  일제의 百萬戶移住計劃은 일본인 만주 농업이주의 기본 방침일 뿐만
아니라 조선인 개척민 이주를 지도하는 방침도 되었고, 「만주국」 성립
초기 작성하였던 조선인 이민계획을 시행하는 하나의 계기도 되었다.
즉 일본인 만주 농업이민을 순조롭게 실현하기 위해 조선인에 대한 이
민정책도 이에 부응하도록 조절하거나 새롭게 전환하였다. 그 가운데
서 가장 기본적인 내용은 이민에 대한 방임정책으로부터 통제 혹은 억
제하는 신규입식정책으로 전환하는 것이다. 이시기 日滿 두 정부는 조
선인 개척민의 신규입식에 관해 많은 정책을 발표하였지만, 그 가운데

---

19) 위의 책,『對滿朝鮮人移民に就て』, 第四章.
20) 木下通敏 著,『農業經營實際移民問題』, 斯文書院發兌, 1934年 7月, 350~351쪽.
21) 앞의 책, "在滿朝鮮人問題に關しく", 43쪽.

서 가장 대표적인 것이 1936년 8월에 첫 발표를 하고 두 차례나 수정을 가한 "在滿朝鮮人指導要綱"과 "鮮農取扱要綱", 그리고 1939년 12월에 발표한 "滿洲開拓政策基本要綱"이다. 아래에 이것을 중심으로 日滿두 정부의 조선인개척민에 대한 신규입식정책을 검토해 보겠다.

관동군은 만주국정부와 협의하고 滿鮮拓植會社를 설립하기 한 달전, 즉 1936년 8월에 "在滿朝鮮人指導要綱"을 발표하였다. 이 요강의주요 내용을 보면, 먼저 재만조선인에 대한 均等政策을 천명하였다. 즉이른바 지도방침을 규정하였는데, 그것은 조선인을 진정으로 만주국의중요한 구성분자라는 것을 알게 하며, 자각적으로 素質 향상과 그 내용에 충실하게 하고, 즐겁게 만주국 국민의 의무를 이행하게 하여, 만주국의 발전을 위해 공헌하도록 해야 한다는 것이었다. 그리고 조선인이민에 대해서는 적극적으로 지도, 장려하여 間島나 東邊道方面에 집중시킨다. 기타 지역은 군사상의 필요와 현재 또는 장래 일본인 이주를 방해하지 않는 범위내에서 그들을 지도, 통제하여 일정한 지역에집단적으로 이주하게 한다는 것이다.22) 이 요강을 보면 재만조선인에대한 통제와 撫育을 전제로 하고 新移住者는 특정지역인 간도와 동변도에 이주하게 하고 先住朝鮮人도 일본인 입식에 방해가 된다면 모두일정한 지역에 집결시킨다는 것이다. 물론 그 가운데서도 타민족과 같은 조건으로 조선인에게 각종 정책을 펼치려는 의미도 포함되어 있는것은 사실이다.23)

그러나 여기서 주의해야 할 점은 조선인의 신규입식과 재만조선인의

---

22) 滿鐵産業部, 『朝鮮人農業自由移民處理規程』, 1~3쪽, 1936년 僞滿洲國이 발표한 "在滿朝鮮人指導要綱".

23) 이런 방침하에 1939년 間島省에는 심지어 조선인으로 구성된 특설부대가 편성되었고 만주국의 관리로 임명된 조선인은 簡任官 5명, 薦任官 60여명, 委任官이 3, 4백명이나 달했다.

統制集結에 대해 당초부터 일정한 호수로, 일정한 지역에 이주하도록 엄격한 제한을 주었다는 것이다. 즉 조선인 이민에 대해 적극적으로 지도, 장려한다면서도 조선인 신규입식 호수는 해마다 一萬戶 이내, 신규입식 지역은 間島省과 東邊道地域의 23個縣으로 한정하였다. 그리고 "在滿朝鮮人指導要綱" 발표된지 얼마 안지나 또 "朝鮮人移民指導實施要領案"이 발표되었는데, 여기서는 조선인이민의 이주와 집결할 간도와 동변도 23개현과 이주할 시간까지 소상히 밝히고 있다. 즉 조선에서 새로 만주로 이주한 자유이민과 각 현에서 자유 이동하고 있는 조선인은 오는 가을부터 명년 봄(1937년)까지 간도와 동변도 23개현에 이주해야 한다. 구체적으로 보면 間島省, 延吉, 汪淸, 琿春, 和龍, 安圖 5개 縣, 安東省, 寬甸, 桓仁, 輯安, 通化, 臨江, 長白, 撫松 7개 縣, 奉天省, 撫順, 淸原, 興京, 柳河, 海龍, 東風, 輝南, 金川, 濛江 等 9개 縣, 吉林省, 磐石縣 1개 縣, 濱江省, 穆稜縣 1개 縣이다. 이것은 日滿政府가 조선인을 위해 지정한 이른바 指導援助地區이다. 만선척식회사는 이런 지역에서 조선인들이 토지를 획득하도록 적극적으로 원조하며, 심지어 기타 지역의 조선인들도 이 지역으로 유도한다는 것이다.

그리고 각 省政府에도 拓政科나 拓政股를 신설하여 조선인을 지도하는 전문인원을 두며, 각 縣 조선인에 대한 사무를 지도하거나 통제하는 것을 책임지도록 한다. 조선인 개척민의 이주지인 간도와 동변도 23개 현에는 필요에 따라 拓政辦事處를 설립할 수 있으며, 移民用地, 新住宅 建設, 개척민의 이주를 지도하는 등 책임을 지게 하였다. 그리고 安圖, 圖門, 上三峰 등지에 滿鮮拓植會社의 鮮農輔導處를 설치하여 移民移住地, 運輸를 지도하는 등 책임을 진다. 또 간도, 동변도에 지정된 23개현 가운데서도 이주지 건설의 중점은 安圖, 汪淸, 琿春, 延吉, 撫松, 長白, 輯安, 臨江, 興京, 輝安, 金川, 柳河 등지에 두기로 하였다.

이주지는 원칙적으로 집단부락이여야 하며, 자경농창정을 목적으로 하여야 한다. 만약 간도와 동변도 23현 이외에 다른 지역에서 토지를 구매하거나 또는 이런 지역에 조선인들이 이주하는 것을 촉진하는 금융에 대해서는 적당히 공제한다고 하였다.[24]

그러나 현실을 무시한 이런 강압적인 조선인정책을 실시한 결과, 기대만큼 효력을 거두지 못했다. 그러자 1937년에 만주국정부는 "在滿朝鮮人指導要綱"의 내용 일부를 제1차로 수정하게 되었다. 수정한 내용은 강제적으로 시도하였던 국경지역 先住朝鮮人에 대한 철수를 취소하며, 특수한 상황을 제외하고 원거주지에 안정적으로 거주하게 하는 등 완화된 조치를 취하였다. 그리고 先住朝鮮人의 統制集結地域을 다시 확실하게 결정하였는데, 여기에 포함된 지역은 모두 16個 縣이다. 즉 奉天성, 開原, 鐵嶺, 西安, 西豊등 4개 縣, 吉林省, 永吉, 額穆, 敦化, 雙陽, 懷德, 舒蘭, 樺甸 등 7개 縣, 濱江省, 寧安, 綏化 2개 縣, 龍江省, 泰來, 洮南 2개 縣, 興安南省, 通遼縣 1개 縣이다. 이것은 先住朝鮮人이 집결하는 지정지구이므로 인근 각 현에 산재하고 있는 조선인들도 모두 여기에 집결하고 그들을 적극적으로 지도하고 원조하기로 결정하였다.[25]

그러나 先住朝鮮人의 統制集結지역이 주로 南滿으로 결정되자 이 지역의 각 지방관헌도 스스로 많은 규정을 세워 조선인에 대한 통제와 지도를 강화하기 시작한다. 예컨데 奉天, 安東 두 省은 "治安維持會"의 명의로 1937년 4월 1일부터 실행하기로 한 "奉天, 安東兩省移住鮮人統制規定"을 발표하였는데 모두 13개 조항이 있었다.[26] 여기서 移住韓人에 대해서 만일 조선총독부의 발급한 이주증명서가 없으면 入滿하는 것을 허락하지 않으며, 또 이를 위해 日滿 각 기관도 협조할 것을 바

24) 앞의 책, 『朝鮮人農業自由移民處理規程』, 40~42쪽.
25) 『全滿朝鮮人民會聯合會會報』, 第六卷, 第八號, 3~4쪽.
26) 앞의 책, 『朝鮮人農業自由移民取扱規定』, 37쪽.

랬으며, 鮮人들은 반드시 한 곳에 집중된 집단부락에 수용돼야 하지 다른 곳에 흩어지는 것을 절대 용납하지 않는다고 하였다. 물론 상황에 따라서 滿人과 잡거하는 것은 허용되었다. 그리고 만주국인과 평등하게 대하고, 각 기관에서 조선인에 대한 보호와 치안조치를 취해야 하며, 조선인에 대한 敎化訓練은 모두 治安維持會의 지도와 協和會의 협조하에서 진행된다고 하였다. 이주 조선인은 반드시 당지 滿洲國官署에 보고하고 거주증명서을 휴대하고 있어야 하며, 朝鮮人集團의 구성은 반드시 治安維持會의 계획대로 통제되여야 하였다. 關東軍도 1937년 4월 2일 "南防衛地區移住鮮人指導要綱"을 발표하여 南防衛地區 管內 移住韓人과 先住韓人을 지도와 통제할 구체적인 지령을 내렸다. 이 지령은 사실상 鮮農에 대한 奉天, 安東 두 성(省) "治安維持會"의 규정을 재확인함과 동시에 보다 더 철저한 통제를 규정하고 있었다. 즉 韓農에 대한 통제 방침은 "關東軍在滿朝鮮人指導要綱", "滿洲國內鮮農處理要領", 그리고 "移民事務處理委員會鮮農移住統制及安定實施要領"에서 규정한 "治安第一主義"에 따라 조선인을 東邊道와 기타 규정된 집중지역에 한정시켜 거주하게 하는 것이다. 때문에 이 방침의 실시요령에 의해 조선인 이민에 대해서 시종 일관하게 治安第一主義를 관철해야 하며, 장래에 어떠한 일이 발생하더라도 이 관점은 동요되지 말아야 한다고 지적하였다. 더욱이 이주조선인의 치안에 대해서 각 기관은 서로 긴밀이 협조해야 하지 빠짐이 있어서는 안된다고 강조하면서, 동변도지역에 대한 管束은 반드시 日滿軍警과 領事館의 적극적인 협조에 의해 적당한 방법을 취해야 한다고 하였다. 때문에 조선인 집단부락의 위치를 선정할 때 반드시 "匪團"의 음모활동을 방지할 수 있는 자동차 길 옆, 혹은 縣城에 가깝고 치안조건이 좋은 곳을 선택해야 한다고 하였다. 또 이주 조선인의 정신적 지도를 철저히 하고 조선인들

186

이 감히 만주국의 구성분자가 되어야 한다는 요구를 위반하지 못하게
하기 위해 그들을 충실하게 훈련시켜야 한다고 지적하였다. 이로써 조
선인들이 치외법권의 철폐에 따라 만주국인이 된 의의를 분명하게 알
게 하며, 기쁘게 각종 施政에 복종하고 나아가 만주국의 발전을 위해
공헌하도록 한다는 것이다.27) 여기서 일제는 치안제일주의를 내걸고
강압적인 수단으로 집결된 조선인을 통제하며, 반일성향이 강한 조선
인들이 당시 남만지방에서 활약하고 있는 항일 유격대와 손잡는 것을
매우 경계하고 있다는 것을 알 수 있다. 특히 1937년 7월 「盧構橋事件
」전야, 항일운동을 탄압하기 위해 조선인에 대한 관리를 더욱 강화하
기로 하고 東邊道의 조선인을 모두 집단부락에 몰아 넣고 「居住證明書
」28)를 항상 휴대하도록 강요하였다.

이렇게 日本關東軍과 滿洲國地方官憲이 재만조선인에 대한 단속과
통제가 엄격히 이루어진 상황속에서 1938년에 만주국정부는 "在滿朝鮮
人指導要綱"을 두 번째로 수정하여 이와 보조를 맞추었다.29) 즉 開拓
民取扱事項을 협의하고 결정하기 위해 설치한 「開拓民事務處理委員會」
는 7월 22일에 회의를 개최하고 지난 일년반 동안 거쳐 조선인 개척민
의 입식한 실적을 신중히 검토하고 연구한 한 결과, 조선인의 취급에
관한 12조항을 결정하였다. 이것이 바로 "鮮農取扱要綱"이다.30) 이 12
개 조항에서 조선인의 신규입식에 대해 주로 다음과 같이 규제하였다.

27) 위의 책, 31~35쪽.
28) 각 지역 警察署長이 발행한 居住證明書는 兩折로 할 수 있는 한 매의 用紙에 아
    래 위에 일본어와 중국어로 동일한 내용문을 기재하였다. 즉 주민의 原籍과 現住
    所, 氏名, 年齡과 함께 "위의 자는 O년 O월 O일부터 OO에 거주하는 것을 증명
    함"라고 쓰여져 있다. 그리고 이 居住證明書에는 주민의 指紋을 찍고 사진도 貼
    附 되어 있다.
29) 원문은 『現代史資料』, 第十一卷, 956~957쪽에 있음.
30) 앞의 책, 『滿洲開拓年鑑』, 1941年, 292쪽.

농업경영을 목적으로 만주에 신규입식하는 이주민은 매년 약 萬戶로 통제하며, 이것은 移民事務處理委員會에서 토론한 후 결정한다. 조선총독부는 이 결정에 의해 매년 영농목적으로 渡滿할 것을 지원하는 자를 선택해 만주에서 수용할 수 있는 범위 내에 이주증명서류를 발급한다. 日滿 두 정부와 기타 관계기관에서는 이런 이주증명이 없는 조선인에 대해서 방법을 강구하여 入滿하는 것을 금지시킨다. 신규 입식자는 토지의 상황과 기타 상황이 허락하는 한 별도로 지정한 지역에 集團移植, 아니면 集合, 分散入植한다. 즉 개척민의 형태를 처음으로 集團, 集合과 分散으로 나눈다고 규정한 것이다. 그리고 滿鮮拓植會社는 사전에 協和會, 地方行政機關, 金融會 등 기타 기관과 협의하여 그들이 이주지를 사전에 준비하며, 만일 이주증명을 가진 조선인이 간도, 동변도 지역이 아닌 다른 지역에 이주하려면 만주국 정부에서 指導하거나 統制를 한다. 특히 국경지대나 일본 내국인의 이주지로 예정된 특정 지역은 조선인들이 이주하지 못하도록 제한한다.31) 즉 日滿은 동부 국경 40㎞이내 지역에는 특정농민 이외 이주시키지 않았다. 심지어 이미 살고 있던 농민도 그 성격과 군사상의 수요로 후방의 적당한 지역에 이주 시키기로 하였다. 즉 要塞地域에 접근하거나 직접적으로 군사에 장애가 있을 경우, 그리고 각지에 흩어져 있고 통제가 없는 韓人나 滿人에 대해서 일률적으로 40㎞ 이외에 적당한 지역에 이주시키기로 하였다. 이들의 이주를 주선하거나 지도하는 사업은 각 省과 滿拓에서 책임지기로 하였다. 그러나 특정지역 이외는 종래의 신규입식지역 인 23개 縣, 집결지역 16개 縣으로 지정된 제한을 원칙적으로 철폐하고 이주자유를 주었다. 하지만 각 현에 거주하는 조선인들은 관할 경찰서에

---

31) 본 요강와 같은 규정을 관동군사령부에서는 1938년 7월 27일자로 "鮮農取扱要綱"으로 발표하였다. 전문은 『現代史資料』, 제11권, 957쪽에 있음.

가서 거주 신고를 해야 할뿐만 아니라 새로 이주한 조선인들도 빨리 거주신청을 하여야 한다. 그리고 移民地는 원칙상 집단부락을 건설하며, 간도와 동변도지역에 조선인은 빨리 자작농으로 창정되어 안정하도록 지도해야 한다.[32] "在滿朝鮮人指導要綱"에 대한 이 제2차 수정을 보면 적지 않은 부분은 奉天과 安東 두 省의 "治安維持會"가 공동으로 발표한 "奉天安東兩省移住鮮人統制規定" 내용을 흡수하였다. 다만 특정지대를 제외하고 과거 조선인 개척민의 신규입식지역을 23개 현, 통제 집결지역을 16개 현을 제한하던 것을 철폐하고, 조선인 개척민을 집단, 집합, 분산 3가지 형태로 나눈 것이 새로 첨가된 내용이다.

상술한 내용을 종합하여 보면 "在滿朝鮮人指導要綱"은 두 번이나 되는 수정을 거쳐 조선인의 신규입식과 旣住韓農에 대한 통제와 撫育政策을 규제하였다. 특히 조선인들이 만주로 이주하는 지역을 처음에는 일본인이 대량 이민계획을 실시하는 것과 만주와 조선과의 지리, 역사의 관계, 내지는 만주에서 조선인 現住人口 등을 참작하여 모두 3개 지역으로 나누어 통제 이주하게 하였다.[33] 이 3개 지역은 첫째, 指導援助地區이다. 즉 간도 간도와 동변도를 중심으로 한 23개 현이다. 둘째, 集結指定地區이다. 즉 집결통제하는 지역이다. 셋째, 新規入植 禁止地域이다. 즉 이 지역은 종래 집단적으로 거주 정착하고 있던 조선인들만을 허용하고 신규의 입식은 허용하지 않은다.[34] 그러나 특정지역에 해당하는 경우 강제적인 이주도 시킨다. 이러한 鮮農들에 대한 신규입식통제와 集結措置는 조선인들의 농업경제 생활수준을 향상시키는 것보다는 치안제일주의에 따라 철저한 통제를 전제로 하고 있다는 것이 명백하다. 그러나 1938년에 규정된 "鮮農取扱要綱"은 이런 입식지역의

---

32) 앞의 책, 朝鮮人農業自由移民處理規程』, 25~26쪽.

33) 『全滿朝鮮人民會聯合會會報』, 第六卷, 第八號, 1938年, 3쪽.

34) 위의 책, 3~4쪽.

제한을 원칙적으로 철폐하고 다만 국경지역과 치안상 특수 사정이 있는 지역을 제외하고 어떠한 곳에서도 일본인과 마찬가지로 입식할 수 있으므로 이것은 조선인 개척민을 취급하는 정책상 하나의 비약이라고 할 수 있겠다.

조선인 개척민에 대한 日滿의 또 하나의 대표적인 정책은 1939년 12월 22일 日滿 양국정부가 만주개척사업의 전반에 대해 검토하고 발표한 「滿洲開拓政策基本要綱」이다. 이 기본요강은 물론 일본인 만주 이민정책의 "最高의 寶典"[35]이기도 하겠지만 사실상 조선인 개척민 정책에 있어서도 하나의 획기적인 약진이라고 할 수 있겠다.[36] 여기서 조선인이주민을 처음 開拓民이라고 지칭하고 원칙상 조선인 개척민을 일본개척민에 준한다고 하였으며, 특별이 조선인 개척민에 관계되는 조항도 9점을 지적하였다. 이것을 간단히 종합하면, ① 조선인 개척민은 개척농민에 중점을 두고, 현재 실시하고 있는 계획에 따라 이주하고 장래에 그 數的 확충에 기대함 ② 集合開拓民의 數는 집단개척민의 수와 병행시켜 고려하며, 新規移住戶數가 過半이 되도록 노력함 ③ 移住要領에 있어서 집단개척민은 대체로 일본내지인 집단개척민의 例에 準하며, 속히 자립하도록 지도함 ④ 집단 및 집합개척지의 行政經濟機構는 원칙적으로 만주국의 제도에 융합시키지만 移住後 당분간은 개척민의 형태 및 개척지의 실정에 맞게 街村制 및 經濟協同機構로 운용함 ⑤ 조선인개척민의 훈련은 開拓民幹部, 基幹開拓民, 一般開拓民, 中堅靑年開拓民 등에 대해서 여러 목적에 맞춰 조선에서는 조선총독부가 그 관계기관, 만주국에서는 開拓關係機關에서 훈련시키며 서로 밀접한 관계를 유지함 ⑥ 滿洲拓植公社와 滿鮮拓植株式會社를 통합하고 만주

---

35) 滿洲移民史硏究會 編, 『日本帝國主義下의 滿洲移民』, 龍溪書舍, 1976년, 57쪽.
36) 앞의 책, 『滿洲開拓年鑑』, 1941年, 293쪽.

척식공사의 支社 또는 出張所를 京城에 설치함 ⑦ 조선인개척민을 助成할 때 원칙상 일본내지인집단 또는 집합개척민을 조성하는 것에 準하며, 그 특수성도 적당히 고려함 ⑧ 조선인 개척민 자제의 교육에 관해 특히 조치를 취해야 할 사항은 집단개척지 또는 집합개척지에서 학교를 경영하는 경우 학교조합을 설치하며, 분산개척지에서는 일반 조선인 교육의 例를 따르고 만일 鮮滿共學을 필요하면 경영, 직원, 조직 등의 조치를 적절히 취함 ⑨ 旣住朝鮮人 農民의 安定과 補導을 위해 旣住朝鮮人 농민 가운데서 안정되어 있지 않은 자에 대해서 물심 양면으로 극력 그들을 안정시킨다. 이로써 건전한 만주국 구성분자로 육성하며, 협화회운동을 강화하여 정신적인 안정을 강구하며, 더불어 자력갱생계획을 수립하여 영농의 합리화를 도모하며, 농가의 경제를 충실히 하며, 이것을 위해 지도자의 양성과 훈련을 한다. 그리고 경작지 확보를 위해 자작농창정 또는 소작권의 移動을 방지하는 등 유효하고 적절한 방법을 강구하며, 榜靑制度를 엄격히 금지하며, 旣住朝鮮人農民의 안정을 위해 필요한 금융에 대해 적당한 방도를 취한다.[37] 이로서 일본 개척민에 관한 모든 정책은 조선인 개척민에게도 적용되었다.

IV. 朝鮮人開拓民의 入植實態

1. 滿鮮拓植株式會社의 設立

상술한 조선인 신규입식정책의 순조로운 시행을 위해서는 조선 국내에서부터 만주에 이르기까지 조선인을 조직적으로 통제하고 관리할 수 있는 조선인 이민관계기관을 설치할 필요성이 있었다. 1936년 9월에

---

37) 위의 책, 2~29쪽을 참조.

설립된 鮮滿拓植會社와 滿鮮拓植會社는 바로 조선인 만주 이주를 통제하고 계획적으로 이민하는 것을 구체적으로 집행하는 기구이다.38) 때문에 이 두 회사는 사실상 國策代行 會社이다.39)

만주국 설립 초기 조선인 이민문제에 대해 조선총독부와 관동군은 시각적인 차이로 늘 대립되는 입장을 취하였다. 조선총독부는 조선 국내에 대한 안정적인 지배를 위해 그들을 늘 불안하게 하는 대량의 실업자들과 빈궁민들을 만주로 이민시키려 하였다. 그러나 만주국을 실질적으로 운영하는 관동군은 또 그들의 처신에 따라 빈궁한 조선인들이 대량으로 만주로 이주하면 또 하나의 사회 불안적인 소지가 될 수 있다는 판단아래 반대적인 입장을 취하였다. 그러자 조선총독부는 심지어 별도로 1936년부터 10년 내지 11년을 계속적인 사업으로 자금을 5천만원을 마련하여 놓고 조선인을 북만에 이민시키기로 시도하기까지 하였다.40) 때문에 조선총독부는 조선인 만주이주에 대해 지도원조를 하고 재만조선인에 대해 撫育과 통제할 특수기관을 설립에 관해 연구를 계속 해왔다.

물론 이런 문제로 척무성을 비롯한 관계 기관과 관동군사령부에 교섭을 하였지만 시각의 차이를 좁히기는 어려웠다. 일본정부와 관동군

---

38) 鮮滿拓植株式會社를 설립한 목적은 두 가지이다. 하나는 조선서북쪽에 조선인을 이주시켜 그들의 생활안정과 필요한 척식사업을 하는 것이다. 당시 北鮮地方에도 未開墾地가 약 30萬町步가 있었다. 만약 당시 南鮮地方에 평균 일호당 경작지가 1町6段步, 中鮮地方은 1町步인 것을 감안한다면 이것은 상당한 면적이라는 것을 알 수 있다. 때문에 인구가 주밀한 南鮮地方의 인구를 北鮮에 이주시키고 北鮮地方이 더 수용하기 어려울 때 만주에 이민하자는 주장도 있었다. 다른 하나는 滿鮮拓植股份有限公司에 투자를 하여 조선인이주자를 위해 필요한 척식사업을 하는 것이다.(『全滿朝鮮人民會聯合會會報』, 第四卷, 第七號, 1936年 7月, 「鮮滿拓植株式會社令」, 112쪽.)
39) 淺田喬二 著, 『日本帝國主義舊植民地地主制』, 御茶の水書房刊, 1968년, 236쪽.
40) 앞의 책, 『滿洲年鑑』, 1938년, 354쪽.

192

의 견해는 조선인 개척민만을 취급하는 특수기관을 설치할 필요가 없
다하고 장래에 창립되는 滿洲拓植公司가 조선인 개척민을 취급하면 된
다는 것이었다. 그리고 조선인 개척민에 대해서는 在滿先住朝鮮人을
統制集結하는 것을 중심으로 하고 조선 국내부터 신규입식하는 것은
예외로 해야한다는 주장을 하였다.41) 그러나 조선총독부는 만일 동일
한 이민기관에서 조선인과 일본인을 같이 취급하면 待遇方法이나 그들
을 접촉할 때 주의해야 할 문제, 시설문제 등으로 조선인만을 취급하
는 별개의 기관을 창설하는 것이 상책이라고 하였다. 규모에 대해서는
적어도 10년 내지 15년 사이에 약 20만호(100만명)를 정착시키는 목표
로 하며, 자유이민은 이 員數外로 해야한다고 주장하였다.42) 이와 같이
조선총독부의 끈질긴 설득 결과, 각 부분의 동의를 얻어 1936년에 겨
우 조선 국내에는 鮮滿拓植會社, 만주에는 滿鮮拓植會社를 설립에 관
한 합의를 보았다. 즉 1936년 3월 25일, 조선총독부는 陸軍省 그리고
拓務省과 「鮮滿拓植會社」를 설립할데 관한 의견을 일치시키고, 4월 1
일에는 對滿事務局이 內閣 및 관계 各 省 聯合會議에 원안을 올려 보
내 심의를 받도록 하였으며, 회사설립에 관한 예산은 大藏省에서 통과
되어 회사설립에 관한 모든 수속을 끝마쳤다. 5월에 회사창립준비위원
을 임명하고 8월에 定款, 趣意書등 회사창립에 관계되는 필요한 사항
들을 결정하고 심의하였다.43) 그 내용을 보면, 회사의 자본금은 3천만
원이고 조선총독부 5分配當을 보증하였으며, 社長理事의 임명권이 조
선총독부에 있으며, 본사는 京城에 설치하고 지점은 奉天, 哈爾濱, 龍
井에 설치할 것을 예정하였다. 그리고 종래 조선인 이민을 담당하던

41) 高見成 編纂,『鮮滿拓植株式會社·滿鮮拓植株式會社五年史』, 1941년 (이하『兩社
五年史』으로 약칭 함), 12~13쪽.
42) 위의 책,『兩社五年史』, 13쪽.
43) 위의 책,『兩社五年史』, 19쪽.

東亞勸業會社는 동 회사에 흡수 합병하기로 하였다.44) 모든 수속을 마치고 9월 9일에 서울에서 창립대회를 열었다.

滿鮮拓植會社는 1936년 9월 14일 滿洲國勅令에 의해 신경(新京)에서 설립되었다.45) 동 회사의 建立趣旨를 보면 현재 백만을 돌파하는 재만조선인을 統制撫育하고 그 생활을 안정시키며, 또 새로운 만주국의 장래를 바라보고 도강해 오는 조선인을 위해 지도원조하기 위해서라고 하였다. 그리고 본 사업은 만주국의 隆盛發展에 도움을 줄뿐만 아니라 조선, 특히는 南鮮의 인구가 조밀한 것을 완화시킬 수 있고, 또 일본 내지에 도항한 조선인 노동자들의 문제를 해결하는데도 도움이 있다고 하였다. 심지어 일본 개척민의 입식과 같이 가장 중요한 국책의 하나라고 지적하기까지 하였다.46) 滿鮮拓植會社의 기간사업에 대해서 주로 세 가지를 규정하였다. 즉 첫째 조선으로부터 오는 신규이민을 이식하고 통제하며, 둘째 만주의 現住 조선인에 대한 통제하고 집결을 하며, 셋째 재만 先住朝鮮人佃農을 자경농으로 창정하는 것이다.47) 그리고 이러한 목적을 실현하기 위해 鮮滿拓植會社는 처음부터 주요한 사업지로서 新京을 선택하여 對滿移民事業을 추진하도록 계획하였다. 만선척식회사의 설립방법에 있어서 관계 당국로부터 新京支店은 만주국을 법인으로 조직되어야 사업경영상 유리하고 편리하다는 의견에 비추어 회사의 本店은 신경에 설치하였다.48) 이 회사 건립에 필요한 자본금 1천

---

44) 앞의 책, 『滿洲年鑑』, 1936年, 388쪽.

45) 滿鮮拓植會社는 설립한 후부터 1938년 7월 21일까지 「滿鮮拓植股份有限公司」라고 명칭되었다. 그러다가 勅令 제162호에 의해 同年同月同日에 滿鮮拓植會社로 개칭된 것이다. 때문에 편의상 당초부터 滿鮮拓植會社라고 부르는 것이 일반적이다.

46) 앞의 책, 『滿洲國開拓年鑑』, 1940年, 207쪽.

47) 앞의 책, 『滿洲年鑑』, 1938年, 356쪽.

48) 「滿鮮拓植股份有限公司法」, 『全滿朝鮮人民會聯合會會報』, 第四卷, 第七號, 1936年 7月, 117쪽.

5백만원은 鮮滿拓植會社에서 책임지고 출자하기로 하였다.[49] 그리고 新京, 奉天, 延吉, 牡丹江에 지점을 두었다.

鮮滿拓植會社와 滿鮮拓植會社의 관계를 놓고 말하면, 두 회사는 表裏一體의 관계로서 鮮滿拓植會社가 滿鮮拓植會社에 대한 투자를 감당하며, 만주에 조선인을 이주시키는 등 모든 사업을 책임을 진다.[50] 그리고 이 두 회사의 설립은 다만 조선인 이주를 위해 필요한 조건을 갖추었을 뿐이고, 日滿 두 정부는 조선인에 대해 자발적인 발전을 바라기 때문에 본 회사는 과거와 같이 무제한적으로 입만하는 것을 통제하며, 또 만주 각지에서 浮動하는 조선인을 안정시키는 것을 주요 사업 방침으로 결정하였다.[51]

그리고 만주에서 종래 조선인 이주와 토지구입을 담당하였던 東洋拓植株式會社와 東亞勸業株式會社는 韓人과 상관된 업무를 滿鮮拓植會社에 양도한다. 사실 조선인을 만주에 이주시키는 업무는 처음에 東拓에서 주로 관장하였다가 나중에 업무가 점차 많아지면서 東亞勸業會社를 설립하고 東勸으로 하여금 만주의 이민사업을 주도하게 하였다. 그러나 30년대 후반기에 이르러 東勸의 경영상태가 좋지 않아 회사의 자본금이 빈약함으로 만선척식회사에 합병되었고, 東拓은 추진하는 사업이 너무 크기 때문에 이민사업까지 하기에 어려운 상태여서 그 업무를 결국 만선척식회사에 넘겨 주었던 것이다.[52]

이로부터 재만조선인에 대한 日滿의 각종 정책은 만선척식회사를 통해 집행하게 되었으며, 만선척식회사는 전문적으로 조선인을 관리하고 통제하는 기관으로 1941년까지 존속하였다. 조선인 이주도 과거에는

---

49) 앞의 책, 『滿洲年鑑』, 1938年, 355쪽.
50) 앞의 책, 『滿洲開拓年鑑』, 1940年, 206쪽.
51) 滿鐵調査部, 『滿洲農業移民概說』, 産業調査資料第五十二編, 64쪽.
52) 『全滿朝鮮人民會聯合會會報』, 第四卷, 第八號, 1936年 8月, 50~51쪽.

무절제하고 방임적이던 것이 만선척식회사의 통제와 지도아래 평균 일
년에 일 만호씩만 입식시키는 계획적인 정책을 시행하게 되었다.

2. 入植過程과 생활실태

만선척식회사가 성립된후 日滿의 조선인 개척민 신규입식에 대한 정
책은 순조롭게 시행되었다. 물론 조선인이 만주에 입식하는 형태는 복
잡하고 다양하였지만 만선척식회사의 전문적인 관리하에 쉽게 풀렸다.
다음은 만선척식회사가 추진한 조선인 개척민의 이주과정을 살펴보기
로 하겠다.

조선인이 만주에 입식하는 것은 先住韓農을 지정지역에 統制集結시
키는 것과 新移住 조선인 개척민을 입식시키는 두 가지 경우가 있었
다. 그리고 조선인 개척민의 신규입식은 그 형태상 集團, 集合, 分散으
로 나누고 이에 따라 혜택도 다르다. 그러면 여기서 먼저 先住朝鮮人
이 지정지역에 집결한 상황과 조선인 개척민이 3개 형태로 각 지역에
입식한 상황을 살펴보기로 하겠다.

先住朝鮮人을 지정지역에 집결하는 것은 만주 국내에서 이동하는 것
이다. 즉 日帝은 北滿, 특히 蘇滿國境附近에 분산되어 거주하거나 일정
한 거주지가 없이 떠돌아 다니는 조선인을 국방과 치안상 필요하다는
구실로 일정한 지역에 집결하도록 하는 것이다. 이 지역은 바로 "在滿
朝鮮人指導要綱" 제1차 수정에서 南滿을 중심으로 지정해 놓은 16개
곳이다. 여기서 滿鮮拓植會社가 먼저 이런 조선인을 수용할 토지를 매
입해 놓고 조선인을 집결시켰다.[53] 그러나 이런 집결을 위한 이주는
강제성이 따르기 마련이다. 특히 북만지역에서 이미 많은 토지를 소유
하고 있는 조선인들이 일본인의 만주농업이민을 위해 자기가 가꾸어

---

53) 앞의 책, 『滿洲年鑑』, 1938年, 356쪽.

놓은 경작지를 포기하고 지정된 지역에 이주해야 한다는 것은 너무나 큰 고통이었다. 심지어 일제도 이민용지을 정비할 때 원주민인 滿洲人과 조선인과의 마찰이 중대한 문제라고 하였다.54) 그러나 일제는 조선인들이 저항에도 불구하고 그들을 지정 지역에 강제적으로 집결시켰다. 1939년 10월까지 在滿先住朝鮮人들이 집결한 상황을 보면 다음과 같다.

在滿旣住鮮農集結狀況(1939년 10월까지)55)

支店別	延吉	延吉	計	奉天	奉天	奉天	奉天	計	新京	新京	新京	新京	新京	新京	計	牡丹江	牡丹江	牡丹江	牡丹江	計	合計	總合計
縣別	安圖	汪淸		盤山	錦縣	柳河	鐵嶺		懷德	盤石	舒蘭	菲河	泰來	西科前旗		穆稜	寧安	大城	拘阡			戶數2730(戶)
合計	22(戶)	55	7	136	300	490	201	11	313	45	175	261	12	102	908	376	142	30	70	618	2731	人口12221(名)
合計	114(名)	208	3.	614	146	218.	851	51	133.	155	805	100	34	403	373.	184.	710	150	350	305.	1222	

위 표를 보면, 남만지역인 봉천지역에 가장 많이 집결되었다. 그리고 1940년에도 先住朝鮮人들의 집결은 계속되었는데 新京, 奉天, 延吉, 牡丹江支店에서 집결시킨 先住朝鮮人들의 상황을 보면 호수 2,828호, 입식 인구는 12,668명이 되었다.56) 여기서 통제집결이 원래 규정대로 남만이 아닌 다른 여러 지역으로 나타나는 것은 1938년 "鮮農取扱要綱"에서 16개 현이란 지역적인 제한을 철폐하였기 때문이다.

다음은 신규입식사업에 의한 조선인 개척민이 이주이다. 일제는 신규입식정책에서 규정한 朝鮮人의 入滿戶數는 15년 동안 15만호, 75만

---

54) 앞의 책, 『滿洲農業移民槪說』, 4쪽.
55) 앞의 책, 『滿洲開拓年鑑』, 康德七年, 210~211쪽.
56) 위의 책, 『滿洲開拓年鑑』, 1941年, 285쪽.

명으로 하여 매년 1만호, 5만명씩 수용한다고 하였지만, 입식을 지도, 장려하는 지역으로 간도와 동변도 23개현을 지정하였던 것을 1938년 7월에 역시 원칙적으로 지역적인 제한을 철폐하였다.[57] 그리고 조선인 개척민의 渡滿形態는 1938년에 있은 "在滿朝鮮人指導要綱"의 제2차 수정에서 集團開拓民, 集合開拓民, 分散開拓民 3가지로 나누었다. 사실 滿鮮拓植會社의 설립부터 1938년까지 개척민의 입식형태는 集團開拓民과 自由開拓民 2가지 형태였다. 그러나 1938년말부터 또 새로운 형태인 集合開拓民도 인정을 받아 1939년 봄부터 실시하게 되었다.[58]

개척민의 3가지 형태의 차이는 다음과 같다. 즉 집단개척민이란 始終 만선척식회사에서 전문적으로 취급하는 것이고, 집합개척민이란 회사에서 사실상 開拓地를 주선하는 외에 정부의 위촉을 받아 地方金融會에서 소요 자금을 융통하며, 각종 지도원조를 하는 것이다. 그리고 분산개척민이란 사실상 자유개척민으로서 開拓總局 혹은 지방행정기관에서 취급하는 것이다.

집단개척민에 대해 滿鮮拓植會社는 1936년 9월에 설립된 즉시, 入植地를 조사, 매수, 그리고 기타 필요한 준비도 동시에 추진하여 1937년부터 입식을 시작하였다.[59] 1939년까지 입식한 상황을 보면 다음과 같다.

---

57) 앞의 책, 『兩社五年史』, 70~71쪽.
58) 앞의 책, 『滿洲開拓年鑑』, 1941年, 277쪽.
59) 앞의 책, 『滿洲開拓年鑑』, 1940年, 208쪽.

1939년까지 鮮農集團開拓民入植狀況60)

省縣	間島安圖	間島汪淸	間島汪淸	計	奉天沈陽	奉天興京	計	通化輝南	通化金川	通化柳河	通化通化	計	吉林樺甸	吉林懷德	吉林磐石	計	牡丹江穆稜	牡丹江寧安	計	濱江葦河	濱江延壽	計	龍江泰來	計	錦州磐山	計	北安龍鎭	北安嫩江	計	總計
部落數	38	19	14	71	1	4	5	2	3	7	1	13	13	6	1	20	7	2	9	3	1	4	1	1	4	4	10	10	20	147
合計 戶數	2845	1693	640	5178	29	329	358	200	149	440	160	949	885	310	64	1259	588	323	911	282	70	352	51	51	329	329	250	250	500	9600
人口	1440	9282	3265	2695	166	1772	1929	992	758	1748	909	4407	4448	1633	392	6472	3325	1799	5124	1515	371	1886	292	292	1843	1843	250	1350	1600	4960

위 표를 보면, 조선인 개척민의 입식지역은 간도성과 동변도지역 뿐만 아니라 북만지역까지 포함되고 있다는 것을 알 수 있다. 더욱이 1940년에는 11월까지 모두 4개 집단개척민 밖에 없었는데 모두 북만지구에 배치하였다. 즉 北安省龍鎭에 慶南開拓團이 879호, 1,793명, 嫩江에 栢根里第一開拓團이 965호, 2,236명, 栢根里第二開拓團이 966호, 2,245명, 興安南省 東科中旗에 富有開拓團이 684호, 3,682명으로 총 3494호, 9966명이었다.61)

집단개척민은 원칙상 일인당 旱田이면 4町步, 水田이면 2町步로 소유하게 하여 자작농으로 창정하는 것을 목표로 한다.62) 土地代와 家屋建築費, 營農資金 등 부락건설에 필요한 경비는 일본금융기관에서 대부해 준다. 그 기한은 농사에 착수하여 수확을 거둘 수 있는 해부터 시작하여 20년으로 년부상환한다. 그리고 상환이 끝나게 되면 그 농경지의 소유권을 조선인에게 이양하기로 하였다.63) 집단개척민을 선정하는 과정은 조선총독부가 각 도에 할당 호수를 정해 주고 각 道는 할당

60) 위의 책, 208~209쪽.
61) 앞의 책, 『滿洲開拓年鑑』, 1941年, 277쪽.
62) 앞의 책, 『滿洲農業移民槪說』, 103쪽.
63) 앞의 책, 『滿洲開拓年鑑』, 1940年, 209쪽.

된 호수 범위 내에서 적격자를 선정하여 移住證을 교부한다. 1939년에
할당된 도를 보면 충청북도, 충정남도, 전라남도, 전라북도, 경상남도,
경상북도, 강원도 7개 도이며, 그 표준은 다음과 같다.

1939年 朝鮮各道에 할당된 표준[64]

道名	忠淸北道	忠淸南道	全羅北道	全羅南道	慶尙北道	慶尙南道	江原道	計
割當率	15(%)	10	20	15	25	10	5	100%
割當戶數	450(호)	300	600	450	750	300	150	3,000

여기서 당시 조선인 개척민는 주로 조선 남부에서 선택되고 있다는
것을 알 수 있다. 그리고 또 조선인집단 개척민을 만주에 안착하게 하
고 가급적이면 사전에 만주상황을 잘 알게 하기 위해 총독부는 鮮滿拓
植會社로 하여금 江原道平康郡高揷面洗浦里에 洗浦訓練所를 설치하여
집단개척민과 집합개척민으로 선정된 조선인을 훈련시켰다. 이 훈련소
는 각 도에서 추천한 조선인 청년 105명을 수용하여 1938년 1월 21일
에 開所式을 가지고 아래와 같은 세 개 내용을 주제로 훈련하였다. 첫
째 皇國臣民의 德性을 陶冶하고 농민정신을 함양하며, 둘째 만주국의
건국정신을 철저히 이해하고, 또 이른바 "日滿不可分"의 신념을 함양하
며, 셋째 이주지의 영농상에서 필요한 지식과 기능을 체득하는 것이다.
여기서 졸업하면 해 마다 만주로 수송되었는데, 1939년까지 졸업생의
총수가 478명이 되었다.[65] 1940년 4월 1일부터 총독부가 이 훈련소를
접수하였다. 그리고 조선 국내에 보조를 맞춰 만주 현지에서도 滿鮮拓
植會社의 주최로 吉林省永吉縣江密峰에 자리를 선정하여 훈련소를 설
치하였다. 이 훈련소는 조선과 만주에서 57명의 조선인을 모집하여

---

64) 앞의 책, 『滿洲農業移民槪說』, 104～105쪽.
65) 앞의 책, 『滿洲開拓年鑑』, 1941年, 287쪽.

1939년 11월에 개소식을 가졌다.[66] 훈련 내용은 洗浦訓練所와 같으나 훈련생을 두 부분으로 나누어 훈련하였다. 하나는 幹部訓練生이다. 훈련기간은 약 10개월이고 원칙상 有給이다. 지원자는 중등학교 정도 이상의 졸업생이고 만 25세 이상의 남자여야 한다. 간부훈련생은 개척단의 단장 혹은 지도원을 양성하는 것이 목적이기 때문에 훈련기간 중약 한달은 개척지에 파견되어 현지훈련도 한다. 다른 하나는 中堅靑年訓練生이다. 훈련기간은 4개월이고 無給이며, 초등학교 졸업생으로 만 20세 이상의 남자를 모집하여 노동훈련을 통하여 학술기능을 체득하게 하는 것이 목적이었다. 그러나 이 훈련소도 '基本要綱'에 의해 1940년 1월 1일부터 開拓總局이 접수하게 되었다.[67]

집합개척민은 1939년에 창설되었는데 집단개척민과 다른 점이라면 그 규모가 좀 작고 개척지의 주선을 滿鮮拓植會社가 하는 것 외에 다른 것은 모두 만주국의 위촉을 받은 地方金融會가 지도원조한다. 선정과정은 만주국정부로부터 입식시킬 수 있는 戶數를 통지를 받은 후, 이에 근거하여 이주희망자의 구체적인 數를 조선 각도에 할당하며 所定의 手續經費, 旅費는 스스로 준비하는 것이다.[68] 집합개척민은 세 종류로 세분할 수 있다. 하나는 1940년 봄에 개척단법이 제정되어 종래 집단개척민을 집합개척민으로 개칭된 것, 둘째는 1939년부터 주로 舊金融會에서 취급해 오던 것을 1940년 4월부터 滿鮮拓植會社에서 승계받은 것, 셋째는 1940년부터 정부가 직접 취급해 온 것이다. 1940년까지 滿鮮拓植會社에서 집합개척민으로 신규입식한 조선인을 援助(즉 土地調査, 買收 및 기타 각 시설의 준비등 가르킴)한 상황을 지점별로 보면 다음과 같다. 新京支店이 入植地에 건설한 부락은 49개, 입식호수는

---

66) 위의 책, 287쪽.
67) 앞의 책, 『滿洲開拓年鑑』, 1940年, 212쪽.
68) 위의 책, 209쪽.

2,197호, 11,807명이고, 奉天支店은 부락 35개, 입식호수는 1,953호, 10,329명, 延吉支店은 부락 79개, 입식한 호수는 5,910호, 30,716명, 牡丹江支店은 부락 11개, 입식 호수 912호, 5,134명, 北安建設事務所는 부락 24개, 호수 2,810호, 6,274명이며, 정부에서 취급한 것은 부락 2개, 호수 13,977호, 65,065명이다.69) 1940년에 前金融機關에서 취급한 집합개척민을 보면 新京支店 100호, 521명, 奉天支店 43호, 231명, 延吉支店 272호, 1,460명, 牡丹江支店 464호, 2,469명으로 총 879호, 4,681명이었다. 같은 해 정부에서 취급한 집합개척민이 濱江省에도 있었는데 총 195호, 805명이었다.70)

分散開拓民은 1939년부터 인정되었고 그 전에는 일반적으로 자유이민이라고 불렀다. 그 유래는 비교적 오래되나 특히 만주사변 전에 이주한 조선인은 대부분 자유이민이다. 그러나 1935년, 1936년에 이르러 이주자가 수 만 내지 10만을 돌파하자 조선인의 신규입식을 제한해야 한다는 필요성을 느끼고 무제한적인 입식을 허용하지 않았다. 다만 분산개척민으로 渡滿하는 것을 회망하면서 만주에 이미 입식한 자와 연고 있는 자들 가운데서 일정한 호수를 선정하여 조선측에서 이주증을 발급하였다. 이것은 1936년 9월, 滿鮮拓植會社가 설립되면서 조선으로부터 신규에 의해 입식하는 개척민을 지도, 원조 해 주기로 결정하였지만 그 대상은 정책적으로 규정된 1만호, 5만명으로 제한되어 있기 때문에 새로 규정된 것이다. 이런 규정 때문에 조선 국내 조선인은 이전처럼 무절제적으로 입만할 수 없었고 이주증명서를 휴대하는 것이 필수적인 조건이 되었다. 더욱이 조선측에서는 新義州, 滿浦鎭, 惠山鎭, 上三峰 南陽에, 만주국측에서는 安東, 輯安, 臨江, 開山屯 및 圖門에 開

69) 앞의 책, 『兩社五年史』, 72~74쪽.
70) 앞의 책, 『滿洲開拓年鑑』, 1941年, 280~281쪽.

拓總局[71] 拓政辦事處를 특설하고 이주증이 없는 조선인은 세관을 통과하지 못하게 하고 다시 조선 국내로 추방하도록 규정하였던 것이다.[72] 그 수치를 보면 1940년만 하더라도 972호, 1057명을 송환하였다. 1938년부터 1940년까지 開拓總局이 조사한 분산개척민이 입식한 상황을 보면 3년 동안 만주 각 지에 입식한 조선인은 6,775호, 24,912명이 되었다.[73] 그러나 이 통계는 위에서 말한 5개 판사처가 통계한 공식적인 숫자이지 결코 정확한 통계는 아니다. 왜냐하면 만주와 조선의 국경인 압록강과 두만강은 이 판사처를 통하지 않더라도 국경을 넘을 수 있는 지역이 얼마든지 있기 때문에 실제로 이주한 자는 이 통계보다 몇 배나 더 많을 수 있기 때문이다. 그러나 이런 분산개척민에 대해 滿鮮拓植會社는 거의 관여하지 않는 것이 원칙이었다.[74]

이 3가지 형태 외에도 조선인 개척민이 입식하는 또 하나의 형태는 청년의용대이다. 청년의용대란 일본만주농업이민이 시작되면서 일제는 壯年開拓民뿐만 아니라 순진한 청년들을 많이 招致하여 각종 개척, 특히 개척농민의 기본으로 되는 자질을 육성 훈련시킬 필요를 느꼈다. 때문에 靑年義勇隊運動은 초기에는 민간에서 진행되고 있는 운동이었으나 1938년부터 국가적인 사업으로 전개되었다. 청년의용대의 훈련은

---

71) 開拓總局은 1940년 2월 1일에 官制로 개정되었다. 1935년 4월 滿洲國民政部地方司에 拓政科를 설치하였는데, 같은 해 민정부관제로 개정되었으며 지방사에서 분리되어 拓政司로 개칭 되었다. 그 해 12월, 滿洲拓植株式會社, 이듬해 9월에 滿鮮拓植株式會社가 연이어 설립되었다. 그러나 대륙정책을 진전시키고, 더욱이 백만호개척민입식계획을 수행하기 위해 1939년 1월 1일 획기적인 종합적 개척행정기관인 개척총국을 産業部外局으로 창립하였다. 12월에 또 일만 두 나라의 閣議決定에 따라 1940면 2월 1일부터 관제로 개정하기로 하였다. 설립 목적은 만주국내의 미개발지역의 개발과 개척민의 사업을 일원하여 종합적인 운영을 하기 위해서이다.(앞의 책,『滿洲開拓年鑑』, 1940年, 73~74쪽을 참조).

72) 앞의 책,『兩社五年社』, 80쪽.

73) 앞의 책,『滿洲開拓年鑑』, 1941年, 282쪽.

74) 위의 책,『滿洲開拓年鑑』, 1940年, 210쪽.

당초에 滿拓과 滿鐵이 담당하였으나 滿洲開拓基本要綱에 의해 1940년
부터 의용대훈련을 일관적인 指導統轄를 위해 훈련본부를 창립하였다.
義勇隊開拓民인 최초의 開拓團은 바로 여기서 나온 것이다.[75] 1942년
에 이 훈련에 참가하였던 朝鮮人靑年義勇隊 134명이 內原訓練所에서
牡丹江省寧安訓練所에 입소하였다.[76] 그리고 청년의용대나 개척민이
渡滿할 때 輸送上 萬全을 기대하기 위해 만주척식회사는 輸送委員會를
설립하여 滿鐵이나 기타 기관과 연락하도록 하였다. 더욱이 羅津이나
大連과 같은 關門에는 지방사무소 또는 출장소를 설치하였는데, 특히
羅津에는 開拓會館을 설치하여 渡滿入植者들에게 편리를 제공하였
다.[77]

이상은 先住朝鮮人의 집결과 신규입식의 형태에 대해 살펴본 것이
다. 다음은 조선인 개척민들의 신규입식계획에 따라 입식한 실제 과정
은 어떠하였는지 집단개척민을 예로 살펴 보겠다. 1937년 4월 25일에
개최된 鮮滿拓植株式會社第一回定期總會에서 二宮總裁가 조선총독부,
관동군 그리고 만주국정부의 승인을 받은 1937년 鮮滿拓植事業計劃을
발표하였다. 그 가운데 신규사업으로 조선에서 온 새로운 이주자를 간
도에 3천호, 奉天省과 安東省에 2천호, 합쳐 모두 5천호를 수용한다고
하였다. 그리고 間島省의 安圖縣 1950호, 기타 각 현은 합쳐 1050호를
수용하며, 안도현의 일부만 旣設集團部落에 입식시킨 외에 대부분은
새로 건설한 집단부락에 입식시키기로 한다고 하였다.[78] 입식기일은
봄부터 가을까지 나누는데 奉天省과 安東省은 주로 가을에 입식시키기

---

75) 앞의 책, 『滿洲年鑑』, 1943年, 155쪽.
76) 앞의 책, 『滿洲開拓年鑑』, 1944年, 136쪽.
77) 앞의 책, 『滿洲年鑑』, 1942年, 310쪽.
78) 「昭和十二年の鮮滿拓植事業案」, 『全滿朝鮮人民會聯合會會報』, 第五卷, 第四號, 1937年 4月, 58쪽.

로 하였다.

1937년에 民政部拓政司와 間島省公署는 이 계획에 따라 "間島省安圖縣鮮農移民入植實施方針案"과 集團部落設置計劃을 작성하였다.[79] 여기서 安圖縣, 汪淸縣, 延吉縣는 제1차로 조선인 개척민을 집단입식할 지역이었다. 즉 1937년 3월 11부터 4월 3일까지 24일간 이 지역에 조선인이식민 총 2,141호, 11,038명을 입식시키로 하였다.[80] 汪淸縣도 舊集團部落에는 보충 입식시키고 4개 집단부락은 새로 건설하여 신구집단부락에 700호를 입식시키로 예정하였다.[81] 그리고 조선인 개척민 입식에 우선 필요한 부락건설에 대해 원칙을 규정하였다. ① 장래 자작농 창정을 목표로 하고 농민에게 과중한 부담을 초래하는 시설은 가급적이면 피면해야 한다. ② 부락 건설이 끝났다고 하는 것은 입식한 이민에게 필요한 가옥건축 및 기타 공동시설이 준공된 것을 의미한다. 그리고 세 번째 농경을 시작할 때까지 대체로 부락건설을 끝마쳐야 한다 ③ 부락건설이 끝난 후, 해당 縣의 지도와 감독밑에 이민의 자작농창정이 완료될 때까지 農務楔聯合會가 부락운영을 담당한다. 滿鮮拓植會社는 이민의 생활을 안정시킬 수 있는 범위내에서 산업 및 경제적 補導를 준다.④ 滿鮮拓植會社는 이민부락건설이 끝나는 동시에 각 이민부락에 土地年賦讓渡計劃書를 제출한다.[82] 이런 방침하에 건설된 安圖縣 韓人開拓民部落施設의 내용을 보면, 1937년 봄에 입식호수는 1,140호, 5700명이고 부락수는 한 부락에 100호씩 수용하여 13개부락, 즉 羊

---

79) 滿鮮拓植股份有限公司, 『間島省安圖縣鮮農移民地建設竝入植實施經過情況』, 1937年 度鮮農移植實施報告 其一, 例言.

80) 「本年春季に於ける朝鮮移民の入植狀況」, 『全滿朝鮮人民會聯合會會報』, 第五卷, 第八號, 1937年 8月, 21쪽.

81) 滿鮮拓植股份有限公司, 『間島省汪淸縣鮮農移民入植實施經過情況』(附, 延吉縣下移民入植槪況), 康德四年度鮮農移植實施報告 其二, 例言.

82) 앞의 책, 『滿洲農業移民槪況』, 108쪽.

草溝, 東南岔, 高登廠, 大沙河, 北柳樹河子, 大沙河口子, 流水河子, 西南岔, 北大甸子, 南大甸子, 萬寶河子, 大甸子, 靑溝子를 건설하였으며, 입식시기는 3월 15일부터 4월 15일까지 한 달이었다.[83] 汪淸縣의 입식부락건설은 四人班과 大荒溝지역이다. 四人班은 神仙洞, 太陽屯과 晌水河子등 부락일대를 총칭하는 것으로 만선척식회사의 武田技手 등 4사람이 2월 중순부터 汪淸縣治安維持會幹事, 總領事館, 省公署, 縣公署, 三岔溝朝鮮人民會長, 및 關係部落長 등이 함께 軍警 십여 명의 경비하에 입식 예정지에 대한 조사를 실시하였다. 그 결과 입식 예정호수는 490호로 결정하고 二岔子溝에서 동쪽으로 약 3리 떨어져 있는 南城子溝에, 또 보충이민으로 540호를 입식시키로 하였다.[84] 大荒溝는 火家營, 鷄冠루磊子, 柳樹河子 3개 입식지역을 포함하고 있는데 185호, 792명이 입식하였다.[85] 연길현은 입식예정수 390호, 2,003명이었으나 실제 입식한 수는 378호, 1,936명이었고, 모두 9개 부락, 즉 屯田營, 張芝營, 福利村, 福滿村, 古城村, 二靑背, 東溝, 上村에 나누어 입식하였다.[86] 간도성에 제1차로 입식한 조선인 개척민은 1937년 3월 11일부터 시작되었다. 즉 선만척식회사가 주선한 조선인 이민 170호, 1069명이 3월 10일에 咸鏡南道 北靑驛에서 출발하여 3월 11일 오전 6시 30분에 도문역에 도착하였다. 이들은 8시 30분에 다시 명월구를 향해 출발하여 명월구에서 하루 묵고 이튿날에 목적지인 大沙河에 도착하여 집단이민의 선두가 되었다.[87]

간도성 외에도 1937년 봄, 다른 지역에 입식한 조선인도 많다. 예컨

83) 앞의 책, 『間島省安圖縣鮮農移民地建設並入植實施經過情況』, 3쪽.
84) 앞의 책, 『間島省汪淸縣鮮農移民入植實施經過情況』, 2쪽.
85) 위의 책, 27쪽.
86) 『全滿朝鮮人民會聯合會會報』, 第五卷, 第八號, 1936年 8月, 24쪽.
87) 「第一次鮮農移民狀況」, 『全滿朝鮮人民會聯合會會報』, 第五卷, 第四號, 1937年 4月, 147쪽.

대 營口農村에 298호를 입식시켰는데, 그 가운데 198호는 조선에서 왔고, 나머지 100호는 현지 자유민 가운데서 선정하여 입식시켰다. 이들은 4월 19일까지 모두 8개 부락에 나뉘어 입식을 하였다. 柳河縣五道溝에는 奉天, 磐石地方에서 온 조선인 369호, 1,564명이 4월 17일부터 입식하고 懷德縣五家子에는 安東에서 농업에 轉向한 187호, 910명, 그리고 동변도일대의 귀순자 50호, 67명이 5월 11일까지 입식하였다. 興安南省王爺廟에 부근에 있는 조선인을 집결시키기 위해 조선인 109호, 463명을 수용하여 수전 200町步, 한전 200町步를 개간하기로 하였다. 大城廠農村은 1937년 2월 公司로부터 인계받은 것이 121호가 되고, 또 4월까지 약 80호를 東寧와 綏芬河 등지에서 이식한 것을 합쳐 201호가 되었다. 만일 위의 상황을 종합하여 본다면, 조선으로부터 새로 이식한 조선인은 간도와 영구농촌에 모두 2,339호, 12,149명이며, 만주에 先住鮮農을 이식한 것은 營口農村, 柳河縣, 懷德縣, 王爺廟, 大城廠을 합쳐 3,355호, 16,419호이었다.[88]

이민을 수송하는 방법을 보면 다음과 같다. 예컨대 안도현에 입식한 조선인은 조선내 각지에서 출발한 다음 安圖縣 明月溝까지 鮮滿拓植會社가 책임지고 明月溝부터는 拓政司, 省公西, 滿鮮拓植會社에서 관계임원들이 여관 등을 주선하고 입식에 관한 주의 점들을 알려 주었다. 그리고 여기서 각 입식부락까지 남자를 도보로, 老幼婦女子는 짐과 함께 우마차에 실어 목적지까지 갔다.[89] 더 구체적으로 보면 安圖縣十騎街에 입식한 조선인은 3월 23일에 明月溝驛에 도착하였을 때 각 관청과 지방대표, 그리고 만선척식공사 사원등이 역에 나와 旗를 흔들며 그들을 환영하였다. 그리고 이민 대부분이 防寒準備가 되어 있지 않기 때

---

88) 『全滿朝鮮人民會聯合會會報』, 第五卷, 第八號, 1936年 8月, 23~26쪽.
89) 앞의 책, 『間島省安圖縣鮮農移民地建設竝入植實施經過情況』, 3쪽.

문에 하차한 즉시 숙소로 안내하였다. 당지 부인회장은 각 숙소에 돌아다니며 위문방문하며, 만선척식회사는 移民團中 단장을 집합시켜 입식에 대해 간단한 설명을 하고 방한준비가 안 되어 있는 사람을 조사하여 公司에 보고하였다. 公司에서는 防寒具를 구입하여 分與하는데, 한 호에 전부 배급한다는 것을 불가능하므로 노인이나 아이들에게만 나누어 주었다. 그런데 24일, 25일 큰 눈 때문에 목적지에 출발하지 못하고 26일부터 겨우 이들을 목적지에 수송하기 시작하였다. 노인과 어린아이는 소수레에 태우고 13세 이상이 되는 남녀는 보행하였다. 호위는 明月溝 헌병대헌병 1명, 領事館警察署巡査 1명, 滿系巡査 3명, 滿鮮拓植公司의 臨時傭人 5명이 담당하였는데, 첫날에 倒木溝와 福滿村에서 숙박하였다. 이튿날에 十騎街에 도착하고 사흘째 되어서야 목적지에 도착하였다. 이번 수송에 우차만 8백대이상을 동원하였다.90) 汪淸縣에 입시한 이민의 상황도 대체로 비슷하다. 四人班地域에서는 조선인 개척민이 下車하면 관계직원들의 誘導하에 三岔溝 각 조선인 민가에서 하루를 숙박하는데 평균 一人一泊三食에 40錢씩 지불하고 낮에 먹을 음식은 싸 가지고 이동하였다. 三岔溝에서 二岔溝까지 수송하는 방법은 森林鐵道(하루에 두번 열차가 있는데 한 대에 10명이 탈 수 있고 한 열차에 150명만 탈 수 있어 온 하루 수송해도 겨우 300명밖에 안된다)를 이용하는 것도 있지만 주로 老幼, 婦女子, 환자들을 실고 건강한 사람은 도보로 이동하였다. 二岔口와 轉角樓에 도착한 후 이민은 또 다시 각 민가에 분산되어 숙박한다. 이 지역은 旣設集團部落이기 때문에 잠시 여기에 머물면서 旣設集團部落民들이 그들을 위해 임시 居住할 가옥을 다 지을 때까지 기다렸다. 이런 임시거처를 假小屋이라 하는데 3월 10일에 다 완성되어 神仙洞 100호, 太陽屯 200백호, 上水河子

---

90) 『全滿朝鮮人民會聯合會會報』, 第五卷, 第五號, 1937年 5月, 126~128쪽.

150호가 입주하였다.[91] 그들은 여기서 또 다시 본 건축물이 건설될 때까지 기다려야 하였다.

그리고 1937년에 입식한 조선인 개척민들의 조선국내 출신지역을 보면 安圖縣과 延吉縣은 대부분 北鮮이고 汪淸縣은 南鮮이다.

개척민에게 소요되는 물품의 배달과 식량배급 상황을 보면 安圖縣에서는 耕牛인 경우 農會의 주선으로 조선소를 수입하고 부족하는 부분은 현지에서 구입하였다. 각 부락에 배급된 소의 수자를 보면 十騎街 126頭, 大甸子 201頭, 大沙河 232頭로 모두 559頭이다. 농구 일부는 新京에서 조달하고 대부분은 현지에서 조달되었는데, 주로 쟁기, 낫, 곽지, 삽, 도끼, 우차 등이다. 종자로는 강냉이, 감자, 배추, 수수, 호박, 가지, 팥, 콩 등이다. 식량은 전부 현지에서 조달하는데 주로 조이, 강냉이, 소금, 밀가루, 천, 저린물고기 등이었다. 이외 기타 생활용품과 건축도구 및 잡품이 모두 포함되어 있었다. 이런 물자를 운송하기 위해 明月溝 관내에 있는 100대의 우차를 동원하였지만 부족하여 延吉에서 牛車 五臺, 龍井에서 마차 90대, 그리고 延吉縣公署에 의뢰하여 縣下의 우마차 약 1000대를 징발하여 물자와 이민을 수송하였다. 그런데 安圖縣의 유일한 운송도로였던 明安道路는 겨울이었던 탓에 눈이 쌓이고 수송하기에 매우 힘들었다.[92] 더욱이 汪淸縣에서는 이민의 전부가 南鮮에서 오기 때문에 밀가루와 강냉이 등 旱田穀物의 조리법을 알지 못했지만 主食으로 조이를 선정하였다. 식량구입은 만주국, 영사관, 조선인민회에 의뢰하여 신용이 있는 商人을 지정하여 입찰하게 하였다. 조이를 배급한 상황을 보면 四人班지방은 제1회에 神仙洞, 太陽屯, 上水河子, 南城子 4개 부락에 모두 900石을 배급하고 제2회는 모두 1106

91) 앞의 책, 『間島省汪淸縣鮮農移民入植實施經過情況』, 5~6쪽.
92) 앞의 책, 『間島省安圖縣鮮農移民地建設竝入植實施經過情況』, 11~28쪽.

石을 배급하였다. 이렇게 배급된 조이는 假小屋내의　창고에 저장되어 있고 현지 지도원이 각 개인에게 한 포대를 단위로 하여 그 가족수에 상응한 배급을 하였다. 耕牛의 구입은 省公署에서 주로 담당하는데 朝鮮農會에 주선하는 것을 의뢰하였다. 이렇게 구입한 소는 180마리인데 이주민 536호를 놓고 보면 2호당 한 마리씩 해당되었다. 그러나 경작지의 대부분은 未墾地이기 때문에 1937년 일 호당 배당된 경작지 2町步를 개간하기 힘들다고 판단하고 100마리 소를 추가 구입하였다.[93] 大荒溝地方은 모두 93마리를 배급하였다. 농구와 기타 잡물의 구입방법은 安圖縣과 대체로 비슷하였다.

安圖縣과 汪淸縣의 조선인 개척민 이주 과정을 보면 입식지 선정부터 기타 생활용품, 농업용품 등 구입까지 모두 日滿정부와 만선척식회사의 치밀한 계획하에 이루어졌다. 그러나 이민시기는 대체로 초봄이고 입시지는 대부분 未開墾地이며, 가옥이 거의 건설되지 않은 상태에서 이주하기 때문에 그들의 어려움은 이루다 말할 수 없다.

V. 맺음말

이상에서 중일전쟁 시기 일제의 조선인 개척민 대한 신규입식정책과 그 시행 과정에 대해 살펴보았다.

상술한 내용을 간단히 요약한다면, 이 시기는 조선인 이민에 대한 방임정책에서 통제정책으로 전환하고 시행하는 시기였다. 그러나 일제의 이민정책의 중심은 어디까지나 일본인 만주농업이민에 있었고, 조선인에 대한 이민정책은 다만 이것을 순조롭게 시행하기 위해 조절하

---

93) 앞의 책, 『間島省汪淸縣鮮農移民入植實施經過情況』, 11~13쪽.

거나 수정하는 것에 불과하였다. 때문에 조선인과 일본인은 모두 개척민이고 자작농창정을 목적으로 한다고 하지만 일제의 재정적인 지원, 운송방식, 정착과정에서는 현저한 차이가 있었다.

만일 조선인 개척민들의 입식 실태를 종합하여 본 다면 아래와 같은 두 가지 특징이 있다.

첫째, 조선인 개척민은 간도나 동변도 등 특정지역에 제한하여 입식 또는 집결시키기로 하였지만 그나마 계획뿐이었고 실제로 입식시킬 시설준비가 안되어 있었다. 때문에 조선인들은 조선 국내에서 만주 입식지까지 이동하는 과정도 매우 힘들었지만 추운 겨울, 내지는 초봄에 이주하여 왔어도 거주할 곳이 없어 假小屋이나 다른 집단부락에 하숙하거나 노영하지 않으면 안되었다. 예컨대 安圖縣明月溝治療所 상황을 보면 약 80명 환자를 수용할 수 있는 치료소에 약 200명이 되는 환자가 수용되어 있었다. 그 가운데 사망자는 치료소에서 1명, 차에서 2명, 입식지에 가던 도중 숙소에서 2명을 합쳐 모두 5명이다. 그리고 도중 출산자만 10명이 되었다. 낯선 땅에서 그들은 잠시 거처로 지은 假小屋에서 간도의 초봄을 지내기란 또 여간 춥지 않았다. 더욱이 假小屋이란 길이 약 40m내지 50m, 폭을 5m로 하여 한 채로 지었는데, 온돌은 없고 철판으로 만든 煖爐를 4호에서 하나를 사용하게 되어 이것은 만주의 강추위를 막기에는 어림도 없을 뿐만 아니라 실내에 습기가 꽉 차 위생도 말이 아니었다. 때문에 일본인 스스로도 이것은 전혀 인간을 위해 지은 자택이 아니라고 하였다.[94]

둘째, 말로는 간도지역이라 하지만 安圖縣과 汪淸縣에 이식한 조선인집단부락은 모두 항일유격대 또는 반일부대들이 활동하는 요충지에 건설하였다. 예컨대 安圖縣 大沙河子는 吳義成이 지휘하는 항일유격대,

---

94) 『全滿朝鮮人民會聯合會會報』, 第五號, 第五卷, 1937年 5月, 129쪽.

安圖縣 전 지역은 崔賢부대가 넘나드는 곳이다. 그리고 縣내 인구는 약 2만명이지만 그 가운데 이미 건설된 집단부락에 수용된 인구가 약 1만명이 되며, 18개 부락에 나누어 거주한다. 때문에 縣城을 내놓고 현내 다른 지역은 거의 무주지대와 다름없었다.95) 汪淸縣 四人班地域도 워낙 공산당의 산하 항일유격대가 활동하던 지역이지만 일제의 몇 차례의 토벌을 거쳐 무인지대로 변한 곳이었다.96) 때문에 일만은 이런 부락에 모두 자위단을 편성할 뿐만 아니라 일만 경찰대, 치안대, 심지어 騎兵까지 주둔시켰다. 그리고 왕청현에 입식한 南鮮人들은 벼농사가 적은 산간마을에서 입에 익은 쌀이 없어 할 수 없이 조이로 대체하여야만 했다. 미개간지를 개간하는 그들의 힘든 노동은 당시 노동강도가 어떠하였는지도 짐작할 수 있다.

---

95) 앞의 책, 『間島省安圖縣鮮農移民地建設竝入植實施經過情況』, 2쪽, 32쪽.
96) 앞의 책, 『間島省汪淸縣鮮農移民入植實施經過情況』, 22쪽.

朝鮮青年前衛同盟의 결성과 변천

金 光 載[*]

Ⅰ. 머 리 말

朝鮮青年前衛同盟(이하 前衛同盟)은 1930년대 후반 崔昌益, 韓斌, 許貞淑 등 국내에서 中國 關內地域으로 망명해온 공산주의자들이 朝鮮民族革命黨(이하 民革黨)에서 활동하던 진보적인 청년들을 규합하여 조직한 공산주의단체이다. 전위동맹은 조선공산당의 재건과 동북진출을 기본노선으로 설정하였다. 이들은 민혁당내에서 金元鳳과 노선문제로 갈등을 겪고 동당을 탈당하였다가 후일 다시 김원봉, 柳子明, 金星淑 등이 결성한 朝鮮民族戰線聯盟(이하 전선연맹)에 참여하고 연맹 산하의

* 동국대 사학과 강사

무력단체인 朝鮮義勇隊에서 활동하면서 동북진출을 모색하였다.

그후 1939년 중국 관내지역 한인진영의 민족협동전선의 결성을 위하여 열린 綦江7黨合黨會議에서 협동전선의 조직방식 문제로 반발하여 朝鮮民族解放同盟(이하 해방동맹)과 함께 이탈하여 양자가 합동하여 朝鮮民族解放鬪爭同盟(이하 투쟁동맹)을 결성하기도 하였다. 이때는 '東北路線'이 파산된 상태였으며 대신 華北의 중국 공산당지역으로 이동하여 그후 朝鮮獨立同盟 및 朝鮮義勇軍 창설의 조직 기반을 제공하기도 하며 해방 후에는 북한에 들어가 '延安派'의 한 축을 형성하는 등 매우 복잡한 행로를 보인다. 아무튼, 전위동맹 계열은 1930년 후반, 1940년대 초반 중국 관내지역의 한인민족운동을 이해하는데 있어 빼놓을 수 없는 위치를 차지하고 있는 것은 분명하다.

지금까지 전위동맹에 대해서는 민혁당을 다루는 과정에서, 또는 綦江7黨合黨會議의 전개과정에서, 조선독립동맹과 조선의용군의 前史를 서술할 때 언급되어지곤 하였다.[1] 따라서 전위동맹에 대해서는 현재까지 전론적인 연구가 없으므로 체계적으로 살펴볼 필요가 있다고 생각된다.

---

1) 朝鮮青年前衛同盟을 언급하고 있는 연구업적들은 다음과 같다.

金榮範, 「朝鮮義勇隊研究」, 『한국독립운동사연구』, 2, 1988.

廉仁鎬, 『朝鮮義勇軍 研究 - 민족운동을 중심으로 -』, 국민대학교 박사학위논문, 1994.

廉仁鎬, 「朝鮮義勇隊 華北支隊의 八路軍과의 連帶鬪爭」, 『한국독립운동사연구』 10, 1996.

韓相禱, 「中日戰爭 以後 朝鮮民族革命黨의 활동과 그 추이」, 『한국민족운동사연구』 16, 1997.

鐸木昌之, 「朝鮮獨立同盟의 성립과 활동에 관하여」 (이정식·한홍구 엮음, 『항전별곡』, 거름, 1986.)

森川展昭, 「잊혀진 共産主義者들-華北朝鮮獨立同盟을 中心으로」 (이정식·한홍구 엮음, 『항전별곡』, 거름, 1986.)

鹿嶋節子, 「朝鮮義勇隊の成立と活動」, 『朝鮮民族運動史研究』4, 1987.

본고에서는 먼저, 전위동맹을 형성하고 있는 3가지 부류의 인적 구성원들에 대해 고찰한다. 즉, 전위동맹의 기원이라 할 수 있는 1930년대 초중반 중국 관내지역에서 활동하던 사회주의 청년조직인 10월회 회원들, 국내에서 탈출해온 최창익·한빈 등, 그리고 민혁당 중앙집행위원이었다가 전위동맹에 가담하는, 전위동맹에서 다소 이질적인 구성분자라고 할 수 있을 민족주의자 申翼熙의 행로에 대하여 고찰하고자 한다.

다음 이들이 민혁당내에서 김원봉과의 노선 갈등으로 탈당하고 세웠던 朝鮮靑年戰時服務團(이하 전시복무단)의 결성과 활동에 대하여 고찰하고자 한다. '동북노선'에 입각하여 동북으로의 진출을 시도했으나 여러 가지 객관적인 상황으로 인해 실패하고 관내지역 좌파세력의 협동전선단체인 조선민족전선연맹에 가입하고 아울러 연맹 산하의 무력단체인 조선의용대에 참가하여 활동하는 모습을 살펴본다. 그후 1939년 관내지역 한인독립운동진영의 통합운동인 綦江7黨合黨會議에서 朝鮮民族解放同盟과 함께 이탈하고 洛陽으로 가 朝鮮民族解放鬪爭同盟을 결성하는 과정을 고찰한다.

끝으로 전위동맹의 주도하에 대부분의 조선의용대 대원들이 중국공산당지역으로 이동하는 과정을 살펴보고자 한다. 그 과정에서 '동북노선'과 통일전선 조직방법에 대한 전위동맹 내부의 '意見 分岐'를 살펴보고자 한다. 그럼으로써 1930년대 후반, 1940년대 초반 중국관내지역의 복잡다단했던 항일운동진영의 모습을 이해하는데 다소 도움이 되고자 한다.

전위동맹에 대해서는 현재 남아 있는 자료가 매우 소략하여 인적 구성원의 면면이나 정책, 노선의 구체적인 모습 등을 파악하는 데는 많은 제약이 따르고 있는 실정이다. 그리고 본고에서 다루고자 하는 내용의 시간적 범위는 조선의용대의 전위동맹 계열 청년대원들이 화북의 중국공산당 지역으로 북상하는 시점인 1941년 초 중반까지로 한정하기로 한다. 왜냐하면, 이때는 이미 전위동맹이 해체된 것으로 볼 수 있기 때문이다.

Ⅱ. 前衛同盟의 결성과 人的 구성

1. 結成 배경

1930년대 중국관내지역의 한인 독립운동진영의 기본적인 구도는 크게 보아 金九를 중심으로 하는 臨時政府系(韓國國民黨)와 金元鳳을 중심으로 하는 義烈團系(民族革命黨)로 나누어 볼 수 있다. 이 양자 사이에서 1930년대 초반부터 전선통일운동이 부단히 전개되었다.

즉, 滿洲事變(1931년)과 上海事變(1932년) 등 일제의 대륙침략이 본격화되자 한인독립운동진영에서는 항일투쟁의식이 고조되고 효과적인 항일투쟁을 전개하기 위한 독립운동진영의 통일전선이 모색되었다. 이에 1932년 10월 12일에 韓國獨立黨(李裕弼·宋秉祚·金枓奉), 韓國革命黨(尹琦燮·申翼熙), 義烈團(韓一來·朴建雄), 韓國革命同志會(金奎植) 등이 各團體聯合籌備委員會를 결성하였다. 같은 달 23일에 열린 籌備委員會에서는 연합체의 명칭을 '韓國對日戰線統一同盟'으로 하고 연합체의 성격을 협의기관으로 할 것을 결의하였다.[2] 그러나 이 동맹은 강력한 單一大黨(唯一黨) 체제가 아니라 단순히 단체간의 협의체적 성격을 지니고 있었기 때문에 독립운동전선의 기존의 고립분산적 활동을 극복하지 못하였다. 따라서 이러한 문제점을 해결하기 위하여 1934년에 가

---

2) 國史編纂委員會,『韓國獨立運動史』資料3·臨政篇Ⅲ, 1968, 474면.

서는 보다 실질적인 항일투쟁을 전개하기 위하여 느슨한 협의체가 아
닌 강력한 단일당 조직문제가 제기되었다.

그리하여 1935년 2월 20일 단일당조직을 위한 各革命團體代表大會가
개최될 예정이었으나 韓國獨立黨내의 임정옹호파의 반대로 동 대회는
연기되고 같은 해 6월 20일에 가서야 南京의 新韓獨立黨 사무소에서
各革命團體代表大會를 개최하고 새로운 단일대당의 조직을 결정하고
당명을 '民族革命黨'이라 하였다.3)

민혁당의 성립이 5개 단체의 합작이라고 하지만 당의 조직이나 강령
·이념문제에서 어느 단체보다 義烈團의 그것이 많이 반영되었고 이러
한 면에서 볼 때 민혁당의 중심노선은 역시 의열단의 노선을 계승하였
다고 할 수 있다.4) 1935년 9월 하순 朴昌世·趙素昻 등의 한국독립당
재건파와 신한독립당의 간부 閔丙吉·曺成煥·洪震 등은 의열단계의 전
횡을 이유로 민혁당을 탈퇴하고 1937년에는 金元鳳과 李靑天사이의 알
력이 점차 격화되어 李靑天 계열은 민혁당에서 탈당하여 朝鮮革命黨을
조직하였다.5) 그 결과 김원봉은 민혁당의 전권을 장악하였으나 동당은
이미 결성당시의 단일대당으로서의 성격을 상실하고 좌파적 색채가 짙
은 정당이 되었다.6)

한편 민혁당이 단일대당조직을 형성하면서 임정폐지론을 주장하자
민혁당에 참가하지 않은 임정옹호파 金九·宋秉祚·車利錫 등은 임정지
지단체의 필요성을 느껴 1935년 11월 김구를 이사장으로 하는 韓國國
民黨을 결성하였다.7) 이후 한국국민당은 민혁당과 대립하면서 임정을

3) 金正明,『朝鮮獨立運動』2 (民族主義運動篇), 東京: 原書房, 1967, 537, 540면.
4) 강만길,『조선민족혁명당과 통일전선』, 화평사, 1991, 79면.
5) 金正明, 위의 자료, 600-603면.
6) 盧景彩,「日帝下 獨立運動政黨의 性格」,『韓國史硏究』47, 1984, 130면.
7) 金正明, 위의 자료, 545-547면.

옹호하는 민족주의 우파의 지도적 정당이 되었다. 이로써 1935년 중국 관내의 한인독립운동은 김구의 한국국민당과 김원봉의 민혁당이라는 양대 정당에 의해 전개되는데, 非민혁당세력은 위의 한국국민당, 1935년 민족혁명당을 탈당한 재건 한국독립당, 1937년 민혁당내에서 의열단계의 전횡을 규탄하고 탈당한 조선혁명당으로 각기 분립되어 있는 형편이었다.

2. 人的 구성

1930년대 중반 중국 관내지역 한인민족운동진영은 민혁당과 韓國國民黨으로 양분되어 있었다. 이러한 상황속에서 1930년대 초반부터 관내지역에서 비밀 소조직 단체를 구성하여 활동하던 급진적 청년들은 당시 세력 만회를 위해 민족협동전선운동에 주력하면서 좌파 청년세력의 수용에 적극적이던 민혁당의 문호개방 방침[8]에 힘입어 비밀 조직을 그대로 유지한 채 개별적으로 입당하였다. 이는 당시 중국 국민당지역에서 한인공산주의자들이 독자적으로 활동하기 힘들었던 이유도 있고 또한 자파 세력을 강화하기 위해서도 민족주의단체에 의탁하지 않을 수 없는 상황 때문이기도 하였다.[9] 아무튼, 급진 좌파 청년들과 국내에서 온 최창익 등 공산주의자들은 민혁당의 민족협동전선 분위기에 힘입어 당내에서 자파 세력을 강화하면서 이후의 독자적 활동을 준비하게 된다.

전위동맹의 인적 구성은 대체로 보아 1930년대 초중반 중국 관내지

---

8) 社會問題資料硏究會 編, 『思想情勢視察報告集』 第2集, 京都: 東洋文化社, 1976, 114면; 김영범, 『한국 근대민족운동과 의열단』, 창작과 비평사, 1997, 408면. 민혁당 조직부에서 작성한 「區黨部의 조직과 진행계획」에 보면, '외부선동 및 활동 원칙'의 하나로 "비교적 진보적인 분자를 획득하여 당이 고립에 빠지지 않도록 한다"는 조항을 두고 있다.

9) 문정일의 증언(김찬정, 「'아리랑'이 들려온다」, 『역사비평』, 1990년 봄호, 149면)

역에서 활동하던 사회주의 청년조직인 10월회 회원들, 국내에서 탈출
해온 최창익·한빈 등, 그리고 민혁당 중앙집행위원이었다가 전위동맹
에 가담하는 申翼熙 등의 세 부류로 나누어 볼 수 있다.

 첫째, 1930년대 초반부터 관내지역에서 활동하던 급진 청년들이다.
이들은 주로 10월회 회원들인데, 1930년대 초부터 관내지역에서 활동
하던 공산주의성향의 청년들이다. 이들은 1932년 북경에서 중공당의
지도 하에 10월회를 결성하여 마르크스·레닌주의 이론학습에 주력하
였다.[10] 그후 10월회 회원들은 북경에서의 공산주의자 탄압을 피하고
아울러 관내의 민족주의자 청년들을 '각성'시키고 조직을 확대할 목적
으로 한인 청년들이 많이 활동하고 있던 南京으로 이동하여 활동하였
다.[11] 처음 그들 대부분은 김구 휘하의 조직에 들어갔으나 공산주의자
라는 이유로 축출당하자 개인별로 민혁당에 입당하여 조직을 확대해
갔다.[12] 이들도 내부적으로는 여러 비밀 소조직이 난립하고 있던 복잡
한 상황이었다.[13] 이때 마침 민혁당에 입당하여 온 최창익, 한빈, 허성
숙 등의 지도하에 소조직들은 하나로 통일되게 되었다.[14] 그 결과
1937년 초 '조선(공산주의)청년전위동맹'을 비밀리에 결성하였다.[15]

---

10) 일제 문서에 의하면, 10월회는 '革命同志會'로도 불려지고 있다. 10월회의 회원들
   로서는 金學武·金昌滿·李相朝·文正一·張志民(石成才)·李維民·鄭鳳翰·金容
   變·王子仁·李義興·陳東明 등 20여 명에 이르는 것으로 파악되고 있다(『思想情
   勢視察報告集』제9집, 113-118면).
11) 문정일, 「중국전선에서 싸운 조선의용군의 항일전쟁」, 『역사비평』, 1990년 가을
   호, 372-373면.
12) 현룡순·리정문·허룡구 편, 『조선족백년사화』2, 심양 료녕인민출판사, 1985,
   602-604면.
13) 「韓國黨派之調査與分析」(秋憲樹, 『資料韓國獨立運動』2, 연세대출판부, 1971, 78면.)
   즉, 이들은 이른바 '金學武派', '金仁哲, 石成才派', '吳鈞派' 등 계파가 복잡한 양
   상을 띠고 있었다고 한다.
14) 위의 자료, 78-79면.
15) 문정일, 앞의 글, 373면.

한편, 중일전쟁 발발 후, 한중연합전선의 일환인 특별공작훈련을 실시하기 위하여 전위동맹계열을 포함한 민혁당 소속 83명의 청년들은 1937년 12월 江西省 星子縣의 중국 중앙육군군관학교 특별훈련반에 입교하였다.16) 이들은 대개 20대 초반이나 중반의 혈기왕성한 연령층으로 전체적으로 보아 학력 수준이 높았다. 전위동맹은 사상교육을 통하여 이들 청년들에게 강력한 영향력을 미쳤다.17) 이들은 군관학교 졸업 후의 행동지침을 '東北路線'으로 설정하였고 1938년 5월 졸업후 민혁당에 복귀한 뒤에는 '동북노선'을 재확인하여 민혁당 제3차 임시전당대회에서 당의 노선으로 확정지었다.18) 전위동맹의 세력이 한층 강화되면서 그들은 다음달인 1938년 6월 최창익의 주도하에 동북진출에 대한 김원봉의 소극적인 태도에 반기를 들고 집단 탈당하기에 이르렀다.

둘째, 최창익, 한빈, 허정숙 등 국내에서 온 공산주의자들이다. 이들은 모두 국내에서 활동하던 조선공산당의 간부들로서 일경에 의해 피체되어 형기를 마친 후 1936년 경 함께 중국으로 망명하여 민혁당에 입당하였다는 공통점이 있다. 중국으로 탈출해 온 이들의 최대의 활동 목적은 조선공산당의 재건에 있었다.19) 그들은 일차적 목표인 조선공

---

16) 朝鮮總督府 高等法院 檢事局 思想部, 『思想彙報』22호, 158면 ; 韓相燾, 앞의 논문, 98면.

17) 『항전별곡』, 175-176면.

18) 『思想彙報』22호, 161면. 이들은 임시전당대회에서 '受訓學生同志의 出路'라는 결정서를 채택하였다. 그 내용은 "① 본 부대의 최대 임무는 먼저 동북만주로 진출하여 거주 조선민중을 무장화하고 조선에 있는 일본제국주의를 격멸하는데 있는 것을 확인하고 이의 진로에 대하여 부단히 연구 협조할 것, ② 別動隊 朝鮮某隊라는 명칭을 조선민족혁명당군으로 개정할 것, ③ 만약 명칭을 그대로 하더라도 본 부대가 실질적으로 민족혁명당군임을 승인할 것, ④ 동북방면에 진출하는 것을 원칙으로 하는 이상 우리들은 반드시 동북진출에 편리한 지점으로 진주하도록 할 것" 등으로 되어 있다.

19) 林隱, 『北朝鮮王朝成立秘史』, 東京: 自由社, 1982, 130면; 鐸木昌之, 앞의 논문, 61면.

산당 재건을 위하여 주중 소련대사와 접촉하였지만 실패하고[20] 차선책
으로 민족협동전선에 적극적인 김원봉과 제휴하여 민혁당에 입당하였
다. 확실한 재정기반과 조직기반을 확보하고 있을 뿐만 아니라, 좌파와
의 협동전선운동에도 적극적인 김원봉과 민혁당은 이들에게 안전한 은
둔처로 비쳐졌을 것이다.[21] '客人'인 이들은 당내의 청년당원들을 상대
로 강력한 흡인력을 발휘하여 공산주의세력을 강화하여 갔다.[22] 그럼
으로써 조선공산당 재건과 동북진출을 위하여 민혁당 조직을 그 발판
으로 삼고자 하였던 것이다.

　세력을 강화한 최창익은 김원봉과 노선상의 갈등을 겪게 된다. 즉,
1938년 湖北省 江陵에서 열린 민혁당 제3차 임시전당대회에서 당의 노
선을 둘러싸고 김원봉과 투쟁을 벌이게 된다. 그 내용은 크게 보아 민
혁당의 성격, 민족협동전선의 형태, 한중연합의 상대, 무장투쟁 활동지
역 문제 등이었다. 그러나 그는 당권 장악이 여의치 않자 1938년 6월
청년 당원들을 이끌고 민혁당을 탈당하여 전시복무단을 조직하는 등
독자적인 활동을 전개하다가 연안으로 갔다.[23] 그는 연안에서 전위동

---

20) 林隱, 위와 같음.
21) 한상도, 「김원봉의 생애와 항일역정」, 『국사관논총』18, 1990, 200면.
22) 林隱, 앞의 책, 131면. 林隱은 최창익 등의 세력 확장에 대하여 다음과 같이 묘사
　　하고 있다. "또한 청년전위동맹(조선독립동맹의 전신)의 공산주의자는 민족혁명당
　　내에서 '객인'으로서 우대 받았다. '객인'이었던 김학무, 이상조, 김창만, 장지민
　　등은 김구의 임시정부의 '식객'이 되었던 적도 있었다. 그러나 그 '객인', '식객'
　　들이 주인과 인사를 나누고 헤어지고 나면, '주인'의 대열은 그 수가 줄어들었다.
　　곧 다수의 청년이 '객인'들을 연모하여 나갔던 것이다. '주인'과 '식객'들의 논전
　　을 방청했던 젊은이들은 항상 '식객'의 주장에 감화되었던 것이다. '객인' 역할을
　　했던 청년전위동맹 주역들의 주위에는 많은 청년이 모여들었다. ……"
23) 大楠, 「記朝鮮靑年前衛同盟」, 『新華日報』, 1938년 12월 16일(潘石英 편, 『深厚的友
　　誼』, 北京: 世界知識出版社, 1993, 357-358면.) 이때 연안으로 길을 재촉하던 최창
　　익 일행은 1938년 10월 말 중국의 항일선전단체인 北平學生移動劇團과 조우하게
　　된다. 극단의 일원인 大楠이라는 이가 鄭英珠(허정숙-필자)와의 인터뷰 내용을 신
　　문에 투고하였던 것이다. 기사에 의하면, 그들 XX명의 전위동맹 동지들은 정치

맹 계열의 청년들에게 북상하도록 종용하였다.

반면, 한빈 일파는 민혁당에 그대로 남았다. 그는 민혁당 자체를 완전한 공산주의단체로 만들 것을 주장하면서 최창익의 탈당을 반대하였다. 그후 한빈은 청년당원들을 대상으로 공산주의교육을 진행하였고 이러한 사실이 김원봉에게 포착되어 당의 제재를 받게 되었다. 이에 그는 1940년 청년당원 10여 명을 거느리고 탈당, 낙양으로 북상하여 화북 진출을 위해 집결해 있던 의용대 대원들과 합류하였다.24)

최창익이 조기에 조선의용대를 이탈하고 연안에 가 의용대내의 전위동맹 계열과 지속적인 연락을 취하면서 조선의용대의 화북 북상을 재촉하고 한빈은 국민당지역의 민혁당에 그대로 남아 청년당원들을 계속 포섭하는 행동의 불일치는 물론 두 사람의 '동북노선'에 대한 인식에 차이가 있었기 때문일 것이다.25) 즉, 두 사람은 화북에 진출한 이후에도 조선독립동맹 창립 당초부터 전술문제, 즉 동북노선 문제에 대한 인식에서 서로 의견을 달리하여 해방 때까지 논전을 계속하였다고 한다. 즉, 최창익은 조선인이 많이 거주하고 있는 동북으로 진출해야 하며 군중이 없으면 투쟁을 효과적으로 수행할 수 없다고 주장하였다. 반면, 한빈의 주장에 의하면, 동북에는 동북의 조선인 공산주의자들이 있으며 거기서는 그들이 투쟁하면 되고 우리들이 동북에 간다해도 거기서 효과적으로 투쟁할 수 있다는 보장이 없다는 것이다. 그러므로 관내지역에서 더욱 효과적으로 투쟁할 수 있는 길을 찾는 것이 올바르다고 하였다. 요컨대, 최창익의 동북노선이 다분히 이상적이며 정략적인 것이라 한다면, 한빈의 경우는 매우 현실적인 판단을 하고 있었던

부 제3청에 소속되어 있으며 최근 서안에서 제2戰區(산서성, 섬서성의 일부-필자)로 가서 대적선전공작을 할 예정이라고 하였다.

24) 「韓國黨派之調査與分析」(추헌수, 앞의 자료, 72면.)

25) 林隱, 앞의 책, 135면.

것으로 보여진다.

셋째, 매우 특이한 경우이지만 해방 후 우익 정치가로서의 이미지가
강하게 남아 있는 신익희와 같은 저명한 민족주의 독립운동가도 전위
동맹 지도자 중의 한 사람으로 활동하고 있었다.26) 일찍이 그는 임시
정부, 한국혁명당, 신한독립당, 한국대일전선통일동맹, 민혁당의 결성과
같은 민족협동전선운동에 적극적으로 참여하였었다. 1938년 5월까지도
민혁당 중앙집행위원으로 활동하던 그가 전위동맹의 지도자의 한 사람
이 되어 위의 두 파와 함께 민혁당을 동반 탈당하였던 것이다. 그가
전위동맹에 가담하게 되는 경위는 현재 관련자료에서도 내용을 파악할
수 없는 실정이다. 또한 그의 전기에도 관련 내용이 나타나지 않고 있
다.27) 이때의 신익희의 행적에 관한 일련의 연구는 그가 공산주의자는
아니었지만 일찍부터 무장투쟁노선을 견지하여 임시정부와 소원한 관
계를 유지하였으며 무장투쟁을 옹호하는 김원봉의 민혁당에도 가입하
였고 나아가 동북으로 진출하여 무장투쟁을 전개하자고 호소하던 공산
주의 청년들과도 가까운 관계를 유지했던 것이 아닌가 하는 논지를 전
개하고 있다.28)

---

26) 본고에서 전위동맹의 인적 구성요소 3가지 부류 가운데 하나로 신익희를 설정한
이유는 결코 그가 조직 내부에서 하나의 계파를 형성할 만큼 큰 비중을 차지하
고 있었다는 의미는 아니다. 다만 그는 10월회의 공산주의 청년들, 그리고 국내
에서 온 정통 공산주의자들과는 상당히 이질적인 요소이기도 하며 그동안 베일
에 가린 이 시기 그의 행적을 더듬어 보고자 하는 목적도 크게 작용하였다는 것
을 밝혀둔다.

27) 신익희 관련 전기는 다음의 3가지 종류가 나와 있다(金夕影 편, 『申翼熙先生一代
記』, 早稻田大學同窓會出版部, 1956; 柳致松, 『海公申翼熙一代記』, 海公申翼熙先生
紀念會, 1984; 申昌鉉, 『海公 申翼熙』, 海公申翼熙先生紀念會, 1992). 그러나 이들
전기에는 이 시기 신익희의 전위동맹 관련내용이 보이지 않는다. 이는 해방 후
우파 지도자서의 이미지에 대한 배려나 경색된 반공 분위기에서 누락된 것이 아
닌가 생각된다.

28) 韓詩俊, 「‘獨立運動 政黨’과 海公 申翼熙」(『조동걸선생정년기념논총』 Ⅱ, 나남출
판, 1997, 810-816면) ; 趙東杰, 「해공 신익희의 임시정부 활동」(『한국근현대사의

신익희가 전위동맹계열과 함께 활동하게 되는 것은 민혁당내에서의 그의 위상과 관련해서 살펴볼 필요가 있을 것이다. 1935년 민혁당이 조직될 때 신익희는 신한독립당을 이끌고 민혁당에 참가하였다. 그는 김원봉과는 각별한 관계를 유지했던 것으로 보인다. 그러나 당을 같이 했던 이들은 김원봉의 '전횡'을 이유로 차례로 당을 떠나갔다.[29] 신익희도 김원봉의 '전횡'에 대하여 문제의식을 느끼고 전위동맹계열과 접촉하였을 가능성이 충분히 있다고 생각된다.

한편, 그는 김원봉이 전당대회의 결정사항인 동북노선을 달가워하지 않고 성자군관학교 졸업생들을 武漢保衛戰에 투입시키는 등 여전히 관내지역의 공작에 치중하는 모습에 큰 불만을 갖게 되었을 것이다. 따라서 민혁당 내의 전위동맹 계열의 젊은 급진적인 청년들과 자연스럽게 밀접한 관계를 유지하고 그들과 공감대를 형성하여 1938년 6월 10일 최창익, 김학무를 비롯한 당원 11명과 성자군관학교 졸업생 35명 등 모두 49명과 더불어 탈당을 결행하였다.[30] 나아가 그는 다음해인 1939년 8월 27일 綦江에서 열린 7당합당회의에서 전위동맹의 대표로 참석하고 있다. 즉 1938년 10월 전위동맹의 최창익이 조선의용대 창설 직후 일부 대원들을 이끌고 연안으로 가버리자 신익희의 민족협동전선운동의 경륜을 높이 평가하고 있던 청년들에 의해 합당회의의 대표로

이해와 논리』, 지식산업사, 1998, 291-293, 300-301면) 한시준은 신익희가 좌경청년들과 함께 활동한 것은 정치적 신념 때문은 아니고 어떤 현실적 이유가 있었을 것이라고 하였다. 그리고 조동걸은 신익희가 임시정부를 멀리 한 것과 전위동맹 계열과 가까이 지낸 것은 당시의 수정자본주의적 사조, 또는 무장투쟁의 강도와 관련이 있었을 것으로 보고 있으며 1941년 봄, 조선의용대가 황하의 맹진나루를 건너 화북으로 북상할 때, 그가 김성숙 등과 함께 중경으로 돌아서는 경위에 대한 부분은 추리 작가의 상상에 맡길 수밖에 없다고 지적하여 여전히 궁금증을 남기고 있다.

29) 金正明, 앞의 자료, 600-603면.
30) 『思想彙報』 22호, 162면.

추대된 것이 아닌가 한다. 최창익이 연안에 간 이후에는 젊은 맹원들 사이에서 신익희가 후견인 또는 민족주의단체와의 사이에서 중재자의 역할을 수행하였던 것이 아닌가 생각된다.

기강7당합당회의가 사상 문제와 조직방식 문제로 결렬되자, 그는 다시 낙양으로 가서 전위동맹과 함께 활동하게 된다. 1940년 12월 낙양에서는 기강7당합당회의를 탈퇴한 전위동맹과 해방동맹 두 단체가 집결하여 민족혁명당에서 탈퇴한 李貞浩 등을 포용하여 조선민족해방투쟁동맹을 결성하였다.[31] 이때 신익희는 투쟁동맹의 중앙위원으로 선출되었다.[32] 투쟁동맹의 성격은 조선의용대에서 활동하던 전위동맹 소속 대원들이 화북으로 진출하기 위하여 혹은 민족주의자들의 연합전선결성 제의를 거절하기 위하여 낙양에서 조직한 단체이다.[33] 신익희가 낙양에까지 가서 이들과 합세하였다는 것은 그 자신도 화북행을 고려했던 것이 아닌가 한다. 그러나 동맹의 대부분 인원이 화북으로 북상할 때, 신익희나 김성숙 등은 북상하지 않고 중경으로 복귀하게 된다. 중국공산당이나 전위동맹 내부의 역학관계로 인해 그의 북상행이 좌절되었을 가능성이 높다. 아무튼 전위동맹의 화북진출로 세력기반을 잃고 중경으로 돌아온 그는 그후 오랫동안 혼자 전위동맹의 간판을 붙잡고 있었다.[34] 그러던 그도 1942년에 가서는 그간 소원한 관계에 있었던 임시정부에 참여하여 해방 때까지 활동하게 되고[35] 해방 이후에는 우

---

31) 「韓國黨派之調査與分析」, 78면.
32) 坪江汕二, 『朝鮮民族獨立運動秘史』, 高麗書林 復刻版, 1986, 108-109면의 「在支朝鮮人團體 組織系統表(1942. 8月)」.
33) 염인호, 앞의 논문.
34) 정정화, 『녹두꽃』, 도서출판 未完, 1987, 157면.
35) 신익희의 활동 성향은 다음의 사례에서도 잘 알 수 있다. 임시정부에서 신익희는 한국청년당을 조직하여 1인 1당의 외로운 활동을 하던 중 1945년 초 김준엽, 장준하 등 40여명의 학도병 탈출 청년들이 중경에 오자 이들을 자기 세력으로 끌어들이기 위하여 시도하다 장준하 등 청년들로부터 지탄을 받기도 하였다. 그 구

익의 맹장으로 활약하는 등 운신의 폭이 매우 넓었다.

　이상 위에서 전위동맹의 결성에 참여한 구성원들을 살펴 보았다. 먼저, 10월회의 급진적 청년들은 대개 20대 초중반의 혈기왕성한 연령층에 해당되며 이미 초보적 공산주의자로서 활동하고 있었다. 따라서 자신들의 노선을 지도해줄 노련한 공산주의 선배나 지도자가 필요하였던 것이다. 여기에 그들의 지도자 역할을 담당하였던 이들이 바로 두 번째의 부류이다. 국내에서 제3차 조선공산당 사건으로 형기를 마치고 중국으로 피신해온 최창익 등은 이들 젊은 청년들이 조선공산당 재건이나 '동북진출'이라는 자신들의 목적 달성에 있어 대단히 소중한 존재로 여겨졌을 것이다. 세 번째의 신익희 같은 인물은 비록 공산주의자는 아니지만 이들의 급진적 사상 경향이라든지 동북진출 무장투쟁노선에 충분히 공감하였을 것이다. 아울러 관내지역에서 임시정부와 소원한 관계를 유지하였으며 또한 민혁당내에서 김원봉의 '전횡'에 시달렸을 그에게는 이들 청년들이 자신의 기반 확대에 유용한 존재였을 것이다. 물론 이들 세 부류의 구성원 사이에서는 항상 우호적인 관계가 유지되었던 것은 아니며 때로 의견충돌이 일어나기도 하였다.

체적인 내용은 장준하의 『돌베개』(장준하전집 1, 세계사, 1992, 265-277면)에 잘 나타나 있다. 해방 이후 그는 임시정부 내무부장의 자격으로서 1945년 12월 임시정부 산하조직으로 '행정연구반'과 '정치공작대'란 비밀조직을 결성해 지방조직 강화와 대중적 지지기반 강화에 주력하였다. 이후 임정측에서 비대해진 정치공작대를 신익희의 사조직으로 파악하고 해산할 움직임을 보이자, 그는 정치공작대를 이끌고 이승만진영에 가담하면서 막후 정치공작에 몰두했고 임정측과는 불편한 관계를 유지했다. 정치공작대 사실과 관련한 그의 활동은 『美軍CIC情報報告書』1권(중앙일보 현대사연구소, 1996)에 자세한 내용이 있다.

Ⅲ. 前衛同盟의 朝鮮義勇隊 참여와 華北 진출

1. 民革黨 탈당과 朝鮮青年戰時服務團의 결성

1938년 6월 10일 민혁당을 탈당한 전위동맹 계열 49명은 武昌에서 양자강 대안의 漢口로 이동하여 같은 해 7월 4일 '朝鮮青年戰時服務團'[36]을 조직하여 중국의 항일선전활동에 참가하였다.[37] 단장에 최창익, 그밖의 주요 지도자는 金學武, 王海公(신익희), 石成才, 金仁哲 등이었다.[38]

전위동맹계열은 민혁당 탈당 이후 독자적 활동을 표방하여 1938년 9월 민선에 합류할 때까지 관내지역의 민족주의단체와 연계를 가지지 않고 독자적으로 활동하였다. 왜냐하면 조선공산당 재건이 실패로 돌아간 후 이들의 제1차적인 목표는 중국의 항일전에 배합하면서 동북지방으로 진출하는 것이었으므로 무한 일대는 동북으로 가는 하나의 경유지나 잠시 머무르는 곳에 불과하였던 것이다.

---

36) 石源華 편, 崔福實 역, 金勝一 감수, 『中國共産黨과 韓國獨立運動 關係紀事硏究』, 高句麗, 1997, 175-176면. 위의 기사에 의하면, 1938년 6월 최창익 등 50여 명은 민혁당에서 탈당하여 '조선청년전위동맹'을 성립(공개했다는 표현이 맞을듯-필자)했는데, 위원장은 최창익이었다고 한다. 또한 7월 4일 중국공산당의 周恩來의 지지하에 한국청년 60여 명이 漢口에서 조선청년전시복무단을 설립, 단장에는 김학무가 임명되었다고 한다(문정일, 앞의 글, 374면에서도 김학무가 전시복무단의 단장이었다고 회고하고 있다). 이것이 사실이라면, 전시복무단은 전위동맹의 표면단체로 볼 수 있다.

37) 芳亭, 「一群可敬的韓國志士 - 介紹朝鮮青年戰時服務團」(楊昭全 編, 『關內地區朝鮮人反日運動資料彙編』上冊, 沈陽: 遼寧民族出版社, 1987, 245면) ; 「朝鮮青年戰時服務團爲加入朝鮮民族戰線聯盟宣言」(楊昭全 편, 위의 자료, p. 311.) ; 韓國精神文化硏究院, 『韓國獨立運動資料集-趙素昻편(四)-』, 1997, 203면 ; 이기봉 편저, 『前북한 인민군 부총참모장 이상조-증언』, 도서출판 원일정보, 1989, 24-25면.

38) 『思想彙報』22호, 162쪽.

아무튼 그들은 우선 '동방의 마드리드'[39] 武漢에서 항일선전활동을 전개하면서 동북으로 북상하기 위한 준비를 서둘렀다. 당시 이들은 내부적으로 동북진출을 '指令化'하고 출발 날짜까지 정하고 활동하였다.[40] 그들은 '조선청년전시복무단'이라는 하얀 바탕에 까만 글씨로 쓴 단의 깃발을 높이 들고 집회장소, 시위행렬의 앞에서, 부두나 정거장에서, 가두에서 연극, 노래, 만화, 벽보, 연설 등을 통하여 중국인들의 항전의식을 고취시켰다.[41] 이외에도 중국군에 협력하여 시내 경비 등의 임무를 수행하기도 하였다.[42] 이때 전시복무단의 활동과 경험은 후일

---

39) 당시 무한은 세계 반파쇼 진영으로부터 '동방의 마드리드'라고 불리면서 세계의 주목의 초점이 되었었으며 또한 무한에서도 "동방의 마드리드, 漢口를 사수하자"는 구호가 유행되고 있었다고 한다(김학철, 『최후의 분대장』, 문학과 지성사, 1995, 184면).

40) 한국정신문화연구원, 앞의 자료, 205면.

41) 芳亭, 앞의 글, 245-246면; 김학철, 『최후의 분대장』, 문학과 지성사, 1995, 184면. 당시 중경의 新蜀報 특파기자인 芳亭은 전시복무단에 대하여 다음과 같이 소개하고 있다. "만약 당신이 무한의 민중운동에 다소 관심이 있다면, 최근 무한에서 거행되고 있는 항전과 관련된 모든 군중집회시위에 한 무리의 정열적인 외국 친구들이 참가하고 있다는 것을 잘 알 것이다. 그들은 '조선청년전시복무단'이라는 하얀 바탕에 까만 글씨로 쓴 깃발을 높이 들고 집회장소에서, 행렬의 앞에서, 부두나 정거장에서, 가두나 골목에서 무한 민중의 발길이 닿는 어떤 곳에서도 생동적인 항전만화에 조선인 특유의 정열로써 항전의 필요성과 건국필성의 이치를 선전하고 있다. 그들은 중국동포가 모든 인력과 물력을 아낌없이 정부에 공헌하여 대일항전의 최후승리를 보장할 것을 희망한다. 그들은 모든 것을 다하여 공동의 적 일본제국주의를 타도하기 위하여 분투하고 있다. 그들은 '중한민중 연합하여 일본제국주의를 타도하자', '중화민족해방 만세', '조선혁명성공 만세'를 소리높이 외치고 있다. ……… 이단장(최창익-인용자)의 설명에 의하면, 그들이 복무단을 조직한 동기는 중국에 떠도는 일반 조선청년들을 규합하여 중국의 항전에 직접 참가하여 '중한민중 연합하여 일본제국주의를 타도하자'는 구호를 실천하고자 하는데 있는 것을 알 수 있다. ……… 그들 단체는 비록 성립된지 40여일 밖에 되지 않았지만, 수행한 공작은 이미 적지 않은 실정이다. 그들은 연극, 노래, 만화, 벽보, 연설 등의 방법으로 민중에 접근하여 그들의 선전공작을 발전시키고 있다. ……… 그들은 우리 정부가 무한보위전에 참가하고자 하는 외국인에게 '국제의용군'이라는 대오의 조직을 허락하여 세계평화와 인류행복을 위하여 싸울 수 있도록 열렬히 기대하고 있다. ………"

조선의용대에서의 활동에 밑거름이 되었다. 다시 말하면, 뒤에 참여하게 되는 조선의용대 제2지대는 전시복무단의 후신이라고 할 수 있다.

이들은 동북진출 결행을 선전하고 민혁당의 청년당원들과 연계를 맺고 이들을 획득하기 위하여 다시 武昌으로 가서 활동하기도 하였다. 이들이 바라던 동북 진출은 쉽게 이루어지지 않았다. 당초 전위동맹 계열 청년들은 무한의 중공대표단(八路軍 辦事處)의 도움을 얻어 동북으로 진출하고자 하였으나 성과를 거두지 못하였다. 팔로군 판사처는 경제적 지원을 요청하는 그들에게 김원봉에게 가서 알아보라고 하면서 상대도 하지 않았던 것이다.43) 즉, 이들이 민혁당을 탈당하여 '동북진출'을 추진하던 때는 중일전쟁 중 국공양당의 관계가 가장 좋았던 이른바 '武漢會戰' 시기(1938년 6월-1938년 10월 말)였다.44) 그러므로 중공당은 이들이 통일전선체인 민혁당에 복귀할 것을 권고하였던 것이다. 급박한 상황속에서 모든 중국인의 항전 열기와 국제적인 지원들이 집중되는 상황에서 동북으로 가고자 하는 이늘의 행동은 대단히 성급하고 분열적인 것으로 비쳐졌을 것이다.

게다가 그들은 심각한 경제적 어려움을 겪고 있었다. 비록 민혁당이

42) 金正明, 앞의 자료, 619면.
43) 金正明, 앞의 자료, 618면; 염인호, 앞의 논문, 31면. 한편, 崔龍水 主編, 『緬懷韓樂然』, 北京:民族出版社, 1988, 7-8면 ; 崔龍水, 「周恩來와 조선항일투사들」, 『한국민족운동사연구』20, 1988, 413면에 의하면 일찍이 1923년 중국 공산당에 입당하여 활동하였으며 이 시기 武漢에서 周恩來, 郭沫若 등과 연계하여 항일선전활동에 종사하고 있던 韓樂然(1898~1947)이 당시 무한에서 활동하고 있던 李明, 王守成, 張英 등의 한인들을 소개하여 연안으로 보냈다고 한다. 그렇다고 볼 때, 중공당은 공식적으로는 한인들의 연안행을 반대했으나 내부적으로는 한인 확보에 상당한 관심을 기울였던 것으로 생각된다. 또한 최용수 교수는 한락연이 조선의용대의 창설과정에도 어느 정도 관여한 것으로 설명하고 있다. 즉, 조선의용대의 창설기념식이 무한기독청년회관에서 개최되었는데, 이곳을 주선한 사람이 바로 한락연이었다고 하는 새로운 사실들을 소개하고 있다.
44) 羅煥章・支紹曾 著, 『中華民族的抗日戰爭』, 北京: 軍事科學出版社, 1987, 140-141면.

그들의 생활에 대하여 상당히 구제하고 있었다고 하지만, 역부족이었다.[45] 때문에 전시복무단의 활동은 많은 제약을 받게 되었고 따라서 조직 자체가 흔들리고 있었다. 더욱이 전시복무단내 지도자의 한 사람인 김학무가 최창익의 '무리한' '동북노선'을 비판하고 나섰고 최창익도 일단 김학무의 비판을 받아들이지 않을 수 없었다.[46] 이러한 내외의 사정으로 인하여 전시복무단은 3, 4개월의 독자적 활동을 마감하고 민혁당이 주도가 되어 결성한 좌파통일전선체인 민선에 가입하기에 이르렀다. 또한 민혁당 지도부에서는 이들을 복귀시켜 조만간 건립될 조선의용대 제2지대로 편입시키고자 했다. 이때의 전위동맹은 약 180명의 구성원을 거느리는 막강한 세력으로 성장하였다.[47] 전위동맹의 입장에서 볼 때 당장 동북에 가지 못한 아쉬움이 컸겠지만[48] 이제는 민혁당도 함부로 할 수 없을 정도로 괄목할 만한 조직상의 성장을 보였던 것이다.

전위동맹은 전선연맹이 결성된 다음해인 1938년 9월에 참여하였다.[49] 전위동맹의 김학무는 민선의 이사로 선발되었다. 이즈음 전위동맹은 민선에 가입하면서 다음과 같은 선언문을 발표하였다.

우리들 武漢의 일부 조선청년들은 중국항전공작에 직접 참가하기 위하여 본년(1938년 - 인용자) 7월 4일 조선청년전시복무단을 조직하고

---

45) 芳亭, 앞의 글, 246면.
46) 「韓國黨派之調查與分析」(秋憲樹, 앞의 자료, 79면)
47) 『思想情勢視察報告集』(其の七), 156-157면.
48) 그후 1938년 12월 최창익은 전위동맹 중앙에 보낸 편지에서 "동북노선이 정확하다. 漢口있을 때 그 곳을 떠나지 못한 것이 잘못이다. 지금은 동북진출이 가능하다. ...."고 하여 매우 아쉬워 하는 모습을 보여주고 있다(한국정신문화연구원, 앞의 자료, 216면).
49) 柳子明, 『나의 回憶』, 遼寧人民出版社, 134-135면에 의하면 전위동맹이 민선의 결성에 처음부터 참여한 것으로 하는데, 이는 착오이다.

對敵宣傳工作에 종사하였다. …… 조선청년전시복무단은 중국 항전중의 하나의 피압박민족 청년의 공작단체이다. 우리들은 한편으로는 진실로 중국항전공작에 직접적으로 참가하여야 하고, 그러나 또다른 방면으로는 반드시 자기 민족해방운동의 급선무를 수행하여야 한다. 목전, 조선민족해방투쟁의 주요 정치 임무는 곧 적극적으로 전민족적인 통일단결을 촉성하는 것이다. 조선민족도 전민족반일통일전선을 공고히 하고 확대하여야만 비로소 반일역량을 강화할 수 있고 최후의 해방을 확보할 수 있다. 때문에 본단의 전체 동지는 재중 조선혁명운동 통일전선기구인 '朝鮮民族戰線聯盟'에 참가하기로 결정하고 오늘부터 연맹의 지도하에 일체의 반일혁명투쟁을 진행하기로 서약하며, 동시에 본단의 명칭을 '朝鮮靑年前衛同盟'으로 개칭한다. ……50)

위와 같이 전위동맹계열은 민혁당이 주도하는 연맹에 참가하면서 동시에 연맹의 지도하에 반일투쟁을 전개하기로 서약하였다. 이는 중국 국공합작의 영향, 경제적 어려움 등으로 인해 동북진출이라고 하는 당초의 노선이 관내의 전선통일운동에 참여한다는 방향으로 수정되었음을 뜻한다. 그러나 장기적으로 볼 때, 이들이 동북노선을 완전히 폐기한 것은 결코 아니었다. 그리고 '조선청년전시복무단'이라는 단체명을 '조선청년전위동맹'이라는 이름으로 개칭하였다고 하나 1937년 초 결성된 '조선공산주의청년전위동맹'이라는 이름에서 '공산주의'라는 말만 생략한 것이다.

요컨대, 전시복무단의 활동은 관내지역 한인군사조직의 결성을 서두르게 하였다는 측면이 있다. 이들의 초보적인 군사활동은 민혁당의 조선의용대 창설을 자극하였다. 당초 민혁당 지도부도 한인군대 창설을 계획하고 준비하여 왔다. 그러던 중 전위동맹 계열의 독자적인 활동에 자파세력이 약화되는 것을 방지하고 이들을 복귀시키기 위하여 조선의

---

50) 「朝鮮靑年戰時服務團爲加入朝鮮民族戰線聯盟宣言」(楊昭全 編, 앞의 자료, p. 311.)

용대의 창설에 박차를 가한 것도 그러한 배경에서였다. 이후 전위동맹
은 정치기구인 민선 및 산하 무력단체인 조선의용대에서 자파 조직을
한층 강화하면서 다시 한번 더 '동북진출'을 적극적으로 모색하고 추진
해 간다. 전위동맹은 조선의용대 세력의 핵심을 이루게 되었던 것이다.

2. 朝鮮義勇隊 참여

1937년 중일전쟁 이후 민족의 독립을 추구하기 위한 무장대오건립의
문제는 시급한 과제로 대두되었다.[51] 그리하여 1938년 10월 10일 무한
의 기독교청년회관에서 중국관내 최초의 한인군사조직인 조선의용대가
성립되었다. 의용대의 창설은 민혁당을 탈당하여 전시복무단을 조직,
독자적으로 활동하고 있던 전위동맹 계열을 복귀시키기 위한 조처의
하나이기도 하였다.

조선의용대는 성립 당시 總隊部(隊本部)와 2개 지대의 약 100명 내
외의 대원으로 총대장은 김원봉, 부대장은 申岳, 지도위원에 李春岩(민
혁당)·金星淑(해방동맹)·金學武(전위동맹)·柳子明(조선혁명자연맹)과 군
사위원회의 정치부원 2인으로 지도위원회를 구성하여 참모부 역할을
하였다.[52] 여기서 주목할 만한 것은 전위동맹의 최창익이 조선의용대
지도위원에서 탈락되고 있는 사실이다. 일제문서에는 마치 최창익이
지도위원인 것처럼 되어 있는데 이 부분은 국민당 군사위원회 문서가
더 정확한 것으로 보인다. 또한 조선의용대의 상부기구인 민선에서도
최창익 대신 김학무가 연맹이사로 선임되었다.[53] 반면, 최창익은 조선
의용대 제2지대 일반대원의 명단에 들어가는 수모를 받았다.[54] 추측컨

---

51) 李貞浩,「朝鮮義勇隊之成立由來」,『朝鮮義勇隊』제40기,(1941.10), p.319.
52) 「國民政府軍事委員會政治部賀秘書長衷寒呈政治部長陳部長誠原案」(楊昭全 編, 앞
    의 자료, 915면)
53) 楊昭全 編, 위의 자료, 316면.

대, 최창익이 민혁당의 당권에 도전하였다거나 청년당원들을 이끌고 대거 탈당, 동북진출을 시도하여 당에 커다란 타격을 주었던 것에 대한 김원봉을 비롯한 민혁당 지도부, 나아가 중국 군사위원회의 조처였을 것으로 보인다. 최창익은 철저하게 배제되었고 대신 김학무가 전위동맹의 리더역할을 수행하였던 것으로 보인다. 그 결과 최창익은 의용대가 창설된지 불과 보름 후 배속된 戰區로 가다가 일부 대원들을 거느리고 서안을 거쳐 연안으로 갔던 것이다. 조선의용대는 처음부터 중국 군사위원회에 예속되어 활동에 커다란 제약을 받았다. 이는 의용대가 북상하게 되는 하나의 요인을 제공하는 것이기도 하였다.

전위동맹 계열 청년들은 제2지대(지대장 李益星)에 소속되어 활동하였다. 제1지대(지대장 朴孝三)는 민혁당의 당원들로 구성되었다. 그후 계속 증편을 한 결과 1939년 말에 그 동안의 신입대원들로써 새로이 제3지대(지대장 金世日)가 편성되었다.[55] 그리고 1940년 2월 조선의용대본부는 桂林에서 조직편성을 작성 발표하였는데 의용대 대본부의 간부로 참석한 전위동맹 계열의 인물로는 김학무(정치조장), 韓志成(정치조 선전주임, 중문간 주편위원), 金昌滿(정치조 선전활동주임), 王克强(통신처 낙양주임) 등이었다. 지대부에서는 2지대에 李益星 이하 75명의 전위동맹 계열 인원이 포진하였다. 따라서 2지대는 전위동맹 계열의 인원으로만 구성되어 있어 이미 독자적인 활동을 보장받게 되었다.

조선의용대는 성립 직후 대원 전체가 武漢保衛戰에 투입되었다. 이때 중국정부의 黨·政·軍 요인들이 앞다투어 철수하는 긴급상황에서도 조선의용대원 100명은 계속 잔류하여 무한 시민에게 항전참가를 호소하였다. 무한 함락직전 주민들이 모두 철수한 후에도 2지대 지대장 李

---

54) 『思想彙報』22호, 163면.
55) 劉金鏞, 「江南火線上(第3支隊工作報道)」, 『朝鮮義勇隊』제34기, (1940.5), 261면; 鐸木昌之, 앞의 논문, 64면.

益星의 지도하에 일어로 된 표어와 벽보를 시가지 도처에 써붙이고 나서야 철수하였다.[56] 전시복무단의 연장과도 같은 그들의 활약상은 당시 중국 군사위원회 정치부 제3청장이던 郭沫若에게 깊은 인상을 심어주기도 하였다.[57]

1938년 10월 26일, 4개월 이상 계속되었던 무한보위전도 막을 내리고, 결국 무한은 일본군에게 함락되고 말았다.[58] 무한이 함락되기 직전 의용대 본부는 철수하는 중국 중앙군의 이동을 따라 廣西省 桂林으로, 각 지대는 배속된 전선으로 이동하였다. 1지대는 주로 중국국민당의 9戰區(江西省 서북부, 湖北省 남부, 湖南省)에 배속되었다.[59] 그후 1939년 말에는 그 절반 가량의 인원이 북진지대로 개편되어 화북방면으로 이동하였다. 2지대는 1지대보다 더 북쪽인 1戰區(河南省 전역, 安徽省 북부, 사령부는 하남성 洛陽에 소재) 및 5戰區(湖北省 북부, 하남성 남부, 안휘성 서부, 사령부는 호북성 노하구에 소재)[60]로 이동하였다.

부대 배치의 위치로 볼 때, 2지대는 장차 華北으로 북상하는데 매우 유리한 지역으로 이동하였던 것이다. 반면에 민혁당 직계는 대개 남쪽의 국민당지역에 배치되었다. 이러한 조처는 전위동맹과 김원봉의 절

---

56) 이정식·한홍구 편, 앞의 책, 140면. 같은 책의 현용순, 「조선의용군」, 305-306면.

57) 박정일·정재진 옮김, 『홍파곡(곽말약자서전4)』, 일월서각, 1994, 186-189면. 곽말약은 조선의용대의 활약상에 대하여 다음과 같은 소감을 피력하고 있다. "…… 가두의 담벽 혹은 한길가운데 럭청으로 굵직하게 써 놓은 일본문표어들이 주목을 끌었다. … 그것은 조선의용대 친구들에게 감사를 드려야 하였다. …… 내가 탄 차가 후성거리를 지날 때 표어를 쓰는 사람들은 일을 계속하고 있었다. 그들은 네댓씩 무리를 지어 럭청이나 뼁끼를 들고 사닥다리를 메고 다니면서 부지런히 시간을 다그치며 일하고 있었다. 그것은 나에게 제일 큰 감격을 주었고 또 나를 제일 부끄럽게 한 광경이였다는 것을 나는 승인하여야 하겠다. 그들은 모두가 조선의용대의 친구들이고 중국사람은 확실히 한사람도 없었다. ……"

58) 文史資料研究委員會, 『武漢會戰』, 北京: 中國文史出版社, 1989, 5면.

59) 박효삼, 위의 글, 276면; 한지성, 앞의 글, 312면.

60) 박효삼, 앞의 글, 274면.

충에서 나온 것으로 보인다. 2지대 가운데 1전구에는 정치지도원인 김
학무와 1분대원 23명, 그리고 대본부의 진일평, 석성재 등 모두 26명이
배치되었다.[61] 5전구에는 지대장 이익성 및 대원 15명이 배속되었다.[62]
1939년 말 1지대의 일부 인원과 일본군 귀순자를 포함한 신입대원을
합쳐서 편성된 김원봉의 직속계열인 3지대는 9전구와 3전구지역으로
배치되었다.

  1지대가 활동하였던 9전구는 정예한 蔣介石 직계부대의 관할 하에
있었다. 반면, 2지대 대원들이 활동하였던 화중, 화북지방에는 각종 국
민당 방계부대나 중국공산당의 八路軍, 新四軍이 섞여 활동하고 있었
다. 1939년 2지대원인 胡哲明 등은 신사군 지역에 들어가 활동하였고
거기서 중공당에 입당하고 돌아와 2지대 내에 중공당 지부조직을 결성
하고 중공당 신사군 당위원회의 지도를 받게 되었다.[63] 이때부터 중국
공산당은 조선의용대 각 지대의 화북이동을 본격적으로 추진하였다.[64]
요컨대, 국민정부 군사위원회의 정식 명령이 없이 개별적으로 결행된
일부 대원의 연안 진출이나 중공측과의 결합은 이후 대부분의 의용대
원들이 화북으로 진출할 수 있는 기반을 조기에 마련하였다는 점에서
일정한 의의가 있다고 할 것이다.[65]

3. 綦江7黨合黨會議와 華北 이동

  한편 조선의용대가 중국국민당지역의 각 戰區에 배치되어 대적선전

---

61) 『思想彙報』22호, 162면.
62) 김영범, 앞의 논문, 489면.
63) 문정일, 앞의 글, 378면. 당시까지도 비교적 용이하게 대안의 황하를 넘어 다니면
    서 활동하기도 하였던 것이다 (樸茂, 「從平漢路上的戰鬪說到開展華北工作問題」,
    『朝鮮義勇隊通訊』 32기 , 1940년 2월 1일, 349면).
64) 石源華, 앞의 자료, 185-186면.
65) 염인호, 앞의 논문, 50-51면.

236

활동을 전개하는 동안 중경에서는 관내지역 한인단체들의 전선통일운동이 추진되었다. 일찍이 1937년 7월 중일전쟁 발발후 관내지역 한인독립운동진영에서는 전선통일운동이 활발하게 이루어진 바가 있었다. 그 결과 앞에서 살펴보았듯이 우익진영은 한국광복운동단체연합회, 좌익진영은 조선민족전선연맹이라는 단체로 일단 정리되어 이 두 진영의 통합을 눈앞에 두었다. 그러나 그후 전선통일의 움직임은 1939년 초까지 소강상태를 면치 못하였다.

그러던 차에 중일전쟁의 장기화, 장차 세계대전의 발발 가능성까지 예견되자 광선과 민선으로 대립하고 있던 김구와 김원봉은 1939년 5월 민족운동진영의 분열 상황을 타개하기 위하여 기존의 모든 단체를 해체하고 강력한 단일대당의 건립을 촉구하였다.[66] 선언 발표의 배경에는 민족운동진영 내부의 전선통일에 대한 요구도 컸으나 전선단일화를 원하는 중국 국민당정부측의 요청도 중요한 작용을 하였다.[67] 이러한 내외의 요청은 결과적으로 전위동맹의 입장에서 볼 때 이데올로기적 독자성을 버리고 민족주의자에 동화되는 것에 다름아니었다.

즉, 전위동맹과 해방동맹의 공산주의단체들은 민족주의자와 사회주의자는 주의와 사상이 다르므로 하나의 당을 결성하는 것은 불가능하다고 하였다. 나아가 김구·김원봉 두 사람에 의한 무조건적인 단일대당의 결성을 반대하고 연맹식 통일을 주장하였다.[68] 한편 이에 앞서 전위동맹의 최창익은 1939년 4월, '靑年互聲社'의 명의로 『靑年互聲』이라는 팜플렛을 발간하여 단일당 조직운동에 대해 반대하고 연맹조직의 강화를 주장하였다.[69] 그리하여 전위동맹, 해방동맹 두 단체는 1939년

66) 『思想彙報』20호, 243면.
67) 『特高月報』, 1939년 8월, 120면 ; 邵毓麟, 『使韓回憶錄』, 臺北: 傳記文學出版社, 1980, 30면 ; 胡春惠, 『韓國獨立運動在中國』, 臺北: 三民書局, 1986, 92면.
68) 『特高月報』 1940년 8월, 166-167면.

8월 서로 제휴하여 합동정치위원회를 조직하고[70] 단체본위 조직론을
고수하였다.

　그럼에도 불구하고, 1939년 綦江에서 민선, 광선 등의 7단체가 모여
단일당 결성에 대한 대표회합을 가졌다.[71] 전위동맹에서는 신익희가
대표로 참석하고 회의 주석단의 한 사람으로 선임되기도 하였다. 회의
는 통일단체의 조직방식문제에 대한 의견차이 때문에 전위동맹과 해방
동맹은 단일당 통일방식을 반대하고 연맹식 통일을 고수하면서 퇴장하
였다.[72] 그후 7당회의는 5당회의로 되고, 결국에는 민족혁명당의 이탈
로 합당회의는 무산되게 되었다.[73] 민혁당으로서는 전위동맹이나 해방
동맹의 입장도 생각하지 않을 수 없는 처지였고 사상의 자유를 제약하
려는 광선측의 주장을 받아들일 수 없어 합당회의를 이탈하지 않을 수
없었다.

　전위동맹이 연맹식 조직을 고집한 것은 물론 사상적인 문제가 중요
했으나 자파의 일부 대원들이 신사군이나 중공당과 긴밀하게 활동하고
있었기 때문에 하나의 정당안으로 들어갈 처지가 못되었으며 따라서
이같은 독자적 활동을 인정받기 위해서는 연맹식 방법 외에는 달리 도
리가 없었던 이유도 컸다.[74] 이는 1939년 1월 최창익이 전위동맹 중앙

69) 『特高月報』, 1939年 8月, 111-112면에 이 팜플렛의 창간사가 일역되어 있다.
70) 『特高月報』, 1940년 8월, 167면; 鐸木昌之, 앞의 논문, 74면.
71) 中國 中央調査統計局, 「綦江韓國七黨統一會議經過報告書」(台灣 中央硏究院 近代
　　史硏究所 編, 『國民政府與韓國獨立運動史料』, 1988), pp. 16~28.
72) 김구에 의하면, 광복운동단체연합회측 인사들도 하나같이 공산주의자와의 단일당
　　식 통일에 회의적이었다고 한다. 나아가 미주지역 한인들은 공산당과 합작하면
　　자신과 인연을 끊겠다고 협박하였다고 한다(『백범일지』(수정판), 서문당, 1995,
　　326-327면). 그 결과 박찬익도 단일당 방식의 통일전선은 불가능하고 연맹식 방
　　법의 통일조직은 어느정도 희망이 있다고 인정하였다(위의 「韓黨統一會議決裂後
　　各方談話記錄」).
73) 위의 「綦江韓國七黨統一會議經過報告書」 참조.
74) 염인호, 앞의 논문, 58면.

에 보낸 "지금 통일문제에 있어서는 연맹이 타당하다. 그러나 우리는 실제공작에 注重해야 한다"75)는 요지의 편지 내용에서 잘 알 수 있다. 곧 그는 전선통일을 할 바에는 연맹을 구성하는 것이 옳다고 하여 전 위동맹이 민족주의자들과 단일당을 이루어 관내에 매몰되는 것을 경계 하였다. 그러므로 그는 전위동맹이 전선통일문제에 관심을 치중하기 보다는 의용대의 북상추진과 관련한 '실제공작'에 집중하여야 한다고 하였던 것이다. 요컨대, 전위동맹 입장에서는 의용대의 북상이 더 급선 무였던 것이다.

또한 석성재의 발언도 전위동맹의 이러한 분위기를 더욱 뒷받침해주 고 있다. 1939년 12월 그의 편지에 의하면, "연맹이고 무엇이고 서북에 오라"고 하여 전선통일문제에 대한 홀시 내지 무관심함을 잘 드러내주 고 있다. 나아가 전선통일문제는 전위동맹 내부에서도 비판의 대상이 되었다. 즉, "전체통일을 주장하는 것은 우경기회주의자인 것이고 이것 은 반동적 음모에서 나온 정책을 옹호하는 것이라고 하야 집중사격이 개시되었다"76)고 할 정도로 민족주의단체와의 전선통일에 대하여 부정 적인 반응을 보였다.77)

한편 1940년 12월, 두 단체는 洛陽으로 집결하여 민혁당에서 탈퇴한 전위동맹의 한빈 등을 포용하여 조선민족해방투쟁동맹을 결성하였 다.78) 즉, 이것은 "먼저 해외의 전체 공산주의자의 통일, 그후의 전민

---

75) 한국정신문화연구원, 앞의 자료, 226면.

76) 위의 자료, 226-227면.

77) 광선측에서는 전위동맹이 고의로 통일전선을 파괴하였다고 비난하였다(위의 「韓 黨統一會議決裂後各方談話記錄」).

78) 「韓國黨派之調査與分析」, 78면. 그리고 坪江汕二, 앞의 책, 108-109면의 「在支朝鮮 人團體 組織系統表(1942. 8月)」에 의하면, 이때 선임된 간부진은 다음과 같다. 내 무주석 : 韓斌, 외무주석 : 金星淑, 조직부장 : 金仁哲, 선전부장 : 李貞浩, 중앙위 원 : 申翼熙·金學武·朴建雄, 湖北支部責任 : 陳漢中, 湖南支部責任 : 金昌滿 (밑 줄은 후일 華北으로의 과정에서 이탈하여 重慶으로 복귀하였음-필자)

족통일전선의 결성"이라는 목적을 달성하기 위한 것이었다. 최근에 발굴된 '조선민족해방투쟁동맹 창립대표대회선언'의 중요한 대목은 다음과 같다.

친애하는 동지동포제군!

조선민족해방동맹, 조선청년전위동맹 및 최근 조선민족혁명당에서 脫離한 동지들은 …… 만장일치의 결의로써 상술한 두 단체를 즉시 해소하는 동시에 조선민족해방투쟁동맹을 창립하고 우리의 목전 정치주장과 희망을 전체 동지동포 앞에 정중히 선포한다. ……

본대표대회는 現今 중국관내에서 활동하고 있는 각조선혁명단체 즉 한국독립당, 조선민족혁명당, 조선혁명자연맹과 및 우리 투쟁동맹은 긴급히 통일단결하야 전민족통일전선의 주요일환으로서 관내 우리 운동의 통일적 지도부를 건립할 것을 열렬히 주장한다. 사실에 있어서 관내 각 혁명단체는 중국항전이 폭발한 이래 수년간 다같이 통일단결을 주장하여왔고 그 결과로 조선민족전선연맹과 한국광복운동단체연합회가 성립되었었다. 특히 去年 夏秋間 關內七團體統一代表會議까지 개최되었으나 여러 가지 의견의 차이로 인하야 통일을 완성하지 못하고 폐회되었다. 그러나 지금와서 情形은 일변하였다. 다시 말하면 光復陣線 三團體가 합동하야 한국독립당을 창립하게 되었고 지금 前(전위동맹-인용자)·鮮(해방동맹-인용자) 兩盟과 및 民革에서 탈리한 동지들이 합동하야 우리 투쟁동맹을 창립하게 되었다. 이것은 관내 우리 운동의 진보발전을 의미하는 것은 물론이다. 그러나 우리가 일보를 進하야 全관내 혁명단체의 통일전선총기구를 건립하지안코는 조선혁명이 우리 관내혁명자에게 부여한 위대한 특수임무를 수행할 수 없는 것이고 따라서 우리 운동은 일보도 전진할 수 없는 것이 또한 사실이다. 그럼으로 우리는 관내운동의 통일을 위하야 과거 수년간 부단히 노력하여온 바이지만 금후에 있어서 더욱 많은 열정과 충성을 다해서 통일운동에 적극 노력하려한다. 특히 우리는 각당파와 共同商決한 諸의안과 공동부담 공동참가한 제사업에 대해서 가장 충실한 실천적 행동으로써 우당의 신의와 민족적 기율을 엄격히 준수하려한다.

　　본대표대회는 지금 해외에서 활동하고 있는 각무장대오及군사간부인
　원을 기간으로 하고 관내외 혁명청년을 집합하야 민족통일전선지도부
　하에서 통일적 조선혁명군을 조직해야 할 것을 주장한다. 특히 목전 우
　리의 긴급임무의 하나로서 한국광복군 조선의용대 한국청년전지공작대
　동북항일연군 조선인부대 …. 기타 각무장 반무장대오를 최단기일내에
　반드시 통일명의 통일편제 통일지휘하에 재편성해야할 것을 주장한다.
　……….79)

　　위에서 보는 바와 같이, 투쟁동맹은 관내 독립운동진영의 통일단결
을 강력하게 요구하면서 통일전선에 참가하는 각 단체는 각기 사상적,
정치적, 조직적 독립성을 확보하여야 한다고 주장하였다. 나아가 관내
의 한국광복군, 조선의용대, 韓國靑年戰地工作隊, 만주의 東北抗日聯軍
등을 통합하여 '朝鮮革命軍'으로 재편성할 것을 요청하였다.80)

　　그러나 투쟁동맹의 주력을 구성하고 있던 전위동맹이 화북으로의 북
상을 서두르고 있었고 또한 洛陽이라는 지역이 중경과는 거리가 멀어
전선통일을 바라는 투쟁동맹의 진의를 의심케 한다. 따라서 투쟁동맹
은 조선의용대에서 활동하던 전위동맹 소속 대원들이 화북으로 진출하
기 위하여 혹은 민족주의자들의 연합결성 제의를 거절하기 위하여 조
직한 단체로 생각된다.81) 이러한 사실은 투쟁동맹이 성립 후 몇 개월
이 지나지 않아 전위동맹 계열이 대부분 황하를 건너 화북의 중국공산
당지역으로 진출하게 되면서 조직 자체가 결렬되는 것을 보면 잘 알
수 있다. 이 과정에서 전위동맹의 신익희, 김인철, 해방동맹의 김성숙,
민혁당 탈당파인 이정호 등은 중경으로 복귀하였다. 이들이 중경으로
복귀하는 배경에는 중국공산당이나 전위동맹 내부의 역학관계에 의한

것일 가능성이 높다. 특히, 전위동맹의 청년대원들은 국민당지역에서와 같은 신익희의 후견인 역할이 더 이상 필요하지 않았을 것이다.

전위동맹 계열을 비롯한 의용대 대원들이 화북 진출을 시도하게 된 것은 1937년 하반기 星子軍官學校에 입학하여 수학하고 있던 민혁당 청년당원들이 졸업후 행동지침을 '동북노선'으로 설정하면서 시작되었다고 볼 수 있다. 이들은 1938년 5월 군관학교를 졸업하고 민혁당에 복귀한 뒤 '동북노선'을 재확인하였다. 즉, '동북노선'은 전위동맹의 일관된 정치노선이 되었다. 그후 민혁당을 탈당할 때 '동북노선'의 구호를 '指令化'하여 심지어 동북으로의 출발 날짜까지 정하고 기대에 부풀어 있던 실정이었다.[82]

하지만 실제 북상과정에서 '동북노선'에 대한 민혁당 및 의용대본부의 반대도 적지 않았다. 물론 임시전당대회에서 동북노선이 당의 노선으로 결정된 바 있지만, 김원봉을 비롯한 민혁당 지도부는 마지못해 소극적으로 추인하는 입장이었다. 그렇다고 볼 때, 김원봉이 적극적으로 지지하지 않는 동북노선은 현실적으로 한계가 있을 수밖에 없었다. 김원봉을 비롯한 민혁당 주도세력은 중국 국민정부의 지원을 매우 소중하게 생각하였으며, 특히 김원봉은 黃埔軍官學校의 동기생들이 포진하고 있는 중국 軍政系의 親韓인맥을 바탕으로 국민당지역에서 활동할 것을 주장하였다. 심지어 전위동맹 내부로부터도 '동북노선'에 대한 반대의견이 표출되기도 하였다.[83] 당시, '동북노선'이 전위동맹 뿐만 아

---

82) 한국정신문화연구원, 앞의 자료, 206면.

83) 「前盟內部의 意見分岐」(한국정신문화연구원, 앞의 자료, 200-240면) 이 문서는 전위동맹이 '동북노선'에 대하여 내부적으로 의견의 분기를 겪고 있음을 알려주는 자료이다. 작성자, 작성시기가 나타나 있지 않는 이 장문의 문서는 그 내용으로 볼 때, 작성자는 전위동맹 소속 인물이면서도 親民革黨 계열 인사로 생각된다. 작성 시기는 기강7당합당회의 이후인 1939년 후반으로 보인다. 여기서 의견분기란 '동북노선'과 '관내통일문제'의 두가지에 대한 것으로서 최창익 등의 '동북노

나라 여타 계열의 젊은 대원들 사이에서도 이미 보편적인 구호였다고 하지만 반대의견도 적지 않았다고 생각된다.[84]

'동북노선'을 반대하고 관내에서의 임무를 중시한 전위동맹의 한 인사는 전위동맹 지도자, 특히 최창익이 주장하는 '동북노선'의 문제점을 다음과 같이 비판하고 있다.[85] 내부에서 제기된 비판이란 점에서 중요한 의미를 지니고 있기 때문에 그 내용을 요약하기로 한다.

첫째, '동북노선'은 중국항전에의 참가 의의를 망각하였다. 중일전쟁의 발발로 관내지역 혁명가에게 새롭고도 많은 중요한 임무가 부여되었다. 예를 들어, 중일전쟁 이후 정세가 변화되어 다수의 조선동포가 화북으로 이주하여 왔으므로 이들을 동원하여 근거지와 연락거점을 건립해야 한다. 이러한 근거지는 동북이나 조선의 운동과 충분히 결부되며 서로 보조를 맞출 수 있다. 다시 말해, 중국항전 참가, 적군 와해, 점령구 동포 동원, 의용대의 무장화 및 확대, 중국 및 기타 국제운동과의 연계 등 이 모든 것이 절실하고도 중요한 임무이다.

둘째, '동북노선'은 동북행의 실제가능성과 단계에 대하여 깊이 생각하고 신중하게 계산하지 않고 정열과 희망만 가지고 모험적으로 행동

선'을 신랄하게 비판하고 있으며 전선통일문제에 있어서도 전위동맹의 방침인 연맹식 방법을 비판하고 있다. 한편, 염인호는 이 문건의 작성자를 金學武로 추정하고 있다(염인호, 앞의 논문(1996), p.162)

84) 위의 자료, 204면. 김학철은 당시 최창익의 '동북노선' 때문에 무한의 대공중학교에서 가슴 아픈 대분열이 일어났다고 하면서 '동북노선'에 대하여 다음과 같이 회고하고 있다. "최창익 선생이 주창한, 실현성이 극히 희박한, 허울좋은 하늘타리 같은 구호 - 동북(만주)으로 진출하자'가 그 화근이었다. 압록강을 건너서 본국으로 쳐들어가야 한다는 것을 모르는 사람은 우리들 가운데 하나도 없었다. 하지만 그러자면 거쳐야 할 단계라는게 있잖은가. 아무 여건도 갖추어지지 않은 상황하에 무작정 만주로 진출을 해가지고는 어쩌자는 건가. 만주 땅에 어느 정도 뿌리를 내렸던 항일연군도 견뎌 배기지 못해 씨비리(시베리아)로 탈출을 준비하고 있는 마당에." (김학철, 앞의 책, 181-182면)

85) 한국정신문화연구원, 위의 자료, 200-202면.

구호를 외쳤다. 구호만 있고 그에 대한 구체적인 내용이 전혀 없다. 중
일전쟁이 발발한지 1년이 지나 동북으로 가는 주요 노정이 전부 戰禍
의 와중에 있으므로 구체적인 연계도 없이 전체 전위동맹 동지들이 하
나의 대오를 이루어 동북에 간다는 것은 불가능하다.[86] 노선을 전환해
야 할 시점에서도 전위동맹 중앙은 의연히 '동북노선'을 고집하고 그
착오를 고치지 않았다. 전위동맹이 이미 관내지역에서 전시복무단이나
조선의용대에 참가하여 중국항전에 참가하였기 때문에 사실상 '동북노
선'은 그 의의와 時宜性을 상실하였다. 그런데도 여전히 이 노선에 얽
메임으로써 의용대 창립과정이나 중국항전 참가의 임무를 소홀히 할
수 밖에 없었다.

최창익 등 지도자는 이러한 비판에 대하여 "원칙상 동북노선이 옳
다"고 하였는데, '동북노선'이란 환경과 조건에 의하여 얼마든지 바뀔
수 있는 책략에 불과한 것이다. 그렇게 볼 때, 가장 중요한 것은 동북
이 아니고 조선이 되어야 한다. 즉, 관내지역이나 동북이나 모두 조선
해방투쟁의 전체과정 가운데 일환의 역할을 하는 것이다. 그러므로 중
국항전에 참가하고 있으면서도 "동북으로! 군중있는 동북으로!"라고 구
호를 외친다면, 이것은 현재의 중요한 임무를 수행하는데 결코 도움이
되지 않는 것이다. 우선 현재 관내 혁명가들이 발붙이고 있는 관내지
역에서 전체 혁명가와 공고한 동맹을 결성, 공작을 전개하고 이를 기
초로 하여 동북이나 조선과 연계될 수 있는 것이다. 이러한 변화된 조
건을 수용하지 않고 '狹窄되고 偏狹한 眼光'으로 동북의 어느 곳으로,

---

86) 和田春樹 지음, 이종석 옮김, 『김일성과 만주항일전쟁』, 창작과 비평사, 1992; 이
   종석, 「북한 지도집단과 항일무장투쟁」, 『解放前後史의 認識』5, 한길사, 1989. 동
   북지방에서의 항일연군 활동이 일본군의 치열한 토벌로 인해 1938년 당시에도
   고전을 면치 못하고 있었고 1940년에는 이들 전부가 소련으로 들어갔다는 사실
   에서 조선의용대가 동북으로 간다는 것은 거의 불가능에 가깝다고 하겠다. 이러
   한 점에서 동북노선은 비현실적인 정책으로 비쳐질 수도 있다.

또는 어떤 방법으로 추진할 것인가 하는 구체적인 준비도 없이 단지 "동북으로! 군중있는 동북으로!"라는 구호만 믿고 간다는 것은 다수의 간부만 무의미한 희생을 시키는 것에 불과할 뿐이다.[87]

아무튼 전위동맹의 동북진출은 앞에서 보았듯이 국공합작이라고 중국의 정세, 민혁당 중앙의 만류 등으로 인해 성사될 수 없었다. 대신 이들은 동북진출은 잠시 접어두고 다시 민족주의단체와 제휴하여 조선의용대에 참여하여 화북으로의 북상을 시도하게 된다. 즉, 화북진출은 동북진출을 고수하던 전위동맹 계열과 관내지역에서의 활동을 중시하던 민혁당 계열 사이의 타협의 산물이 아닌가 생각된다. 이들이 북상을 지속적으로 추진하였던 것은 물론 '동북노선'이라고 하는 행동지침에 의한 것이었지만, 이밖에도 다음과 같은 여러 가지 요인들이 복합적으로 작용하였다.

첫째, 1940년 9월 임시정부 산하에 한국광복군이 창설되어 정통성 경쟁을 벌이게 되었다. 둘째, 국공합작이 국지적으로 와해되면서 국민당정부로부터 반공과 삼민주의교육을 강요받았다. 1939년에 접어들면서 중국의 국공합작에 균열이 생기면서 조선의용대에 대한 국민당정부의 사상통제가 강화되었다. 이들은 더 이상 반공적인 국민당지역에 머무를 필요를 느끼지 못했던 것이다. 셋째, 화북지역에 한인들이 증가하면서 중공의 한인 정책이 변화하고 있었다. 중공당은 늘어가는 화북지

---

87) 이후 화북으로 이동한 조선의용대는 조선의용군이 조직될 때 편입되었으며 국민당지역을 거쳐 간 최창익 등의 조선공산당 재건과 '동북노선'은 중공의 주도하에 전개된 整風運動 기간중 武亭으로부터 신랄한 비판을 받았다. 즉 최창익 등은 한인의 집거지인 동북으로 가야하며 지하공작을 전개하여야 한다고 주장하였으나 무정은 그러한 노선을 협애한 민족주의, 교조주의, 종파주의, 黨八股(중국공산당의 형식적이고 교조적인 지시문이나 문장—필자), 단순한 군사관점 등으로 비판하였다. 또한 1943년부터는 공작방침에서 동북이 제외되고 보류되었다(염인호, 앞의 논문, 128면).

역의 韓人 문제를 처리하기 위하여 종전과는 달리 국민당지역의 의용
대 대원들을 북상시키기로 하였다. 마지막으로 김원봉 및 의용대 본부
에서도 약화된 당세를 만회하기 위한 고육지책에서 화북 진출을 결의
하고 나섰다.[88]

즉, 1939년 10월 김원봉은 의용대 성립 1주년에 즈음하여 앞으로 북
방으로 진출하여 조선동포를 쟁취하여야 한다고 하였다.[89] 물론 김원
봉과 전위동맹계열의 화북진출 의도는 서로 다른 것으로 보인다. 김원
봉의 의도는 화북진출을 통하여 다수의 당원을 확보하여 약화된 당세
를 만회하기 위한 것이었다고 할 수 있다. 이밖에 의용대의 정치조장
이자 전위동맹 지도자의 한 사람인 김학무도 중일전쟁 이후 화북에 이
주하여 살고 있는 10만에 이르는 한인 동포에 대하여 적후방공작을 전
개하여 의용대의 대오를 확충하고 활동근거지를 건립해야 한다고 주장
하였다.[90] 창설 2주년인 1940년에 접어들어서도 "1) 조선동포 다수 거
주지역으로 진출한다. 2) 조선동포를 발동하여 무장대오를 건립한다. 3)
역량을 집중하고 근거지를 건립한다" 등의 향후 행동지침을 결정하였
다."[91]

그동안의 활동에 대한 여러 차례의 반성을 통해 화북진출은 의용대
의 방침으로 결정되게 되었다. 즉 제1지대는 이미 1940년 3월에 지대
장 이하 20여명이 남쪽의 9전구지역으로부터 북상하여 낙양방면의 1전
구지역으로 이동해 있었고 5전구지역의 2지대나 3, 9전구의 3지대도
화북진출을 전제로 이미 1940년 10월 초순에는 낙양으로 집결하였던

---

88) 조선의용대의 화북진출의 배경과 그 경위에 대하여는 김영범과 염인호의 논문
참조.

89) 金若山, 「第二年的開始」, 『朝鮮義勇隊通訊』, 28기(1939.11.1), 276-279면.

90) 金學武, 「一年間朝鮮義勇隊工作總結果和今後工作方向(續完)」, 『朝鮮義勇隊通訊』,
31기 (1940.1.1), 324-325면.

91) 韓志誠, 「朝鮮義勇隊三年來工作的總結」, 『朝鮮義勇隊』 제40기 (1941.10), 314면.

것이다. 낙양에 집결한 각 지대원 약 100명은 2~3개월의 재정비기간을 거친 후 1941년 봄에서 여름에 걸쳐 4개의 그룹으로 나누어 태항산 일대의 중국공산당지역으로 들어갔다.[92]

IV. 맺음말

1930년대 중반 중국관내지역의 한인 민족운동진영은 민혁당과 임시정부의 한국국민당으로 양분되어 있었다. 이러한 상황속에서 1930년대 초반부터 관내지역에서 활동하던 급진적 청년들은 당시 세력 만회를 위해 좌파 청년세력의 수용에 적극적이던 민혁당에 입당하게 된다. 이들은 조선공산당 재건을 위해 국내에서 중국으로 와 민혁당에 가입한 崔昌益 등 저명한 공산주의자들과 제휴하여 당내에서의 세력을 강화하면서 이후의 독자적 활동을 준비하게 된다. 여기에 申翼熙같은 민족주의자도 가세하여 전위동맹을 구성하게 된다. 특히, 이들은 최창익의 '동북노선'에 공감하여 '동북노선'은 전위동맹의 기본적인 노선으로 설정되었다. 강화된 세력을 근거로 최창익은 민혁당의 당권 장악을 시도하지만 실패로 돌아갔다.

1938년 6월 10일 동북진출에 대한 민혁당 지도부의 소극적인 태도에 반발하고 탈당한 전위동맹 계열은 같은 해 7월 4일 '朝鮮靑年戰時服務團'을 조직하여 중국의 항일선전활동에 참여하였다. 이들은 관내지역의 민족주의단체와 연계를 가지지 않고 독자적으로 활동하면서 날짜를 정하여 동북진출을 시도하였다. 이들은 중공당의 도움을 받아 동북 진출을 성급하게 모색하였으나 당시의 국공합작, 국제주의적인 정세로 말

---

92) 이정식·한홍구 편, 앞의 책, 250면.

미암아 성사시키지 못하였다. 게다가 경제적인 어려움으로 조직 자체
가 흔들렸고 내부적으로도 민혁당 복귀를 주장하는 의견도 제기되어
결국 3, 4개월의 독자적 활동을 마감하고 민혁당이 주도한 좌파통일전
선체인 전선연맹에 가입하기에 이르렀다. 전위동맹 입장에서 볼 때 당
장 동북에 가지 못한 아쉬움은 컸겠지만 조직상으로는 민혁당도 함부
로 할 수 없을 정도로 괄목할 만한 성장을 보였던 것이다.

한편, 전시복무단의 활동은 관내지역 한인군사조직의 결성을 서두르
게 하였다. 1938년 10월 10일 중국관내 최초의 한인군사조직인 朝鮮義
勇隊는 독자적으로 활동하고 있던 전위동맹 계열을 복귀시키기 위한
조처의 하나이기도 하였다. 이들은 조선의용대에도 참여하여 조직을
한층 강화하면서 이후 '동북진출'을 적극적으로 모색하고 추진해 간다.

전위동맹 계열 청년들은 조선의용대의 제2지대에 소속되어 활동하였
다. 제2지대는 지대장 이하 75명이 전위동맹 일색이었다. 武漢保衛戰
이후 민혁당 계열의 1지대가 華中·華南지역에서 활동하였던 반면 2지
대는 북상하기 편리한 華北의 중국공산당지역에 가까운 1, 5戰區에서
활동하였다. 그후 2지대 내에 중공 지부가 조직되고 또한 중공도 한반
도 정책의 일환으로 조선의용대 각 지대의 화북이동을 본격적으로 추
진하였다. 이러한 활동은 이후 대부분의 의용대원들이 화북으로 진출
할 수 있는 기반을 마련하였다.

한편 조선의용대가 중국국민당지역의 각 전구에 배치되어 대적선전
활동을 전개하는 동안 重慶에서는 내외적 요구에 부응하여 한인 민족
운동단체들의 전선통일운동이 추진되었다. 김구와 김원봉은 민족운동
진영의 분열 상황을 타개하기 위하여 기존의 모든 단체를 해체하고 강
력한 단일대당을 건립하고자 하였다. 그 결과 綦江7黨合黨會議가 열렸
으나 공산주의계열인 전위동맹측은 해방동맹과 함께 단일당 통일방식

을 반대하고 연맹식 통일을 고수하면서 退場하였다. 두 단체는 중경이 나 기강에서 멀리 떨어진 洛陽에서 투쟁동맹이라는 새로운 단체를 만 들면서 이에 대응하였다. 즉, 투쟁동맹은 조선의용대에서 활동하던 전 위동맹 소속 대원들이 화북으로 진출하기 위하여 혹은 민족주의자들의 연합결성 제의를 뿌리치기 위하여 조직한 단체인 것이다. 이는 전위동 맹 계열이 대부분 황하를 건너 화북의 중국공산당지역으로 진출하는 하게 되면서 조직 자체가 결렬되는 것을 보면 잘 알 수 있다. 또 북상 과정에서 역할을 다한 신익희 같은 인물들은 배척되어 중경으로 돌아 갔다.

전위동맹이 연맹식 조직을 고집하여 통일회의를 결렬시킨 것은 물론 사상적인 문제가 중요했으나 이미 화북 공산당지역으로의 진출 방침을 정하고 중공당과 긴밀한 연계를 가지면서 날짜만 기다리고 있던 입장 에서 민족주의자와의 단일당 통일은 매우 곤란하였던 것이다. 요컨대, 최창익, 石成才 같은 전위동맹 간부들의 발언에서도 나타나듯이, 민족 주의자들과의 전선통일은 관심 밖이었고 의용대의 북상 문제가 더 급 선무였던 것이다.

한편, 김원봉 등 민혁당 지도부에서도 화북진출을 통하여 다수의 당 원을 확보, 약화된 당세를 만회하기 위하여 화북진출을 승인하지 않을 수 없었다 그 결과 민혁당계의 1, 3지대까지 북상하여 낙양에서 전위 동맹의 제2지대와 합류, 2~3개월의 재정비기간을 거친 후 1941년 봄 黃河를 건너 太行山 일대의 중국공산당지역으로 들어갔다.

전위동맹의 기본노선인 '동북노선'은 청년대원들에게 큰 호소력을 가지고 있었지만 결과적으로 볼 때, 그것을 실현하는데는 성공하지 못 하였다. 당시 그것은 누구나 공감하는 것이었지만 실현 가능성은 희박 한 비현실적인 것이었다. 당시 중국공산당의 韓人 정책에서 볼 때 이들이 동북으로 갈 수 있었겠는가 하는 의문도 든다. 이러한 비판은 당시 전위동맹 내부에서도 제기되기도 하였다. 따라서 동북노선은 화북진출로 변형되어 성공하는데 만족할 수밖에 없었던 것이다. 즉, 국민당지역에서 공산당지역으로의 관내지역내의 이동인 것이다. 이것은 동북진출이 좌절된 데 대한 차선책이며 아울러 이들은 三民主義를 강요하는 반공적인 국민당지역보다는 공산당지역에서 활동하는 것을 선택하였던 것이다. 또한 이들이 청년대원들의 쟁취라는 측면에서 김원봉과의 노선투쟁에서 승리하였다고 볼 수 있으며 나아가 민족주의자들의 연합전선 제의를 뿌리치고 단행한 화북진출은 당시 관내지역 한인독립운동진영의 판도를 크게 뒤바꾸어 놓는 것이기도 하였다.

日帝末期(1937~45)의 靑年動員政策

- 靑年團과 靑年訓練所를 중심으로

최 원 영*

Ⅰ. 머리말

1937년 7월 일제는 中日戰爭을 도발하며 본격적인 중국 침략의 길로 들어섰다. 그리고 1941년 12월에는 太平洋戰爭을 일으키며 세계대전의 불길을 지폈다. 이미 滿洲事變 때부터 兵站基地로서의 짐을 짊어졌던 조선은 이 시기에 더욱 큰 시련에 처하게 되었다. 일제는 戰時體制를 강화하면서 조선의 人的·物的 資源의 動員政策도 본격적으로 추진한 것이다. 이에 따라 일제가 패망할 때까지 조선 민중은 많은 희생을 감

* 서강대 사학과 대학원

내해야 했다.

일제가 이런 戰時動員을 위해 내세운 것이 皇國臣民化(이하 皇民化로 줄임)를 통한 이른바 內鮮一體였다. 이것은 곧 조선인의 일본인화를 의미하는 것으로서 식민지체제를 안정시키고 전시수탈의 효율을 극대화하기 위한 것에 다름 아니었다. 이에 따라 일제는 神社 참배, 敎育令 개정 등을 통해 황민화교육을 강화하는 한편, 朝鮮語 사용의 억압과 創氏改名 등을 통한 민족말살정책을 추진하였다. 그리고 이러한 식민정책을 뒷받침하고 강화하기 위하여 國民精神總動員聯盟, 이어서 國民總力聯盟을 기층의 戶까지 조직하며 戰時總動員體制를 구축하였다.

그런 가운데 일제가 황민화와 전시동원의 주된 대상으로 삼은 것은 바로 청년층이었다. 그것은 특히 병력자원과 노동력의 확보라는 현실적 이해문제에 있어 청년층의 중요성이 크게 대두되었기 때문이다. 따라서 황민화정책이란 사실상 戰時動員의 주 대상이었던 청년층을 군국주의 파시즘에 물들게 하고 그들을 조직화하는 것이 그 핵심이었다고 할 수 있다.

청년층 가운데 학생들에 대해서는 학교를 통해 황민화와 동원정책을 추진하였다면, 학생이 아닌 일반 청년들의 그것을 위해 일제는 靑年團과 靑年訓練所에 대한 지도통제의 강화와 그 확충 등을 꾀하였다. 주로 초등학교 졸업생을 대상으로 한 그 조직들은 일제 말기에 들어와 새로이 만들어진 것은 아니었고 이미 그 이전부터 존재하고 있었다. 그러나 이 시기에 일제가 청년층에 대한 통제와 교육, 그리고 동원을 강화하면서 그 방편으로 새롭게 부각된 것이다. 그리고 이후 두 조직이 합쳐지고 朝鮮靑年團이 결성되면서는 초등학교 졸업과 관계없이 모든 미재학 청소년·청년이 포괄되는 등 일제 청년동원정책의 중추로 기능하였다. 말하자면 일제 말기의 핵심적인 식민정책의 하나였던 것이다. 따라서 이에 대한 연구는 당시를 이해하는 데 있어 반드시 필요한 일이라 여겨진다.

그러나 아직까지 이에 대한 본격적 연구는 이루어지지 않고 있는 실정이다. 일제 말기의 여러 식민정책에 대한 연구성과들이 있지만[1] 이 문제에 대해서까지 관심이 미치지 못하고 있는 것이다.[2]

본고에서는 일제의 청년동원정책을 고찰하기 위해 먼저 중일전쟁 발발 이후 청년단의 강화가 어떻게 이루어지고 또 청년단원들이 어떤 일들에 동원되었는지를 살펴보고자 한다. 그리고 청년훈련소 확충의 내용과 그 목적에 대해서 구체적으로 검토하고자 한다. 이것은 주로 志願兵制度와 관련하여 다루게 될 것이다. 계속해서 조선청년단의 조직체계와 더불어 태평양전쟁기 일제의 조선청년단 동원정책을 徵兵制와 노동력 수탈 측면에서 다루고자 한다.

이와 같은 과정을 통해 일제가 편 청년동원정책의 의도와 목적, 그 내용 등이 규명되고 당시 일제의 식민정책에 대한 이해를 좀더 높일 수 있게 되기를 기대한다. 그리고 이러한 작업은 식민지 유산문제[3]에

---

1) 1990년대 초까지는 주로 일본인 학자에 의해 이 시기가 다루어졌다. 특히 宮田節子가 대표적인데 그의 글로는 『朝鮮民衆と皇民化政策』(東京:未來社, 1985) 및 「皇民化政策の構造」(『朝鮮史研究會論文集』29, 1991) 등이 있다.
   국내의 연구는 최근에 활발해지고 있는데 그 가운데 崔由利, 『日帝末期(1938年~1945年)「內鮮一體」論과 戰時動員體制」(1995, 이화여대 박사학위논문)와 최영호, 「일제의 '신민화'정책에 관한 연구」(『국사관논총』 67, 1996) 등이 참고된다.
2) 다만 1930년대 일제의 청년정책을 전반적으로 다룬 논고로는 松村順子의 「朝鮮における'皇國臣民'化政策の展開 - '皇國'青年の養成を中心に」(『史觀』 86 · 87, 1973)가 있다. 그는 일제의 청년정책을 '황국청년'의 양성과정으로 파악하면서 그러한 시설로 農村青年訓練所, 青年團 등을 언급하고 있다. 그러나 문제제기 수준에 그치고 있을 뿐 사실 규명은 제대로 되어 있지 않다.
   그리고 최근, 중일전쟁 이후의 청년운동을 다루면서 일제의 青年團 · 青年訓練所 강화정책에 대해 언급하고 있는 논고가 나온 바 있다. (변은진, 「'전시파쇼체제기(1937-1945)' 청년층의 인식과 활동」, 한국역사연구회 근현대청년운동사연구반, 『한국근현대청년운동사』, 풀빛, 1995) 그러나 그 내용이 극히 간략할 뿐 아니라 시기별 특성이 혼재되어 있어 당시 일제의 청년정책을 제대로 이해하기에는 어려움이 있다.
3) 최원규는 "해방후 일제 잔재로서, 이름있는 친일민족반역자만이 아니라 일제 총동원정책기에 조선의 청년층 및 학생층에게 광범위하게 침투되었던 파시즘 세계관도

대한 인식을 위해서도 의미있는 일이라 믿는다.

Ⅱ. 中日戰爭期의 靑年動員政策

1. 靑年團의 强化

日帝가 자신들의 통치정책에 협력할 청년층의 확보에 본격적으로 힘을 기울인 것은 1930년대 초반부터이다. 당시의 청년층이라면 한일합방 전후에 태어나 일본식의 교육을 직접 받거나 적어도 그 영향 아래에서 자라난 세대이다. 그러나 그렇다고 해서 그들이 일본인처럼 된 것은 아니었다. 오히려 청년들은 민족해방운동을 이끌어가는 중심세력으로 성장하고 있었던 것이다.[4] 일제의 식민교육체제 아래에 있던 청년들이 통치정책에 저항하는 이러한 상황은 일제 당국자들에게 '靑年教化' 문제를 해결해야 한다는 강박관념으로 자리잡았을 것이다. 따라서 청년층을 체제 내로 끌어들이는 문제에 대해 일제는 강한 집착을 가지게 된 것이고 그것은 조선통치의 장래를 보장받기 위해서라도 필요한 일이었다.

문제시"되었다고 지적한 바 있다. (최원규 편, 『일제말기 파쇼즘과 한국사회』, 청아, 1988, p.231-역자 보론) 그리고 변은진은 "국가파쇼적인 청년양성체계 하에서 식민지 조선의 대다수 청년들은 의식적·무의식적으로 길들여졌으며" 이것은 특히 "해방 이후 국가건설과정에서 음으로 양으로 작용"하였다고 지적하였다. 그리고 그 예로 해방 이후의 대중적 우익단체인 朝鮮民族青年團(族青)의 활동이 성과를 거둔 것은 "하부의 대중적 토대에서 식민지시대의 청년단 경험이 철저하게 작용하고 있었기 때문일 것"이라고 하고 있다. (앞의 논문, pp.486~487)

4) 1929년 11월의 광주학생운동을 비롯 1930년대 초반에 노동자들의 파업투쟁과 농민들의 소작쟁의 등이 고조되는 상황에서 청년들은 다양한 형태로 이러한 운동에 참여하면서 활력을 불어넣고 있었다. (이애숙, 「1930년대 초 청년운동의 동향과 조선청년총동맹의 해소」, 한국역사연구회 근현대청년운동사연구반, 앞의 책, pp.366~368)

일제는 이 문제를 이른바 中堅靑年의 양성으로 해결하고자 하였다. 그것은 기본적인 식민교육을 받은 초등학교[5] 졸업생부터 체제협력자로 만드는 것이었다.[6] '卒業生 指導'라든가 農村靑年訓練所 설치 등을 추진한 것은[7] 그러한 의도에서 비롯된 것이었다.

청년단을 조직한 것도 마찬가지 이유에서였다. 일제가 본격적으로 청년단정책을 추진한 것은 파시즘체제를 강화하고 대륙침략의 준비를 서두르던 1936년 5월의 통첩을 통해서였다. 일제는 여기서 15세부터 25세까지의 초등학교 졸업생을 중심으로 한 청년단 구성원칙을 강조하면서, 파시즘 세계관을 주입하고 그들을 조직화하는 일에 박차를 가하기 시작한 것이다.[8] 그런데 청년단이 다른 시설과 다른 것이 있었다면,

---

5) 일제시대 초등학교의 명칭은 시기에 따라 '普通學校', '小學校', '國民學校' 등이었다. 본고에서는 일반적으로 초등학교라는 명칭을 사용하나 경우에 따라서는 그 시기에 쓰여진 특정한 명칭을 함께 사용하기로 한다.

6) 中堅靑年(또는 中堅人物)의 양성은 일제가 農山漁村振興運動(이하 농진운동으로 줄임)을 벌이면서 본격적으로 시작되었다. 일제는 同化敎育의 '세례'를 받은 농촌청년들을 총독부에 충실한 精農家로 훈련시키고, 이들을 이용하여 민족해방운동의 농촌 침투에 대응해서 청년층을 체제측으로 끌어들이는 한편 농진운동을 각 마을 및 농민들에게 침투시키고자 하였던 것이다.(富田晶子,「농촌진흥운동하의 중견인물의 양성」, 최원규 편, 앞의 책, pp.199~204 참조)

7) 일제는 중견청년의 양성을 위해 1930년대 전반기까지는 가정에서 개인지도하는 형태의 '졸업생 지도'를, 그리고 후반기부터는 기숙사방식의 農村靑年訓練所(이것은 본고에서 다루는 靑年訓練所와는 다른 것이다. 농촌청년훈련소는 명칭부터 통일되어 있는 것이 아니라 道에 따라 農事訓練所 등으로 다르게 불렸다. 松村順子는 두 가지를 혼동하고 있는데 이에 대해서는 후술한다)를 중심으로 하였다. 두 가지 모두 영농실습이 주요 교육내용이었으나 농촌청년훈련소의 경우 精神訓練이 강화된 것이었다.(富田晶子, 앞의 논문, p.200 및 pp.225~227)

8) 朝鮮總督府 學務局 社會教育課,『朝鮮社會教化要覽』, 1937, pp.151~156,《靑年團ノ普及竝ニ指導ニ關スル件》1935. 5. 4.
그런데 이전부터 청년단은 조직되고 있었다. 1930년 平南 平原郡의 8개 공립 초등학교에서 그 졸업생으로 靑年團을 조직한 바 있으며(『東亞日報』1930. 3. 23) 忠南에서도 1929년 이래 靑年團을 설치해왔다고 하고 있다. (「各道參與官會同諮問事項答申書」, 1938, 辛珠柏 편,『日帝下支配政策資料集』9, 高麗書林, 1993, p.432) 그리고 청년단은 보통 공립 초등학교를 중심으로, 그 학교장을 단장으로 하여 振興

단원들에 대한 교육9)뿐만 아니라 단체라고 하는 특성상 조직적인 동원이 수월하다는 것이었다.

이러한 청년단의 특성은 1937년 7월 중일전쟁이 발발하자 더욱 중요하게 부각되었다. 청년층은 전시체제에 동원할 가장 적당한 조건을 갖춘 계층이었고, 청년단은 청년들을 동원하는 데 적절한 조직이었기 때문이다. 이것은 중일전쟁 발발 직후 일제가 다음과 같이 청년단의 사명을 강조하면서 청년단 강화의 필요성과 방침에 대해 언급하고 있는 것에서 분명히 드러나고 있다.

　… 北支事變(중일전쟁-필자)의 발생 이래 時局이 날로 多端해지는 요즘 靑年團의 使命 역시 더욱 重大해지고 있다 … 이 기회에 단원의 평소 수양훈련의 효과를 여실히 발휘하고 … 힘을 銃後(후방-필자)의 奉公에 바침으로써 진정으로 국가적 관념을 체득하게 함과 더불어 … 國家總力으로 時難의 克服과 國運의 伸暢에 邁進하게 해야 할 연유를 철저하게 할 필요가 있다. 또 청년단은 유사시 그에 대응하여 社會奉仕上 規律統制 있는 활동을 할 가장 유력한 단체로서 … 그 조직체제를 일층 강화하여 정신적 지도에 특단의 고려를 기울이는 한편 건실한 단체의 보급증설을 도모함과 더불어 … 본년내에 그 (道聯合團-필자) 결성을 촉진하여 이번의 사변에 대해서는 물론 장래의 비상시에도 유기적 활동을 하는 데 충분한 대비를 하도록 전면적 지도통제에 遺憾이 없도록 해야 한다. …10)

즉, 청년단원들을 후방의 전시체제 구축에 동원하는 것을 확대하기

靑年團 또는 共勵靑年團이란 이름으로 조직되었다.
　한편 일제는 1932년부터는 기존에 조선인들이 조직한 청년단체를 '포섭'하는 정책도 추진하고 있었다.(『朝鮮社會敎化要覽』, p.70 참조)
9) 1936년 5월 통첩의 靑年團指導要項에는 '國體明徵', '穩健中正의 思想' 체득, 軍事敎練 등의 내용이 담겨 있다.(『朝鮮社會敎化要覽』, pp.152~154)
10) 『朝鮮』 1937. 9, pp.153~154, 《靑年團の强化竝に普及に關する件》 1937. 8.

위해 청년단을 강화해야 하고 이를 위해서는 精神指導를 강화하는 한
편 단체의 증설, 道聯合團의 결성이 필요하다고 하고 있는 것이다. 이
러한 청년단 강화방침 가운데 청년단의 증설은 결국 단원의 확대와 연
결된 것이었으며 道聯合靑年團의 결성은 청년단의 전국조직을 건설하
는 것으로 이어졌다.

그렇다면 일제는 어느 정도로 청년단과 단원을 확충하였는가? 이것
은 다음의 <표 1>을 통해 알 수 있다.

<표 1> 靑年團의 組織現況[11]

구 분		연 월	1937. 5	1938. 5	1939. 5	1940. 5
총 단체수 (개)			3,047	3,365	2,887	(2,932)
총 단원수 (명)			128,984	161,552	161,188	166,066
조선인 단 체	단체수		2,738	3,056	2,596	(3,274)
	단원수		111,963	148,228	145,399	152,634
일본인 단 체	단체수		134	126	96	73
	단원수		3,915	3,438	2,631	2,028
조선·일본인 혼합단체	단체수		175	183	195	190
	단원수	조선인	11,512	8,533	11,587	9,922
		일본인	1,594	1,353	1,571	1,482
직업별	농 업		108,492	140,256	135,720	139,780
	상공업		11,607	13,592	14,134	14,204
	학 생		954	781	1,262	1,125
	기 타		7,931	11,923	11,072	10,957

11) 『朝鮮年鑑』 1939년도 p.893과 40년도 pp.601~602, 41년도 p.579 및 42년도 p.559에
서 참조하여 작성하였다. 그런데 같은 표 안에서도 서로 통계가 맞지 않는 것도
있는데, 확인이 불가능하고 큰 무리가 없는 것은 그대로 두었다.

청년단은 조선인 단체 외에 일본인 단체와 조선인과 일본인이 섞여 있는 단체도 있었다. 그러나 절대 다수를 차지하고 있는 것은 역시 조선인 청년단이었다. 조선인 청년단은 중일전쟁 직전인 1937년 5월말 단체수 2천 7백여 개에 단원수 11만 2천여 명이었다. 그런데 그 1년 뒤에는 단체수 3천여 개에 단원수는 약 15만으로 증가하고 있다. 1936년 6월말 조선인 청년단의 단원이 111,032명으로[12] 1937년과 별 차이가 없었던 것을 생각한다면 중일전쟁 발발 후 단원 증가의 폭을 짐작할 수 있을 것이다. 이렇게 급증하게 된 요인은 일제가 1936년 5월의 통첩에서 강조했던 초등학교 졸업생 중심의 청년단 조직원칙에 '융통성'을 부여하여 비졸업생의 확충에도 힘을 기울였기 때문이라고 생각된다.

> 현재 대개 普通學校를 중심으로 하여 그 卒業生으로 조직되어 있으나 指導力이 薄弱하여 철저하지 못한 정황에 비추어 지도자의 양성을 도모함과 함께 졸업생을 中核으로 하고 점차 一般靑年을 導入 薰化하도록 할 것[13]

이것은 중견청년의 범위가 확대되고 있음을 말해준다고 할 수 있다. 즉, 일제는 전시체제에 좀더 많은 청년을 동원하기 위한 의도에서 중견청년 양성정책을 강화하고 있는 것이다.

그런데 이후 청년단과 단원은 1939년에 약간 감소하는 경향을 보이

---

12) 『朝鮮社會敎化要覽』, pp.73~74.
13) 「朝鮮ニ於ケル敎育ニ關スル方策」, 1937. 12, 『大野綠一郎關係文書』(이하 『大野文書』) 1161-309.
그리고 실제 忠北의 경우 청년단의 보급 장려책으로, 초등학교 졸업자가 5인 이상 있는 농촌의 경우 졸업자들을 중심으로 하고 일반 청년을 망라하여 조직하는 방침을 세웠다.(「各道參與官會同諮問事項答申書」, 앞의 자료, p.410)

다가 1940년에는 다시 증가추세로 돌아서고 있다. 1939년의 감소는 1938년 2월에 일제가 志願兵令을 공포하면서 지원병 응모자의 확보에 일차적으로 주력했기 때문으로 생각된다. 그러나 중일전쟁의 장기화 속에 일제는 1939년 10월 國民徵用令, 11월 朝鮮增米計劃, 12월 創氏改名 등 조선의 인적·물적 자원의 수탈과 황민화정책을 강화하면서 청년단의 확충에 다시 주력한 것이다.

그리고 청년단원을 직업별로 보면 농업에 종사하는 농촌청년이 압도적이라는 것을 알 수 있다. 이것은 청년단정책이 농진운동을 비롯한 농촌에서의 활동에 많은 비중을 두고 있었기 때문이다. 게다가 1939년 말부터 米穀增産政策이 추진되면서[14] 농촌청년의 필요성은 더욱 커졌을 것이다. 한편 상공업 종사자는 꾸준히 증가하고 있는데 회사나 공장 등 제반 생산현장의 노동청년들도 점점 더 동원체제에 포괄되어 갔음을 알 수 있다.

한편 일제는 청년단의 강화를 위해 道聯合靑年團의 결성도 추진하였다. 이미 중일전쟁 발발 전부터 府·郡·島 차원에서는 연합청년단이 결성되고 있었다.[15] 이것은 청년단에 대한 통제와 그 활동의 통일성을 강화하기 위한 것이었다. 연합청년단의 단장이 대부분 해당 행정단체의 長이었고 각 청년단장들이 平議員會를 구성하고 있다는 것이 그것을 말해준다.[16] 도연합단의 결성은 결국 청년단에 대한 통제와 활동의

---

14) 최영호, 앞의 논문, p.282.

15) 1936년 6월말 현재 청년단 연합단체수는 경기도의 13개를 비롯 모두 100개에 이르고 있고 소속 단원수는 조선인 66,785명, 일본인 4,847명 등 모두 71,632명으로 집계되고 있다.(『朝鮮社會敎化要覽』, pp.71~72 참조)

16) 예를 들어 京畿道 驪州郡의 경우 그 統制를 강화하고 연대활동을 촉진하기 위해 1937년 4월 연합청년단을 결성하고 있는데 단장은 郡守인 金暎起가, 平議員은 소속 청년단장들이 맡고 있다.(『朝鮮地方行政』 1937. 6, pp.248~249)
그러나 이전에는 聯合靑年團의 단장을 해당 행정단체장이 맡고 있지 않은 경우도 보인다. 1936년 1월 心田開發委員會에 참석한 京城聯合靑年團長은 前田라고

통일성을 道 차원으로 확대하는 것이었다.

도연합단의 조직은 빠른 속도로 진행되었다. 1937년 10월 1일 京畿道聯合青年團이 결성된 것을 비롯 동년 말까지 대부분의 지역에서 道聯合青年團이 결성되었고, 이듬해 3월 10일 慶北과 全南을 마지막으로 도연합청년단 결성이 마무리되었다.[17] 그리고 도연합단 단장은 道知事가 맡았다.[18]

그런데 이러한 道聯合團의 결성은 전국적 차원의 연합청년단 조직을 위한 수순이었다. 도연합청년단의 결성이 거의 마무리되자 일제는 곧 朝鮮聯合青年團의 결성 준비에 들어간 것이다.[19] 그리고 마침내 1938년 9월 24일 京城運動場에서 朝鮮聯合青年團 발단식이 거행되었다. 이 발단식은 전국의 청년단에서 道聯合團 役員 및 각 청년단 대표 4,266명이 참가한 가운데 分列式과 街頭行進까지 하는 등 상당히 성대하게 치러졌다.[20] 그리고 단장은 당시 鹽原 學務局長이 맡았으며[21] 總裁는 정무총감 大野綠一郎이었다.[22] 즉, 총독부 간부들이 직접 조선의 전 청

하는 사람이다.(『朝鮮』 1936. 2, p.105) 그러나 당시 京城府尹은 다른 사람이었다.(『朝鮮總督府及所屬官署職員錄』 1935, p.197 및 1936, p.203) 前田라고 하는 사람은 京城府의 관리에도 없는데 아마도 민간인으로 생각된다.

17) 『東亞日報』 1937. 10. 2, 12. 4 및 1938. 3. 11 참조.
18) 예를 들어 경기도연합청년단의 단장은 당시 甘蔗義邦 경기도지사였다.(『東亞日報』 1937. 10. 2 및 『朝鮮總督府及所屬官署職員錄』 1937, p.221 참조) 그리고 慶北聯合青年團長은 上瀧 지사였다.(『朝鮮地方行政』 1938. 11, p.52)
19) 『東亞日報』 1938. 1. 12
20) 이상은 『朝鮮聯合青年團發團式記念寫眞帖』, 1938. 12, p.7 參加者表 및 『東亞日報』 1938. 9. 25 참조.
21) 「昭和14年後半期朝鮮思想運動概況」, 『日本의 韓國侵略史料叢書』 31, 韓國出版文化院, 1990, p.535. 학무국장이 단장이 된 것은 일제의 청년단정책이 사회교육이라는 측면에서 이루어졌기 때문이다. 1938년의 교육령 개정이 학교교육의 강화를 위한 것이었다면 청년단, 청년훈련소는 이른바 사회교육을 강화하기 위한 것이었다.(「朝鮮ニ於ケル教育ニ關スル方策」, 앞의 자료)
22) 『朝鮮聯合青年團發團式記念寫眞帖』, pp.3~4.

년단의 우두머리가 되어 통제하게 된 것이다. 이와 같은 조선연합청년단의 결성으로 일제는 全國-道-府·郡·島로 이어지는 청년단 조직체계를 갖추어 "靑年層의 總力을 結集"하고 "指導統制를 完成"하고자 한 것이다.23)

그렇다면 일제는 이렇게 청년단을 강화하면서 구체적으로 어떠한 일들에 청년단원들을 동원하였는가? 우선 지적할 수 있는 것은 여러 가지 노역에 동원하였다는 것이다. 이미 농진운동이 시작할 때부터 그런 처지에 있었던 청년단원들은 중일전쟁기에는 戰時生産力 擴充이라는 미명 하에 각종 공사나 작업에 참가하는 부담을 짊어졌다. 그 대표적인 것이 이른바 勤勞報國運動이었다. 근로보국운동이란 荒蕪地 개간, 植林·植樹, 도로 및 하천 등의 改修, 池沼나 用排水路의 준설, 神苑의 청소 등에 이르는 활동이었다. 청년단은 이 운동의 주요한 주체 가운데 하나였는데 이는 다음의 기록을 통해 알 수 있다.

> … 昭和 13년 (1938년-필자) 7월 7일 支那事變記念日을 기점으로 하여 勤勞報國運動을 일으킨바 지금 官公署는 물론 靑年團 기타 각종 단체 부락 등에 勤勞奉仕隊가 조직되지 않은 곳이 없기에 이르러 國民總動員運動에 지대한 효과를 가져오고 있다. …24)

---

23) 위의 자료, p.4, 總裁 式辭.
한편 조선연합청년단은 1939년 2월 大日本聯合靑年團에 가맹하였다. 大日本聯合靑年團은 1939년 4월 1일부터 大日本靑年團으로 명칭을 변경하였는데 여기에 포괄된 청년단은 朝鮮聯合靑年團을 비롯 臺灣과 樺太의 聯合靑年團, 일본 국내의 道·府·縣 각 聯合靑年團 및 6大都市 靑年團 등이었다. (『東亞日報』 1939. 2. 24 및 『本邦少年團及靑年團關係雜件』, 日本外務省文書 R. S 321, 1927~1940, pp.393~396)
그리고 일제의 청년단정책은 사실 일본 국내의 청년단을 모델로 하고 있었다고 할 수 있다. 靑年團이란 명칭부터가 1915년 文部省이 訓諭를 통해 일본 각지 靑年會의 명칭을 바꾸면서 시작된 것이고, 이후 청년단은 국가정책의 주요 동원수단이 되었던 것이다. (『朝鮮地方行政』 1937. 1, pp.109~112 참조)

근로보국운동에 동원하기 위해 일제는 위의 인용문에 보이듯이 청년단 및 여러 단체 등에 근로봉사대(또는 勤勞報國隊)를 조직하고 있다. 그런데 청년단의 경우 이 운동이 본격적으로 벌어지기 전부터 이미 각종 노역에 동원되고 있었다. 1938년 6월 忠北에서 각 郡의 청년단원으로 勤勞奉仕團을 조직, 砂防工事場에 동원하였던 것이 그 예라고 할 수 있다.25)

근로보국운동 같은 '공공사업' 말고도 청년단의 활동은 각지에서 다양하게 전개되었다. 平北 楚山郡 城西面의 內淵洞振興靑年團에서는 청년단원 전원을 항구의 화물운반작업에 출역시켜 그 賃金을 국방비로 헌금하고 있다. 그리고 慶北 永川郡 永川面 也史洞의 청년단에서는, 전쟁에 출전한 가족을 둔 일본인 농가를 지원하기 위해 매일 2시간 일찍 기상하여 각종 농사일을 해주고 있다.26) 이런 노역 외에도 忠南 燕岐郡 錦南面의 振興靑年團 정단원 24명은 防空監視 활동에 나서고 있으며27) 黃海道와 光州에서는 청년단을 警察補助 활동에도 동원하고 있었다.28) 이와 같은 현상은 전국적으로 비슷했을 것이다.29)

---

24) 『朝鮮總督府施政年報』(이하 『施政年報』) 1939, p.225.

25) 『每日新報』1938. 6. 9.

26) 『日支事變に咲く半島銃後の華』, 1938. 12, p.17 및 『支那事變銃後美談 朝鮮に於ける國民の赤誠』, 1938. 10, p.99.

27) 『支那事變銃後美談 朝鮮に於ける國民の赤誠』, p.79.

28) 「時局の犯罪發生に及ぼしたる影響竝に其の對策」, 『警務彙報』 1938. 1, p.46 및 「長期戰に對する治安維持に付現に採りつつある諸施設及其の活動狀況」, 『警務彙報』1939. 1, p.49.

29) 일제는 이러한 일들이 자발적으로 일어난 것처럼 선전하고 있지만 관청의 '보이지 않는' 강압이 없었다고는 할 수 없을 것이다. 게다가 청년단 간의 실적경쟁 또한 주요 요인이었을 것이다. 청년단을 이끌어가는 사람은 '청년'이 아니라 役員인 학교장, 교직원, 읍·면장, 경찰서장, 지역 유지 등이었다.(『朝鮮社會敎化要覽』, p.155 참조) 청년들은 단지 동원 대상이었을 뿐 그 역원들에 의해 청년단은

이렇게 자기 자신의 의지나 생활과는 관계가 없는 노역 등에 동원되면서 청년단원들의 불만이 없었다고 보기 힘들다. 反日, 反戰, 反軍 등의 내용이나 일본의 패전에 대한 바람이 담긴 '유언비어'가 당시 청년·학생층과 조선 민중들에게 퍼져나가고 있던 상황에서[30] 청년단원들만 모두 일제의 식민체제에 헌신하는 皇國臣民이었다고 볼 수는 없을 것이기 때문이다. 일제가 청년단 강화방침을 내면서 단원에 대한 정신적 지도에 특단의 고려를 기울이라고 한 것은 그 반증이라고 할 수 있을 것이다.

그러나 그 속마음이야 어떠했든 청년단원들이 큰 저항없이 일제의 정책에 동원되었던 것도 사실이다. 일제의 중견청년 양성정책에 이미 묶여 있는데다가, 지역 사회의 실력자라고 할 수 있는 청년단 役員들이 노역 동원의 지시를 하였을 때 이를 거부한다는 것은 현실적으로 어려운 일이었을 것이다. 그런데 청년단원 모두가 수동적으로 청년단 활동을 한 것은 아니었다. 거기에는 좀더 적극적이고 능동적인 성향을 띤 사람들도 분명 존재하고 있었다. 조선연합청년단 발단식에 참가하고나서 그 '감격'을 토로하고 "銃後의 戰士"로서 '의지를 다지고' 있는 潘在鉉이 그 단적인 예일 것이다.[31] 반재현 같은 청년은 하나가 아니었다. 이것은 일제가 1939년 8월 설립한 中堅靑年修練所와 1940년 3월에 그 설치를 지시한 靑年團 國民精神總動員普及部의 활동을 통해 짐작할 수 있다.

운영되었던 것이다.

30) 변은진, 앞의 논문, pp.493~498 및 宮田節子, 「朝鮮民衆の日中戰爭觀」, 『朝鮮民衆と皇民化政策』, pp.30~32 참조.

31) 초등학교 졸업생인 潘在鉉은 慶北 淸道郡 伊西面의 共勵靑年團員으로 일본농촌 시찰단에도 선발된 "모범청년"이다. 그는 『滿洲國移民及北鮮勞動者の指導機關を急設せよ』는 제목의 글로 『朝鮮地方行政』의 행정논단에 당선되는 '영예'를 얻기도 하였다. (『朝鮮地方行政』 1938. 11, pp.52~58 및 p.141)

중견청년수련소는 일제가 자신들의 정책을 충실히 수행할 有用한 인물을 양성한다는 목적에 따라 1년에 청년남녀 500명을 5기로 나누어 입소시켜 교육한 기관이다. 그리고 그 수료생들에게는 社會敎化의 임무로 청년단 지도를 부과하였다. 그런데 수련소 입소생은 도지사의 추천을 받은 사람들이었다.32) 도지사의 추천을 받을 정도의 청년이라면 적어도 다른 청년들에 비해 사상적으로도 '건전하고' 그 활동도 '모범적'이었다고 할 수 있을 것이다. 이것은 일제가 청년단의 핵심이 될 인물을 양성하는 정책을 추진하고 있었다는 것과 여기에 편제된 청년들이 존재하고 있었다는 것을 말해준다.

일제가 청년단에 설치한 國民精神總動員普及部(이하 정동보급부로 줄임)를 통해서도 이러한 것을 알 수 있다. 정동보급부는 일제가 청년단원들을 國民精神總動員運動의 보급·강화에 동원하기 위해 설치한 것이다. 그런데 이것은 청년단에서 가장 重要한 部로 평가되어 정동보급부의 部長은 바로 그 청년단의 단장이 직접 맡았고, 部員은 단원 중 가장 우수하다고 인정된 사람으로 배치하였다.33) 일제가 인정한 이들을 일제의 동원정책에 마지못해 끌려가는 청년단원으로 볼 수는 없을 것이다. 일제는 이미 1939년 9월에 國民精神總動員 道聯盟 부설로, 聯盟員 가운데 가장 實行力이 있는 精銳라고 인정된 사람을 뽑아 聯盟推進隊를 구성한 바 있다. 그런데 청년단원 가운데는 이 연맹추진대원인 사람들이 있었고 이들은 정동보급부가 설치되자 그 부원을 겸하기도

---

32) 이상은 「朝鮮總督府中堅靑年修練所開所さる」, 『總動員』 1939. 8, p.52 및 「朝鮮總督府中堅靑年修練所要綱」, 『總動員』 1939. 10, pp.58~63 참조.

33) 「靑年團國民精神總動員普及部設置要領」, 『總動員』 1940. 5, pp.98~99 및 「學校と靑年團とは斯くして精動を推進する」, 『總動員』 1940. 5, pp.23~26 참조.
그리고 정동보급부 설치 이전부터 청년단에는 여러 부서가 있었다고 생각된다. 예를 들어 京城의 鍾路第1靑年團의 경우 理事, 監事를 비롯 庶務部, 敎化部, 訓練部, 體育部, 情報部, 救護部 등이 있었다. (『東亞日報』 1938. 11. 12 참조)

하였다.34) 청년단에는 이렇게 일제로부터 精銳라고 불린 團員들이 중심축으로 자리잡고 있었던 것으로, 일제의 중견청년 양성정책이 어느 정도는 효과를 거두고 있었다고 할 수 있다.35)

2. 靑年訓練所의 擴充

청년훈련소는 청년단과 달리 원래 일본인 청년에게 군사훈련을 시키기 위한 것으로, 1927년 일본인 퇴역군인단체인 在鄕軍人會에서 일본 국내의 제도를 본떠 설치하기 시작한 것이 그 시초이다.36) 이후 1929년에 총독부에서는 靑年訓練所規程을 정식으로 발포하여,37) 그동안 재향군인회 등에서 자의로 설치한 청년훈련소를 공공기관으로 설치하도록 하는 한편38) 대규모 工場이나 商店 등에서는 私立으로 靑年訓練所를 설치하게 하였다.39) 공립이 지역 단위라면 사립은 직장 단위로서,

---

34) 「國民精神總動員」, 1940, 『日帝下支配政策資料集』 17, pp.373~374 및 「靑年團國民精神總動員普及部設置要領」, 앞의 자료, p.99 참조.

35) 宮田節子의 표현을 빌려서 말하자면, 일제로부터 精銳로 불려진 團員들이라고 해서 이들이 "무의식의 구조"까지 황민화된 것은 아니었을 것이고 일제 지배자로서도 이들에 대해 완전히 만족하고 있지는 않았을 것이다. 그러나 "황민화시대에 인간형성을 이루었던 세대"의 많은 사람들이 "황민으로서 변질"되었다는 것 자체는 분명히 보여준다고 할 수 있다.(宮田節子, 「徵兵制度의 展開」, 『朝鮮民衆과「皇民化」政策』, pp.124~125 참조)

36) 朝鮮總督府 學務局 社會敎育課, 『朝鮮社會敎育要覽』, 1941. 12, p.39

37) 『朝鮮總督府官報』(이하 『官報』)1929. 10. 1. 호외 (이하 규정의 내용은 여기에서 참조함)

38) 이에 따라 府·邑·面에서 새로 청년훈련소를 설치하는 한편 기존의 청년훈련소도 점차 府·邑·面의 경영으로 옮기는 방침을 취하였다.(朝鮮總督府 學務局, 「朝鮮ニ於ケル敎育ノ槪況」, 1941. 1, 『大野文書』 1410-317) 예를 들어 그동안 帝國在鄕軍人會京城聯合分會와 龍山分會에서 설립, 운영해오던 京城靑年訓練所와 龍山靑年訓練所는 1930년 9월 京城府에서 인수하여 각각 京城公立靑年訓練所와 龍山公立靑年訓練所로 변경한 것이다.(朝鮮總督府 學務局, 『靑年訓練所認可書類』, 1930, 政府記錄保存所 88-57, pp.810~816)

39) 1933년 7월 株式會社 三中井吳服店平壤支店에서 지점 내에 설치한 私立 平壤三中井靑年訓練所가 그 중 하나이다.(朝鮮總督府 學務局, 『靑年訓練所設立認可書

청년훈련소 조직의 효율성을 높이기 위한 것이었다고 할 수 있다. 이 때에도 여전히 그 중심적인 교육대상은 징병제 하에 있는 일본인 청년이었다. 4년 과정인 교육기간을 다 채우지 않고 최소의 규정시간만[40] 마친후 入營하는 자에 대해서도 修了證을 수여한다는 내용은 그것을 말해준다.

그러나 청년훈련소가 점차 보급되면서 조선인 청년도 포함되었다. 1934년에 이르면 전체 생도 2,572명 가운데 조선인은 849명으로 약 3분의 1정도 되었던 것이다.[41] 이것은 처음과 달리 청년훈련소도 중견청년의 양성이라는 성격을 일부 띠게 되었기 때문이라고 생각된다. 그 교과목은 물론, 교육 수준을 高等小學校 卒業程度를 基準으로 한다고 한 규정에서 알 수 있듯이 졸업생을 지도하는 시설로 전개될 수 있었던 것이다. 그러나 조선인 숫자가 일본인에 비해 그래도 적은 것은, 당시 일제의 중견청년 양성정책에서 청년훈련소가 차지하는 비중이 낮았기 때문이다.[42]

그러나 중일전쟁이 벌어지자 상황이 달라진다. 청년훈련소의 확충과

類』, 1932·3, 정부기록보존소 88-73, pp.1126~1128)

40) 그것은 修身 및 公民科 100시간, 敎練 400시간, 普通學科 200시간, 職業科 100시간이었고 특별한 경우 교련 200시간을 보통학과나 직업과로 돌릴 수 있었다.

41) 『施政年報』 1934, p.203.

42) 일본 국내에서 靑年訓練所제도 대신 靑年學校제도를 실시하여 그 교육의 강화를 꾀하자 일제 당국자들도 이 시기에 청년훈련소 강화문제를 검토하였다. 그러나 병역의무가 없는 조선인 청년에게 청년훈련소 입소를 강제할 상황이 아니라는 것, 實業補習學校가 성과를 거두고 있어 더욱 그 보급이 필요하다는 것, 그리고 초등학교 졸업자의 지도를 위해 별도의 특수시설을 강구하고 있다는 것 등의 이유로 보류하였다.(『施政年報』 1934, pp.203~204) '별도의 특수시설'이란 靑年團, 그리고 1935년부터 전국에 걸쳐 보급된 農村靑年訓練所(農事訓練所)와 改租實業補習學校(富田晶子, 앞의 논문, p.223)였을 것이다. 뒷날 일제는 청년훈련소에 대한 당국의 장려가 처음에는 소홀했다고 인정하고 있다.(「朝鮮人志願兵制度施行ニ關スル樞密院ニ於ケル想定質問及答辯資料」, 1938, 『大野文書』 1276-2)

교육의 강화가 본격적으로 추진된 것이다.

> 현재 全鮮에서 청년훈련소 수는 72개소이고 주로 內地人을 훈련하는
> 실정이지만 이 교육의 사명과 그 실적에 비추어 가급적 속히 그 擴大
> 普及을 도모함과 함께 朝鮮人의 수용을 장려하고 교과과정 및 입소연
> 령에 대해서는 조선의 실정에 맞도록 改正하여 이 교육의 철저를 기한
> 다.[43]

이를 보면 청년훈련소의 증설과 함께 조선인의 수용이 강조되고 있
음을 알 수 있다. 그리고 거기에 맞춰 규정을 개정할 것도 제기되고
있다. 이러한 방침을 일제는 곧 구체적으로 실천하였다. 1938년 한 해
에 청년훈련소 20개소 신설계획을 세우는 한편[44] 규정의 개정작업도
추진하여 1938년 3월 31일에 總督府令 제54호로 개정 靑年訓練所規程
을 발포한 것이다.[45]

이 규정의 내용 가운데 우선 교육내용에 관한 것을 보면 國體明徵과
더불어 皇國臣民교육이 강조되고 있음을 알 수 있다. 이것은 가장 핵
심적인 것이었다.

> 제 1 조 靑年訓練所는 청년에 대해 國體觀念을 明徵하게 하여 皇國臣民
> 　　　으로서의 資質을 향상하고 … 그 心身을 단련하여 職業 및 實
> 　　　際生活에 須要한 知識技能을 가르치는 것을 목적으로 한다.
> 제13조 修身 및 公民科는 敎育에 관한 勅語의 취지를 奉體하여 우리 國
> 　　　體의 本義를 明徵하게 하고 … 國憲에 기초한 국민의 公民的
> 　　　生活을 완수하는데 필요한 사항을 획득시키며 특히 遵法奉公의
> 　　　志念을 涵養하여 健全有爲의 皇國臣民이 되게 하는 것을 기하

---

43) 「朝鮮ニ於ケル敎育ニ關スル方策」, 앞의 자료
44) 『每日新報』 1938. 5. 17
45) 『官報』 1938. 3. 31(이하 규정의 구체적인 내용들은 여기에서 참조함)

여 實踐躬行으로 이끄는 것을 要旨로 한다. …

즉, 청년훈련소를 통해 조선청년들을 확고한 皇國臣民으로 만들고 이들이 자발적으로 전시체제 구축에 헌신하도록 한다는 것이었다. 이러한 교육의 강화를 위하여 일제는 교육기간도 기존의 4년에서 6년으로, 그리고 최대 7년 이상으로 연장하였다.[46) 또한 교육 대상의 확대도 꾀하였다. 1929년의 규정에서 16세로 하였던 입소대상자 원칙을 尋常小學校 卒業者로 바꾼 것이다. 이에 따라 가장 어린 나이로서 소학교를 졸업할 수 있는 12세부터 입소할 수 있게 하는 한편 상급학교에 진학하지 않은 모든 졸업자를 거의 의무적으로 입소시킨다는 방침도 추진하였다.[47) 이러한 조치들은 결국 그만큼 많은 청소년들을 청년훈련소라는 틀로 묶어 황민화하고자 한 의도에서 비롯된 것이었다.

그렇다면 일제가 중일전쟁 발발 후 굳이 청년훈련소라는 교육기관에 주목을 한 것은 무엇때문인가? 그것은 두 가지 측면에서 파악할 수 있다. 하나는 형식적인 측면의 것으로 청년훈련소를 통해 중등학교교육을 대체한다는 것이다. 그리고 또 하나는 내용적인 측면의 것으로 청년훈련소를 통해 지원병제도를 뒷받침한다는 것이었다. 이것은 일제의 다음과 같은 말을 통해서도 짐작할 수 있다.

청년훈련소는 현 時局에서 청년층에 대한 규율통제 있는 訓練機關으

---

46) 그 기간은 普通科 2년과 本科 4년, 그리고 研究科 1년 이상으로 이루어진 것이었는데 모든 청년훈련소가 보통과, 본과, 연구과를 전부 두어야 하는 것은 아니었다. 연구과는 둘 수 있다고만 되어 있는 과정이었고, 보통과나 본과도 지방 상황에 따라 하나만 둘 수 있었다. 그러나 보통과 수료자에게는 修了證을, 본과 수료자에게는 卒業證을 부여하여 차등을 두었다.

47) 『每日申報』 1938. 3. 31 참조.
심상소학교 졸업자는 普通科의 입소대상이었으며, 本科는 보통과 수료자 및 高等小學校 卒業者가 그 대상이었다.

로 가장 理想的인 것이다. 그리고 … 소학교 졸업후 상급학교로 진학하
려고 해도 그 길이 없는 조선에 있어서는 그 결함을 匡救하는 데에도
극히 중요한 의의를 가진다. 특히 兵役義務가 없는 조선인 청년에 대하
여 유사시에서의 準備訓練을 시행하는 것으로 唯一의 機關이므로 그
보급증설은 현재의 急務임을 잊어서는 안된다. …48)

당시 일제는 황민화교육의 확대를 위해 初等學校 倍加擴充計劃을 추
진하고 있었으나 中等學校는 거의 확충하지 않고 있었다.49) 따라서 초
등학교를 졸업한 사람이 중등학교에 진학하기는 쉬운 일이 아니었다.
이런 상황에서 일제는 위의 인용문에 보이듯 청년훈련소가 중등학교
입학난을 해결하기 위한 것처럼 말하고 있다. 이것은 일면 조선인의
교육기회를 확대하는 얘기인 것처럼 들린다. 그러나 일제는 조선 청년
의 진정한 교육보다는 그들이 戰時生產力의 擴充을 위해 열심히 일하
도록 하는 데 관심이 있었다. 따라서 일제로서는 중등학교보다는 생산
현장의 청년들을 노동시간 이외의 시간에 교육할 수 있는50) 청년훈련
소가 더 구미에 맞았던 것이다. 게다가 청년훈련소는 별도의 시설이
필요한 것이 아니라 기존의 초등학교를 이용한 것이었으므로51) 예산도

---

48) 「朝鮮總督府時局對策調査會諮問案參考書」, 1938. 9, 『日帝下支配政策資料集』 15,
   p.362.
   그런데 松村順子는 이 내용과 개정 청년훈련소규정의 일부를 들면서 이것은, 광
   범위한 농촌을 배경으로 한 農村靑年訓練所(農事訓練所)를 도시에서 확대보급할
   것을 계획한 것이라고 하고 있다.(앞의 논문, p.147) 그러나 농촌청년훈련소와 청
   년훈련소가 다르다는 것은 부언할 필요가 없을 것이다.

49) 1936년에 초등학교는 4,094개, 중등학교는 323개였다. 그런데 1940년에 초등학교
   는 1,209개가 늘어난 5,293개였는데 비해 중등학교는 고작 49개가 늘어난 372개
   였다. (「朝鮮施政上ノ重要統計資料」, 1942. 1, 『大野文書』 1210-55)

50) 朝鮮總督府 情報課, 「錬成する朝鮮」, 1944, 『日帝下支配政策資料集』 17, p.726 참
   조.

51) 예를 들어 경성청년훈련소와 용산청년훈련소는 각각 京城日出公立尋常小學校와
   京城龍山公立尋常小學校 내에 위치한 것이었다.(『靑年訓練所認可書類』, 1930, 정

훨씬 적게 드는 일이었다.

한편, 병역의무가 없는 조선인 청년에게 유사시에 대비하여 그 준비 훈련을 시킨다는 것은 결국 志願兵制度를 위해 청년훈련소의 확충이 필요했음을 말한다고 할 수 있다. 지원병제도의 공포가 1938년 2월이 었으므로 시기적으로도 맞물리고 있었는데, 실제로 일제는 청년훈련소 의 주요 목적은 그 생도들의 志願兵 응모율과 응모자의 황민화 수준을 높이는 것이라고 밝히고 있는 것이다.[52]

지원병제도와 청년훈련소의 이러한 연관성은 다음 <표 2>에서와 같 이 지원병 응모자와 청년훈련소 생도의 현황 비교를 통해서도 판단할 수 있다.

아래 표를 보면 지원병제도가 처음 시행된 1938년에는 청년훈련소 조선인 생도가 지원병 응모자보다는 많았음을 알 수 있다. 그런데 이 듬해인 1939년에는 지원병 응모자가 격증하여 청년훈련소 조선인 생도 의 두 배에 이르고 있다. 청년훈련소의 수용인원이 지원병 응모자들을 포괄하는 데 미치지 못하기 시작한 것이다. 그 이후에도 지원병 응모 자는 더욱 증가하고 있다. 이미 청년훈련소를 졸업한 인원을 고려하더 라도[53] 지원병 응모자는 너무 많은 것이었다.

부기록보존소 88-57, p.810) 이 밖에도 공립청년훈련소는 예외없이 학교 내에 위 치하였다. 초등학교를 중심으로 조직된 청년단과 마찬가지로 청년훈련소 또한 초 등학교를 중심으로 전개된 것이다. 이 점에서, 단지 초등학생만 교육하는 데 그 친 게 아니라 일제 통치정책의 주요한 '거점'이었던 당시 초등학교의 위치에 대 해 주목할 필요가 있을 것이다.

한편 사립청년훈련소는 초등학교에 위치하는 경우도 있었으나(1937년 6월에 朝 鮮石炭工業株式會社 灰岩工場이 설립한 私立 灰岩靑年訓練所는 灰岩公立尋常高 等小學校 내에 위치하였다. 朝鮮總督府 學務局, 『靑年訓練所關係認可認定書類』, 1937, 정부기록보존소, 88-107, p.1117) 보통 그것을 설립한 사업장에 있었다.

52) 朝鮮總督, 「上奏書」, 1941. 5, 『大野文書』 1191-79 및 『朝鮮社會敎育要覽』, p.39 참 조.

53) 1936년의 청년훈련소 修了者數는 일본인 939명에 조선인 131명이었다. (「朝鮮人

〈표 2〉志願兵制度 應募者와 靑年訓練所 生徒 現況 比較54)

구분 연도	지원병제도 현황			청년훈련소 생도 현황			청년훈련소설립	
	정원	응모자	입소자	계	조선인	일본인	공립	사립
1936	·	·	·	3,594(3,088)	**2,023(1,238)**	1,571(1,850)	9	·
1937	·	·	·	5,075(3,594)	**2,591(1,571)**	2,484(2,023)	11	2
1938	400	**2,946**	406	6,891	**3,999**	2,892	22	·
1939	600	**12,348**	613	9,031	**5,785**	3,246	19	3
1940	3,000	**84,443**	3,060	(9,031) 74,207	(5,785)	(3,246)	786	50
1941	3,000	**144,743**	3,208	1942. 4~6 96,661	**89,890**	6,771	836	14

志願兵制度施行ニ關スル樞密院ニ於ケル想定質問及答辯資料」, 앞의 자료) 그리고 1940년 4월 말 현재에는 일본인 1,407명에 조선인 459명이었다. (「朝鮮ニ於ケル敎育ノ槪況」, 앞의 자료)

54) 지원병제도 현황은 近藤釼一 편, 『太平洋戰下의朝鮮及臺灣』, 1961, p.33 및 「朝鮮施政上의重要統計資料」, 1942. 1, 『大野文書』1210-55에서 참조하였다.
　그런데 청년훈련소생도 현황은 누년의 통계를 정확하게 파악하는 것이 힘든 실정이다. 우선 1936년부터 1940년까지는 그 해의 『施政年報』를 주로 참조하여 작성하였다. 그런데 1936년과 37년의 경우 「朝鮮人志願兵制度施行ニ關スル樞密院ニ於ケル想定質問及答辯資料」(앞의 자료)에 나와있는 수(괄호 안)와 상당한 차이를 보이고 있다. 그리고 1940년도 괄호 안의 것은 「朝鮮ニ於ケル敎育ノ槪況」(『大野文書』1410-317)의 것으로 1940년 4월말 기준인데 『施政年報』1939년도와 일치하고 있다. 한편 『施政年報』에는 1940년과 41년의 통계가 같은 것으로 되어 있고 조선인과 일본인 구분은 되어 있지 않다. 이에 따라 『朝鮮年鑑』1944년판에서 1942년 4월 기준인 공립 훈련소와 6월 기준인 사립 훈련소의 것을 참조하였다. 그런데 『朝鮮年鑑』1943년판에도 1941년 10월 기준의 공립 훈련소 상황만 나와 있고 조선·일본인 구분은 되어 있지 않다.
　이러한 점들로 인하여 생도수의 변화를 구체적으로 파악하기는 힘든 것이 사실이다. 그러나 1938년도쯤에는 확실히 조선인과 일본인의 비율이 역전되고 있다는 것과 1939년의 수치는 믿어도 좋을 것이라고 생각된다. 그리고 1940년과 41년에는 청년훈련소의 대증설로 그동안 만여 명이었던 생도수가 7~8만 정도되고 절대 다수가 조선인이라는 것은 분명하다고 판단된다.
　한편 청년훈련소의 현황은 『朝鮮社會敎育要覽』, pp.40~41의 道別設立狀況表에서 인용하여 작성하였다.

272

지원병제도를 공포하고 청년훈련소규정을 개정한 1938년 당시만 해도 일제는 지원병제도의 성공 여부를 확신하지 못하고 있었다.[55] 1938년에 청년훈련소의 증설이 생각만큼 많지 않은 것도 그러한 이유에서였을 것이다. 그러나 지원병제도의 외형적 '성공'에[56] 따라 일제는 그 예비교육기관이라고 할 수 있는 청년훈련소를 1940년부터 대대적으로 증설하고 있는 것이다.

1940년과 41년의 급증은 공립의 경우 일제가 수업연한 6년의 초등학교 소재지에 빠짐없이 청년훈련소를 보급한다는 계획을 추진하였기 때문이다.[57] 그리고 사립은 청년 30명 이상을 고용하고 있는 관청, 회사, 은행, 공장, 광산 등에서 적극적으로 청년훈련소를 설치하도록 한 결과이다.[58] 일제는 이렇게 청년훈련소를 증설하는 한편 거기에 청소년들의 입소를 강제하는 방침도 강화하였다. 1938년에는 청년훈련소 입소를 거의 의무적으로 시킨다는 방침이었는데 1939년의 통첩을 통해서는 한 발 더 나아가, 1940년 봄에 초등학교를 졸업하는 청소년들은 의무적으로 입소하게 하라고 분명하게 지시한 것이다.[59]

---

55) 최유리, 앞의 논문, p.135

56) 최유리는 지원병에 많은 응모자가 몰린 요인으로, 일제 관청의 강제성과 실적 경쟁, 그리고 경제적 여건이 어려운 사람들이 糊口之策을 위한 탈출구로 지원병에 응모했다는 점 등을 들고 있다.(앞의 논문, p.138) 그리고 지원자들이 이미 식민지 체제의 교육을 받았던 세대이고 당시 일부 젊은이들 사이에서 일본군 장교가 선망의 대상이었다는 점 또한 지적하는 견해도 있다. (최원규 편, 앞의 책, p.231 참조)

57) 「朝鮮ニ於ケル敎育ノ槪況」, 앞의 자료.

58) 『東亞日報』 1940. 3. 9.

59) 『東亞日報』 1939. 12. 23.
그러나 청년훈련소 시설의 한계가 있었으므로 상급학교 미진학 졸업자가 모두 입소하게 된 것은 아니었다. 1944년에도 국민학교 초등과 수료자가 청년훈련소에 입소한 비율은 69%였다.(「第86會帝國議會說明資料」, 1944, 『日帝下支配政策資料集』 2, p.640)

지원병제도는 朝鮮軍의 주도로 제정된 것이었다. 이미 1932년부터 조선청년의 병역문제를 검토해왔던 조선군이 중일전쟁이라는 상황에서 일종의 시험적 제도로 추진한 것이다.[60] 그러나 지원병제가 징병제의 전제도 아니었으며, 징병제는 수십 년 후의 일로 상정하고 있었다. 징병제는 조선인의 완전한 황민화가 이루어진 뒤에야 가능한 것으로 보고 있었기 때문이다. 지원병제도는 직접 병력자원을 확보하는 것보다도 이러한 상황을 만들어 나가기 위한 장치로 자리잡고 있었던 것이다.[61]

그러나 황국신민의 모델[62]로 간주되고, 또 엄격한 심사를 거쳐 뽑힐 정도의 중견청년인 지원병들의 황민화 정도는 일제 지배자들에게 극히 우려할만한 것이었다.[63] 특히, 조선인이 군대에 들어오는 것 자체에 대해 불안을 느끼고 있었고, 중견청년 정도가 아니라 '뼈 속까지 황민화된' 진정한 皇國軍人을 필요로 했던 조선군으로서는 더욱 조바심이 날 수밖에 없는 것이었다.[64] 따라서 조선군은 지원병제도를 추진하면서

---

60) 청년훈련소 강화정책 또한 조선군이 주도한 것이라고 할 수 있다. 조선군은 이미 1933년에 청년훈련소 입소자의 증가와 출석률 제고문제를 거론하면서, 장래에는 일본인뿐만 아니라 朝鮮人에게도 널리 보급하는 것이 긴요하다는 입장을 개진한 바 있었다. (「朝鮮軍司令部より 道知事會議提出事項」, 『日帝下支配政策資料集』 5, pp.782~783) 그리고 1940년 10월에도 朝鮮軍 小佐 蒲勳은 청년훈련소 확충을 다시 강조하고 있다.(『綠旗』 1940. 10, p.23)

61) 이상의 내용은 宮田節子, 「志願兵制度の展開とその意義」, 『朝鮮民衆と「皇民化」政策』, pp.51~56, pp.71~79 참조.

62) 宮田節子, 「皇民化政策の構造」, 앞의 논문집, p.47 참조

63) 지원병들 가운데는 '敎育勅語'나 '皇國臣民誓詞'조차 제대로 이해하거나 외우고 있지 못한 사람들이 많았다.(宮田節子, 「志願兵制度の展開とその意義」, 앞의 책, pp.71~72)

64) 조선군은 전쟁이라는 극한상황에서 생사를 같이해야 할 입장에 있었기 때문이다. 조선군에게는 조선 청년들이 황국군인이 되지 않는 한 황민화정책은 결코 성공하는 게 아니었다.(지원병제도에 관한 宮田의 논문이 이러한 조선군의 사정을 잘 보여주고 있다.)

그 예비교육에 관심을 갖지 않을 수 없었다. 지원병에 응모할 수 있는 사람의 자격은 수업연한 6년의 초등학교 졸업 학력에 17세 이상이었다.[65] 수업연한 4년의 초등학교를 졸업한 사람이나 6년제를 졸업했다 하더라도 17세가 아직 안 된 사람은 자격이 없는 것이었다. 이런 사람들을 청년훈련소에서 미리 교육한다면 자격 부여는 물론 '수준 향상'도 기대할 수 있었던 것이고 그 기대는 지원병 응모의 자격을 갖춘 사람에게도 해당되는 것이었다. 청년훈련소의 강화와 그 확충은 이렇게 중견청년을 완전한 皇國軍人으로 만들기 위한 정책 속에 지원병제도와 함께 위치하고 있는 것이다.

그러나 이러한 일제의 청년훈련소정책이 성공적으로 진행된 것은 아니었다. 이것은 청년훈련소를 대대적으로 증설하기에 앞서 발표된 새로운 지도방침을 통해 그 일단을 엿볼 수 있다.

   敎授 및 訓練
   2. 육군지원병제도와 이의 취지에 대하여 늘 설명을 주어 이의 관심과 이해를 깊이 하도록 노력할 것.
   4. 사립청년훈련소에 있어서는 … 관계당사 또는 관계 공장 본위의 교육에 편중하는 것과 같은 일이 없이 제국의 국방의 임(任)을 부담할 만한 건전한 황국신민의 육성을 목적으로 하는 청년훈련소 본래의 취지를 달성키에 유의할 것.
   施設經營
   1. 생도의 부형과 고용생 등은 물론 일반 민중에 대하여 청년훈련소에 관한 인식을 깊이 하여 해 제도의 취지의 보급철저를 도모하야써 생도의 취하와 출석을 용이 또는 왕성시키기에 유의할 것.[66]

---

65) 최유리, 앞의 논문, p.134
   그런데 『每日申報』 1938년 3월 31일 보도에 따르면 청년훈련소 졸업자가 아니면 지원병에 응모할 자격이 없다고 하고 있다. 이 점은 좀더 검토가 필요하다고 생각된다.

敎授 및 訓練의 2번과 施設經營의 1번은 지원병제도와 청년훈련소가 그 생도는 물론 일반 민중들에게 여전히 먼 거리에 있었음을 말해주는 것이다. 청년훈련소 생도들은 늘 설명을 주어야 할 정도로 지원병에 대한 '열정'을 가지고 있지 않았다. 또한 일반 민중들은 자신의 아들·형제가 청년훈련소에 나가는 것 자체를 달가와 하지 않고 있었다. 생도 자신들도 마찬가지였을 것이다. 사실 강제적으로 입소한 데다가 하루의 노동으로 이미 지쳐버린 상황에서 "우리 國體의 本義"가 제대로 귀에 들어올리 없었을 것이며, 교련교육 등의 과중한 교육시간은[67] 심신의 피로만 가중시켰을 것이다. 따라서 생도들은 훈련소 출석을 꺼릴 수밖에 없었고 그것은 위의 인용문에 보이듯 일제가 출석문제에 유의하고 있는 것이 반증하고 있다.[68]

게다가 사립청년훈련소 또한 위의 인용문 4번에서처럼, 청년훈련소를 통해 皇國軍人의 기초를 닦고자 했던 일제의 정책과 손발을 맞추지 않고 있었다. 황국신민의 육성보다는 사업장을 위한 실무교육에 치중하고 있었던 것이다. 그나마 이것은 나은 편에 속했다고 할 수 있다. 은행이나 회사, 심지어 관청에서조차 소속 청년들에게 일을 시키는 데 장애가 된다고 하여 그들이 훈련소에 입소하는 것을 꺼려하는 현상이

---

66) 『東亞日報』 1940. 1. 21 기사에서 발췌

67) 예를 들어 京畿道 開豊郡의 中西公立青年訓練所의 경우 本科 교육시간은 修身 및 公民科 120시간, 普通學科 168시간, 職業科 148시간이었고 敎練은 400시간이었다.(『公立青年訓練所設立認可書類』, 1940, 정부기록보존소 88-126, p.753)

68) 1936년의 출석률을 보면 공립은 69%, 사립은 81%였다.(「朝鮮人志願兵制度施行ニ關スル樞密院ニ於ケル想定質問及答辯資料」, 앞의 자료) 그 가운데 가장 낮은 羅津青年訓練所의 경우 고작 39%였다.(『朝鮮社會敎化要覽』, p.66)
중일전쟁 발발 후 일제가 청년훈련소 강화정책을 펴면서 제대로 출석하지 않는 사람에게 '유형무형의 압박'을 가했을 것은 당연한 이치이고 그래서 출석률이 올라갈 수는 있다. 그러나 '출석하고 싶지 않은 마음'까지 없애지는 못했던 것이 솔직한 상황일 것이다.

있었던 것이다.[69] 결국 皇國軍人을 양성하고자 했던 일제의 지원병제도는 청년훈련소정책에서부터 이미 흔들리고 있었다고 할 수 있다.

Ⅲ. 太平洋戰爭期의 靑年動員政策

1. 朝鮮靑年團의 組織 - 靑年團과 靑年訓練所의 一體化

일제가 太平洋戰爭을 도발한 것은 1941년 12월이었다. 그러나 일제가 1940년 9월, 이미 2차대전을 일으킨 독일·이탈리아와 동맹을 맺고 연합국과의 대결선을 분명히 그으면서 태평양전쟁은 총성없이 시작되고 있었다고 할 수 있다. 이 시기에 일제가 新體制, 高度國防國家를 표방하며 전시동원체제를 더욱 강화하고 있는 것은 그러한 상황에서 비롯된 것이었다.[70] 1940년 10월, 기존의 國民精神總動員聯盟을 개편하여 國民總力聯盟을 결성한 것은 전쟁의 확대에 대한 구체적인 준비책이었던 것이다.

그리고 高度國防國家의 완성을 위해 일제는 청년단의 개편·강화도 추진하였다. 이를 위해 1941년 1월 16일[71] 정무총감 명으로 통첩을 발표하였는데 그 취지에 대해 다음과 같이 밝히고 있다.

---

69) 조선군 20사단 교련담당관 藤田 大佐는 이런 지적을 하면서 청년훈련소 강화운동에 각 기관이 협력할 것을 촉구하고 있다. (『每日新報』 1941. 1. 28)

70) 한편 조선의 민족해방운동이 중일전쟁기에 새롭게 전개되고 있었던 것도 일제가 전시체제를 강화한 요인이었다고 생각된다. 코민테른의 반파시즘인민전선에 입각한 통일전선전술이 부분적으로나마 수용·실천되는 한편 일본의 패전이 예상되는 '결정적 시기'가 오면 후방에서 일거에 武裝鬪爭을 일으킨다는 인식도 확산되고 있었던 것이다.(변은진, 앞의 논문, pp.488~489 참조)

71) 같은 날 일본 국내에서는 大日本靑少年團이 발족하였다. 14세부터 25세까지의 전 청소년을 단원으로 하고 文部相을 단장으로 하여, 一元的 指導에 의해 청소년들을 鍊成한다고 표방하였다. (『每日新報』 1941. 1. 14, 16, 17 참조)

> … 高度國防國家體制 확립을 指標로 하는 國內新體制를 수립하는 데
> 있어 조선에서도 國民總力體制의 발족을 보아 … 이러한 때에 있어 國
> 家活力의 원천이어야 할 청년층에 대하여 國運進展에 기여해야 함을
> 기대하는 바가 더욱 커지고 있는 것은 대개 당연하다고 할 수 있다. 조
> 선에서의 靑年團은 … 支那事變 발발 이래 더욱 충실해져 왔다 하더라
> 도 時局의 진전에 따라 청년단으로 하여금 진실로 그 사명 달성을 기
> 하게 하기 위해서는 그 조직에 全面的 改訂을 실시함으로써 강력한 지
> 도통제 하에 마땅히 國家目的에 卽應하게 하는 것이 긴요하다. …72)

즉, 전시체제에 청년단의 동원을 확대·강화하기 위해 조직을 개편
하고 그 통제 또한 더욱 강력하게 실시한다는 것이었다. 이러한 방침
은 청년단의 명칭을 바꾸는 것부터 시작되었다. 聯合靑年團의 경우 '聯
合' 두 글자를 빼는 한편 단위 청년단의 경우는 靑年隊로 한 것이다.
이에 따라 朝鮮聯合靑年團은 朝鮮靑年團이 되면서 "聯合體的인 체제를
止揚하고 綜合體的인 一體化로 전환"73)하였으며, 단위 청년단은 "그 尖
兵的 役割에 상응하는 이름을"74)가지게 되었다. 이러한 명칭 변경은
청년단에 대한 통제 강화를 상징하는 것이라고 할 수 있다.

그렇다면 일제는 어떠한 내용으로 청년단 조직을 개편하였는가? 우
선 첫번째로 들 수 있는 것은 재학 중이지 않은75) 모든 청소년·청년

---

72) 『官報』 1941. 1. 16, 官通牒 제3호 《靑年團ノ組織竝ニ指導ニ關スル件》(이하 청
　　년단 조직방침의 원칙적 내용들은 여기에서 참조함)
73) 『朝鮮社會敎育要覽』, p.29.
74) 위의 자료, p.31.
75) 적은 수이긴 하지만 앞의 <표 1>에서처럼 청년단에는 재학생도 포함되어 있었는
　　데 이제는 학교교육의 훈련에 일임한다고 하여 제외한 것이다.(『朝鮮社會敎育要
　　覽』, p.29)
　　변은진은 이에 대해, 각 학교가 나름대로 규율·통제의 전 체계를 가지고 있었다
　　는 것을 의미한다고 하고 있다.(앞의 논문, p.485) 재학생 자체가 처음부터 청년단

을 단원으로 포괄한다는 것이었다. 기존의 청년단은 주로 초등학교 졸업생을 중심으로 하고 있었다. 중일전쟁 발발 후 비졸업생의 확충에도 힘을 기울였지만 청년단으로 조직된 것은 여전히 조선 전체 청년의 일부에 지나지 않았다. 그러나 이제 교육의 유무에 상관없이 전 청소년·청년을 단원으로 묶는다는 것이다.[76] 이는 결국 일제가 전시체제의 강화를 위해 황민화와 동원의 대상을 확대하기 위한 의도에서 나온 것이었다. 단원 연령의 범위가 기존의 15~25세에서 10세~30세로 늘어난 것도 그것을 말해준다. 이제 청년단은 단지 청년만의 조직도 아니게 된 것이다.

그리고 일제는 이렇게 확충된 청년단원을 효율적으로 통제하고 동원하기 위하여 단위 靑年隊에 靑年部, 女子部, 少年部를 설치하였다. 특히 청년부는 제1·2·3반으로 구분하였는데, 여기에는 청년훈련소 통합도 포함되어 있었다. 청년훈련소 생도로 청년부 제1반을 구성한 것이다. 그리고 제2반은 청년훈련소 생도가 아닌 사람, 즉 초등학교를 졸업하지 못한 14세 이상 20세까지의 청소년으로 구성하였다. 마지막 제3반은 20세 이상 30세까지의 청년이었다.

그렇다면 일제가 청년단과 청년훈련소를 통합한 이유는 무엇인가? 그 이유에 대해 일제는 다음과 같이 밝히고 있다.

> … 이 兩者의 목적은 공히 청년으로 하여금 皇國臣民으로서의 기본적 성격을 鍊成하는 데 있다는 것은 말할 필요도 없다. 다만 그 조직을 다르게 하고 鍊成의 수단 내지 방법 등을 다르게 한 데 불과한 것이다.

조직에서는 큰 의미가 없었고, 단원을 확대하는 마당에 학교를 통해 교육과 동원이 가능한 재학생을 굳이 계속 청년단에 둘 필요는 없었을 것이다.
76) 이에 대해 조선청년단장인 鹽原 학무국장은, 초등학교 졸업생 중심의 기존 청년단원이 군대로 치면 下士, 將校였다면 이번에는 兵隊를 구성한 것이라고 비유하고 있다.(「鹽原靑年團長と朝鮮靑年代表會談」, 『國民總力』 1941. 4, p.22)

그러면, 목적이 동일한 두 제도를 倂存시킬 필요는 없고 그것을 일원적
으로 통일해야 한다고 하는 者도 있지만, 목적 도달의 수단 내지 방법
에 있어서 서로 다른 것으로는 다 함양할 수 없는 特質을 가지고 있는
것이다. 그리고 이 특질을 충분히 발휘하는 것에 의해 兩者가 어울려서
비로소 가장 좋은 究極의 目的을 달성할 수 있는 것이다. …77)

즉, 청년단은 청년단대로, 청년훈련소는 청년훈련소대로 특질이 있으
므로 둘 중 하나를 없애는 식이 아니라 두 가지의 특성을 모두 살린
채로 궁극적인 목적을 위해 일체화한다는 것이다. 청년단과 청년훈련
소는 모두 조선 청년의 황민화를 목적으로 한 것이었다. 차이점이 있
다면, 청년단은 노역 등의 여러 가지 활동에 단원들을 조직적으로 동
원하는 데 주안을 둔 것이었고 청년훈련소는 지원병제도를 뒷받침하기
위한 예비교육기관이었다는 점이다. 일제로서는 물론 어느 하나도 포
기하거나 소홀히 할 수 없는 것이었다.

그러나 그렇다고 해서 청년단과 청년훈련소를 분리한 채로 둘 수도
없는 상황이었다. 당시 일제는 청년훈련소를 확충하면서 초등학교 졸
업생들의 의무적인 입소를 추진하고 있었다. 중견청년으로 키우기에
'비교적 수월한' 사람들은 모두 청년훈련소로 가는 상황이었던 것이다.
결국 시간이 가면 갈수록 청년단에는 그야말로 일어 한 마디 할줄 모
르고 '國體의 本義'에 대한 개념조차 없는 사람들만 남게 될 터였다.
따라서 일제로서는 청년단원들의 전반적인 수준이 자신들의 기대에 못
미치는 상황을 막기 위해서라도 졸업생들을 훈련소로도 보내고 청년단
원으로도 조직할 수밖에 없었을 것이다. 이렇게 그 구성원들이 중복될
수밖에 없는 사정이었으므로 아예 두 조직을 통합하는 것이 나았던 것
이다. 그리고 이를 통해 일제는 초등학교 졸업생들을 계속 청년단의

---

77) 「鍊成する朝鮮」, 앞의 자료, pp.730~731.

주요 구성원으로 활용할 수 있었다. 청년훈련소 생도들이 청년부의 1반이 된 것이나, 청년단의 中核的 推進力으로 위치지어졌던 것이[78] 그것을 말해준다.

한편, 청년대 女子部는 기존의 女子青年團이 개편, 통합된 것이었다. 그동안에는 남자들로만 이루어진 청년단 외에 女子青年團이 별도로 존재하고 있었다. 여자청년단은 농진운동 하에서 만들어진 것으로 여성들의 교육과 동원을 위한 것이었다.[79] 즉, 여성노동력의 수탈을 위한 조직이었던 것이다. 이 여자청년단 역시 초등학교 졸업생 중심의 조직이었는데 1939년 9월 1일에 학무국장 통첩으로 장려·강화되면서 그 대상자는 기혼·미혼 구분없이 15세부터 25세까지로 정해졌다.[80] 그런데 청년단 여자부로 통합되면서 그 범위는 14세 이상 25세까지의 미혼자로 바뀌었다.[81]

그리고 청년대 少年部는 초등학교 재학생을 중심으로 조직되었던 少年團이나 健兒團을 해체하면서 대신 만든 것이었다.[82] 이 소년부는 尋常小學校 제3학년 해당 연령인 10세부터 14세 이하의 어린이를 대상으

---

78) 위의 자료, p.731 참조.

79) 『朝鮮社會教化要覽』, pp.81~86.
   여자청년단의 단체와 단원수는 1936년 6월말 현재 74개 단체에 단원 3,695명이었다.

80) 『東亞日報』 1939. 9. 2.

81) 일제가 왜 기혼자를 제외했는지에 대해서는 명확히 파악할 수가 없다. 다만, 이후 일제가 女子勤勞挺身隊 등을 조직하는 것에서 보이듯 주로 미혼여성의 노동력 수탈정책을 펴나간 것과 맞닿아 있는 것이 아닌가 생각된다. 실제로 1944년 4월에 결성된 평양여자정신대는 평양 각지의 여자청년대(즉 청년대 여자부) 단위로 조직되었다.(여자근로정신대 및 일제의 여성노동력 수탈정책에 대해서는 정진성, 「일제시기 여자근로정신대의 실상」, 한국정신대연구회 편, 『한일간의 미청산과제』, 아세아문화사, 1997을 참조)

82) 『朝鮮社會教化要覽』, pp.74~76 및 『朝鮮社會教育要覽』, p.32.
   소년단의 조직현황은 1936년 6월말 현재 256개 단체에 단원수 6,661명이었다.

로 한 것이었다. 이것은 일제가 초등학교 배가확충계획을 실시하고 있었지만 아직 많은 수의 조선 어린이들이 학교를 다니지 못하는 상황에서[83] "未就學 兒童의 總訓練을 목표로"[84]한다는 취지에서였다. 일제의 황민화정책은 학교에 못다니는 어린이들조차 그냥 두지 않은 것이다.

이와 같은 3部체제와 더불어 지역체계에도 일정한 변화가 이루어졌다. 기존에는 全國-道-府·郡·島-단위 靑年團의 체계였는데, 조선청년단이 결성되면서는 그 사이 邑·面靑年隊가 추가된 것이다. 그리고 이러한 지역체계 외에도 職場 단위의 청년대가 별도로 설치되었다. 그 체계를 표로 나타내보면 다음과 같다.

〈표 3〉 朝鮮靑年團 組織體系

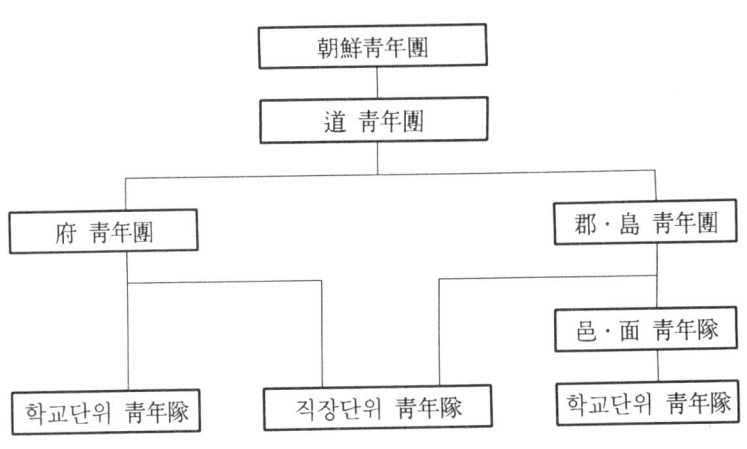

위 표에서 府청년단과 邑·面 청년대의 하부조직 청년대는 이전처럼

---

83) 조선인 학령아동의 초등학교 취학률은 1941년 56%였다.(近藤釼一 편, 『太平洋戰下の朝鮮』(1), 1963, p.33)
84) 『朝鮮社會敎育要覽』, p.32.

公立 초등학교를 중심으로 한 것이었다. 그러나 보통 'ㅇㅇ邑·面 青年團'이었던 명칭은 해당 校名을 사용하는 것으로 바뀌었다. 읍·면의 이름은 바로 읍·면청년대가 가지게 된 것이다. 그런데 읍·면의 경우 공립 초등학교가 하나뿐일 때는 그 청년대가 곧바로 읍·면청년대도 되는 것이었다.

한편 일제는 광산, 상점 등 직장단위로도 해당 지역 府·郡·島 청년단장의 인가를 받아 청년대를 설치할 수 있도록 하고 그 府·郡·島 青年團의 통제를 받도록 하였다. 사립 청년훈련소가 있는 상황이므로 "不離一體性"의 관계에 있는 청년대 또한 필요하기 때문이었다.[85]

다음으로 役員을 보면, 조선청년단 단장은 여전히 學務局長이었다. 그리고 역시 道 청년단 단장은 道知事, 府는 府尹, 郡은 郡守, 島는 島司가 맡았다. 청년단에 대한 官의 개입과 통제는 결코 폐기할 수 없는 원칙이었던 것이다. 그런데 읍·면청년대 隊長은 읍·면장이 아닌 공립 초등학교장이었다. 그리고 단위 청년대의 대장 역시 마찬가지였다.[86] 읍·면장이 청년대 대장이 아닌 것은, 읍·면에 공립 초등학교가 하나뿐인 경우와 두 개 이상인 경우가 있기 때문이었다고 생각된다. 즉, 어느 지역은 읍·면장이 읍·면청년대 대장이 되고 어느 지역은 학교장이 그대로 읍·면청년대 대장도 되는 '혼선'을 피하고자 했던 것

---

85) 위의 자료, p.32

86) 이전에는 학교장이 아닌 사람도 청년단장인 경우가 있었으나 이제는 반드시 학교장만이 그 우두머리가 되도록 하였다.(「鍊成する朝鮮」, 앞의 자료, p.731) 그러나 이것은 학교단위 청년대이고 직장단위 청년대는 달랐을 것이라고 생각된다. 청년훈련소의 소장이라고 할 수 있는 主事가 공립은 초등학교장이었지만 사립의 경우는 보통 그 직장의 간부였기 때문이다.(예를 들어 1939년 8월에 和信百貨店에서 설립한 和信青年訓練所의 경우 主事는 和信專務取締役인 李基衍이었다. 朝鮮總督府 學務局, 『青年訓練所設立認可書類』, 1939, 정부기록보존소, 88-118, p.937) 따라서 사립 청년훈련소와 함께 조직된 청년대 역시 그랬을 것이라고 판단된다.

이다. 따라서 일제는 읍·면에 공립 초등학교가 여러 개 있을 경우에
는 그 학교장 가운데 上席者로 하는 조치를 취하여 그 통일성을 확보
하였다.87)

이러한 團(隊)長 외에도 조선청년단과 道 청년단에는 단장을 보좌하
고 團을 통할하는 本部長을 두었다.88) 그리고 각급 청년단(대)에 顧問
과 參與, 專門委員 등을 두어 청년단 지도의 자문 등을 맡도록 하였다.

그렇다면 최상층조직인 朝鮮靑年團 役員에는 어떠한 인물들이 있었
는가?89) 우선 본부장은 청년단 업무를 주관하는 學務局 社會敎育課
의90) 長인 桂珖淳91)이 맡고 있다. 그리고 고문에는 尹致昊(伊東致昊)와
중추원 참의 朴相駿(朴澤相駿) 등의 조선인과 湯村辰二郎 농림국장, 三
橋孝一郎 경무국장, 水田直昌 재무국장 같은 총독부 간부 등 모두 11
명이 자리잡고 있다. 또 參與는 모두 23명이었다. 그 중에는 총력연맹
참사 孫貞圭(伊原圭), 曺秉相(夏山茂)과 중추원 참의 金思演, 황민화 이
데올로기의 전파에 주력하던 일본인 민간단체 綠旗聯盟의 간부 津田節

87) 한편 일제는 이들 청년대장들에 대한 교육에도 관심을 기울였다. 中堅靑年修練所
를 통해 각 청년대장(초등학교장)의 수련 실시에 전력하였던 것이다.(「第79會帝國
議會說明資料」, 『大野文書』 1236-910)
중견청년수련소는 원래 핵심적인 청년단원의 양성을 위한 것이었으나 조선청년
단 결성 후 일제는 校長이나 訓導 등 청년대 지도자 양성기관으로 바꾸었고,
1941년 4월부터 1차 3개년 계획으로 매년 1,200명씩 교육한다는 방침을 추진하였
다.(『每日新報』 1941. 2. 1) 이는 조선청년의 황민화와 동원정책에 대한 일제의 구
체적인 지침과 내용을 습득시키기 위한 것이었다고 할 수 있다. 그만큼 官의 통
제는 강화되는 것이다.
88) 『朝鮮社會敎育要覽』, p.33
89) 「國民總力運動と新靑年團との關係」, 『國民總力』 1941. 4, p.35에 그 명단이 나와
있는데 조선인은 대부분 창씨명이다. 그리고 이 명단은 어디까지나 1941년 4월
현재의 것이고 이후 인사이동에 따라 변경되었을 수 있다. 그러나 구성원의 성격
까지 변하지는 않았다고 보아야 한다.
90) 學務局 社會敎育課 靑年敎育係의 分掌事務는 청년단, 청년훈련소, 중견청년수련
소 등에 관한 것이었다. (위의 자료, p.16)
91) 『朝鮮總督府及所屬官署職員錄』 1940, 7月2日以降10月10日迄ノ主ナル移動, p.2

子가 있었다. 그리고 총독부 관료로는 信原聖 문서과장과 奧村重正 재
무국 司計課長 등이 있었고 기획부 촉탁인 현역 육군 중좌 山之內二郎
도 청년단 參與로 활동하였다. 그리고 모두 10명인 전문위원에는 식산
국 수산과 기사인 加藤鼎 같은 총독부 관리와 더불어 李淑鍾(宮村淑
鍾), 任淑宰(豊川淑宰), 宋今璇(福澤玲子) 등이 있었다. 이들은 女高 교
장이나 女專 교수로서 이후 臨戰報國團 같은 친일단체에서 활동하는
인물들이었다. 조선청년단 역원에는, 청년단 정책을 뒷받침하기 위해
총독부 간부들과 관료, 軍 관계자들이 포진하고 있고 거기에 친일지식
인들이 가담하고 있는 것이다.[92] 이러한 구성은 당시 일제의 통치정책
에서 차지하는 청년단의 비중을 말해준다고 할 수 있다.

결국 이러한 조직체계와 역원 구성으로 조선청년단은 결성되었고,
청년부 300만, 여자부 100만, 소년부 200만, 도합 600만 명의 대규모
조직을 표방하게 되었다.[93] 재학 중이지 않은 모든 청소년·청년을 망
라한다는 방침에서 나온 결과였다. 그런데 실제 그 정도 규모에는 미

---

92) 조선청년단 역원의 직책이나 활동단체, 본명 등은 『朝鮮總督府及所屬官署職員錄』
1940, p.1, 5, 6, 10, 13, 16, 17, 35와 林鍾國, 『日帝侵略과 親日派』, 靑史, 1982,
p.392, 398, 404, 407, 그리고 林鍾國, 『일제하의 사상탄압』, 평화출판사, 1985,
p.199 등에서 참조하였다.
그리고 역원명단에는 안 보이지만 또 하나 주목해야 할 인물은, 『國民總力』誌에
서 조선청년을 '대표'하여 鹽原 조선청년단장과 대담하고 있는 上田龍男이다. 그
는 본명이 李泳根으로 1914년에 출생하여 1938년 연희전문을 졸업하였는데, 대일
본연합청년단 본부에서 촉탁으로 활동한 바도 있으며 綠旗聯盟 강사 등을 하며
일본주의 청년운동에 열성적이었던 인물이다. (宮田節子, 「「內鮮一體」の構造」,
『朝鮮民衆と「皇民化」政策』, p.187 주 50) 및 임종국, 『실록 친일파』, 돌베개, 1991,
pp.120~121, 그리고 김삼웅, 『친일파 100인 100문』, 돌베개, 1995, p.101) 이런 그
의 행적으로 보아 청년단과 어떤 식으로든 깊은 관계를 맺고 있었다고 생각된다.
93) 『朝鮮社會敎育要覽』, p.33.
한편 일제는 靑年團의 服裝까지 새로 정하여 靑年部員은 國民服 乙號로 하고 女
子部員의 복장도 따로 정하였으며 少年部는 남녀별로 청년부와 여자부에 준하도
록 하였다.(위의 자료, pp.37~38)

치지 못하고 있으나 이전에 비해 규모가 훨씬 커지게 된 것은 사실이다. 이것을 다음 <표 4>에서 살펴보기로 하겠다.

〈표 4〉 朝鮮靑年團의 團體와 團員 現況[94]

구분		연 월	1941. 8	1942. 8	1943. 8
청년단수	道 청년단		13	13	13
	府 청년단		20		21
	郡 청년단		218	240	218
	島 청년단		2		2
	邑 청년대		74	106	114
	面 청년대		2,277	2,222	2,211
	單位 청년대		2,939	3,158	3,245
청년단원수	청년부	제1반 조선인	**57,931**	**92,799**	**136,484**
		제1반 일본인	3,246	4,385	3,383
		제2반 조선인	709,286	676,380	636,359
		제2반 일본인	8,492	5,679	4,989
		제3반 조선인	862,341	820,124	745,559
		제3반 일본인	15,184	8,447	6,002
		소계 조선인	**1,629,558**	**1,589,303**	**1,518,402**
		소계 일본인	26,922	18,511	14,374
	여자부	조선인	**534,475**	**496,277**	**510,728**
		일본인	18,637	12,241	(10,526)
	소년부	조선인	**480,934**	**421,649**	**(389,301)**
		일본인	749	323	244
	계	조선인	**2,644,967**	**2,507,229**	**2,436,737**
		일본인	46,308	(31,080)	25,146

위의 표를 보면 조선청년단이 결성된 1941년에 이미 道 및 府・郡・

94) 『朝鮮年鑑』 1943년도판 pp.557~558, 44년도판 pp.462~463, 45년도판 pp.316~317에서 참조하였다. 합계가 잘못된 것은 다시 계산하였으며, 확인이 어려운 것은 괄호로 묶어 처리하였다.

島에서 청년단 개편이 거의 완결되고 있고 邑・面・單位 청년대의 수 역시 상당수에 이르고 있다는 것을 알 수 있다. 그리고 청년부 약 163만, 여자부 약 53만, 소년부 약 48만 등 모두 약 264만 명의 조선인 단원을 조직하고 있다. 그 외 일본인이 극소수의 비율을 차지하고 있을 뿐이다.[95] 그 이후 단원수는 약간씩 감소하고 있으나 여전히 약 250만 명 정도의 대규모 조직을 이루고 있다.[96] 그런데 특히 단위 청년대의 數와 청년훈련소 생도로 구성된 청년부 제1반의 數는 꾸준히 증가하고 있다. 일제의 청년대와 청년훈련소 강화정책은 계속되었던 것이다.

2. 朝鮮靑年團의 戰時體制 動員

일제는 國民總力運動을 추진하면서 그 3대 실천요강으로 思想의 統一, 國民總訓練, 生産力 擴充[97]을 내걸었다. 朝鮮靑年團의 결성 또한 그러한 원칙에 입각한 것이었다. 전 청소년・청년을 망라하면서 그 지도기준으로, 皇國臣民의 性格 鍊成, 內鮮一體生活의 馴致, 國防國家體制에 卽應하는 心身의 鍛鍊, 生産力 擴充의 實踐 등을 내건 것이 그것을 말해준다.[98]

사실 전시동원체제가 강화되면서 황국신민의식으로 무장된 人的 資源의 중요성은 더욱 높아졌다고 할 수 있다. 많으면 많을수록 좋은 그

---

95) 일제는 조선청년단을 결성하면서 기존의 일본인 청년단과 조선・일본인 혼합청년단 등을 모두 조선인 청년단과 통합하였다. 청년단의 內鮮一體를 추진한 것이다.

96) 그런데 이렇게 단원수가 늘어난 상황이라면 이전에 비해 아무래도 통제・지도하는데 어려움이 있을 수밖에 없다. 일제도 이 점을 인정하면서, 1942년 5월에 각 道에서 3개씩 도합 39개의 청년대를 이른바 指定優良靑年隊로 선정하여 道 靑年團에서 직접 지도하기도 하였다. 그 청년대들을 전 청년대의 모범이 되게 하고 이를 통해 모든 청년대를 지도・훈련한다는 취지에서였다.(『每日新報』 1942. 2. 5 참조)

97) 朝鮮總督, 「上奏書」, 앞의 자료.

98) 『官報』 1941. 1. 16, 官通牒 제3호 《靑年團ノ組織竝ニ指導ニ關スル件》

인적 자원 가운데 일제가 國家發展의 中核이자 推進力으로 보고 있던 것은 물론 청년층이었다.[99] 그것은 그만큼 동원의 가치가 컸기 때문이다. 그런데 태평양전쟁기에 청년층의 그 가치는 징병제문제에서 정점에 달하는 것이었다. 그리고 조선청년단은 그 중심에 위치하고 있었다.

일제는 1942년 5월에 1944년부터 조선에 징병제를 실시한다고 정식으로 공포하였다.[100] 조선인의 완전한 황민화가 징병제의 전제조건이었지만 태평양전쟁의 발발은 '한가하게' 그런 것을 따질 여유를 주지 않았다. 이미 중일전쟁 때부터 심각해지고 있었던 일본군의 병력부족문제는 시간이 갈수록 깊어졌기 때문이다. 이것을 일본의 육군대신은 다음과 같이 고백하고 있다.

> … 支那事變 발발 이래 帝國 陸海軍兵力의 유지에도 이미 곤란을 느끼기에 이르렀다. … 大東亞戰爭의 진전과 더불어 帝國의 防衛圈은 비약적으로 확대되고 또 세계정세의 진전에 卽應하여 더욱 陸海軍의 兵備 충실을 필요로 하며 … 唯一의 방법은 兵員取得 母體의 확대에 있다. 그것을 위해 朝鮮, 臺灣에서 特別志願兵制度의 활용을 고려해왔지만 本制度에 의하여 기대할 수 있는 兵員에도 역시 限度가 있기 때문

---

99) 「朝鮮の靑年鍊成に就て」, 『朝鮮』 1942. 12, p.27 참조.

100) 징병제는 태평양전쟁의 개전과 거의 궤를 같이하여 陸軍省 軍務局 軍事課를 중심으로 구체화되어 입안되었다. 그런데 그 결정은 총독부 당국자들도 놀랐을 정도로 전격적인 것이었다고 한다.(宮田節子, 「徵兵制度の展開」, 앞의 책, pp.97~103) 최유리 역시 징병제 공포가 '갑작스럽게' 이루어진 것이라고 하고 있다. (앞의 논문 p.143) 그러나 조선청년단의 결성에 관한 통첩이 나온 것과 비슷한 시기인 1941년 1월 30일 일본의 東條 陸軍大臣은 의회에서 조선에 징병제를 실시하는 문제를 고려하고 있다고 언명하고 있다.(『每日新報』 1941. 1. 31) 물론 이 언명이 구체적으로 언제부터 징병제를 실시할 것인가 하는 문제까지 담고 있다고 생각되지는 않는다. 그러나 지원병제도를 처음 제정할 때처럼 징병제가 '수십 년 후의 일'로 남아있지 않았던 것도 분명하다고 여겨진다. 일제는 이미 징병제 조기 실시의 필요성을 피부로 느끼고 있었고, 전 청년을 망라하는 조선청년단의 결성은 그에 대한 준비의 성격이 처음부터 있었다고 판단된다.

에 ... 朝鮮人에 대한 徵兵制 시행을 요하는 까닭이다. ...101)

이렇게 실시 이유가 절박했던만큼 그 준비도 '필사적'일 수밖에 없었다. 어떤 수단과 방법을 동원해서라도, 1944년부터 징병 적령인 20세가 되는 청년부 제1반과 2반의 청년들을 황민화시켜야만 했던 것이다.102)

우선 일제는 청년훈련소의 확충을 가속화하였다. 1945년을 완성연도로 모두 2,728개를 설치한다는 계획을 수립, 시행한 것이다. 그리고 그 해부터는 公·私立 青年訓練所 모두를 青年學校로 개조하여 의무제로 실시한다는 방침을 정하였고, 조직을 완비하여 약 90만의 청년을 수용한다는 계획을 세웠다.103) 한편 군사훈련의 강화를 위한 방편으로, 생도수가 많은 100개 훈련소를 선정하고 여기에는 전역 군인을 專任職員으로 배치하였다.104) 청년훈련소의 강화는 일제가 그 생도들을 중등학교 이상의 재학생과 더불어 徵兵制 시행 초기의 가장 중심적인 병력자원으로 보고105) 더욱 관심있게 추진한 것이었다.

그러나 모든 청년을 군대로 끌고 가는 징병제를 위해서는 초등학교 졸업자들을 대상으로 하는 청년훈련소만으로는 한계가 있을 수밖에 없었다. 따라서 일제는 청년부 2반의 청년들, 즉 초등학교를 제대로 다니

---

101) 「陸軍大臣閣議説明案」, 1942. 2, 『大野文書』 1279-3
102) 한편 학교교육에서는 교련의 강화가 추진되었다. 일제는 《學徒의 軍事教育強化要綱》을 제정하고 滑空, 機甲, 通信訓練도 시행하였다.(「第86會帝國議會説明資料」, 앞의 자료, pp.600~601) 그리고 "皇軍으로서의 기초적 皇民鍊成"을 조선의 모든 아동들에게 실시하기 위한 초등학교 의무교육도 1946년부터 시행하기로 하고 그 첫해의 목표 취학률을 남자는 90%, 여자는 50%로 정하였다.(「教育より見たる朝鮮の將來」, 1943. 12, 『大野文書』 1416-613)
103) 「第86會帝國議會説明資料」, 앞의 자료, pp.640~641.
104) 『每日新報』 1942. 3. 4.
105) 「道知事會議に於ける總督訓示要旨」, 『朝鮮』 1942. 11, p.13 참조.

지 못한 청년들에 대한 별도 교육시설의 설치를 추진하였다. 1942년 11월 朝鮮靑年特別鍊成令을 공포하여 靑年特別鍊成所를 설치한 것은 그래서 나온 것이었다.

연성소 또한 청년훈련소와 마찬가지로 초등학교에 부설된 공립과 사업장 등에 설치된 사립으로 나뉘었는데 그 대상은 미취학자 가운데 17세 이상 21세 미만이었다. 그리고 일본어와 정신훈련, 교련 등 연간 600시간 이상을 도시에서는 야간, 농촌에서는 주로 농한기를 이용하여 교육하였다. 그 이유는 물론 연성 대상자들 대부분이 이미 농업이나 상공업 등에 종사하는 노동청년이기 때문에 生産活動에 차질이 생기지 않도록 하기 위해서이다.106) 그리고 청년훈련소가 普通科 2년에 450시간, 本科 4년에 700시간인 점에 비해 연성소의 교육시간이 많은 것은 그 대상자들이 미취학자이므로 단기간에 효과를 올리기 위해서라도 강도 높은 교육이 필요했기 때문이다.

징병제를 위한 응급적인 조치였던 청년특별연성소는 그만큼 빠르게 확충되었다. 1942년 말까지 설치한 연성소는 공립 715개, 사립 37개였는데 1943년 4월 1일까지 공립은 1,920개, 사립은 26개가 추가되어107) 불과 석 달 동안 무려 3배 가까운 증설을 보인 것이다. 그리고 일제는 정당한 사유없이 연성을 받지 않을 때에는 拘留 혹은 科料에 처한다는 조항을 두어 그 교육을 강제하였다.108)

이렇듯 일제는 청년부 1·2반의 청년들에 대한 징병예비교육을 위해 청년훈련소와 청년특별연성소를 설치, 강화한 것이다. 특히 청년특별연성소의 경우 그 대상자들은 청년단에서 가장 '열등한 자'이므로 이들을 교육한다는 것은 청년단 자체를 강화하는 것이라고도 하고 있었다.109)

---

106) 「鍊成する朝鮮」, 앞의 자료, pp.732~735 참조.
107) 『朝鮮年鑑』 1944, p.464 靑年特別鍊成所狀況表 참조.
108) 『朝鮮』 1942. 11, p.101 참조.

290

그리고 다음과 같이 세 기관의 연관성을 강조하였다.

> … 青年訓練所, 青年團, 青年特別鍊成所의 세 기관이 상호 긴밀한 관
> 계하에 유기적으로 일체가 되어 그 鍊成目標를 徵兵制 實施의 完璧을
> 기하는 한 점으로 집중하여 鍊成의 성과를 드높이는 데 노력하고 있다.
> …110)

　여기서 말하는 鍊成은 精神訓練과 軍事訓練은111) 물론이었고 특히
日本語 교육에 많은 비중이 두어진 것이었다. 모든 명령이 일본어로
이루어지는데다가, 일본인 병사와 함께 생활할 조선 청년들이 일본어
를 모르는 상황이라면 병력으로 통솔하는 데 문제가 있을 수밖에 없기
때문이다.112) 일본어 교육을 위해 青年訓練所를 철저하게 이용할 것을
朝鮮軍에서 강조한 것이라든지113) 青年特別鍊成所 600시간의 교육시간
가운데 일본어가 400시간을 차지하고 있는 것이 그러한 사정을 말해준
다. 단위 青年隊에서도 마찬가지였다. 예를 들어 咸鏡北道에서는 國語
全解運動(일본어 보급운동 -필자)을 추진하면서 청년대에서 일본어 강
습회를 개최하고 훈련이나 會合 때도 일본어를 사용하게 하며 일본어
숙제를 부과하는 등의 정책을 편 것이다.114)

---

109) 「朝鮮の青年鍊成に就て」, 『朝鮮』 1942. 12, p.33 참조.
110) 「鍊成する朝鮮」, 앞의 자료, p.735~736.
111) 일제는 조선청년단을 결성하면서 군사훈련을 강조하고 있는데 교련, 國防競技,
　　 야영행군을 실시하도록 하는 한편 자동차 운전과 활공기 조종훈련의 중요성까지
　　 언급하고 있다.(『朝鮮社會敎育要覽』, p.35 및 「青年團と皇國臣民敎育」, 『朝鮮』
　　 1942. 2, p.45)
112) 최유리, 앞의 논문, pp.112~114.
113) 朝鮮軍司令部, 「甲委員會第1會打合事項」, 1942. 4, 『大野文書』 1204-1.
　　 그런데 여기에는 청년훈련소가 '青年學校'라고 표기되어 있는데, 조선에서는 일
　　 제가 패망할 때까지 청년학교제는 시행되지 않았다.
114) 「咸鏡北道管內狀況」, 1942, 『大野文書』 1203-260.

　그런데 일제는 일본어 보급정책을 추진하면서 하나의 주의사항을 달
았다. 그것은 일본어와 징병과의 관계를 결코 드러내지 말라는 것이었
다.

　　　國語普及 방책의 실시는 일반 官民에 대하여 徵兵制度 실시의 전제
　　인 것 같은 인상을 주지 않도록 그 실시 방법에 있어 특히 주의할 것.
　　(國語와 徵兵과의 관계의 노골적인 표현은 國語의 普及을 방해하는 결
　　과를 초래할 염려가 없지 않다. 統治上으로부터도 주의를 요한다.)115)

　즉, 조선 청년들이 일본어를 잘해야 징병제가 원만하게 이루어질 수
있다는 것을 드러내면 오히려 일본어 보급이 어려워진다는 것이다. 일
본어를 못하면 징병이 안 되는 것이라는 '오해'가 생기면116) 조선 청년
들이 일부러 일본어를 열심히 안 배우거나 모르는 것으로 위장할 수
있기 때문이다. 그런데 바로 이런 점 때문에 조선군에서는 일본어를
모른다고 해서 현역으로 징집하지 않을 수는 없다고 토로하고 있다.117)
　이와 같이 징병제를 위한 것 외에도 조선청년단은 後方의 戰時動員
體制를 위해서도 필요한 것이었다. 일본어 보급문제만 하더라도 청년
들 자신의 일본어 숙달에 그치는 것이 아니었다.

　　　中堅層을 전부 망라한 청년단원의 國語解得은 本運動(일본어보급운
　　동-필자) 추진상 무엇보다 효과적일 수 있으므로 먼저 그들의 全解常用
　　을 企圖 실시함으로써 점차 그들로 하여금 다른 일반 未解得者의 해소
　　에 기여하게 할 것118)

---

115) 朝鮮軍司令部,「第2會甲委員會打合決定事項」, 1942. 4,『大野文書』1204-2.
116) 「朝鮮總督府政務總監事務引繼書」, 1942. 6,『大野文書』1211-43.
117) 「朝鮮人徵集ニ關スル具體的研究」, 1942,『大野文書』1279-5.
118) 「咸鏡北道管內狀況」, 앞의 자료.

즉, 청년단원들은 다른 일반 민중들에게 일본어를 보급하는 임무까지 지녀야 했던 것이다. 그리고 이런 임무는 일본어 보급 외에도 國民總力運動 전반에 걸친 것이었다. 가령 光州靑年團에서는 청년대 조직과 총력연맹 하부의 愛國班 조직을 결합시켜 활동하게 하면서 대원들로 하여금 町內의 청소, 防犯當番, 傳令, 町常會場의 준비, 國民保健體操 지도, 근로봉사작업, 遺家族 위문, 神社費 징수 등을 하게 한 것이다.[119]

그런데 이러한 청년단의 활동 가운데 가장 두드러진 것은 戰時生産力 擴充을 위한 것이었다.[120] 즉, 청년단원들은 강제동원에 의한 일제의 노동력 수탈정책의 주요 대상이었던 것이다.

일제는 1938년 5월 國家總動員法을 조선에 공포하여 조선인의 강제동원을 법적으로 보장하고 있었다. 그리고 국민총력운동을 전개하면서 그 동원체제를 더욱 강화해 나갔다. 이것은 1930년대 말부터 농촌에서 노동력 부족현상이 빚어지고 이에 따라 농촌 노동력에 의존하고 있는 다른 산업에서도 노동력 부족사태가 생기고 있었기 때문이다. 일제는 노동력 수요의 충족을 위해 강제동원의 방식을 취한 것인데, 募集이나 斡旋, 徵用 등이 그것이었다. 그리고 이것이 정규 노동력을 조달하기 위한 것이었다면 단기간의 동원을 위해서는 勤勞報國隊를 조직하였다.[121]

이미 앞서 언급했듯, 연합청년단 시절부터 청년단은 근로보국대로

---

119) 熊谷亨(光州靑年團 副團長), 「總力運動と靑年運動」, 『國民總力』 1942. 10, pp.41~43.

120) 일제는 生産力 擴充의 실천이 청년단의 要目 중 중대한 의의를 갖는 것이라고 하고 있다.(『朝鮮社會教育要覽』, p.36)

121) 許粹烈, 「朝鮮人 勞動力의 强制動員의 實態 - 朝鮮內에서의 强制動員政策의 展開를 中心으로-」, 車基璧 편, 『日帝의 韓國植民統治』, 정음사, 1985, pp.299~317 참조.

조직되고 있었다. 그러나 이 단계의 근로보국대는 아직 정신교육적 성격이 강한 것이었고, 1939년 후반기부터 1941년에 걸쳐 본격적인 노동력 동원방법으로 추진되었다.[122) 이 시기에 일제가 靑年隊 生産報國運動을 벌인 것은 그 추진과정에서 나온 것이었다고 할 수 있다.

일제는 1941년 4월부터 대대적인 靑年隊 生産報國運動을 실시하였다. 그리고 그 실행을 위해 각 급 청년단과 청년대에 生産報國指導委員會를 구성하여 여기서 모든 청년단원의 동원을 지도하게 하였다. 또 전국 13道를 農山村, 漁村, 都市의 세 지역으로 나누고 각각의 靑年部, 女子部, 少年部의 작업내용을 규정하였다. 그 내용은 荒蕪地 개간이나 산업도로 신설, 軍需用 농축산물의 增産供出, 共同耕作地의 경영, 防波堤 수리, 漁場 정리, 燈臺 설치 등을 비롯하여 사실상 모든 작업에 걸쳐 있었는데 지방 실정에 따라 몇 가지를 선정하여 시행하도록 하였다. 그리고 실시방법에 있어서는 매월 1회 이상 실시할 것과 모든 청년대원들을 빠짐없이 참가시킬 것을 강조하였다.[123) 즉, 동원의 정기성과 강제성이 강화되는 등 근로보국대 형식의 노동력 동원이 한층 강하게 이루어지고 있는 것이다.

이같은 과정을 거쳐 1941년 9월 國民皆勞運動이 시작되면서 근로보국대는 본격적으로 조직되었다. 일제는 이 운동을 추진하면서 靑年團은 물론 학교, (國民總力)町·洞·里·部落聯盟마다 근로보국대를 조직하도록 하고 연령의 범위는 남자 14세 이상 40세 미만, 미혼여자 14세 이상 25세 미만으로 하였다.[124) 청년단에 포괄되지 않는 사람도 근로보국대에 들어가고 있으나, 학교에서 조직된 것이 아닌 일반인 근로보국대의 경우 중심축은 역시 청년단에 있었다고 할 수 있다. 연령상으로

---

122) 허수열, 앞의 논문, pp.333~335.
123) 『朝鮮』 1941. 4, pp.96~98 및 『每日新報』 1941. 3. 21.
124) 「第77回帝國議會說明資料」, 『大野文書』 1226-901.

도 그렇거니와 全南에서 皆勞運動을 내세우며, 농촌노동력의 부족을 상쇄하기 위한 共同耕作에 단위 청년대를 分隊로 나누어 투입하고 있는 것 또한 그 예일 것이다.[125]

그런데 청년단원들에 대한 일제의 노동력 수탈정책은 근로보국대 같은 것에 국한된 것이 아니었다. 그것은 청년훈련소 수료생들이, 일제가 별도로 설치한 勤勞訓練所의 수료자들과 더불어 해외 徵用의 우선적 대상이 되기도 하였던 것에서 알 수 있다.[126] 그리고 1944년 2월부터는 여성의 징용을 위해 女子靑年鍊成所를 설치하여, 초등학교를 못다닌 만 16세의 미혼여성을 대상으로 國體觀念과 일본어를 교육하였다.[127] "여자청년연성소의 취지를 오해하여 여자징용의 전제조치라는 등 허무한 소리"가 있고 이는 "근거없는 곡해"[128]라고 일제가 일부러 밝힐만큼 그 의도는 명백한 것이었다.

그리고 이렇게 청년들을 강제동원하는 한편 일제는 청년들에게 皇國勞務者가 될 것을 요구하고 있었다. 이것은 특히 청년훈련소와 청년특별연성소의 교육에서 구체적으로 나타나고 있다.

　… 또 국가에 봉사하여 聖業을 翼贊하여 받드는 것은 병역 다음으로

---

125) 『每日新報』 1942. 2. 10.
126) 「朝鮮各道に勤勞訓練所を設置する件」, 1942, 『大野文書』 1252-12 참조.
　　　일제가 설치한 勤勞訓練所는 각 道와 邑·面마다 하나씩, 그리고 府에는 하나 이상 만들어진 것이었다. 훈련항목은 근로작업, 학과, 교련으로 "진정한 근로사상, 국어의 習熟, 단체적 紀律의 철저를 꾀하고 근로에 적응하는 심신을 단련"시키기 위한 것이었다. 그리고 여기서 배출하는 인원은 道 훈련소의 경우 연간 만 명, 府·邑·面 훈련소의 경우 2,400개소에서 연간 15만 명이 계획되었다. 그런데 이 근로훈련소는 청년훈련소와 상호 보완관계에 있는 것이기도 하였다. 청년훈련소 수료자는 근로훈련소 입소 의무를 면제한다거나 청년훈련소 직원과 근로훈련소 직원은 상호 兼務거나 連絡援助하게 한 것이다.
127) 『朝鮮』 1944. 3, pp.92~94.
128) 『半島の光』 1944. 5, p.21.

중요한 責務이기 때문에 그들 청년에 대하여 진실로 근로관념을 체득하게 하고 皇國勞務者로서의 資質의 鍊成을 기하는 것도 역시 극히 중요한 것이어서 이러한 국가적 요청에 따라 생긴 것이 이 청년특별연성소이다. …129)

皇國勞務者란 황국신민의식으로 무장하여 일제의 生産力 增强戰에 헌신하는 노동자를 뜻하는 것이다.130) 즉 일제는 청년훈련소와 연성소의 교육을 통해 그런 황국노무자를 양성한다는 것이다. 그것은 강제동원을 합리화하는 한편 生産力 擴充을 위해, 농촌이나 공장 등에서 일하는 청년들에게 장시간·저임금(또는 무임금)의 노동을 강제하기 위한 것이었다고 할 수 있다.

결국 이렇게 일제 말기 조선의 청년들은 병력과 노동력이라는 두 짐을 어깨에 짊어지고 있었던 것이다. 그리고 그들은 청년단, 청년훈련소는 물론 청년특별연성소, 근로훈련소, 여자근로정신대, 근로보국대 등을 통해 이중삼중으로 묶이는 구조에 놓여 있었다. 국가권력이 만든 그 구조 하에서 청년들은 대부분 어쩔 수 없이 일제의 인력동원정책에 이끌려간 것이다.

그러나 청년들은 일제의 동원정책에 '반발'하고 있었고 그것은 중일전쟁기의 청년단보다 더했다고 볼 수 있다. 물론 그 시기에 청년단의 精銳라고 불려진 사람들은 이후에도 계속적으로 존재했겠지만 그때는 그나마 청년단원들이 중견청년으로 길러진 '소수'였던데 비해, 이제 단원의 폭이 무차별적으로 확대된 상황에서 그 대다수 단원들에 대해서는 오직 강제성만이 관철되었기 때문이다. 실제로 일제는 靑年隊 生産

---

129) 「鍊成する朝鮮」, 앞의 자료, p.732 (인용문은 청년특별연성소 항목에서 따왔으나 청년훈련소 항목에도 비슷한 내용이 언급되어 있다.)
130) 위의 자료, pp.734~735 참조.

報國運動을 추진하면서 '단체행동에 따르지 않는 자'는 특히 참가시켜 지도할 것을 명시하고 있다.[131] 단체행동에 따르지 않는, 즉 눈에 보이는 '반발'이 문제가 될 정도였다면 눈에 보이지 않는 '내면의 반발'이 어떠하였을지는 짐작할 수 있는 문제이다. 그리고 일제가 그렇게 교육을 시키고 징병으로 끌고간 청년들조차 대다수가 일본어를 몰랐으며 도망자도 속출했다.[132] 이 또한 일제의 강제동원정책에 대한 조선 청년들의 응답이었다고 할 수 있다.

Ⅳ. 맺음말 - 황민화정책의 유산과 관련하여

지금까지 중일전쟁 발발 후 일제 말기의 청년동원정책에 대해 青年團과 青年訓練所를 중심으로 살펴보았다. 본고를 맺기 위하여 우선 지금까지 다룬 내용을 간략히 정리해보기로 하겠다.

1930년대부터 일제는 청년층을 체제협력자로 만드는 정책을 본격적으로 추진하였다. 주로 초등학교 졸업생을 대상으로 한 中堅青年의 양성이 그것이었다. 이를 위해 일제는 '卒業生 指導'라든가 農村青年訓練所 설치 등의 정책을 펴나갔다. 1936년부터 본격화한 청년단정책도 중견청년의 조직화라는 의도에서 비롯된 것이었다.

이후 중일전쟁이 발발하자 일제는 청년단의 전시체제동원을 확대하기 위해 그 강화를 꾀하였다. 초등학교 미졸업자까지 망라하여 단원을 확충하고 道聯合青年團과 朝鮮聯合青年團을 결성하여 官의 통제를 강화한 것이다. 그리고 청년단원들을 勤勞報國運動이나 각종 노역, 防空

---

131) 『朝鮮』 1941. 4, p.98.
132) 宮田節子, 「徵兵制度の展開」, 앞의 책, pp.122~123 참조.

및 경찰보조활동 등에 동원하였다. 일제는 또한 청년단원 가운데 핵심
적인 인물들을 양성하는 한편 이들을 중심으로 國民精神總動員運動의
보급도 추진하였다.

　원래 조선에 있는 일본인 청년을 훈련하기 위하여 만들어졌던 청년
훈련소도 중일전쟁기에 들어와 조선인의 수용이 강조되면서 대대적으
로 확충되었다. 그것은 중등학교를 대체하여 조선 청년들에게 황민화
교육을 실시하는 한편 당시 추진하고 있던 志願兵制度를 뒷받침하기
위한 것이었다. 즉 청년훈련소의 교육을 통해 지원병 응모자의 황민화
정도를 높이고 이들을 진정한 皇國軍人으로 만들고자 한 것이다. 그러
나 일제의 그러한 기대는 제대로 충족되지 못하였다.

　태평양전쟁기에 들어서 일제는 高度國防國家를 표방하며 國民總力聯
盟을 결성하는 등 전시체제를 더욱 강화하였다. 그리고 청년단 또한
개편하여 재학 중이지 않은 모든 청소년·청년을 포괄하는 朝鮮靑年團
을 결성하였고 단위 청년단의 이름은 靑年隊로 바꾸었다. 여기에 청년
훈련소도 통합되었는데 청년훈련소 생도들은 청년대의 靑年部 1반으로
편입되었다. 그외에도 청년부 2반과 3반이 있었고, 기존의 女子靑年團
이 개편·통합된 女子部와 少年部가 조직되었다. 이러한 3部체제와 더
불어 지역체계에도 일정한 변화가 이루어졌다. 邑·面靑年隊가 추가된
것이다. 또 직장단위의 청년대도 만들어졌다. 이러한 개편을 통해 조선
청년단은 약 250만 명의 대규모 조직을 이루게 되었고, 그만큼 일제가
전시체제에 조직적으로 동원할 수 있는 대상은 확대되었다.

　이미 그 결성부터 징병제 준비의 성격이 있었던 조선청년단은 태평
양전쟁이 발발하고 일제가 징병제를 정식으로 공포하자 그 중심적인
위치에 있게 되었다. 청년부 1반을 이루는 청년훈련소의 확충이 가속
화되고, 청년부 2반의 단원들을 대상으로 한 靑年特別鍊成所가 설치된

것이다. 그리고 일제는 청년단, 청년훈련소, 청년특별연성소의 유기적 연관 속에 그 구성원들에 대해 징병예비교육을 실시하였다. 그 교육 가운데 가장 중심이 되었던 것은 군사훈련과 더불어 일본어 교육이었다.

한편 일제는 청년단원들을 일반 민중들에 대한 일본어 보급에도 동원하였고, 특히 生産力 擴充을 위한 강제동원의 주 대상으로 하여 그 노동력 수탈을 강화하였다. 勤勞報國隊와 靑年隊 生産報國運動이 그 예라고 할 수 있다. 徵用 또한 마찬가지였다. 게다가 청년들에게 皇國勞務者가 될 것을 요구하여 강제동원을 합리화하는 한편 노동강도를 높여나갔던 것이다.

이와 같은 고찰이 물론 일제의 청년동원정책 전부를 설명하는 것은 아니다. 우선 주로 청년단과 청년훈련소에 그쳐 있고 그것도 자료의 한계 등으로 인해 구체적인 실상을 담지는 못하고 있기 때문이다. 본고는 다만 그 일단을 밝히는 것이고, 앞으로 동원문제뿐만이 아니라 일제의 청년정책에 대한 전면적인 검토가 있어야 될 것으로 여겨진다.

1920년대 일제의 통치정책이 조선인을 '분할통치'하는 민족분열정책이었다면 1930년대 이후 특히 중일전쟁 이후 일제의 조선인 정책은 이른바 皇國靑年의 양성이 그 핵심이었다고 생각된다. 청년층을 체제의 틀 안에 묶어두면서 통치체제에 무비판적인 사람으로 만드는 일은 장기적으로는 식민지체제의 영속성을 보장할 수 있는 문제이기도 하였기 때문이다. 게다가 戰時라는 상황은 그런 황국청년들의 육성과 동원의 필요성을 더욱 절실하게 만드는 것이었다. 따라서 이것이 일제말기 황민화정책의 가장 중심적인 내용이 되었던 것이다.

본문에서 언급한대로 당시 조선 청년들이 일제의 황민화 및 전시동원정책에 완전히 따라간 것도 아니었고, 일제의 패망으로 그 정책은 결과적으로도 실패했다고 할 수 있다. 그러나 황민화를 통한 일제의 청년동원정책이 우리에게 부정적인 유산으로 남았다는 것을 부인할 수 없는 것 또한 사실이다.

복합적인 인력수탈 구조 속에 놓여 숱한 교육과 동원의 과정을 치러야 했던 청년들이 적어도 내면적으로, 그러나 분명히 '반발'(저항으로 부를 수는 없어도)한 것은 사실이다. 그런데 솔직히 이것은 당연한 것이라 할 수 있다. 누구라도 자신의 의지나 생활과 직접적인 관련이 없는 일을 강제로 하게 되었을 때 기꺼울 수는 없기 때문이다. 결국 이러한 '반발'은 조선인이 끝내 일본인이 될 수는 없는 황민화정책의 모순을 보여주는 것일 뿐, 조선 청년들이 황민화 이데올로기와 파시즘 세계관에 물들지 않았다는 것을 말해주는 것은 될 수 없다. 準軍事組織과도 같은 청년단체계 속에 묶여 있는 상황에서, '즉자적 반발'은 가능할지 몰라도 그 체계를 뛰어넘어 사고할 수 있는 의식의 발전은 사실상 이루어내기 힘들기 때문이다. 일제로부터 精銳라고 불린 청년단원들의 존재는 그러한 양상이 당시의 현실에서 이미 구체화된 것이었다고 할 수 있을 것이다.

이러한 문제는 기존 논고에서 이미 지적된 바도 있지만 앞으로 구체적인 사례를 통해 좀더 철저하게 입증되어야 하리라고 본다. 왜냐하면 단지 지식인들의 친일문제만이 아니라, 無學이나 초등학교 졸업 정도의 일반인들의 '변질'에 대한 인식을 위해서 필요한 일이라 생각되기 때문이다. 이것은 식민지 유산의 진정한 극복을 위해서라도 반드시 짚고 넘어가야 할 문제 가운데 하나인 것이다.

미국의 對韓軍事援助政策과 한국전쟁

李 熙 眞[*]

Ⅰ. 머리말

해방후 대한민국은 군사·경제문제 등을 스스로의 능력으로 해결하기에는 역량이 부족했다. 외국의 원조에 문제해결의 상당부분을 의존하게 된 것도 이 때문이다. 그 결과 부분적인 문제해결에 있어서는 성과가 있었을 수도 있으나 어떤 측면에서는 문제해결의 주도권을 원조제공국가에 내주기도 했다. 그 중에서도 군사원조 부분은 특별한 의미를 가진다. 독자적인 군사력을 갖추기가 불가능했던 대한민국은 미국의 원조에 전적으로 의존하던 상태였다. 이는 미국의 의도에 따라 대한민국의 방위력이 좌우될 수 있음을 의미한다. 특히 이 문제는 한국전쟁

─────────────
* 서강대 사학과 강사

과 거의 직접적으로 연결되는 사안이기 때문에 그만큼 면밀한 검토가 필요하다. 이 원조의 성격이 역으로 분단초기 미국의 대한정책과 한국 전쟁의 기원을 아울러 설명해 줄 수 있는 단초가 될 수 있기 때문이다.

그동안 많은 연구가 축적되어 온 것도 이러한 중요성 때문일 것이다. 그렇지만 기존연구에서 연구의 초점을 군사원조 자체만, 그것도 규모나 금액같이 양적인 측면과 제공과정 등에만 국한시켜 온 것은 아쉬운 점이라 생각된다. 그 결과 이 사안을 주목해온 이유, 즉 한국전쟁의 발발과 제대로 연계되어 설명하는데 문제를 야기할 수밖에 없었다. 특히 한국전쟁을 전후로 한 미국의 모순된 태도가 설명되지 않는다. 한국전쟁 전 미국의 대한군사원조 동향을 보면 미국은 전략적으로 한국을 포기하려는 듯한 태도를 보이고 있다. 반면 막상 한국전쟁이 발발한 후에는 신속하고 적극적인 개입을 했다. 이렇게 얼핏 보기에 상호간에 모순이 되는 현상을 이해하기가 어렵게 된다는 것이다.

이렇게 된 이유중의 하나는 분단시대가 아직 끝나지 않았기 때문에 연구에 제약이나 윤색이 많았던 것도 이유가 될 수 있을 것이다. 또한 연구자들 자신도 사료에서 어떠한 의미를 찾기보다 단순사실을 밝히는데 지나치게 치중하는 경향이 있었던 것도 이유가 될 수 있다. 한국전쟁 전후 미국의 對韓軍事政策을 보는 시각도 이러한 범주에서 크게 벗어나지 않는 듯하다. 그러다 보니 미국의 대한군사원조에 대한 연구의 초점도 그 진행상황과 양적인 측면에 집중되는 경향이 있었다. 그래서 군사원조를 해주는 미국의 의도를 파악하는데에는 나름대로 한계가 있었다고 할 수 있다.

이 문제를 극복하기 위해서는 군사원조의 구조적인 측면, 특히 미국이 제공한 무기체계를 주목해볼 필요가 있다고 생각된다. 이는 주변국과의 외교관계를 의식한 수사적 기록의 축적인 외교문서들과는 달리 미국의 의도를 직설적으로 보여줄 수 있는 행동에 해당하는 것이다. 따라서 이를 분석해보면 미국이 한국에 제공한 군사원조의 저의를 이해할 수 있을 것이며 한국전쟁의 발발과 어떠한 관계가 있는가 하는 문제와 연계될 수도 있다.

따라서 본고의 논지전개는 기존연구의 문제점을 지적한 후 미국이 제공한 군사원조의 구조적 문제점, 특히 무기체제의 문제점을 살펴보려 한다. 그리고 이를 통하여 미국이 제공한 군사원조에 있어서의 저의를 파악해 보고 이를 한국전쟁의 기원과 연결시켜보려 한다.

물론 이 과정을 통해 본고에서 도출된 결론으로 모든 논쟁을 마무리지을 수 있을 것으로 생각지는 않는다. 오히려 이러한 시도를 통해 문제점을 해결하려는 노력이 부단히 계속되도록 하여 한국전쟁의 기원에 대하여 활발한 논쟁을 일으킬 수 있는 계기가 되기를 바랄 뿐이다.

Ⅱ. 한국전쟁을 기점으로 한 미국의 정책변화

먼저 한국전쟁 이전 미국이 남한에 제공한 군사원조의 성격에 대하여 검토해보기로 한다. 기존연구에서 본 1948-1950년 미국의 한반도 정책은 대체로 한반도가 소련 지배하에 들어가게 하지 않으면서 미국으로 하여금 안전하게 철수할 수 있도록 남한을 경제적으로 강력하고 정치적으로 안정되도록 하는 것으로 요약된다.[1] 이 시기 미국의 군사원

---

1) 小此木政夫, 現代史硏究室譯, 『韓國戰爭』, 청계연구소, 1986. 17면.에서 FRUS의 Patterson to Acheson, 4 April 1947, pp.625-628.를 인용하여 이렇게 보고 있다. 이러한 맥락은 안정애, 「미국의 대한군사원조정책(1948-1950) -결정과 집행 및 한국정부의 추가군원 요청을 중심으로-」, (『역사와 현실』 27, 역사비평사. 26면.), 曺二

조 정책이나 이와 연계된 주한미군의 철수를 보는 시각도 이러한 맥락과 크게 다르지 않다. 미군의 철수를 전제로 남한에 최소한의 군사력을 갖춘 후에 철군을 해야 할 것이라는 논리에 의해 철군 전후 군사원조의 필요성이 제기되었다는 것이다.2) 이러한 의미에서 군사원조가 논의되었다면 미국은 한국에 최소한의 군사력을 갖추어 주려는 의도를 가지고 있었다고 할 수 있다.

이러한 시각을 보여주는 미국의 대한군사원조 정책은 NSC 8 시리즈에 나타나 있다. 여기에 나타난 미국의 한국군에 대한 인식은 근본적으로 치안과 방어라는 두 개념으로 요약될 수 있으며 한국군은 "외부적 침입을 억제하고 내부질서를 보장할" 물리력으로 규정되었으며, 대한군사원조는 이 수준에 맞추어 결정되었다는 것이다. 또 미국은 "주둔군의 철수 문제와는 별도로 미국은 신생 대한민국 정부의 경제적, 정치적 안정에 필수적인 경제적, 기술적, 군사적, 그리고 기타의 지원을 계속하려는 의도를 가지고 있다" 라고 표명하였다.3) 미국이 남한 군사력에 대한 충분한 보강없이 철군할 경우 우방국들로부터 배신으로 낙인찍히지 않기 위해서는 경제적인 지원과 함께 철군 전에 남한군의 훈련, 무장을 중심으로 한 군사적인 지원이 이루어져야 한다고 규정하고 있기도 하다.4)

그러나 이 군원은 이미 추진되고 있던 "기존의 남한 경비대에 대한 증강, 훈련, 무장에 대한 계획을 신속히 완료할 것"이라는 차원에 규정됨으로써5) 새로운 군사원조계획이라기 보다 기존 계획의 보충차원에

鉉, 「1948-1949년 駐韓美軍의 철수와 駐韓美軍事顧問團의 활동」, (서울대학교 문학석사학위논문, 1995.) 徐鏞瑄, 「韓國戰爭時 美國의 對韓 軍事支援에 關한 硏究」, (『軍史』 34, 1997. 161면.) 등의 연구에도 이어지고 있다.

2) 曺二鉉, 윗글, 65면.
3) 무초가 이승만에게(1949. 4. 14.), FRUS, Vol. Ⅶ, p. 989.
4) NSC 8(1948. 4. 2.), FRUS, Vol. Ⅵ, p. 1167.

불과했다.6) 그리고 앞서 언급했던 목적을 달성할 정도의 군사원조가 제공되지도 않았다. 최소한 외부의 침입을 억제할 수 있는 수준은 아니었던 것이다. 1949년 주한미군의 철수와 발맞추어 이루어진 미국의 대한군사원조가 한국 국내의 질서유지와 국경방어 정도에 필요한 경비대 수준에 불과했다는 점은 대체로 인정되고 있다.7) 1949년 9월 13일 상호방위원조안이 미 의회에서 가결되고 1950년 1월 26일 한미상호방위협정이 체결되었지만 군원액은 1097만불에 불과했고 새로운 무기제공이나 신무기 구입이 군원의 핵심적인 사항이 아니라 이미 한국군에 이양되어 있던 무기, 장비를 근간으로 이에 대한 보충적인 의미에서의 군사원조에 불과한 것이었다. 품목 역시 90%가 병기 보급품 및 탄약이었고8) 그동안 한국정부나 주한미대사관을 통해 건의되었던 전투기, 전차, 155mm곡사포 등 중장비는 전혀 포함되지 않았다.9)

미 군사고문단에서도 이러한 문제점을 파악하고 있었다. 로버츠 고문단장은 1949년 12월 17일 무초를 통해 상호원조법안이 상정되어 있는 중국에 대한 원조액인 7500만불 중 일부를 한국으로 전용할 수 있게 해 달라는 요청을 대통령에게 전달하였다. 대사도 한국군 강화가 원조법안의 정책과 목적에 반영되어야 한다는 점에 동의하였다. 최소한 1950년 회계연도에서 대한군사원조액의 할당이 2천만불은 되어야 한다고 판단하고 있었다.10)

---

5) FRUS, Vol. Ⅵ, p. 1168. NSC 8(1948. 4. 2.)
6) 안정애, 1998, 앞글, 27-28면.
7) 徐鏞瑄,「韓國戰爭時 美國의 對韓 軍事支援에 關한 硏究」,『軍史』34, 1997. 161면.
8) Sub : U.S. Aid to Korea ; Robert. K. Sawyer, 1962, Military Advisors in Korea : KMAG in Peace and War, Washington D. C. : Office of the Chief of Military History Department of the Army p.100.
9) 안정애, 1998, 앞글, 37면.
10) Robert. K. Sawyer, op. cit., pp.101-102.
무초가 국무장관에게(1949. 12. 19.), FRUS, Vol. Ⅶ, p. 1112.

그리고 이런 수준의 군원조차 실질적으로는 제대로 제공되지도 않았다. 한국전쟁이 발발한 후 미국 의회에서는 상호방위원조안에 따른 대한군사원조의 집행이 지연된데 대해 행정부에 의문을 제기할 정도였다. 의원들은 군원 기금이 의회에서 일찍 (1949년 9월 24일 통과) 확정되었고, 주한미군사고문단이 한국에 존속함으로써 필요 무기와 장비에 대한 군원 내역이 충분히 전달될 가능성이 있음에도 불구하고 이처럼 대한군원의 집행이 늦어진 데에 집행을 방해한 개인 또는 집단이 있는지를 추궁하였다. 이 청문회에서 한 상원의원은 수백불 상당의 통신장비만이 선적되도록 제한을 받았다는 렘니처(Lemnitzer) 장군의 비공식 확인증언을 제시하고 있다. 행정부는 이에 대해 아무도 그것을 명령한 사람은 없었다고 해명했다. 애치슨은 1950년 3월 15일에야 비로소 대한군원계획이 가동되었기 시작하여 한국전쟁까지는 90여일의 짧은 시간적인 여유밖에 없었기 때문에 확정된 군원이 충분히 전달될 수 없었다고 답변하였다.[11] 그러나 한국전쟁 발발 후 이와는 비교할 수도 없는 물량이 며칠만에 한국에 투입된 것을 보면 시간적 여유 때문에 제대로 전달되지 못했다는 것은 설득력이 떨어진다. 물론 이 사실만 가지고 고의적 지연이라고까지 하기는 어렵다. 그렇지만 적어도 미국이 한반도에서 급박하게 증가하고 있었던 전쟁위협을 미연에 방지하는데 그다지 성의를 가지고 있지 않았다고 할 수는 있을 것이다.

그렇기 때문에 일부 연구자들은 미국이 남한의 군사력 증강을 제한한 이유를 이승만 정권에 대한 불신에서 찾기도 한다. 이승만의 소위 북진통일론이 미국의 견제를 불러일으켜 군사력 증강의 제한은 그의 돌출행동을 막기 위한 수단이 될 수 있었다는 것이다.[12] 그러나 이것

11) U. S. Congress, 1951, 82nd Congress, Military Situation, in the Far East : Hearings, USGPO, pt.3, p. 1992-1993.
12) 한국전쟁연구반, 「총론:1948-1950년을 어떻게 볼 것인가?」, 『역사와 현실』 27, 역

만으로는 충분한 설명이 될 수 없다. 미국이 단순히 이승만의 북진통일을 위한 전쟁도발을 견제하려 했다면, 공격무기의 제공을 제한하거나 전반적인 전력의 균형을 조절하는 정도로 충분했다. 그러나 제공된 무기를 보면 공격은 고사하고 기본적인 방어조차 할 수 없는 수준이었다. 구체적인 사실은 논지전개의 편의상 잠시 뒤에 언급하기로 하겠지만, 공격용으로 사용하기 어려운 대전차포는 물론 대전차지뢰조차 제대로 지급되지 않은 사실로 미루어보아 북한에 대한 이승만의 도발을 견제하기 위해서 군사원조를 제공하지 않았다고 볼 수는 없을 것이다.

그래서 남한의 군사력이 제한된 이유를 상호방위원조가 유럽에 대한 군원 우선으로 이루어지고 있어 한국에 대한 군사원조는 상대적으로 밀리고 있었다는 데에서 찾기도 한다. 그 때문에 대한군사원조액이 제한되어 있었다는 것이다.13) 이러한 시각에서는 한국에 대한 군사원조가 제대로 이루어지지 못한 이유가 미국의 의도라기 보다는 당시 상황의 문제, 즉 우선순위의 문제에 있었다고 보게 된다. 그리고 이는 미국이 최소한의 자위력이라도 한국에 제공하려 노력한 점도 대체로 인정하는 경향14)으로 연결된다. 주한미군의 철수로 야기되는 힘의 공백을 메우기 위한 노력이 있었으나 예산배정과 집행의 우선순위 등에서 밀려 제대로 시행되지 못했다는 것이다.15) 결국 기존연구의 시각은 대략 다음과 같이 요약될 수 있다. 미국의 대한군사원조는 남한이 소련의

사비평사, 1998. 19-20면.

Robert. K. Sawyer, op. cit., p.100-101. 에서도 이승만의 돌출행동을 염려하는 의견이 기록되어 있으나 Sawyer 자신은 군사력제한이 주로 예산부족 등에 기인한 것으로 판단하고 있다.

13) 安貞愛, 「駐韓美軍事顧問團에 관한 硏究」, 仁荷大學校 大學院, 정치학박사학위논문, 1996. 176-180면.

14) 徐鏞瑄, 앞글, 161면.

15) 徐鏞瑄, 앞글, 166면. 안정애, 1998, 앞글

수중에 넘어가지 않도록 군사력을 갖추어주려는 의도로 제공되었으나 목적을 달성하기에는 부족했다고 보는 것이다.[16)]

그러나 이러한 시각에는 검토해야할 측면이 있다고 생각된다. 미국의 군사원조가 남한으로 하여금 외부의 침공에 스스로를 방어할 수 있도록 해주려는 것이었는지에 대해서는 의문을 가질 수밖에 없기 때문이다. 여기에 단서를 제공해 줄 수 있는 것이 미국의 대한군사원조 중에서도 무기체제라고 생각된다. 특히 이 문제는 외교적인 수사에 불과할 수 있는 사료보다도 미국의 실질적인 행동을 보여줄 수 있다는 측면에서 중시되어야 한다. 다음 목록은 한국전쟁 이전 미국이 한국군에 제공한 무기의 전부이다.[17)]

<표> 장비이양 目錄[18)]

Airplane, Liaison type	20
Carbines, cal .30. M1	49,107
Gun, machine, cal. 50	759
Gun, machine, cal. 30 (light)	433
Gun, machine, cal. 30	294
Gun, 57㎜, M1	117
Gun, 37㎜, M6	56
Gun, machine, cal. 30(HB)	390
Gun, sub-machine, cal. 45. M3	1320
Howitzer, 105㎜, M2-A1	91
Mortar, 60㎜, M2	417

---

16) 앞서 주 1)에서 인용한 연구들은 대체로 이러한 시각에서 벗어나지 않고 있다.
17) 물론 기존의 연구에서도 NSC 8 시리즈에 나타난 장비이양은 한국군의 증강과 비교했을 때 양적으로 크게 부족했을 뿐만 아니라 질적으로도 저급한 것이었다는 점은 대체로 인정되고 있다. 그러나 이 질적인 문제점이 무엇을 의미하는지 구체적으로 밝힌 연구는 없다.
18) Sub: U.S. Aid to Korea Since close of WWⅡ, RG330, E18, Box 68.

Motar, 81mm, M1	284
Launcher, Grenade	8884
Pistols, cal. 45, automatic	6844
Rifle, U.S., cal. 30, M1	41897
Rifle, auto, cal. 30, (BAR)	1324
Car, armored, M8	19
Car, 1/2-track	11
Truck, 1/4-ton, 4×4	2000
Truck, 3/4-ton, 4×4	884
Truck, 1-1/2-ton, 6×6	597
Truck, 2-1/3-ton, 6×6	1380
Truck, 10-ton, wercker	11
Cartridge, carbine, cal. 30 (rounds)	9,747,800
Cartridge, cal. 30, ball //	36,680,871
Cartridge, cal. 45, ball //	1,864,600
Cartridge, cal. 50, linked //	2,144,000
Rocket, 2.36″	43,776
Rifle, grenade, HE-AT	170,275
Hand grenade, offensive	125,000
Shell, 60mm mortar	350,000
Shell, 81mm mortar	265,000
Shell, HE, 105mm how	108,000
Mine, AP, HE	10,000
Block, demolition	42,000
Radio sets (all types)	3,075
Telephone (all types)	2,102
Bazookas 2.36″	150

Vessels for Coast Guard :

Yard Mine Sweeper (YMS)	25
Landing Craft Medium (LCM)	13
Landing Craft Infantry (LCI)	6
Picket Boat	26
Miscellaneous Types	9
Eastmated acquisition cost of entire program, including the above was	$ 56,000,000
Estimated replacement Cost	$ 110,000,000

위 목록을 보면 제공된 무기체제의 문제점이 쉽게 드러난다. 이 목록에 나타난 특징 중의 하나는 지상군 무기의 대부분이 개인화기 내지는 휴대용 화기에 집중되어 있다는 것이다. 중화기라고 할 수 있는 것이라고는 105밀리포 정도에 불과한데 그마저 질적·숫적으로 충분하다고 할 수 없다.[19] 이런 정도의 화력이 전면전을 치루는데 충분하지 못하다는 점은 명백하다.

그리고 그보다 더 결정적인 것은 현대 지상전에서 핵심적인 전력 중 하나라고 할 수 있는 대전차화기가 실효가 없는 수준이라는 점이다. 위 목록에 나와 있는 2.36″ 로켓포와 57밀리 대전차포, 37밀리 대전차포가 북한이 보유했던 주력전차 T-34형에 무력했다는 사실은 전투상황에서 나타났듯이 분명한 것이었다.[20] 대전차포로서는 한계가 명백한 105밀리포조차 조준기 등이 부족하여[21] 대전차화기로는 제대로 사용하기 곤란한 상태였다.[22] 이는 북한이 전차를 보유하고 있다는 사실을

---

19) 105밀리 포의 성능은 당시 북한이 보유하고 122밀리포에 뒤진다고 보아야 하며 양적으로도 172문에 대해 약 반밖에 안되는 91문에 불과했다.
20) 57밀리 대전차포나 2.36″ 로켓포로는 T34형을 완파할 수 없었다. 기대할 수 있는 최대한의 효과는 무한궤도 등을 명중시켜 기동력을 상실시키는 정도였다.
21) Robert. K. Sawyer, op. cit., p.38.

분명히 인지하고 있는 상태였기 때문에[23] 특별한 의미를 가진다. 현대 전에 있어서 전선이 돌파당한다는 것은 거의 패배와 직결되는 문제이기 때문이다. 쉽게 말해서 전선을 돌파할 때 가장 중요한 역할을 하게 되는 것이 바로 전차이므로 전차를 막을 방법이 없다는 것은 곧 적의 돌파를 막을 수 없다는 것이며 이는 전선의 붕괴와 직결된다는 것이다.

이러한 무기체제라면 문제가 되지 않을 수 없다. 기존 연구에서는 한국군의 양적 열세를 주로 지적하며 이러한 양적 열세는 미국의 한반도 가치 과소평가에 의한 군원액 축소에 기인한다고 보는 경향이 있었다.[24] 그러나 한국군에 제공된 무기체제로 볼 때 양적인 문제는 부차적인 것이 될 수밖에 없다. 이러한 무기체제라면 아무리 양적으로 많은 무기가 공급된다 하더라도 적(북한)의 침공을 막아내는 데에는 의미가 없기 때문이다. 따라서 이 점은 단순히 군원액의 문제라고 할 수도 없다. 같은 액수라도 대인화기의 양을 줄이는 대신 필수적인 대전차포를 제공할 수도 있었다는 것이다. 또 액수자체가 문제가 안될 수도 있다. 미국은 2차대전 당시에 사용하던 엄청난 양의 무기를 유지할 필요가 없게 된 상황이었으므로 상당량의 무기를 폐기처분해야 할 상황이었다. 지상군 무기의 핵심이라 할 수 있는 전차와 대전차포도 마찬가지였다. 미국은 이미 90밀리 대전차포와 M46전차 등, 성능이 월등하게

---

22) T34형을 파괴하기 위해서는 75밀리급 이상의 대전차포가 필요했다.

23) 한국군은 1949년 12월 27일의 적정판단과, 1950년 5월 12일의 정보판단에서 100여대에 달하는 적전차의 존재를 인지하고 있었고, 육본작전계획 제38호에서는 7사단의 임무에 '방어의 중점을 의정부 정면에 지향하고 적 특히 전차를 동반하는 주공을 보·포의 긴밀한 협동과 저항으로써 진전에서 격멸한다'는 항목이 들어가 있는 것으로 보아 적전차에 의한 대규모 공격을 예기하고 있었음이 나타난다. 國防軍史研究所, 『韓國戰爭』(上), 1995. 97면.

24) 安貞愛, 1996, (앞글, 128면.)에서는 KMAG Semiannaul Report, 1950. 6. 15. sec Ⅳ p.18.를 인용하여 이렇게 밝히고 있다.

향상된 무기들을 개발·배치해놓고 있는 상황이었으므로 2차대전 당시 대량으로 사용되었던 M4전차[25] 등, 성능이 뒤떨어지는 무기들은 유지할 필요가 없어 어차피 상당수가 폐기되어야 할 운명이었다. 이렇게 폐기처분해야 할 무기를 제공하는 것이라면 비용이 문제되어야 할 이유가 없다. 오히려 폐기비용을 절감하면서 원조제공이라는 생색을 낼 수 있었던 상황인 것이다.

그럼에도 불구하고 이런 수준의 무기조차 지급되지 않은 것이 단순한 우선순위나 비용문제라고 할 수는 없을 것이다. 이러한 점을 본다면 미국이 과연 한국에 최소한의 자위력이라도 제공하려 했느냐는 점부터가 의문이다. 제공된 무기의 수준이 위에서 본 정도에 불과하다면 이는 최소한 군사적인 측면에서 신생 대한민국 정부의 안정에 필수적인 지원을 계속하려는 의도를 가지고 있다는 공식적인 표명과는 거리가 있다는 것이다. 오히려 한국군에 제공된 무기체계를 본다면 남북한 사이에 힘의 균형을 잡겠다는 의도가 전혀 보이지 않는다. 결국 미국은 한국이 독자적인 방어체계를 갖도록 할 생각이 없었다고 밖에 할 수 없다. 그러므로 미국이 남한이 소련의 수중에 넘어가지 않도록 군사력을 갖추어주려는 의도를 가지고 있었다고 할 수도 없을 것이다.

물론 당시의 한국군이 북한군의 공격을 막아낼 수 있다고 본 비망록도 있기는 하다. 1950년 2월 28일 로버츠 고문단장이 한국육군은 현재의 북한군을 봉쇄할 수 있다는 논지의 비망록을 제출했다. 그러나 여기에 근거가 된 것은 소총의 성능이 우위에 있다던가 사기가 북한군보다 높다던가 사격술이 북한군에 비해 우위에 있다던가 하는 식의 도저

---

25) 2차대전 당시 미군의 주력전차였던 M4는 1940년대 중반에도 2류급으로 평가되었으므로 1,2세대 정도가 더 발달된 1950년대에 전차로서의 성능이 좋다고 할 수 없는 수준이었다. 그러나 장착하고 있는 75밀리 대전차포는 T34형을 파괴할 수 있는 무기이므로 대전차포로서의 가치는 있었다.

히 객관적인 근거라고 할 수 없는 것이다. 따라서 이것이 미국의 진의를 파악한다는 측면에서 심각하게 고려할 만한 내용은 아니라고 생각된다.

그렇다면 미국이 이러한 정책을 택한 이유가 규명되어야 할 것이다. 여기서 가장 쉽게 생각해 볼 수 있는 것이 한반도에는 군사원조를 제공할 만한 가치가 없다는 소위 전략적 무가치론 때문이라는 설이다.[26] 이것은 얼핏보면 상당한 설득력을 가지고 있는 것처럼 보인다. 미국내에서도 한반도가 별다른 전략적 가치를 가지고 있지 않다는 견해가 제기되고 있었으며[27] 유럽지역 등에 대한 군원액과 비교해보면 한반도의 비중이 그다지 높지 않았다는 것은 분명히 드러난다.[28]

그러나 이러한 사료적 근거에도 불구하고 한반도가 무가치하다고 했던 판단이 과연 정책결정권을 가지고 있던 미국내 핵심권력층의 진의였던가 하는 점에 대해서는 의문을 가지지 않을 수 없다. 무엇보다도 막상 전쟁이 발발하자 막대한 병력과 물자를 투입하여 남한을 사수한 것은 미국이 한반도를 어떠한 측면에서이던 무가치하다고 판단하지 않았다는 것을 극명하게 보여준다. 따라서 한반도가 전략적으로 무가치하다는 논리는 일부 실무차원에서의 견해라고 볼 수 있을 지는 몰라도 미국의 대외정책을 결정하는 권력 핵심부의 의사였다고 보기는 어렵다. 오히려 미국의 저의와 상반되는 논리가 공개적으로 논의되는 것을 방치한 것은 고의성이 있지 않았는가 하는 의심까지 자아내게 한다.

그래서 NSC 8 등에 나타난 미국의 대한군사정책이 한국을 포기하는

---

26) 安貞愛, 1996, 앞글, 37-54면. 이 연구에서는 1947년초 미국이 한국에서 빠져나와야 한다는 patterson의 주장을 필두로 하여 주한미군의 철수가 논의되고 결정되는 과정을 서술하고 있다.

27) FRUS, 1947. Vol. Ⅶ, pp.625-628.

28) 안정애, 1998, 앞글, 34면.

것도 한국의 안보를 확고하게 보장하는 것도 아닌 모호한 노선의 정책을 채택하고 있는 것으로 보는 경향도 나타난다.[29] 이는 미국의 지도자들이 뚜렷한 정책방향이나 전략을 세우지 못한 채 당면한 현실에 불확실한 정치적 갈등만을 겪고 있었다는 시각과 연결된다. 그러나 이역시 설득력을 갖는다고 보기는 어렵다.

미국이 뚜렷한 전략을 세우지 못하고 있었다면 한국전쟁 발발 후 스미스부대의 투입에서 나타나듯 신속하고 단호하게 개입하는 미국의 태도를 설명하기가 곤란해지기 때문이다. 미국의 신속한 개입결정을 확인하기 위하여 한국전쟁이 발발한 직후 미국이 참전하게 되는 과정을 살펴본다. 북한의 남침소식은 대체로 5시간 후인 6월 25일 09:03 (현지시각 6월 24일 20:30 ; 이하 현지시각)에 전달되었고 무초대사의 보고서도 21:26 국무성에 도착했다고 한다. 주말 휴가중인 트루먼 대통령에게도 23:20에 보고하고 결정을 받아 안전보장이사회에 소집요청을 했다.[30] 6월 26일 21:00에 두 번째 블레어하우스 안전보장회의에서 미해·공군에 가해진 제한사항을 철회, 38도선 이남의 북한군 부대·전차·포병에 대한 공격을 포함하여 한국군에 가능한 지원을 최대로 제공하도록 결정하고, 곧 맥아더 장군에게 훈령으로 하달하였다.[31] 전쟁발발 이틀만에 사실상 적극개입을 결정·실행에 옮긴 것이다. 그리고 트루먼 자신의 회고에 의하면 전쟁발발 보고를 받고 백악관으로 복귀하면서 응징결의를 다졌다고 한다.[32]

지상군의 투입도 6월 30일 결정되었다. 시급했던 상황에 따라 주일

---

29) 徐鏞瑄, 앞글, 160면.
30) 國防部戰史編纂委員會, 「美國合同參謀本部史 韓國戰爭」(上), 三亞印刷公社, 1990. 61면.
31) 윗글, 78면.
32) Harry S. Truman, *MeMoirs*, Vol. Ⅱ, Years of Trial and Hope(1956), pp.332-333.

미군 중 규슈에 주둔한 미 24사단이 파견명령을 받았는데 이때 제8군 사령관 워커 중장이 제24사단장 딘 소장에게 내린 명령중 "대대장의 지휘하에 2개 소총중대와 4.2" 박격포 2개 소대, 75밀리 무반동총 1개 소대로 지연임무를 수행할 부대를 편성하라'는 내용이 들어가 있다. 이것이 스미스특수임무부대의 편성명령이다. 그리고 이들은 7월 1일 11:00 경부터 부산에 도착하기 시작하였다.33)

그런데 여기에 주목할 만한 것이 있다. 위의 내용에 105밀리 포 6문이 추가되기는 하지만 스미스부대의 장비는 실전에서 드러났듯이 상당히 열악한 편이다. 심지어 적전차를 저지할 대전차포탄도 18발에 불과했다는 것이다.34) 이러한 장비로 적을 저지한다는 것은 무리였다. 스미스부대가 전투를 치루고 나서 불과 3일 후인 7월 8일, 딘장군이 제111 야전포병대대의 155밀리 곡사포 포대에 대한 이동명령과 함께 전차부대에 대해서도 21연대를 지원하라는 명령을 내리는 것으로 보아 7월 8일 이전에 155밀리 곡사포와 전차35)가 투입되어 있었음을 알 수 있다.36) 즉 스미스부대는 2,3일내에 도착할 중장비를 기다리지 않고 열악한 장비만 가진 채 전투에 투입된 것이다. 이렇게 불과 몇시간 동안 적을 저지하기 위하여 장비도 제대로 갖추지 못하고 투입된 상황으로 보아 이 부대는 희생을 각오하고 투입된 병력으로 보아야 한다.

미국이라는 나라의 특성상 희생될 것이 뻔한 상황에 병력을 투입한다는 것은 확고한 결의가 없이는 불가능하다. 이 정도의 결의가 뚜렷한 전략조차 없었던 상태에서 하루이틀 사이에 생겼다고 보기는 어렵

---

33) 육군본부, 『낙동강에서 압록강까지』, 유엔군전사 제1집, 1963. 54면.
34) 윗글, 59면.
35) 이때 투입된 전차는 M24형으로 경전차이기는 하지만 75밀리포를 장착하고 있어 T34를 파괴할 수 있었고 실제로 파괴했다는 기록이 나타난다.
36) 윗글, 76면.

다. 그렇다면 미국이 한국을 쉽게 포기하려 했다고 할 수는 없을 것임은 물론 뚜렷한 정책방향이나 전략을 세우고 있지 못했다고 보기도 어렵다. 따라서 미국은 남한이 외부의 침공에 독자적으로 방어할 수 있을 만한 전력을 갖추어줄 생각도 없었음과 동시에 남한이 공산화되도록 용납할 생각도 없었다고 정리해 볼 수 있겠다.

Ⅲ. 한국전쟁에 대한 미국의 의도

앞절에서는 두가지 사실을 확인했다. 하나는 미국이 남한을 포기할 의사가 전혀 없었다는 것이고 다른 하나는 그럼에도 불구하고 미국은 주한미군철수 이후 남한이 단독으로 외부의 침공을 막을 수 있는 능력을 갖추어주려 하지 않았다는 것이다. 이 두가지 사실은 얼핏 서로 상반되는 것처럼 보인다. 북한의 침공에 맞서 공산화를 막아야 할 당사자인 남한에 그럴만한 능력을 제공하지도 않으면서도 남한의 공산화는 용납하지 않으려 했다는 논리가 되기 때문이다. 미국이 취한 조치들도 상호모순되는 것처럼 보인다. 한국전쟁 이전 기본적인 방어조차 제대로 할 수 없을 수준밖에 안되는 열악한 군사원조와 전략적 무가치론, 소위 애치슨 라인에서의 제외 등의 조치와 비교해보면 전쟁발발 직후 단호하고도 신속한 개입은 완전히 상반되는 것처럼 보인다는 것이다. 그렇다고 두가지 사실 중 어느 하나가 잘못되어 있다고 보기도 어렵다. 그렇다면 이렇게 상반되는 것처럼 보이는 두가지 사실을 합리적으로 설명해 줄 수 있는 연결고리를 찾는 작업이 필요해진다. 즉 무엇 때문에 미국이 한국전쟁의 발발전후에 이렇게 극단적으로 모순된 태도를 보이고 있는가 하는 문제를 해결해야 한다는 것이다.

문제해결을 위해서는 앞에서 확인한 두가지 전제조건을 놓고 미국이 어떻게 처리하려 했는지 살펴보는 것이 유용하리라 생각된다. 이때 한반도는 분쟁이 상존하면서도 힘의 균형이 무너져 있는 상태였던 것이다. 따라서 전쟁발발의 위험성이 상당히 높은 상태였다. 미국으로서도 한반도를 포기하려 하지 않는 한, 전쟁이 발발할 경우에 대한 대책을 강구해놓지 않을 수 없는 상황이었다. 그런데 앞에서도 확인했듯이 주한미군철수 이후 남한은 북한의 침공에 속수무책으로 붕괴당할 수밖에 없던 상황이었음은 자명하다.

당연히 미국측에서도 대규모 남침이 있을 경우, 한국군이 방어해내지 못할 것으로 예측하고 있었다. 주한미군사고문단은 한국군의 보급상태가 악화되어 1950년 6월의 전투부대에 대한 보급과 정비가 필요한 최저한도에 그치고 있으며 모든 종류의 부품은 떨어지고 한국군 무기의 15%, 수송수단의 35%는 사용할 수 없어 당시 장비로는 전면전이 벌어질 경우 15일 이상 지탱하기 불가능하다고 판단하고 있었던 것이다. 그래서 6월 15일에는 한국이 중국과 똑같은 재난을 맞이할 것이라는 경고를 하고 있다.[37]

이와같이 남북한간에 힘의 균형이 완전히 무너져서 한국군이 단독으로 북한의 공격을 막아낼 수 없는 수준이라는 것이 명백한 이상 전쟁발발은 이 자체만 가지고도 위험수위에 도달했다고 할 수 있다. 거기다가 소위 애치슨 라인에서 한반도를 제외하겠다는 선언까지 발표되는 등, 북한의 입장에서 미국이 개입하지 않을 것이라는 확신을 가지게

---

37) Robert. K. Sawyer, op. cit., p.104. 이와 비슷한 내용은 이전부터도 나타난다. 맥아더는 1949년 1월 19일 육군성의 조언에 응답하여 "공산주의자들의 충동으로 인하여 남한 내부의 질서가 혼돈된 상태하에 자행될 북한의 전면남침에 성공적으로 대처할 능력을 가진 한국의 경비대를 설치하기엔 미국의 능력이 미치지 못한다."고 단언하였다. (「美國合同參謀本部史 韓國戰爭」(上), 32면.)

된 상황이었다.[38] 그러므로 침공을 감행해서 성공을 보장받을 수 있다고 확신하게 되는 것도 당연하다 할 것이다.

그렇다면 시점이 언제가 되던 간에 미국으로서도 전쟁의 발발은 각오하지 않을 수 없다. 이렇게 전쟁발발을 상정해야 하는 상황에서 한반도를 포기하지 않으려면 전쟁이 발발한 시점에서는 그 이전 미국의 공식적인 전략이 어떠한 것이었던 간에 실제로 그랬던 것처럼 미군이 투입되는 방법밖에 없다. 즉 미국이 한반도를 포기하려 하지 않았다는 전제를 놓고 본다면 북한의 남침시 미국의 전략은 실제로 그랬던 것처럼 미군을 투입해서 한반도의 공산화를 막는다는 내용이 될 수밖에 없다는 것이다.

미국 전략의 내용이 이렇게 될 수밖에 없다는 것은 여러 가지로 주목할만한 의미를 내포하고 있다. 그중에서도 이 전략에 수반되는 전쟁비용의 문제는 의미심장하다. 다시말해서 북한의 남침시 한반도에 미군을 투입한다는 전제에서라면 이에 수반하여 막대한 전쟁비용도 투입할 각오가 서 있었다는 의미가 된다는 것이다. 이 경우 최소한 하루평균 수억 달러에서 수십억달러 단위로 상정되는 전쟁비용이 소요되어야 한다. 군사원조액이 수천만달러 수준에서 논의되고 있었음에 비교하여 수십배 내지는 수백배의 비용을 감수해야 함을 알 수 있다.[39]

이 정도의 비용을 감수하면서까지 한반도를 포기하려 하지 않았다는 것부터가 미국이 한반도에 어떠한 측면에서이건 전략적 가치를 두고 있었다는 의미가 되겠지만 전쟁발발까지 미국이 취한 행동을 보면 단

---

38) 인민군 제2군단의 작전참모였던 이학구는 낙동강전선에서 포로가 된 후, "그때 미국이 전쟁에 개입할 것이라고는 전혀 생각지 않았고, 미국의 참전 가능성에 관해서 들은 바도 없었으며, 오산에 미군이 와 있다는 것을 알고 몹시 놀랐다. 그것은 우리로서는 하나의 충격이었다."고 증언하였다. 『韓國戰爭』(上), 211면.

39) 실제로 한국전쟁에는 조단위의 달러가 투입되었다.

순히 전략적 가치를 인정하고 있었다는 차원에서만 이해하기도 곤란한 듯하다. 이렇게 보게 되는 이유 역시 비용과 관련이 깊다. 앞서도 확인했듯이 일단 전쟁이 발발하고 미군이 투입되면 전쟁 이전 군사원조액과는 비교도 할 수 없을 만큼의 막대한 비용이 든다. 그렇다면 상식적으로는 비용의 차원에서라도 전쟁을 미연에 방지하는 것이 훨씬 효과적일 것이다.

그러나 주한미군철수에서 한국전쟁 발발까지의 과정에서 미국이 이러한 노력을 적극적으로 했다고 보기는 어려울 것이다. 먼저 남북한간에 힘의 균형을 맞추어 전쟁을 억지하려 하지 않았음은 이미 확인한 바 있다. 이것이 한반도를 포기하려 했기 때문이 아니므로 당시 미국의 행동은 더욱 주목할만한 것이다. 물론 한국군 자체를 잘 무장시켜 힘의 균형을 맞추어 전쟁을 억지하려는 노력은 여러 가지 상황 때문에 실현하지 못했다고 할 수 있다. 그러나 그렇다하더라도 미국의 영향력을 이용하여 압력을 가하는 정도는 별로 어려운 일이 아니었다. 북한에 강력한 경고를 해서 전쟁을 억지할 수는 있었다는 것이다. 그러나 북한 자신이 전쟁발발시 미군이 개입하지 않을 것이라는 판단을 할 정도로 미국의 전쟁억지 노력은 없었던 셈이다.

즉 미국은 철저하게 한반도의 분쟁에 개입하겠다는 의지를 숨겼다고 할 수 있다. 그렇다면 앞에서 제기한 전쟁비용의 문제와 연관시켜 볼 때 주목되는 사실이 드러난다. 미국의 입장에서 한반도를 포기하지 않으려 한다면 주한미군이 철수하고 남한 단독으로 북한의 전면적 침공을 막을 수는 없다 하더라도 북한의 남침에 대하여 강력하게 경고하고 유사시 개입의지를 분명히 함으로써 북한의 남침을 방지하려는 노력 정도는 할 수 있는 것이었다. 그리고 이것이 비용이라는 측면에서는 훨씬 유리한 조치였다. 그러나 미국은 이러한 조치를 전혀 취하지 않았던 것이다. 뿐만 아니라 오히려 북한으로 하여금 실제 미국의 의지와는 다르게 남침시 미국이 개입하지 않을 것이라는 오판을 하도록 방치한 것이다.

미국의 정책입안자들이 엄청난 비용이 발생할 전략을 아무 생각없이 채택했다고 볼 수는 없다. 즉 비용을 각오하고라도 얻어낼 수 있는 반대급부에 초점을 맞추었다고 보아야 한다는 것이다. 그렇다면 미국은 무엇을 노린 것일까? 이를 규명하기 위해서는 전쟁이 발발했던 당시 상황에서 필연적으로 채택할 수밖에 없는 전략의 특징부터 이해해야 할 것이다. 당시 상황에서 분명한 것은 전쟁 발발시 남한을 방어할 주체는 한국군이 아닌 미군이 될 수밖에 없었다는 사실이다. 한국군은 어차피 북한의 전면적 침공에 대응할 능력이 없으며 전쟁의 발발시점이 언제가 되건 한국군을 북한의 침공에 대응할 만큼의 전력을 갖추어 준다는 계획은 애초부터 없었던 상황인 것이다.

이렇게 본다면 미국은 전쟁발발을 미연에 방지하기보다 방치해 놓고 유사시 당사자인 한국군이 아닌 미군 스스로 전쟁에 개입하여 해결하는 전략을 채택하고 있다고 할 수 있다. 그리고 이 계획 자체가 전쟁을 미연에 방지한다기보다 일단 전쟁이 일어날 상황을 방치한 이후 미군이 해결을 하겠다는 의도를 보여준다고 하겠다. 그렇다면 이것은 전쟁 발발을 유도했다는 정도는 아니더라도 최소한 전쟁을 방치했다고 볼 수는 있을 것이다.

그렇다면 미국이 군이 이러한 전략이 채택한 이유를 당시 미국의 세계전략변화나 한반도의 상황과 연관시켜 규명하는 것이 필요할 것이다. 여기서 먼저 지적하고 싶은 것은 앞서 언급한 바와 같이 미군이 북한의 남침을 격퇴하고 남한을 방어하게 되면 실제로 나타났듯이, 전쟁과정은 물론 전후처리까지 미국이 주도적으로 처리하게 된다는 점이

다. 이는 남한의 국방을 미국이 전담한다는 뜻이 되므로 남한에 대한
미국의 영향력은 거의 절대적이라 할 만한 비중을 가지게 된다. 결국
한국전쟁을 기화로 전쟁이전에 비해 남한에 대한 미국의 영향력은 비
약적으로 증가하게 되는 셈이다. 다시 말해서 미국은 남한의 국방을
대신 전담함으로서 그에 상응하는 영향력을 얻었다고 할 수 있다.

　전쟁 이후 남한의 정치상황 변화도 어느정도 예측했을 것이다. 우선
미국이 남한의 국방을 책임지는 상황이 되었기 때문에 주한미군에 대
한 남한의 입장부터 절실해질 수밖에 없다. 주한미군철수로 인한 힘의
균형붕괴 때문에 참혹한 전쟁을 치룬 경험을 하게된 남한으로서는 어
떠한 희생을 치루더라도 주한미군의 철수를 막아야 할 입장에 처하게
된 것이다. 이것은 전쟁 이전과는 비교도 할 수 없을 만큼 미국의 영
향을 받아야 한다는 사실을 의미한다. 미국의 입장에서도 스스로 미군
이 주둔하고 있는 이상 외부세력의 침공은 물론 내부붕괴에 의한 공산
화도 더 이상 염려하지 않아도 좋게 된 셈이다.

　단순히 미군이 가진 물리력 뿐만 아니라 북한과 공산주의에 대한 태
도도 달라지게 되기 때문이다. 전쟁이전에는 북한에 대해서도 적이라
기 보다 동족이라는 의식이 강했고 이는 남한 이승만 정권이 경제문제
등을 수습하지 못해 자체 붕괴할 경우 공산주의가 대안으로 등장할 수
도 있다는 의미가 된다. 그러나 전쟁 이후 북한에 대해서는 적이라는
의식이 더 강해지고 적어도 남한에서 공산주의는 용납받을 수 없는 상
황이 되었다. 결국 이후에는 실제로 나타났듯이 남한에 정권붕괴로 인
한 교체가 이루어지더라도 친미·반공은 포기할 수 없게 되어버린 것이
다.

　미국이 이런 정도의 영향력을 확보한다는 것은 작게 보아 남한에 대
한 영향력을 확보한다는 의미가 되지만 크게 보아서는 동아시아 내지

는 세계전략의 차원에서도 적지 않은 영향력을 가지게 된다. 한반도에 대한 소련세력의 팽창을 미국이 직접 막게된 결과 미·소의 냉전구도가 확립되고 미국은 자유세계의 경찰을 자처할 수가 있게 된 셈이기 때문이다. 사실 미·소의 냉전구도가 2차대전 이후부터 확립되어 갔다고 하지만 실제로 확립과정에서 무력충돌이 벌어진 곳은 한반도가 유일하다.

물론 이에 대해서는 굳이 전쟁이 없었더라도 미국은 남한에 대하여 상당한 영향력을 행사하고 있는 상황이었다고 볼 수도 있다. 즉 이미 상당한 영향력을 확보하고 있는 미국이 이를 조금 더 강화하기 위하여 엄청난 비용이 드는 전쟁을 방치할 필요가 없었다는 반론이 가능하다는 것이다. 그러나 이는 당시 남한의 내부정세를 고려하지 않은 것이라 생각된다. 앞서 제기한 반론의 전제는 미국의 영향을 받는 남한정권(현실적으로는 이승만정권)이 계속 유지되고 있어야 한다는 것이다. 그러나 미국으로서는 이승만정권에 대해 이러한 확신을 가지기 어려운 상태였다는 점이 문제였다. 이와 비슷한 문제는 앞선 중국의 공산화과정에서 나타났다. 즉 미국이 아무리 지원을 해주더라도 붕괴를 막을 수 없는 정권인 경우 이 정권에 대한 지원은 의미가 없어지는 것이다. 중국처럼 자체붕괴로 자연스럽게 공산화되는 과정을 밟는 것이 이러한 우려가 현실로 나타나는 최악의 상황이라고 할 수 있다.

미국이 이승만 정권을 중국의 경우와 비교하여 우려하는 사실은 도처에서 확인된다. 1940년대 말에서 1950년 초까지 한미관계에 있어서 중요한 비중을 가진 현안의 하나는 바로 한국의 경제문제, 특히 인플레이션 문제였다. 미국이 이렇게 한국의 경제문제를 걱정해주는 이유가 단순히 인도적인 차원에서였다고 볼 수는 없을 것이다. 이 문제에 관한 미국의 진의는 1950년 1월 18일자 무초대사가 국무장관에게 보내는 비망록에서 나타난다. 이 비망록에는 '국민당 정부가 무너진 데에는 군사적 무능보다 인플레이션 문제가 더 큰 기여를 했다.'는 구절이 들어가 있다.[40] 이것은 이승만정권이 장개석정권과 마찬가지로 자체붕괴하여 공산화되는 것을 우려하는 미국의 의도를 보여준다고 하겠다.

그런데 당시 이승만정권이 인플레이션 문제를 포함한 경제문제를 쉽게 해결할 수 있으리라는 기대를 하기는 어려웠다. 이는 미국이 이승만정권을 한반도에서 공산권의 팽창을 막아주리라고 기대하기도 어려웠다는 의미가 된다. 중국에서의 경험을 가지고 있는 미국이 가능성 없는 정권을 지원하다가 낭패를 보는 일을 반복하려 할 턱은 없다. 그 대안은 베트남의 경우에서도 보이듯 미국이 직접 개입하는 것이다. 물론 타국의 국내문제에 명분없이 개입하기는 곤란하다. 그래서 이를 타개하는 방법이 직접 개입할 명분을 만드는 것이다. 북한의 남침은 훌륭한 명분이 될 수 있다. 즉 북한의 남침을 유발하여 명분을 만든 후 직접 개입하여 이후의 사태를 주도하는 수법을 쓴 것이라고 볼 수 있다는 것이다. 이렇게 타국의 문제에 개입하고 싶을 때 필요한 상황을 만드는 수법은 1차대전 이래 미국이 여러차례 사용한 바 있다.

이렇게 본다면 한국군의 전력을 제한한 이유도 이해가 가능할 것이다. 내부붕괴를 막기 위해서 게릴라전같은 비정규전에는 대응할 수 있는 수준을 유지해주었다. 그러나 북한의 침공같은 전면전에는 독자적으로 대응할 수 없는 수준으로 묶어 미국의 개입없이 버틸 수 없도록 만들었다. 결국 미국의 의도는, 한국군의 전력을 북한의 침공에는 독자적으로 대응할 수 없는 수준이면서도 내부의 반란에는 대응할 수 있는 수준으로 묶어놓는 것이었다고 할 수 있다. 이렇게 해서 내부붕괴 가능성을 줄이는 동시에 남침을 통한 적화의 야욕을 부추겼다. 전면전이

---

40) 무초가 국무장관에게(1950. 1. 18.), FRUS, Vol. Ⅶ, Korea, p. 9.

발생할 경우 미국이 자연스럽게 개입할 수 있는 명분을 삼기 위해서였다. 이렇게 보면 그 동안의 모순되는 듯한 미국의 행동도 어느 정도는 이해할 수 있을 것이다.

이렇게 해서 전쟁이 발발한 결과 미국은 50년이 지난 지금까지도 한반도에 대한 안정된 영향력을 확보하였다. 특히 주한미군의 주둔은 통일이후까지도 유지한다는 방침이 발표될 만큼 기정사실로 굳어진 상태이다. 미국은 이를 바탕으로 남한의 정권이 바뀌더라도 친미정책은 절대 포기할 수 없을 만큼의 영향력을 확보했다고 볼 수 있다.

이러한 영향력은 단순히 남한을 확보한다는 선에서 그치는 것도 아닐 것이다. 한국전쟁이전까지만 해도 미국은 국방비 삭감 때문에 군비를 축소하는 경향이 있었다. 그런데 이렇게 군비축소 기조가 지속되면 전세계에서 소련세력의 팽창을 미국이 주체가 되어 막는다는 것은 불가능하다. 이러한 기조를 반전시키는 계기가 된 것이 바로 한국전쟁이다. 미국은 한국전쟁을 기화로 군비를 확장할 수 있었고 패권국가가 될 수 있었다는 것이다.

미국이 굳이 한반도에서의 전쟁을 미연에 방지하지 않고 전쟁이 일어난 후에야 신속하게 개입한 데에는 이러한 이유가 작용했다고 생각된다. 물론 이것만으로 여러 요인이 복잡하게 연계되어 있는 한국전쟁의 기원을 모두 설명할 수 있으리라고 생각지는 않는다. 그러나 본고에서 제시한 연결고리는 복잡한 요인들을 입체적으로 복원하는데 도움은 될 수 있으리라 생각된다. 한국전쟁의 기원에 대한 다른 요인을 다룬 연구성과중에서 본고의 논지와 직접적으로 배치되지 않는 설을 일일이 언급하지 않은 것도 본고가 대다수의 설과는 서로 상반된다기 보다 상호보완하는 입장에 서 있기 때문이다. 본고의 목적 자체가 기존 연구에서 해결하지 않은 하나의 문제에 대한 열쇠를 제시하는 것에 초점을 맞추고 있기 때문이기도 하다. 이렇게 완벽한 해답을 내놓지 않는 이유는 한국전쟁의 기원같이 중요한 사안은 하나의 논문으로 명쾌하게 모든 측면을 규명하기 곤란하다고 생각하기 때문이다. 오히려 이러한 연결고리를 제시한 이후의 논쟁을 통해 한걸음씩 문제해결에 접근하는 자세가 바람직하다고 생각한다.

Ⅳ. 맺음말

이상으로 한국전쟁이전 미국이 제공한 대한군사원조의 성격을 한국전쟁의 발발과 연계시켜 살펴보았다. 기존연구에서는 원조제공의 목적 중 한반도가 소련의 지배하에 들어가지 않게 한다는 점을 강조하는 경향이 있다. 물론 이 자체가 틀렸다고 할 수는 없다. 그렇지만 예산 부족과 확고한 정책 부재로 인한 우선순위의 문제 등 때문에 현실적으로 필요한만큼 원조가 제공되지 못했다고 보는 시각에는 문제가 있다고 생각된다. 미국의 의도가 군사원조를 통한 힘의 균형을 맞추어 전쟁의 발발을 억지하고자 하는 의미까지 연장될 수 있을지는 의심스럽다는 것이다. 이러한 시각이 나온 것은 지나치게 군사원조의 양적인 측면에만 초점을 맞추었기 때문이 아닌가 한다.

군사원조의 구조적인 측면을 보면 미국의 의도가 과연 그러한 것이 었는지 의심스러울 수밖에 없기 때문이다. 그래서 본고에서는 기존 연구와 달리 군사원조의 양적 측면보다 구조적 측면을 주목해보았다. 그 결과 기존연구와는 다른 결론을 얻을 수 있었다. 미국이 전쟁발발을 억제하려 했다면 최소한 상황이 허락하는 한계내에서는 힘의 균형을 맞추려 했을 것이다. 그러나 미국이 한국군에 제공한 군사원조, 특히 무기체제를 살펴보면 이러한 의도가 있었다고 할 수는 없다.

미국이 한국군에 제공한 무기체제에는 방어에 필수적인 대전차화기가 없는 것과 다름없는 수준이었다. 현대전에 있어서 적 전차의 돌파를 막을 방법이 없다는 것은 곧바로 전선의 붕괴를 의미하게 된다. 즉 당시 한국군의 무기체제로는 방어하기에 전력이 부족한 정도가 아니라 전략적 차원에서 구조적으로 방어가 불가능한 수준이었던 것이다. 특히 공격측의 입장에서는 단순한 전력의 우위라는 차원과 성공이 보장되는 차원은 분명히 틀린다. 성공이 보장되는 전쟁이라면 시도해보고 싶은 충동을 느낄 수밖에 없다는 것이다. 미국이 이런 점을 몰랐을 리는 없다. 그렇다면 미국이 제공한 무기체계로 보아서는 적어도 한국군 단독으로 북한의 침공을 저지할 능력을 갖춰줄 생각이 없었다고 볼 수밖에 없다.

미국이 이런 식으로 무기를 제공했다는 사실이 확고한 정책이 없었다거나 예산부족 때문이었다고 보는 근거가 되어 왔으며 궁극적으로는 한반도를 포기하려 했다는 것으로까지 해석되어 왔다. 그러나 이러한 미국의 의도는 한국전쟁 발발시 신속하게 개입한 점에 비추어 상반되는 것처럼 보인다. 이를 보아서는 미국이 한반도를 포기하려 했다고 할 수 없다는 것이다. 또한 확고한 정책이 없었다거나 예산부족 때문이었다는 것도 이유가 되지 않는다. 2차대전 이후 어차피 폐기되어야 할 무기는 예산의 부담이 적은 것이고, 같은 예산으로도 무기체제를 이런 식으로 만들지 않을 수 있었고 한국전쟁 발발 후 미국이 신속하게 개입한 것으로 보아 확고한 의지나 정책이 없었다고 볼 수도 없다.

그렇다면 이유는 다른 데에서 찾아야 할 것이다. 본고에서는 한국전쟁 발발을 기점으로 한 미국의 상반된 태도가 오히려 단서가 될 수 있다고 보았다. 미국이 방어자체가 불가능할 정도로 한국군의 방어체제에 심각한 구조적 결함을 만든 이유는 힘의 균형을 무너뜨려 전쟁을 유발할 목적 때문이었다는 것이다. 미국이 이런 식으로 행동한 이유는 한반도를 포기할 수 없다는 의지와 함께 이승만 정부에 대한 불신이 작용했다고 보았다. 미국이 가장 두려워한 것은 남한정부가 내부적으로 붕괴해버림으로서 중국처럼 자연스럽게 공산화되는 상황이었다고 생각된다.

명분에 밀려 주한미군의 철수가 확정된 상태에서 남한을 유지하려면 막대한 양의 원조가 필요했는데 미국으로서는 이 원조를 제공하는 것 자체도 부담이고, 이를 제공받을 이승만 정권도 신뢰할 수 없었다. 신뢰할 수도 없는 정권에 막대한 양의 원조를 무한정 제공하는 것은 명분상으로나 실리상으로나 미국으로서는 용납하기가 쉽지 않았을 것이다. 이러한 사태는 단순히 이승만 정부에 막대한 지원을 해서 해결될 수 있는 문제가 아니라는 것은 이미 장개석 정부의 경우에서 교훈을 얻고 있는 상태였다. 중국처럼 원조 제공에도 불구하고 남한이 자체붕괴해 버린다면 미국은 명분과 실리를 모두 잃는 셈이 된다. 이렇게되면 미국은 개입해볼 기회조차 얻지 못하고 한반도에 대한 영향력을 소련에 내줄 수 밖에 없다. 이렇게 당사자인 이승만 정부에 대한 지원이 해결될 수 없는 상태에서 한반도의 적화를 막으려면 미국이 직접 개입하는 수밖에 없다. 그러나 미국의 체제로는 전쟁에 관한 한 미국이 타지역을 선제공격한다는 것은 곤란하다.

미국은 대외문제에 있어서 이러한 딜레마를 해결하는데 즐겨 취하는 행태를 가지고 있었다. 즉 분쟁지역에 개입할 때 미국에 필요한 상황을 만들어내는 경향이 있었음을 주목해야 한다는 것이다. 이 당시 미국에 필요한 상황은 바로 남한이 외부(북한)의 침공을 받게 되는 것이다. 미국의 체제로는 전쟁에 관한 한 미국이 타지역을 선제공격한다는 것은 미국민들에게도 용납받기 어려운 것이지만 미국 또는 미국의 영향하에 있는 동맹국이 공격을 받는 상황에서는 분쟁지역에 대한 개입과 원조에 있어서 쉽게 미국민의 동의를 얻어온 것이 사실이다. 더욱이 분쟁에 직접 개입하는 편이 원하는 방향으로 사태를 수습하는 데에 편리할 수도 있다.

이러한 미국의 입장에서는 한국군의 수준을 게릴라전 등에 의한 내부붕괴에는 대응할 수 있지만 북한의 전면적인 침공에 대항할 수 없을 정도로 묶어 놓아 침공을 유발하려 했을 수 있다. 그리고 그 침공을 명분삼아 직접 개입하여 이후 한반도에 대한 영향력을 확보하려 했을 가능성이 크다는 것이다. 이렇게 당시 상황에서 미국의 입장을 살펴보면 이러한 의심을 해볼 수 있다는 것이다.

그러나 서두에서도 밝혔듯이 한국전쟁의 기원이라는 문제는 논문 한 편으로 간단히 결론 내릴 문제는 아니다. 오히려 이러한 시도를 통해 문제점을 해결하려는 노력이 계속되도록 하여 한국전쟁의 기원에 대하여 활발한 논쟁을 일으킬 수 있는 계기가 되기를 바란다는 사실을 재삼 강조해 둔다.

20세기 한국 근현대사 연구동향과 문제점

박 환*

Ⅰ. 서 론

현재 우리는 20세기에 살고 있다. 이 시기는 인류가 문명의 발달과 더불어 인류역사상 가장 문명화되어 살았던 때가 아닌가 한다. 또한 수많은 전쟁과 혁명, 이념의 질곡 속에서 인간이 어느 시대보다도 가장 비인간화되어 살았던 시기였다고 할 수 있다. 이점은 우리 한국민에게도 물론 예외는 아닌 것 같다. 1876년 개항이후 1900년대에 들어 일제의 식민지 지배를 받았으며, 해방후에는 6.25전쟁이라는 동족간의 비극을 겪고 냉전논리로 인하여 남북은 분단되어 현재에 이르고 있다.

* 수원대 사학과 교수
** 본 연구는 1997년도 한국학술진흥재단 대학부설연구소 과제 연구비에 의하여 연구되었음.

남한에서는 이승만 독재정권과 군사정권이 한국의 발전과 민주화를 가로막았으며, 북한에서도 김일성 정권이 북한의 올바른 발전을 저해하였던 것이다. 게다가 20세기 말에 와서 한국은 경제파국에 직면하였으며, 북한 역시 식량난에 허덕일 정도로 양국 모두 총체적 위기에 처해 있다고 해도 과언이 아닐 것이다. 우리는 이제 이러한 현실을 직시하면서 한세기를 넘어가는 그리고 새로운 시기를 맞이하는 중요한 고비에 살고 있는 것이다.

우리 역사학계도 시대의 흐름과 더불어 많은 변화를 겪었다. 일제 식민지시대에는 실증사관, 유물사관, 민족주의사관 등이 혼재해 있는 가운데 일제의 식민지 지배라는 당면 현실을 극복하고자 노력하였으며, 해방후에 남한에서는 민주화와 통일을 달성하고자 하는 여망 속에 식민사관의 극복, 한국사의 체계적 발전을 위하여 노력하여 왔다. 그리고 북한에서는 유물사관의 창조적 발전에 힘을 기울여 왔다. 이러한 노력에도 불구하고 남북한 역사학계는 냉전이라는 시대적 상황과 국가의 지배 논리를 극복하지 못한 것 같다. 특히 한국근현대사의 경우 현실과 제일 밀접한 부분으로 오늘날의 현실을 타개할 수 있는 청사진을 제시하여야 함에도 불구하고 아직 부족한 점이 많다고 생각된다.

본고에서는 20세기의 한국근현대사의 연구동향과 그 문제점을 살펴보고 21세기 우리 학계가 나아갈 방향을 조망해보고자 한다. 그런데 근현대사 연구는 주로 해방이후에 이루어졌으므로 해방이후 부분에 중점을 두어 밝히고자 한다. 아울러 본 논문에서는 편의상 근대사, 식민지시기, 현대사 등으로 나누어 알아보고자 한다.

Ⅱ. 한국 근대사 연구동향과 과제[1]

개항기에 대한 연구는 일제하 일본 관학자들에 의해 시작되었다. 그들은 한국경제의 정체성을 내세우면서 한국경제의 발전을 위해서는 일본의 지배를 받아야 한다는 입장이었으며 이러한 주장의 대표적인 학자로는 일본의 四方博을 들 수 있다. 이러한 일본의 주장에 대해 1960년대 이후 한국학계에서는 식민사관의 극복차원에서 자본주의 맹아에 대한 연구가 진전되면서 조선사회정체론을 부정하면서 내재적 발전론이 대두되었다. 그리고 이러한 입장에서 개화운동, 임오군란, 위정척사운동, 의병운동, 애국계몽운동 등 다양한 분야에 적극적인 관심이 기울여졌다. 특히 1960년대 한국의 근대화와 관련하여 서구적 근대화의 당위성에 바탕을 두고 내재적 발전론의 입장에서 개화파가 집중적으로 연구되었으며, 긍정적인 평가를 받게 되었다. 이어 민족정신의 함양이라는 차원에서 외세에 대항한 위정척사 역시 긍정적인 평가를 받기도 하였다. 그러한 가운데 1970년대 광무개혁의 성격규정과 관련하여 다양한 평가가 제기되기도 하였다.

그러나 1980년대에 들어오면서 새로운 학자들에 의해 민중적 측면과 반외세적인 측면이 강조되면서 개화파 및 독립협회, 애국계몽운동에 대한 비판이 제기되고, 민중운동과 의병운동 등이 높이 평가되었다.

한편 1990년대 들어 사회주의권이 몰락하고 한국의 민주화가 진척을 보이자 민중사관의 입장이 약화되고 있는 가운데, 한국근대사에 대한 재조명작업이 이루어지고 있다. 즉 근대의 기점, 근대성이란 무엇인가,

---

1) 한국근대사에 대한 최근의 연구동향에 대하여는 국사편찬위원회, 『한국사론』25, 1995가 참조된다.

그리고 이념과 입장을 탈피하여 전세계적인 입장에서 한국근대를 바라
보려는 노력들이 제기되고 있는 시점이라고 할 수 있다.

개항기에 있어서 주요한 문제로는 일제의 조선침략, 척사운동, 임오
군란, 개화관련문제, 동학농민혁명운동, 독립협회, 의병운동, 애국계몽
운동 등을 들 수 있다. 이들을 순서대로 살펴보도록 하겠다.

1. 일제의 조선 침략

일제의 조선침략사에 대해서는 1960년대에 들어서부터 개척적인 글
들이 나오기 시작하였다. 즉 이선근, 노계현, 박용옥 등의 간도귀속문
제에 대한 검토와[2] 더불어 윤병석, 조기준 등의 열강의 경제적 침략
등에 대한 일연의 연구가 그것이다.[3]

1970년대에 들어서도 역사학자들에 의한 침략사 연구는 계속 이어
졌다. 신기석의『간도영유권에 대한 연구』(탐구당, 1979), 고대아세아문
제연구소의『일제의 경제침략사』(현음사, 1970), 이석륜의『한국화폐금
융사연구』(박영사, 1971) 등 외교, 경제 등의 단행본이 출간되었던 것이
다.

일제의 조선침략사에 대한 연구는 1980년대 들어 본격화되었다. 역
사학회에서는 러일전쟁전후 일본의 한국침략을 전반적으로 다루었으
며,[4] 조항래는 일진회를 비롯하여 친일파인 이용구와 일본의 대륙낭인
조직인 현양사, 대륙낭인인 內田良平 등에 대한 집중적인 연구를[5] 통

---

2) 이선근,「백두산과 간도문제」,『역사학보』17·18 합집, 1962;노계현,「간도협약에
　　관한 외교사적 고찰」,『대한국제법학회논총』11권 1호, 1966; 박용옥,「간도귀속문
　　제에 대한 역사적 고찰」,『시사』31권, 내외문제연구소, 1966.
3) 윤병석,「문명을 앞세운 침탈-열강의 이권침탈」,『한국현대사』2, 신구문화사, 1969;
　　조기준,「강요된 경제개혁-화폐 재정의 정리」, 같은 책.
4) 역사학회,『러일전쟁 전후 일본의 한국침략』, 일조각, 1986.
5) 조항래,「일본 국수주의단체 '현양사'의 한국침략 행적」,『한일관계사연구』창간호,

하여 이 분야 영역 확대에 크게 기여하였다. 아울러 강창석도 통감부에 대한 집중적인 연구를 하였다.[6]

경제부분에 대한 연구 역시 1980년대 들어 활성화되기 시작하였다. 1980년대에 이배용과[7] 권태억의 연구가[8] 나온 이래 1990년대 들어 이영학, 정재정, 하원호, 나애자 등의[9] 집중적인 연구가 이루어졌다. 이배용은 개항이후 미국, 독일, 영국, 일본, 프랑스, 이태리, 러시아 등 한국광산 이권 침략사를, 권태억은 한국근대면업사를 연구하였다. 그리고 이영학은 외국연초의 유입과 국내연초재배업과 제조업에 미친 영향에 대하여 검토하였으며, 최근에는 제염업으로 연구를 확장시키고 있다. 정재정은 1892년부터 1945년에 이르기까지의 일본의 한국철도침략과 이에 대한 한인들의 대응에 주목하였다. 하원호는 개항기의 곡물유통, 방곡령, 곡가변동 등을 집중적으로 분석하여 이 분야 연구를 한 단계 진전시켰다. 나애자는 한국근대해운업의 발전에 주목하면서 외국해운업의 침투에 대하여도 다루고 있다.

한편 최문형은 『제국주의 시대의 열강과 한국』(민음사, 1990)의 저서를 통하여 수교전후, 청일전쟁전후, 러일전쟁 전후의 열강과 한국의 관계를 집중 조망함으로써 제국주의 열강의 한국침략에 대하여 살펴보고 있다. 그리고 김원모는 개화기의 한미관계에 대한 연구를 통하여 조선 개항을 둘러싼 미국과 중국간의 교섭문제, 미국의 대한 정책(1894-

한일관계사연구회, 1993 등 다수의 연구가 있다.

6) 강창석, 『통감부연구』, 국학자료원, 1994.

7) 이배용, 『한국근대광업침탈사연구』, 일조각, 1989.

8) 권태억, 『한국근대면업사연구』, 일조각, 1989

9) 이영학, 『한국 근대 연초업에 대한 연구』, 서울대 국사학과 박사학위 논문, 1990; 정재정, 『일제의 한국철도침략과 한국인의 대응(1892-1945)』, 서울대 국사학과 박사논문, 1992;하원호, 『개항기 곡물의 유통과 가격변동에 관한연구(1876-1904)』, 고려대 박사학위논문, 1993; 나애자, 『한국근대 해운업 발전에 관한 연구(1876-1904)』, 이화여대 박사논문, 1994.

1905) 등 다양한 부분을 밝히고 있으며 또한 미국선교사로 널리 알려진 알렌의 일기를 번역출간 하여 이 분야 연구에 크게 공헌하고 있다.[10]

2. 척사운동과 임오군란

위정척사, 임오군란 등 보수적인 성향을 가지고 있던 운동들은 1960년대 이후 70년대 박정희정권에 의하여 한국적 특수성과 민족주의가 강조되면서 근대적 민족주의운동으로 긍정적인 평가를 받았다. 그러나 1980년대 이후 민주화운동이 제창되고 아울러 활발해지면서 그 사상의 사대성과 보수성이 강조되면서 그 한계성이 지적되고 있다. 그 결과 이 분야에 대한 연구는 최근 별로 이루어지지 못하고 있다.

위정척사운동에 대한 본격적인 연구는[11] 1960년대말 홍순창의 「면암 최익현의 위정척사론에 대하여」(『대구사학』1, 대구사학회, 1969)가 발표된 이후 1970년대에 들어와 홍순창, 최창규, 이이화, 진덕규 등에 의하여 본격적인 연구가 이루어졌다. 이들 가운데 홍순창과 최창규는 위정척사론을 근대민족주의와 연결시켜 긍정론을 펴는 반면에, 이이화와 진덕규는 위정척사운동을 보수반동운동으로 부정적으로 평가하고 있다. 이러한 양 견해에 대하여 강재언은 위정척사상은 개화에 반대하는 보수적 성격을 가지고 있지만 반침략적 성격과 몰주체적 서양화를 저

---

10) 김원모, 「19세기말 미국의 대한정책(1894-1905), 『국사관논총』60, 1994 등 한미관계에 대한 다수의 논고가 있다. 그리고 H.N.알렌 저, 김원모역, 『알렌의 일기』, 단국대학교 출판부, 1991.

11) 위정척사파에 대한 연구성과와 과제는 주로 이이화, 「위정척사」, 『한국사연구입문』, 지식산업사, 1981; 이광린, 「개화 척사사상」, 『한국사론』 5, 국사편찬위원회, 1981; 유영렬, 「척사운동과 개화운동」, 『한국사연구입문』, 지식산업사, 1987; 권오영의 『위정척사에 대한 연구성과와 과제』, 『한국사론』 25, 국사편찬위원회, 1995; 한국역사연구회, 『한국역사입문3 근대 현대편』, 풀빛, 1996 등을 참조하였다.

지하는 성격도 있으므로 이 점은 올바로 평가해야 한다고 주장하였다. 아울러 신용하, 김영작 등도 위정척사론에 대한 절충적 입장을 취하고 있다. 한편 권오영은 척사운동을 외세의 압박에 대한 유림내부의 대응으로 보면서도 한편으로 정치적 성격이 짙은 운동으로 파악하였다.12)

위정척사운동과 관련하여서는 화서학파에 관심이 기울여졌다. 이와 관련하여 가장 주목되는 연구성과는 오영섭의 『화서학파의 보수적 민족주의 연구-그들의 위정척사론과 의병운동을 중심으로』(한림대박사논문, 1996)이다. 씨는 화서학파의 형성과정, 세도정권과의 관계, 화서학파의 역사인식, 대서양인식, 그리고 을미의병, 반개화상소운동 등에 대한 연구를 통하여 화서학파의 보수적 민족주의의 성격을 심층적으로 조망하였다. 또한 위정척사파의 상징물인 朝宗巖에 대하여도 검토하였다.13)

위정척사파에 대한 연구는 앞으로 18세기 후반 및 19세기 초의 척사론과의 관련하에 연구가 이루어져야 하며, 1881년 신사척사운동에 대한 연구, 위정척사파의 학통과 당론에 대한 연구, 위정척사학파의 이론체계인 성리학설, 위정척사파의 사회 경제적 기반에 대한 검토 등도 아울러 이루어져야 할 것이다.

해방 이전의 임오군란에 대한 연구는14) 田保橋潔의 「임오정변의 연

12) 최창규, 『한국근대정치사상사연구』, 일조각, 1972;홍순창, 『한말의 민족사상』, 탐구당, 1975; 이이화, 「위정척사론의 비판적 검토-화서 이항로의 소론을 중심으로」, 『한국사연구』18, 1977; 진덕규, 「척사위정론의 민족주의적 비판인식」, 『한국문화연구논총』31, 이화여대 한국문화연구원, 1978; 강재언, 『한국근대사연구』, 일본평론사, 1970; 신용하, '한국근대의 사회발전」, 『한국근대사와 사회변동』, 문학과 지성사, 1980;김영작, 『한말내셔널리즘의 연구』, 1975; 권오영, 「김평묵의 척사론과 연명유소」, 『한국학보』55, 1989.
13) 오영섭, 「19세기 중엽 위정척사파의 역사서술-화서학파의 『송원화동사합편강목』-」, 『한국학보』60, 1990; 「위정척사의 상징물 조종암」, 『태동고전연구』11, 1995.
14) 조성윤, 「임오군란연구의 현황과 과제」, 『한국사론』25, 1995를 주로 참조하였음.

구」(『청구학총』21호, 1935)가 대표적이다. 씨는 당시 상황을 척족세력과 대원군 세력의 갈등관계로 파악하고 있다. 한편 해방이후 임오군란에 대한 대표적인 연구는 신국주에 의하여 이루어졌다. 씨는 임오군란의 발발 원인을 일본의 조선침략과 이로 인한 식량부족과 반일감정을 보다 근원적인 원인으로 파악하였다.[15]

1970년대 이후에는 권석봉에 의하여 이 문제가 연구되었다. 씨는 특히 중국측 자료들을 활용하여 임오군란을 둘러싼 당시의 상황과 청국의 간섭배경, 대원군의 납치 경위 및 환국 등에 이르기까지 집중적인 분석을 하였다. 그리고 김종원도 청의 임오군란시 파병문제를 중심으로 청의 대조선 적극책의 배경을 검토하였다.[16]

1980년대 들어 임오군란을 사회운동사적 시각에서 분석한 연구성과가 등장하였다. 조성윤은 이 사건을 도시민란의 연장선상에서 발생한 도시 하층민세력의 대규모 저항운동의 폭발로 파악하였다. 그리고 1990년대 김종원도 역시 이 임오군란의 주체를 도시하층빈민이었다고 보고 이 사건을 그 이전의 민란의 연장선에서 파악하고자 하였다.[17] 앞으로 임오군란연구는 정치사와 사회운동사를 하나로 결합시키는 새로운 틀을 통하여 분석하는 작업이 필요할 듯하다.

3. 개화파 · 개화사상 · 갑오경장

개화파 등에 대한 연구는 1960년대 이래 한국사의 내재적 발전과 근대화의 강조로 활발히 이루어졌다. 그러나 1980년대 들어 한국의 민주

---

15) 신국주, 「임오군란의 성격」, 『조명기박사화갑논총』, 1965.
16) 권석봉, 『청말 대조선정책사연구』, 일조각, 1986; 김종원, 「청의 대조선적극책의 기연-임오사변시의 파병문제를 중심으로-」, 『이해남박사화갑기념논총』, 1966.
17) 조성윤, 「임오군란의 사회적 성격」, 연세대학교 사회학과 석사논문, 1982; 「임오군란」, 『한국사』12, 한길사, 1994; 김종원, 「임오군란연구」, 『국사관논총』44, 1993.

화운동과 더불어 민중적 민족주의가 강조되면서 부르주아 중심의 개화운동에 대한 부정적인 시각이 제시되면서 개화운동에 대한 비판이 소장학자들을 중심으로 다수 이루어졌다. 한편 1990년대에는 근대의 기점, 근대의 개념, 근대성 등에 논의가 활발해지면서 이 분야에 대한 보다 실증적인 연구에 관심이 기울여지고 있다.

개화사상과 개화운동, 개화파 등에 대한 연구는 1960년대 식민사관의 극복과 관련하여 주목되기 시작하였다. 즉 일제로부터 강제로 조선이 개항되지 않았더라도 조선에는 실학의 전통을 계승발전시킨 개화사상이 존재했으며 개화파 역시 성숙해 가고 있었다는 시각이다. 그리고 이러한 입장에서 1960년대 이후 개화사상의 형성과 내용, 개화파의 형성, 조선의 개화에 영향을 준 인물과 서적 등에 대한 연구 등 개화에 대한 다양한 연구성과가 이광린, 강재언 등에 의해 이루어졌다.[18]

개화사상의 형성과 관련하여서는 1870년대를 전후한 시기로 일반적으로 파악하여 개항이전에 개화사상이 형성되어 있던 것으로 파악하고 있으나 일부 연구자들은 개화사상을 일본의 문명개화론으로 파악하여 김옥균, 박영효 등이 일본에 다녀온 이후인 1882년 이후로 파악하고 있다.[19] 이것은 개화사상을 어떻게 파악하고 있는가라는 점과 개화사상 및 개화파에 대한 평가의 문제와 직결되는 부분이라고 생각된다. 권오영은 개화사상과는 별도로 1880년대 초반 동도서기론의 존재에 주목하고, 김윤식, 신기선 등을 그러한 류의 인물들로서 파악하였다.[20]

---

18) 김영호, 「실학과 개화사상의 연관문제」, 『한국사연구』8, 1972; 이광린, 『개정판 한국개화사연구』, 일조각, 1974; 『개화당연구』, 일조각, 1975; 『한국개화사상연구』, 일조각, 1979; 『한국개화사의 제문제』, 일조각, 1986; 『개화파와 개화사상연구』, 일조각, 1989; 강재언 저 정창렬역, 『한국의 개화사상』, 비봉출판사, 1981
19) 주진오, 「개화파의 성립과정과 정치사상적 동향」, 『1894년 농민전쟁연구』 3, 역사비평사, 1993.
20) 권오영, 「동도서기론의 구조와 그 전개」, 『한국사시민강좌』7, 1990.

338

개화파에 속한 인물들에 대한 연구도 다수 이루어졌다. 이광린은 1973년 『개화당연구』(일조각, 1973)를 출간하여 개화당의 형성기를 1879년으로 파악하였다. 그 후 강위, 김옥균, 유대치, 이동인, 이승만, 남궁억, 김홍집, 지석영, 서광범, 이상재, 최병헌 등 다수의 개화파인물을 연구하였으며,[21] 신용하는 오경석을, 이완재와 손형부는 박규수를, 김신재는 박영효를, 김봉열과 유영익, 이종영, 윤병희, 원유한은 유길준을, 이상일은 김윤식을, 최진석은 어윤중을, 신복룡은 서재필을, 방선주는 서광범을 각각 연구하였다.[22] 이들 개화파에 대한 연구는 70년대에는 주로 급진개화파에 대한 연구가, 80년대 이후에는 온건개화파에 대한 연구가 이루어진 특징을 보이고 있다. 아울러 개화추진기구인 통리기무아문, 통리군국사무아문 등과 그 산하의 典圜局, 조선정부의 개화정책과 관련하여 조사시찰단과 영선사 등에 대한 연구도 다수 이루어졌다.[23] 그리고 최근에는 개화파의 근대국가 구상과 개화정책의 추진세력 등에 대한 서영희의 연구가 활발히 이루어지고 있다.[24]

갑신정변과 갑오경장연구는 긍정론과 부정론, 자율성과 타율성론 등으로 다양한 평가가 이루어지고 있다. 갑신정변의 경우 1960년대 이래

21) 이광린, 『개화기의 인물』, 연세대출판부, 1993.
22) 대표적인 것만 예시하면 다음과 같다. 이완재, 『초기개화사상연구』, 민족문화사, 1989;손형부, 『박규수의 개화사상연구』, 일조각, 1997; 윤병희, 『유길준연구』, 국학자료원, 1997;이상일, 『운양 김윤식의 사상과 활동연구』, 1995;신복룡 등, 『서재필』, 민음사, 1993.
23) 전해종, 「통리기무아문 설치의 경위에 대하여」,『역사학보 17 18합집, 1962; 원유한, 「"전환국"고」,『역사학보』37, 1968; 전미란, 「통리교섭통상사무아문에 관한 연구」,『이대사원』24 25합집, 1990; 한철호, 「통리군국사무아문(1882-1884)의 조직과 운영』,『이기백교수고희기념논총』, 일조각, 1994;이광린, 『개화파와 개화사상연구』, 일조각, 1989; 정옥자, 「신사유람단고」,『역사학보』 27, 1965; 허동현, 「1881년 조선 조사시찰단에 관한 일연구」,『한국사연구』52, 1981.
24) 서영희, 「개화파의 근대국가 구상과 그 실천」,『근대국민국가와 민족문제』, 지식산업사, 1995;「개화정책의 추진세력」,『한국사』38, 국사편찬위원회, 1996.

내재적 발전론의 입장에서 주체적 성격이 강조되면서 긍정적인 평가를 받아왔다. 특히 이광린은 갑신정변의 정강 분석을 통하여 개화파가 갑신정변이전부터 근대적 정치개혁을 구상하고 있었다고 파악하였다. 이와같은 갑신정변의 긍정론에 대하여 최영호와 최문형 등은 제국주의 및 국내정세에 대한 불철저한 인식 때문에 열강에 결국 이용당했다는 점 등을 들어 부정적인 입장을 제시하고 있다. 또한 주진오도 민중을 무시한 점에 있어서 자유민권사상을 지녔다고 보기 어렵다고 평가하였다.25)

갑오경장에 대한 평가는 일찍부터 타율성의 입장에서 언급되었다. 즉 갑오경장은 일본이 주도 내지 강요한 타율적 성격의 개혁으로 규정하였던 것이다.26) 이에 대해 유영익은 1972년의 그의 학문논문에서 처음으로 갑오경장의 자율성을 주장하였으며, 최근에 나온 그의 저서 『갑오경장연구』(일조각, 1990)를 통하여 이를 재확인하고 있다. 즉 씨는 갑오경장을 전후한 시기의 조선 개화운동의 전개상황이나 군국기무처의 구성, 운영 및 그 의안의 내용 등과 결부시켜 검토해 볼 때, 갑오경장은 조선의 개화파관료들이 주도하고 일본이 방조한 개혁, 즉 궁극적인 의미에서 자율적 개혁이라고 평가하였다. 또한 한철호와 오영섭도 각각 갑오개혁기 정동파의 개혁과 갑오개혁 및 개혁주체세력에 대한 보수파 인사들의 비판적 반응을 중심으로 갑오개혁의 자율성 및 근대적인 면을 주장하였다. 그리고 도면회는 갑오개혁을 적극적으로 평가하여 자본주의 사회의 기점으로 파악하였다.27)

---

25) 이광린, 「갑신정변 '정강'에 대한 재검토」, 『개화기연구』, 일조각, 1994.; 최영호, 「갑신정변론」, 『한국사시민강좌』7, 일조각, 1990;최문형, 「갑신정변전후의 정황과 개화파」, 『제국주의시대의 열강과 한국』, 민음사, 1990;주진오, 「개화파의 성립과정과 정치 사상적 동향」, 『1894년 농민전쟁연구』3, 역사비평사, 1993.

26) 이에 대하여는 유영익, 『갑오경장연구』, 일조각, 1990, 1면 주 1번 참조.

27) 한철호, 『1880-90년대 친미개화파의 개혁활동연구-정동파를 중심으로-』, 한림대

4. 동학농민혁명운동

동학에 대한 관심은 일찍부터 이루어졌다. 그리하여 장도빈은 1926
년에『갑오동학란과 전봉준』(덕흥서림, 1926)을, 김상기는『동학과 동학
란』(1931)을, 계봉우는『동학당폭동』을 각각 간행하였던 것이다.

해방직후에는 김용섭,[28] 한우근 등이 관심을 가졌으며, 특히 한우근
은『동학란 기인에 대한 연구』(서울대학교출판부, 1971)를 출간하기에
이르렀다. 그후 1974년에는 최수운탄생 150주년을 맞이하여『한국사
상』12집(1974)의 특집으로 최수운 및 동학에 대한 연구가 집중적으로
이루어졌다. 그 결과 최수운의 역사의식(신일철), 신개념(김경재), 종교
체험(김광일) 등 최수운에 관한 것과 더불어 동학군의 조직(김용덕), 전
주화약과 집강소(김의환) 등 동학혁명운동에 관한 것 그리고 천도교청
년당과 신문화운동(이연복), 3.1운동 재판기록을 통해본 천도교 대표들
의 태도분석(이현희) 등 일제하 천도교의 항일운동에 이르기까지 집중
적인 분석이 이루어져 이 분야 연구의 초석이 되었다.

동학에 대한 연구는 그 이후에도 지속적으로 이루어졌으며, 그 결과
1980년대에는 한우근의『동학과 농민봉기』(일조각, 1983), 노태구의『동
학혁명의 연구』(백산서당, 1982), 신복룡의『전봉준의 생애와 사상』(양
영각, 1982), 최현식의『갑오동학혁명사』(금강, 1980)의 저술이 출간되
었다.

특히 1990년대에는 동학농민혁명운동 100주년을 맞이하여 더욱 다양

박사학위논문, 1996; 오영섭,「갑오개혁 및 개혁주체세력에 대한 보수파인사들의
비판적 반응-그들의 상소문을 중심으로-」,『국사관논총』36, 1992; 도면회,「근대=
자본주의사회 기점으로서의 갑오개혁」,『역사와 현실』9, 1993..
28) 김용섭,「동학란연구론」,『역사교육』3, 1958;「전봉준공초의 분석」,『사학연구』2,
1958.

한 시각에서 많은 연구가 이루어졌다. 대표적인 연구 성과로는 한국역사연구회편, 『1894년 농민전쟁연구』1-4(역사비평사, 1991-1994), 신용하의 『동학과 갑오농민전쟁연구』(일조각, 1993), 우윤의 『전봉준과 갑오농민전쟁』(창작과비평사, 1993), 동학농민혁명기념사업회편, 『동학농민혁명운동과 사회변동』(한울, 1993), 장흥동학농민혁명기념탑건립추진위원회, 『장흥동학농민혁명』(예원, 1993), 구양근, 『갑오농민전쟁원인론』(아세아문화사, 1993), 역사학연구소, 『농민전쟁 100년의 인식과 쟁점』(거름, 1994), 이강오외, 『한국근대사에 있어서의 동학과 동학농민운동』(한국정신문화연구원, 1994) 등을 들 수 있다. 특히 이러한 가운데 갑오농민전쟁과 동학과의 관련성문제, 주체세력에 대한 문제, 농민군과 개화파의 제휴문제 등이 깊이 있게 논의되었다.29)

한편 1990년대 들어와 진보적 입장과는 다른 동학에 대한 평가도 이루어지고 있다. 즉 유영익은 동학운동을 유교적 보수적 운동으로, 권희영은 농민전쟁이 아닌 반부패, 반일운동이며 근대적인 운동이 아니었다고 보고 있다.30)

앞으로 동학농민운동에 대한 연구는 입장의 강조가 아니라 보다 실증적인 차원에서 이루어져야 할 것이다. 특히 학술운동의 차원에서 바라보는 시각은 이제 시대적 사명을 다하였음으로 재고의 여지가 있다고 생각된다.

---

29) 우윤, 「고종조 농민항쟁, 갑오농민전쟁에 대한 연구성과와 과제」, 『한국사론』25, 1995를 참조하였음.

30) 유영익, 「전봉준의거론-갑오농민봉기에 대한 통설비판」, 『이기백교수고희기념논총』, 일조각, 1994; 권희영, 「동학농민운동과 근대성의 문제」, 『한국근대사에 있어서의 동학과 동학농민운동』, 한국정신문화연구원, 1994.

5. 대한제국의 성립과 광무개혁, 독립협회

1970년대 초반부터 대한제국의 광무개혁과 독립협회, 독립신문, 만민
공동회에 대한 관심이 증대되었다. 독립협회에 대한 연구는 일찌기 한
홍수에 의하여 이루어졌다. 씨는 여기서 처음에 하나의 계몽적인 목적
을 가지고 출발하였던 사회단체가 토론회, 강연회를 통하여 어떻게 정
치단체로 성장하여 갔는가를 분석하고 있다. 그 후 박성근, 유영렬, 신
용하, 이광린 등의 연구가 이루어졌으며,[31] 대표적인 연구로는 신용하
의『독립협회연구』(일조각, 1975)를 들 수 있다. 씨는 여기서 독립협회
의 개혁운동은 신지식인 및 도시민층이 중심이 되어 추진한 근대적 민
족주의운동이었다고 높이 평가하고 있다. 이러한 씨의 연구는 박성근,
한홍수 등의 연구 성과와 맥을 같이하는 것으로 독립협회의 근대적 성
격이 특별히 부각된 느낌이 든다.

김용섭은 신용하의『독립협회연구』(일조각, 1976)에 대한 서평에서
독립협회에 대하여 체제변혁사상이 불명확하고, 민족주의도 불투명하
다고 보았다. 그리고 광무개혁을 집권지배층이 갑오개혁에서의 기본적
인 입장을 계승하되 '舊本新參'의 원칙하에 근대적 개혁을 마무리한 것
으로 보았다. 이에 대하여 신용하는 김용섭의 저서『한국근대농업사연
구』의 서평에서 소위 광무개혁은 친로수구파들이 전제군주권의 강화를
위하여 복고적 시책을 가하면서 독립협회의 자주 민권운동을 탄압하는
등 보수 반동적인 정책으로 일관했다고 규정하고, 개혁다운 개혁을 전
개하지 못하였다고 평가하였다.[32] 이에 대해 주진오는 독립협회의 친

---

31) 박성근, 「독립협회의 사상적 연구」, 『이홍직박사화갑논총』, 1969; 한홍수, 「독립협
   회의 정치집단화과정」, 『연세대학교 사회과학논집』 3, 1970; 유영렬, 「독립협회의
   민권운동 전개과정」, 『사총』17 18합집, 1973;이광린, 「서재필의 독립신문 간행에
   대하여」, 『진단학보』39, 1975.
32) 김용섭, 「독립협회연구서평」, 『한국사연구』12, 1976; 신용하, 「한국근대농업사연구
   서평」, 『한국사연구』13, 1976.

일, 친미적 성격을 강조하면서 신용하의 독립협회에 대한 평가를 비판
하였다.33) 이러한 광무개혁에 대한 논쟁은 실증적 차원에서 지속적으
로 전개되지 못하였다.34) 다만 최근에 대한제국기에 강력한 황제권을
중심으로 근대화를 추진하였다는 관점에서 연구가 진행되고 있다.35)
아울러 대한제국의 재정운영과 관련하여 내장원으로의 재정집중으로
인한 정부의 재정악화 등이 언급되고 있다.36) 그리고 고종황제의 황제
권 강화와 관련하여 재정의 황실집중, 궁내부, 원수부, 경찰조직 등이
주목되었다.37) 또한 유교적 이념에 입각한 고종의 황제권 강화의 지지
세력으로서 도약소, 상무사 등이 연구되기도 하였다.38)

한편 독립협회의 사상에 대해서는 1980년대까지 신용하, 유영렬 등
의 연구가 있었으며, 신용하는 독립협회의 사회사상을 그의 저서에서
자주독립, 자유민권, 자강개혁 사상으로 규정하였다. 그리고 유영렬은

---

33) 주진오, 『19세기 후반 개화개혁론의 구조와 전개-독립협회를 중심으로-』, 연세대
   박사학위논문, 1995.
34) 광무개혁에 대한 연구성과 정리로는 한국역사연구회 광무개혁 연구반(대표집필
   이윤상), 「'광무개혁'연구의 현황과 과제」, 『역사와 현실』8, 1992; 이민원, 「대한제
   국의 성립과 '광무개혁', 독립협회에 대한 연구성과와 과제」, 『한국사론』25, 1995;
   주진오, 「대한제국과 독립협회」, 『한국역사입문』3, 한국역사연구회엮음, 풀빛,
   1993.
35) 한국역사연구회, 『역사와 현실』 26, 1997, 특집 「대한제국의 역사적 성격」 서영
   희, 「광무정권의 형성과 개혁추진정책」, 이영학, 「대한제국의 경제정책」, 이윤상,
   「대한제국기 황제주도의 재정운영」
36) 양상현, 「대한제국기 내장원 재정관리연구」, 서울대학교 박사학위논문, 1997; 이
   윤상, 「대한제국기 내장원의 황실재정운영」, 『한국문화』17, 1996.
37) 이윤상, 『1894-1910년 재정제도와 운영의 변화』, 서울대학교 박사학위논문, 1996;
   서영희, 『광무정권의 국정운영과 일제의 국권침탈에 대한 대응』, 서울대학교 박
   사학위논문, 1998;조재곤, 「대한제국기 군사정책과 군사기구의 운영」, 『역사와 현
   실』19, 1996;차선혜, 「대한제국기 경찰제도의 변화와 성격」, 『역사와 현실』19,
   1996.
38) 서진교, 『대한제국기 고종의 황제권 강화정책연구』, 서강대학교 박사학위논문,
   1997.

독립협회의 운동을 근대민중운동이자, 근대민족주의운동, 나아가 한국
사상 최초의 본질적인 민주주의 운동으로 파악하였다.[39] 아울러 신용
하와 유영열은 독립협회가 추구한 정체를 영국형의 입헌군주제를 지향
하였다고 주장하였으며, 이에 대하여 최덕수는 프로이센형에 가깝다고
파악하였다.[40] 또한 최근 한철호는 그의 학위 논문 『1880-90년대 친미
개화파의 개혁활동 연구-정동파를 중심으로-』(한림대학교 박사논문,
1996)에서 갑오경장과 더불어 독립협회를 정동파가 주도하였으며, 특히
독립신문의 창간을 적극 지원해주고 독립협회의 창립을 주도하였다고
밝히고 있다.

6. 의병전쟁

의병전쟁에 대해서는[41] 많은 연구가 이루어졌으나 총체적인 연구보

---

39) 유영열, 「독립협회의 민권사상연구」, 『사학연구』22, 1973; 「독립협회의 민권운동
전개과정」, 『사총』17.19, 1973 등 관련 논문은 최근 간행된 그의 저서 『대한제국
기의 민족운동』(일조각, 1997)에 실려 있음.
40) 신용하 저서, 유영열, 『개화기의 윤치호연구』, 한길사, 1985; 최덕수, 「독립협회의
정체론 및 외교론연구-독립신문을 중심으로-」; 양상현편, 『한국근대정치사연구』,
사계절, 1985.
41) 의병항쟁에 관하여는 연구사 정리가 몇차례 이루어졌으며, 본고의 작성에 있어서
는 다음의 연구사 정리들을 참조하였음.
　김의환, 「의병전쟁과 애국계몽운동」, 『한국사연구입문』, 1981.
　조동걸, 「독립운동사연구의 회고와 전망」, 『정신문화연구』 1985년 여름호, 1985.
　이이화, 「19세기 사회사상사 연구현황과 문제점」, 『한국근현대연구입문』, 역사비평
　사, 1988.
　윤병석, 「조선말 의병봉기의 제문제」, 『독립기념관 개관 2주년 기념 제3회 독립운
　동사 학술심포지움「한말 의병운동의 재조명』 발표 요지.
　양상현, 「1894년 농민전쟁과 항일의병전쟁」, 『남북한역사인식비교강의』, 일송정,
　1989.
　김상기, 「조선말 의병전쟁 연구의 현황과 문제」, 『의병전쟁연구』 상, 지식산업사,
　1990.
　강길원, 「의병투쟁에 대한 연구현황과 과제」, 『한민족독립운동사』12, 국사편찬위원

다는 단편적인 연구가 중심을 이루고 있다. 일제시대부터 시작된 의병운동에 대한 연구는 해방 이후 오늘날까지 꾸준히 전개되어 의병운동의 발발 배경, 전개과정, 주도세력, 의병장 중심의 활동, 지역별 의병활동 등 많은 연구가 이루어져 왔다. 그런 가운데 1980년대에 들어서는 의병운동의 민족적 항일적 측면과 더불어 민중성이 강조되었고, 참여세력에 있어서도 지도부보다는 병사층이 강조되었다. 1990년대에 들어서는 발발배경에서 사회경제적 측면이, 의병 참여계층의 대내적 지향성의 문제, 의병세력 중 고종을 중심으로 한 근왕세력이 새로이 주목되는 경향성을 보이고 있다.

의병전쟁에 대한 일제시대의 연구성과로서는 박은식의『한국독립운동지혈사』와 1920년에 독립신문에 발표된 뒤바보(계봉우)의 『의병전』을 대표적인 성과로서 들 수 있다. 박은식은 민족주의적 입장에서 70여명의 의병장들에 대하여 설명하고 있으나, 뒤바보는 이와는 다른 입장에서 서술하고 있다는 특징을 보이고 있다.

해방이후에는 1950년대 들어 의병의 개황에 대한 연구가 신석호에 의하여 처음으로 이루어졌다.[42] 이후 1960년대 들어 신석호, 이현희, 박성수, 김의환, 성대경 등에 의하여 의병운동이 연구되었으며, 특히 김의환, 박성수에 의하여 집중적으로 검토되었다. 김의환은 이강년의병, 정미의병, 의병운동의 사상적 측면 등 의병운동에 대한 영역을 확장하였다.[43] 그리고 박성수는 「1907-1910년간 의병전쟁」(『한국사연구』1,

회, 1993.
　김상기, 「의병전쟁에 대한 연구성과와 과제」,『한국사론』25, 국사편찬위원회, 1996.
42) 신석호, 「한말의병의 개황」,『사총』1, 1955.
43) 이현희, 「한말의병운동관고」,『고대 문리대학보』4, 1962; 신석호, 「한말의 의병」,『한국사상』6, 1963; 박성수, 「1907-1910년간의 의병전쟁에 대하여」,『한국사연구』1, 1968;성대경, 「한말의 군대해산과 그 봉기」,『성대사림』1, 1965; 김의환, 「한말의병운동의 분석-이강년의병부대를 중심으로-」,『한일문화』2-1, 1962; 「의병운동의

1968)을 통하여 의병전쟁의 사회경제적 배경 및 사상적 기반과 아울러 군사적 측면을 고찰하였다.

1970년대에 들어와서는 의병운동에 대한 연구도 다양해지면서 의병운동을 전체적으로 정리하는 작업들이 이루어졌다. 단행본으로서는 1970년에 독립운동사편찬위원회에 의해 『의병운동사』가 간행되어 이 분야 연구에 큰 기여를 하였다고 생각된다. 즉 이 책에서는 봉기지역, 의병장, 의병 활동 등에 대한 전체적인 내용들이 체계적으로 정리되어 있다. 이울러 김의환에 의해 『의병운동사』(박영사, 1974), 『항일의병장열전』(정음사, 1975)이, 윤병석에 의해 『의병과 독립군』이 그리고 조동걸에 의해 『의병들의 항쟁』(민족문화사, 1980)이 각각 간행되어 선구적인 위치를 차지하였던 것이다. 아울러 이구용에 의하여 한말의병과 허위, 그리고 강원도 지역의 의병연구되었으며,44) 김도형에 의해 의암 유인석의 정치사상이 깊이 있게 연구된 점과 박성수에 의해 의병전쟁의 신분의식구조가 밝혀진 점은 큰 진전이라고 생각된다.45) 또한 개별 의병장에 대한 연구도 진전되어 유인석(이동우), 허위(박성수), 이남규(윤병석), 최익현(김의환), 김도현(김강수) 등의 의병장이 연구되었다.

1980년대에 들어서는 의병의 성격에 대한 논의가 전개되었으며, 특별히는 시대적 분위기와 더불어 의병의 민중적 성격이 강조되면서 평민의병장인 홍범도 등이 주목되었다.46) 또한 지금까지 밝혀지지 않았

사상적 측면」, 『한국사상』8, 1966; 「정미년 조선군 해산과 반일의병투쟁」, 『향토서울』26, 1966.

44) 이구용, 「한말의병연구」, 『사총』19, 1976; 「강원도지방의 의병항쟁」, 『강원의병운동사』, 1987.

45) 김도형, 「의암 유인석의 정치사상 연구」, 『한국사연구』25, 1979; 박성수, 「의병전쟁의 신분의식구조」, 『한국사학』2, 1980.

46) 조동걸, 「의병운동의 한국민족주의상의 위치」 상 하, 『한국민족운동사연구』1,3, 1986, 1989;김도형, 「한말 의병전쟁의 민중적 성격」, 『한국민족주의론』3, 창작과비평사, 1985.

던 각 지역의 의병장과 그들의 활동에 대한 연구가 이루어져 의병운동
사 연구에 크게 기여하였다. 대표적인 것으로는 유인석(김후경, 유명종,
유한철, 박민영, 문성혜), 이석용(강길원, 최근무), 전수용(강길원), 김용
구(강길원), 안규홍(강길원, 홍영기), 기삼연(강길원), 김동신(최근무, 홍
영기), 최세윤(배용일), 허위(신용하), 안중근(신용하), 홍범도(신용하, 박
영석) 등에 관한 것이다.

　1990년대에는 다수의 박사학위논문들이 나오는 수확을 거두게 되었
다. 김상기의 『갑오을미 의병연구』(한국정신문화연구원 박사학위논문,
1990년), 홍순권의 『한말호남지역 의병운동연구』(서울대 박사학위논문),
정제우의 『구한말 의병장 이강년연구』(인하대 박사학위논문, 1992) 홍
영기의 『대한제국시대 호남의병연구』(서강대 박사학위논문, 1993), 권영
배의 『격문류를 통해 본 구한말 의병항쟁의 성격』(경북대 박사학위논
문, 1995), 박민영의, 『구한말 서북 변경지역의 의병연구』(한국정신문화
연구원 박사학위논문, 1995), 유한철의 『유인석 의병연구』(국민대 국사
학과 박사학위논문, 1996), 이상찬의 『1896년 의병운동의 정치적 성격』
(서울대 국사학과 박사논문, 1996), 오영섭, 『화서학파의 보수적 민족주
의연구-그들의 위정척사론과 의병운동을 중심으로-』(한림대 박사논문,
1996) 등을 들 수 있다. 이들 논문들은 의병운동사 연구에 있어서 지금
까지 제대로 이루어지지 못하였던 다양한 부분들을 보다 풍성하게 해
주었다는 점에서 특히 주목되는 성과들이라고 할 수 있다.

　특히 이 가운데 이채로운 것은 홍순권과 이상찬, 오영섭 등의 연구
이다. 홍순권은 호남지역의병을 집중적으로 연구하면서 기존의 연구와
달리 사회경제적 측면에 주목하는 한편 의병을 민중적 민족주의운동으
로 파악하였다. 그리고 이상찬은 지금까지 의병봉기의 계기를 갑오왜
란, 을미사변, 단발령 등으로 보아 온 것과 달리 명성왕후의 국장, 갑

오개혁, 아관파천 등으로 나누었다. 그리고 1896년의 의병의 발발은 어느 정도 중앙정치세력과 관련되어 있으며, 심지어는 러시아공사와도 연결되어 있는 점, 특히 친러개화파가 아관파천과 관련하여 의병에 참여한 사실에 주목하였다. 참여층에 대해서도 척사유림외에 전현직 군수층, 이서층 역시 의병에 참여하였음을 밝히고 있으며, 砲軍이 주 전투력이었다는 사실을 밝히고 있다. 아울러 1896년 의병시 갑오개혁의 지방제도, 조세제도 개혁에 반대하는 움직임도 광범위하였음을 밝히고 있다. 오영섭은 화서학파의 보수적 민족주의와 의병운동의 근왕적 측면에 주목하였다. 특히 씨는 의병참여세력이 단순한 재야세력만이 아니고 오히려 근왕세력과 재야세력의 연관속에서 파악하고 있어 주목된다.

그밖에 권대웅은 경상도지병의 의병에 대하여 그리고 신용하, 박성진은 허위의병에 대하여, 신용하는 민긍호의병에 대하여, 오영섭은 의병봉기에 있어서 密旨의 중요성을 강조하였다.[47]

앞으로 의병운동에 대한 연구는 몇가지 점에서 보다 집중적인 연구가 필요할 듯하다. 우선 실증의 문제를 들 수 있다. 1980년대 의병연구에 있어서는 지나치게 민중 등 입장이 강조된 측면이 많다. 보다 실증적인 토대위에 해석들이 이루어지길 바란다. 둘째, 반일의병운동의 기점문제이다. 최근 김상기에 의하여 1894년 7월로 의병의 기점이 끌어올려져 1894-96년의 의병이 초기의병 내지 갑오을미의병으로 파악되고 있다. 이에 대하여 1894-96년까지의 의병운동을 인과관계로 설명하기

---

47) 권대웅, 「을미의병기 경북북부지역의 예천회맹」, 『민족문화논총』14, 영남대민족문화연구소, 1993; 신용하, 「허위의병부대의 항일무장투쟁」, 『박영석교수화갑논총』, 1992;「민긍호의병부대의 항일무장투쟁」, 『한국독립운동사연구』4, 1990 ; 박성진, 「허위의 현실인식과 국권회복운동」, 『청계사학』9, 1992; 오영섭, 「한말 의병운동의 근왕적 성격」, 『한국민족운동사연구』15, 1997.

어렵다는 지적과 1894년 7월에 봉기한 서상철이 동학군일 가능성 또한 제기되고 있어 앞으로 활발한 검토가 요망된다.[48] 셋째, 의병운동에 있어서 반일이라는 대외적 지향외에 의병 참여세력의 참여 배경 등과 관련하여 그들이 지향한 대내적인 측면에 대한 관심이 보다 많이 이루어져야 할 것이다. 이점과 관련하여서는 이상찬과 오영섭의 박사학위논문이 주목된다. 넷째, 의병운동이 참여세력에 있어서 유생층, 해산군인, 농민, 포군 등 재야세력과 더불어 고종 및 근왕세력 등에도 주목할 필요가 있다고 생각된다. 그런 연후에 의병운동에 대한 보다 입체적인 분석이 가능할 것으로 생각된다. 다섯째, 의병에 대한 정치, 경제, 사회, 문화 등 보다 다양한 입장에서 분석하는 즉 전체사로서의 의병사에 접근할 필요가 있다고 생각된다. 또한 의병 참여세력에 대한 보다 다양한 분석, 그리고 의병의 직책과 관련하여 그들 내부의 문제, 그리고 의병운영시 필수적인 자금의 문제 등도 보다 구체적으로 언급되어야 할 것이다.[49]

7. 애국계몽운동[50]

애국계몽운동단체에 대하여는 1960년대에 이현종이 「구한말 정치 사회 학회 회사 언론단체조사」(『아세아학보』2, 1966)를 통하여 전반적으로 검토한 이후 대한자강회, 대한협회, 기호흥학회 등에 대한 연구를 통하여 이 분야를 개척하였다. 그 후 1980년대에 들어와 본격적으로 대한자강회에 대한 연구가 정관, 권희영, 이지우, 유영렬 등에 의하여

---

48) 이상찬의 박사학위 논문, 4-5면 참조.
49) 오영섭의 「한말 의병운동의 근왕적 성격」, 『한국민족운동사』15, 1996에 제시된 향후 의병운동사 연구의 문제점에 대한 부분을 다수 참조하였음.
50) 애국계몽운동에 대한 연구동향으로는 김도형의 「한말 구국운동 연구에 관한 쟁점과 과제」, 『한민족독립운동사』12, 국사편찬위원회, 1993이 주목된다.

이루어졌다. 특히 유영렬은 대한자강회의 애국계몽사상과 운동, 대한자
강회의 신구학절충론, 대한자강회와 신민회의 민족운동 등에 대하여
집중적으로 분석하였다.51) 한편 박용옥은 1896년부터 1910년까지의 서
울과 지방의 부녀단체의 성립과 활동에 대하여 검토하였다.52)

　신민회는 신용하에 의하여 연구되었으며, 특히 윤경로는 105인사건
에 대하여 새로운 자료를 통하여 관련 인물들을 세밀히 분석하여 신민
회의 구체적인 실상을 밝히는데 공헌하였다.53) 그리고 서북학회, 서우
학회 등은 이송희가,54) 대한협회는 유영렬이, 정관은 교남학회를 그리
고 최덕수, 김시주, 김상기, 한시준, 이송희 등은 일본유학생 및 그들의
운영하던 태극학회, 대한학회를, 그리고 김도훈은 미주의 공립협회에
주목하여 이 분야의 영역을 확대하였다.55)

　아울러 1990년대 들어와서도 단체연구가 많이 이루어졌다. 특히 최
기영은 국민교육회, 공진회, 헌정연구회, 대동보국회 등을 연구하여
『한국근대계몽운동연구』(일조각, 1997)를 간행하였으며, 신용하는 보안
회, 한규무는 상동청년회, 박찬승은 호남학회56) 를 연구하였다. 그리고

---

51) 대표적인 것으로는 정관, 「대한자강회월보에 관한 고찰」, 『역사교육논집』1, 1980;
　　권희영, 「대한자강회의 사회사상과 민족운동」, 『해군2사논문집』2, 1980; 유영렬,
　　『대한제국기의 민족운동』, 일조각, 1997 등을 들 수 있다.
52) 박용옥, 「1896-1910 여성단체의 연구」, 『한국사연구』6, 1971.
53) 신용하, 「신민회의 창건과 그 국권회복운동(상)」, 『한국학보』8, 1977;윤경로, 『105
　　인사건과 신민회연구』. 일지사, 1990.
54) 이송희, 『대한제국말기 애국계몽학회연구』, 이화여대 박사논문, 1986.
55) 유영렬, 『대한제국기의 민족운동』, 일조각, 1997;최덕수, 「한말 유학생단체연구」,
　　『공주사대논문집』21, 1983; 김기주, 「대한학회에 대하여」, 『변태섭교수화갑논총』,
　　1985; 김상기, 「한말 태극학회의 사상과 활동」, 『교남사학』1, 1985; 한시준, 「국권
　　회복운동시 일본유학생의 민족운동」, 『한국독립운동사연구』2, 1988; 김도훈, 「공
　　립협회의 민족운동연구」, 『한국민족운동사연구』4, 1989.
56) 신용하, 「구한말 보안회의 창립과 민족운동」, 『한국사회운동의 기반과 새 경향』,
　　한국사회사연구회 논문집 44, 문학과 지성사, 1994; 한규무, 「상동청년회에 대한
　　연구」, 『역사학보』126, 1990; 박찬승, 「한말 호남학회연구」, 『국사관논총』53, 1994.

김기주는 『한말 재일유학생의 민족운동』(느티나무, 1993)을 간행하였다.

　언론활동에 대하여는 언론사 전공학자들에 의하여 일찍부터 연구가 이루어졌다. 이해창(『한국신문사연구』, 성문각, 1971), 최준(『한국신문사 논고』, 일조각, 1976) 등의 연구는 그 대표적인 것이라고 할 수 있다. 그 후 역사학자들에 의한 언론사연구는 1980년대에 들어와 본격화된다고 할 수 있다. 이광린이 황성신문과 대한매일신보에 주목하였으며,[57] 최기영은 『대한제국시기신문연구』(일조각, 1991)를 통하여 제국신문, 만세보, 경향신문, 경남일보, 공립신보, 신한민보 등을 분석하여 언론사연구를 한 단계 발전시키고 있다. 아울러 정진석의 『대한매일신보와 배설』(나남, 1987)이 주목되며, 러시아에서 간행된 해조신문과 대동공보에 대하여 최근 박환이 주목하였다.[58] 한편 김숙자는 독립신문, 제국신문, 황성신문 등과 주요 잡지 등에 나타난 민권논조를 집중 연구하였으며, 최기영은 『국민수지』, 월남망국사, 유년필독, 교육월보 등의 출판물을 통하여 계몽운동을 살펴보았다.[59]

　애국계몽운동에 있어서 교육은 상당히 중요한 역할을 하였다. 그러므로 이에 대한 관심은 일찍부터 이루어졌다. 김호일은 근대사립학교의 설립이념에, 신용하는 우리나라 최초의 근대학교가 배재학당이 아니라 원산에 만들어진 元山學舍임을 밝히고 그 역사적 의의를 파악하였다.[60]

　그후 차경수는 구국교육에 주목하였으며, 김홍수에 의하여 개항기부

---

57) 이광린, 「황성신문연구」, 『한국개화사의 제문제』, 일조각, 1986; 「대한매일신보 간행에 대한 일고찰」, 『한국개화사의 제문제』, 1986.
58) 박환, 『러시아한인민족운동사』, 탐구당, 1995.
59) 김숙자, 『대한제국기의 구국민권의식』, 국학자료원, 1998; 최기영, 『한국근대계몽운동연구』, 일조각, 1997.
60) 김호일, 「근대사립학교의 설립이념 연구」, 『사학연구』23, 1973; 신용하, 「우리나라 최초의 근대학교 설립에 대하여」, 『한국사연구』10, 1974.

터 통감부시기까지의 근대 역사교육의 성격 그리고 노인화에 의해 관립학교 교육의 성격이, 변승웅에 의하여 대한제국기 민족계 학교에 대한 연구가 이루어졌다.61) 아울러 최근에는 서울 및 영남 지방의 사립학교에 연구가 최기영, 김성준 등에 의하여 연구되었다.62) 그리고 유영렬에 의하여 한국 최초 근대대학인 평양 숭실대학에 대하여 밝혀졌다.63) 한편 윤건차는 『한국근대교육의 사상과 운동』(1987)에서 계몽운동기의 교육의 특성을 개량주의적인 것으로 평가하였다.

애국계몽기의 종교에 대하여도 주목하였다. 기독교의 민족운동에 대하여는 이만열이 일찍이 주목한 이래 활발한 연구를 진행하여 왔으며,64) 윤경로, 이덕주 등의 저서가 나오기에 이르렀다.65) 그리고 유교의 변혁운동과 관련하여서는 유준기가66) 그리고 천도교에 대해서는 황선희가 동학창도부터 천도교로의 전환, 인내천 사상과 3.1운동, 천도교의 개벽사상과 신문화운동 등에 대한 집중적인 연구를 하였으며, 조규태의 평안도지방의 동학연구도 지역사례연구로 주목된다.67) 한편 박영

61) 차경수, 「1905-1910년의 구국민족교육의 연구」, 『교육학연구』16-1, 1978; 김흥수, 『한국근대역사교육연구』, 삼영사, 1990; 노인화 『대한제국시기 관립학교 교육의 성격연구』, 이화여대 박사학위논문, 1989; 변승웅, 『근대사립학교연구-대한제국기 민족계 학교를 중심으로-』, 건국대박사논문, 1993.
62) 최기영, 「한말 서울 소재 사립학교의 교육규모에 대한 일고찰」, 『한국학보』70, 1993; 김성준, 「경남 밀양근대교육의 요람 정진학교 연구-이병희의 사상과 그 일문의 창학이념에 연관하여」, 『국사관논총』23, 1991.
63) 유영렬, 「한국 최초 근대대학의 설립과 민족적 성격」, 『한국민족운동사연구』15, 1997.
64) 이만열, 「한말 기독교인의 민족의식형성과정」, 『한국사론』1, 서울대 국사학과, 1973; 『한국기독교와 민족의식』, 지식산업사, 1991.
65) 윤경로, 『한국근대사의 기독교사적 이해』, 역민사, 1992; 이덕주, 『초기한국교회사 연구』, 한국기독교역사연구소, 1995.
66) 유준기, 『한국근대유교개혁운동사』, 삼문, 1994.
67) 황선희, 『한국근대사상과 민족운동:동학과 천도교편』, 혜안, 1996; 조규태, 「구한말 평안도지방의 동학」, 『동아연구』21, 1990.

석은 대종교의 독립운동에 대하여, 박환은 대종교의 교주인 나철, 김교헌, 윤세복 등에 대하여, 박찬식은 한말 천주교회가 향촌사회에 미친 영향을 집중적으로 검토하였다.[68]

한편 애국심 고취의 일환으로 역사연구가 성행하였다. 이 분야에 대하여는 김창수의 전반적인 연구에 이어 장지연, 신채호, 장지연 등에 대한 집중적인 연구가 이루어졌다.[69]

국채보상운동에 대해서도 일찍부터 연구가 이루어졌다. 1960년대에는 최준이 「국채보상운동과 프레스캠페인」(『백산학보』3, 1967)을, 박용옥이 「국채보상운동의 여성참여」(『사총』12 13합집, 1968)를 연구하여 이 분야를 개척하였다. 특히 박용옥은 여성이 국채보상운동에 어떻게 참여하여, 어떠한 활동을 하였으며, 이 참여를 통하여 여성의 사회적 지위에 어떠한 변화를 가져왔는지를 살펴보았다. 그리고 그후 1970년대에 이송희가 「한말국채보상운동연구」(『이대사원』15, 1978)를, 그리고 1990년에 이상근의 연구가 이어지면서[70] 1994년에 조항래 외의 『일제경제침략과 국채보상운동』(아세아문화사, 1994)이 간행되어 국채보상운동을 전반적으로 검토하였다. 또한 박용옥은 『한국근대여성운동사연구』(정신문화연구원, 1984) 및 『한국여성항일운동사연구』(지식산업사, 1996) 등을 통하여 애국계몽기 및 일제하 국내외의 여성항일운동사를

---

68) 박영석, 「대종교의 독립운동에 관한 연구」, 『사총』21.22합집, 1977; 박환, 『나철 김교헌 윤세복』, 동아일보사, 1992;박찬식, 『한말 천주교회와 향촌사회』, 서강대 박사학위논문, 1995.

69) 김창수, 「한말의 국학진흥운동과 민족의식」, 『남도영교수화갑기념논총』, 1984; 신일철, 『신채호의 역사사상연구』, 고대출판부, 1981; 최홍규, 『신채호의 민족주의사상』, 단재 신채호선생기념사업회, 1983;이만열, 『단재 신채호의 역사학연구』, 문학과 지성사, 1990; 신용하, 『박은식의 사회사상연구』, 1982;구자혁, 『장지연사상연구』, 단국대 박사논문, 1990; 위암장지연선생기념사업회편, 『위암장지연의 활동과 사상』, 민음사, 1993.

70) 이상근, 「국채보상운동에 관한 연구」, 『국사관논총』18, 1990.

집중적으로 분석하고 있다.

한말의 사상에 대해서는 박찬승의 『한국근대정치사상사연구』(역사비평사, 1992)와 김도형의 『대한제국기 정치사상연구』(지식산업사, 1995), 유영열의 『대한제국기의 민족운동』(일조각, 1997) 등이 있다. 박찬승과 김도형의 연구는 계몽운동계열을 다양한 부류로 나누어 이들의 정치사상을 분석하고 있으며, 이들이 일제시대로 들어서면서 어떻게 변모하고 있는 가를 보여주고 있다.

Ⅲ. 식민지시대 연구동향과 과제

식민지시대에 대한 연구는 주로 운동사 중심으로 이루어져 왔다. 그러나 1980년대 이후에는 식민지지배정책에 대한 연구도 활성화되고 있다. 이 시대의 주요 연구과제로는 식민지지배정책, 3·1운동, 사회주의운동, 농민운동, 노동운동, 해외독립운동 등을 들 수 있다.

1. 식민지 지배정책[71]

일제의 식민지지배정책에 대한 연구는 그 중요성에 비하여 일찍부터 학계의 주목을 받지 못하였다. 그것은 우리학계가 일본제국주의 침략

---

71) 식민지지배정책에 대한 연구성과에 대하여는 다음의 글이 참조됨.
    정재정, 「1980년대 일제시기 경제사연구의 성과와 과제」, 『한국의 근대와 근대성 비판』, 역사문제연구소, 1996.
    ----, 「일제식민정책연구의 현단계와 과제」, 『한국사론』26, 국사편찬위원회, 1996.
    ----,「일본자본의 침투와 경제구조의 변화」, 『한국역사입문』3, 한국역사연구회, 1996.
    정연태, 「일제의 식민농정과 농업의 변화」, 『한국역사입문』3, 위의 책.
    최원규, 「전시수탈경제·민족말살정책·강제연행』, 위의 책.

에 대한 한민족의 대응에 비중을 두고 연구를 진행하여 왔기 때문일 것이다. 그러나 민족운동사에 대한 올바른 이해를 위해서도 식민지시대 일본제국주의의 조선지배정책 및 침략사에 대한 연구는 보다 활발히 이루어져야 할 것이다.

일제식민지 통치에 대한 연구는 일본인 관변학자들에 의해 식민지시기부터 이미 진행되고 있었다. 경성제대 법문학부에서 출간한 『조선경제의 연구』(1929), 『조선사회경제사연구』(1933), 『조선사회법제사연구』(1937) 등은 그 대표적인 연구들이다. 이들의 연구는 일제의 식민지 지배를 정당화하는 연구성과들이다.[72] 이에 대항하여 이여성, 김세용 등은 『숫자조선연구』(세광사, 1931-35)를 저술하여 일제식민통치에 의한 한인들의 몰락을 밝히고 있다.[73]

해방이후 식민지지배정책에 대한 연구는 오세창에 의하여 「조선총독의 지위와 권한에 대하여」(편사,1호, 1967)란 글이 발표된 이후, 이종명에 의하여 「조선총독부의 府制실시와 그 의의」(『편사』 2, 1968)가, 그리고 이연복에 의해 일제의 헌병경찰제도가 주목되었다.[74]

식민지지배정책에 대한 본격적인 연구는 강동진 『일제의 한국침략정책사』(한길사, 1980)에 의하여 이루어졌다고 할 수 있다. 씨는 1920년대 일제의 한국침략사를 새로운 자료를 중심으로 심도있게 분석하고 있다. 박경식의 저서 『일본제국주의의 조선지배』(청아출판사, 1986번역)와 김운태의 『일본제국주의의 조선지배』(박영사, 1986) 등은 일제의 조선지배에 대한 개괄적 검토로서 중요한 의미를 갖는 것이라고 할 수 있

---

72) 권태억, 「일제 식민통치 연구의 현단계와 과제」, 『한민족독립운동사』12, 1993, pp.166-173
73) 정병욱, 「숫자를 통해본 조선인의 삶 - 《숫자조선연구》(이여성, 김세용, 세광사, 1931-35)-」, 『역사와 현실』21, 1996.
74) 이연복, 「일제의 헌병경찰소고」, 『이선근박사고희기념논총』, 1974.

356

다.

1990년대 이후에도 1980년대의 문제의식이 보다 심화되는 모습들을 보여 주고 있다. 우선 주목되는 것은 일제의 조선의 지배조직에 관한 것이다. 이 부분은 그 중요성에 비하여 학계의 주목을 받지 못하였으나 독립기념관 한국독립운동사연구소에서 이를 집중적으로 연구하여 학계에 기여하였다. 즉 김운태에 의하여 조선총독부의 수탈조직과 그 기능이, 채영국이 조선군을, 이정은이 지방정치체제를, 조범래가 조선총독부 중추원을, 장세윤이 경성제국대학을, 이명화가 조선총독부의 유교정책을 각각 연구하였던 것이다.75) 그 밖에 강영심이 일제의 한국삼림수탈정책과 한국인의 저항에 대하여, 윤선자가 조선총독부의 종교정책과 천주교회의 대응에 대하여,76) 김민철이 식민지시기 경찰에 대하여77) 그리고 박은경이 조선총독부 조선인 관리에 대한 집중적인 연구를 진행하였다.78)

2. 3·1운동79)

---

75) 독립기념관, 『한국독립운동사연구』6, 1992 참조.
76) 윤선자, 『조선총독부의 종교정책과 천주교회의 대응』, 국민대학교 박사학위논문, 1997; 강영심, 『일제의 한국삼림수탈과 한국인의 저항』, 이화여대 박사학위논문, 1998.
77) 김민철, 「식민지통치와 경찰」, 『역사비평』 24, 역사문제연구소, 1994.
78) 박은경, 『일제시대 조선총독부 조선인 관료에 대한 연구』, 이화여대 박사학위논문, 1994.
79) 3.1운동에 대한 연구사적 정리로는 다음의 글들이 참조된다. 본 글에서도 이들을 두루 참조하였다.
김창수, 「3·1운동연구사론」, 『동국사학』14, 1980.
김성보, 「3·1운동」, 『민족해방운동사 쟁점과 과제』, 역사문제연구소 민족해방운동사연구반, 역사비평사, 1990.
신용하, 「3·1운동 연구의 현단계와 과제」, 『국사편찬위원회, 『한민족독립운동사』 12, 1993.
이정은, 「3·1운동연구의 현황과 과제」, 『한국사론』26, 1996.

일제하의 3·1운동에 대한 대표적인 연구성과로는 1920년에 간행된 박은식의 『한국독립운동지혈사』와 1921년에 간행된 김병조의 『한국독립운동사략』을 들 수 있다. 이들은 민족주의적 관점에서 3·1운동을 서술한 책들로서 이 분야 연구의 최초의 성과들로서 주목된다. 특히 박은식은 민족주의적 관점에서 3·1운동을 서술하고 3·1운동을 민족독립운동의 최고점으로 높이 평가하였다.

해방이후 이 분야에 대한 가장 대표적인 연구성과로는 3·1운동 50주년을 맞이하여 동아일보사가 간행한 『3·1운동 50주년 기념논집』(1969)과 『역사학보』 41집, 『아세아연구』33호 등을 들 수 있다. 그 가운데 동아일보사에서 간행한 논문집이 가장 주목되는데 이 논문집은 3.1운동에 대한 총체적인 연구로서 72명의 학자가 참여하여, 3·1운동의 역사적 배경, 전개, 일본정부의 정책, 외국의 반응, 의의, 영향 등에 대하여 집중적으로 분석하여 이 분야 연구에 큰 획을 그었다.

그리고 이러한 연구성과들을 계승발전시킨 입장이 한국민족운동사연구회와 조선일보사에서 공동주최한 『3·1운동과 대한민국임시정부 수립의 현대적 해석』(1989)과 동아일보사 주최의 『3·1운동과 민족통일』(1989) 등이다. 이들 논문집들에서는 3·1운동의 역사적 의미를 대한민국임시정부 수립과 민족통일의 실천 등에 두고 있다.

한편 3·1운동에 대한 저서도 다량 간행되었다. 안병직의 『3·1운동』(한국일보사, 1975), 윤병석, 『3·1운동사』(정음사, 1975) 등이 출간된 데 이어 김진봉의 『3·1운동』(세종대왕기념사업회, 1977), 이현희의 『3·1운동사론』(동방도서, 1979), 신용하의 『3·1독립운동의 사회사』(현암사, 1984), 『3·1독립운동』(1989) 등을 들 수 있다.

1980년대 연구성과로서 가장 주목되는 것은 3·1운동 70주년을 맞이하여 한겨레신문 후원으로 만들어진 『3·1민족해방운동연구』(한국역사연구회 역사문제연구소 엮음, 청년사, 1989)를 들 수 있다. 이 책은 개별연구가 아닌 공동연구라는 특징을 갖고 있으며, 아울러 기존의 연구들을 3·1운동에 대한 과학적인 분석작업을 충분히 해내지 못했다고 비판하고 과학적인 연구를 할 것을 주창하였다. 즉 이 논문집에서는 3·1운동의 가장 중요한 역사적 의의로서 이 운동을 계기로 민중의 민족적 계급적 자각이 크게 고양되어 민중이 민중해방운동의 주력군으로서의 자기 위치를 다져가기 시작했다는 데에서 찾고 있다. 뿐만 아니라 3·1운동은 항일민족운동가와 식민지 지식인, 청년들에게도 민족해방운동의 주체와 이념, 노선이 어떠한 것이 되어야 하는지에 대해 심각한 반성과 새로운 모색의 계기를 제공했다고 하고 있다.[80]

1990년대 들어 3·1운동에 대한 연구는[81] 3·1운동의 배경, 참여계층, 민족대표의 생애와 역할, 지방에서의 운동 등에 대한 연구에 비중이 두어졌으며, 특히 중국과 러시아와의 국교 정상화이후 그곳의 연구성과가 국내에 다수 소개되어 더욱 생기를 불어 넣고 있다. 특히 이 시기의 대표적인 연구성과로는 양양, 강릉, 안성, 창녕, 합천, 공주, 청도, 화성 등 다양한 지역 사례연구가 집중적으로 이루어진 점이 주목된다. 특히 이정은은 경기도 안성군 원곡면과 양성, 경남 창녕군 영산, 합천군, 화성군 우정면 등 다양한 지역 사례를 통하여 이 분야의 영역을 보다 확대하고 있다.[82]

앞으로 3·1운동에 대한 연구는 민족주의적 입장과 민중적 입장을 떠나 보다 객관적인 연구들이 이루어져야 할 것이다. 그리고 그런 연구를 토대로 부르조아와 민중의 역할론이 보다 심도있게 논의되어야

---

80) 3.1운동 70주년 기념 논문집 책을 내면서 참조
81) 1990년대 연구성과에 대한 정리로는 이정은, 「3·1운동의 연구의 현황과 과제」, 『한국사론』26을 주로 참고하였음.
82) 이정은, 「화성군 우정면 장안면 3·1운동」, 『한국독립운동사연구』9, 1995 등.

할 것이다. 아울러 투쟁형태, 투쟁노선의 변화, 조직노선, 국내운동과
국외운동과의 상호관계, 국제적 조건 등도 보다 깊이 있게 검토되어야
할 것이다. 또한 3·1운동에 대한 사상사적 접근과 지역사례별 연구,
일제의 탄압책과 대응책에 대한 연구도 활성화되어야 할 것이다.

3. 사회주의운동과 농민, 노동운동[83]

해방후부터 최근까지도 한국학계에서의 사회주의운동과 노동, 농민
운동에 대한 연구는 일정한 제약과 목적성속에서 이루어졌다고 해도
과언이 아닐 것이다. 즉 1980년대 중후반 이전까지는 냉전으로 인한
학문 외적인 영향을, 그 이후에는 민중운동과 학술운동의 차원에서 또
다른 학문외적인 영향을 받아 왔다. 특히 1980년대후반 이후 사회주의
운동과 노동운동, 농민운동 등에 대한 연구는 진보진영에서 활성화되
어 황금기를 맞이하였다고 할 수 있다. 이들은 실천성과 현재성의 차
원에서 지금까지 한국학계에서 제대로 복원되지 못하였던 사회주의운

---

[83] 기존의 연구성과에 대한 회고와 전망으로서는 다음의 것들이 참조되며 이들의
업적을 다수 참조하였음.
이재화, 「식민지시대 한국공산주의운동사상에 대한 비판적 재검토」, 『현실과 과
학』창간호, 샛길, 1988.
김성보, 「사회주의계열의 이념과 활동」, 『민족해방운동사 쟁점과 과제』, 역사비평
사, 1990.
지수걸, 「한국근현대 사회운동사연구의 현황과 과제」, 『역사와 현실』10, 1993.
전상숙, 「세계대공황기 민족해방운동사 연구동향」, 『역사와 현실』10, 1993.
임경석, 「일제하 사회주의운동사 연구의 성과와 과제」, 『한국사론』26, 국사편찬위
원회, 1996.
지수걸, 「일제하 농민운동 연구의 현단계와 과제」, 같은 책.
안태정, 「일제하 노동운동 연구의 현황과 과제」, 같은 책.
이준식, 「민중운동」, 『한국역사연구입문 3』, 한국역사연구회엮음, 풀빛, 1996.
역사학연구소편, 『한국공산주의운동사연구』-현황과 전망, 아세아문화사, 1997.
권희영, 「일제시기 사회주의 연구의 현황과 과제」, 『한국인문과학의 현황과 쟁
점』, 한국정신문화연구원, 1998.

동의 진실을 밝히고자 많은 노력을 기울여 왔다. 그러나 이러한 연구 성과들은 운동 선상에서의 입장을 강조함으로써 특정 시기나 특정인 물, 특정노선에 비중을 두는 경향이 강하였다.[84] 또한 연구사적 공백을 메운다는 명목으로 연구논문을 양산하는 경향이 있었으며, 이러한 측면은 특히 지방운동사 연구에서 많이 나타났다.[85] 한편 1990년대 구소련과 동구권의 붕괴, 한국에서의 민주화의 실현 등 대내외적인 상황의 변동으로 최근에는 이들 운동을 보다 객관화시켜 보려는 노력들이 보이고 있어 앞으로의 연구성과가 기대된다.[86]

1980년대 이전 사회주의운동에 대한 국내의 대표적인 연구성과로는 김창순, 김준엽 등에 의하여 이루어진 『한국공산주의운동사』(1-5)를 꼽을 수 있다. 이것은 당시 시대적 제약속에서 이루어진 연구성과 이긴 하지만 방대한 자료를 바탕으로 실증적 작업을 통하여 한국사회주의운동사의 전체적인 모습을 보여주고 있다는 점에 있어서 이 분야에 연구에 단초를 열었다고 할 수 있다. 또한 방대한 일본측 자료의 구사와 면담 작업 등을 통하여 그 내용을 보다 풍부하게 하였다.

한편 국내학계에서는 그 이후 사회주의운동사에 대한 연구 성과는 별반 이루어지지 못하였다.[87] 그러던 중 1980년대 중반 이후 소장학자들에 의하여 사회주의운동사에 대한 관심이 고조되면서 연구성과 또한 다수 이루어져 이 분야 발전에 크게 기여하였다. 특히 이들은 일본측 자료뿐만 아니라 러시아측 자료도 적극 수집하여 활용하는 등 이 분야

---

84) 이점과 관련하여서는 권희영의 「일제시기 사회주의 연구의 현황과 과제」가 참조된다.

85) 제59회 한국역사연구회연구발표회, 「공산주의 그룹과 당통일운동(1922-1924)」(한국역사연구회 근대2분과 코민테른과 조선 연구반, 1998년 4월 4일) 요지문, pp.3-4

86) 대표적인 것으로 역사학연구소편, 『한국공산주의운동사』를 들 수 있다.

87) 이기하에 의해 한국공산주의운동사가 1963년에 탈고되었으나 1976년에 『한국공산주의운동사』3권이 통일원에 의해 간행되었다.

발전에 신선한 충격을 주었다고 할 수 있다.

1980년대 이후 권희영, 반병률, 임경석 등은 러시아 지역의 고려공산당에 대하여88), 윤병석과 반병률, 김방 등은 이동휘를, 김경일은 이재유를, 한국역사연구회 1930년대 연구반은 1930년대 일제하 사회주의운동을, 임경석, 이애숙 등은 세계대공황기 사회주의운동을, 이애숙, 안태정, 김경일은 공산당 재건운동을, 최규진은 코민테른 6차대회와 조선공산주의자들의 정치사상을, 신주백, 김경일, 정병준 등은 일제말기 사회주의운동 등을 집중적으로 연구하였다.89) 이 가운데 1980년대 이후 공산주의운동연구와 관련하여 가장 주목되는 연구 성과는 『일제하 사회주의운동사』(한국역사연구회 1930년대 연구반, 한길사, 1991)일 것이다.90) 이 연구는 공산주의 노선과 원칙을 운동사 전체의 평가기준으로 설정하여 체계적으로 쓴 최초의 업적으로, 진보적인 입장을 취한 한국역사연구회 학자들의 공동연구로서 학계의 주목의 대상이 되었다.

그러나 1980년대 이후 연구성과의 대부분의 공통적인 특징은 사회주의운동을 통사적인 차원에서 민족운동의 일환으로 편입시키려 하기 보다는 사회주의 운동의 일방적인 우위내지는 타당성을 강조하고 있다. 그리고 사회주의운동을 비판할 때는 오로지 전략적 전술적 측면에 국한시키고 상대적으로 민족주의나 자유주의 계열의 운동은 그 운동자체를 평가절하하고 있다. 아울러 이들은 민족문제에 깊은 관심을 보이고 있다. 그들은 식민지 시대의 최대의 민족적 과제는 민족의 해방이며, 이 민족해방의 문제를 포함한 민족, 식민지 문제에 있어서 최대의 기여를 할 수 있는 것은 사회주의라는 인식에 토대를 두었기 때문이다.

---

88) 임경석, 『고려공산당연구』, 성균관대 박사논문, 1993.
89) 임경석, 『한국사론』26 논문 참조.
90) 『일제하 사회주의운동사』에 대한 서평으로는 김경일의 「한국공산주의운동의 복원과 복원」(『역사비평』15, 1991년 겨울)이 있음.

362

아울러 또한 당사의 체계정립과 코민테른과 관련하여 한국사회주의운동을 정립하는데 관심을 기울이고 있다.91)

1980년대 중반이후의 사회주의운동에 대한 이러한 연구경향에 대하여 다른 견해를 보이고 있는 대표적인 학자로는 권희영의 일련의 글들을 들 수 있다.92) 씨는 사회주의운동사를 실증적인 차원에서 재정립하고자 하였으며, 아울러 사회주의 이데올로기의 문제를 특히 한국사회주의의 특색을 비교사회주의라는 폭넓은 틀 속에서 검토해야 한다는 입장을 가지고 출발하였다. 그 결과 한국사회주의가 러시아 및 코민테른으로부터의 절대적인 영향을 받았으며, 그것은 운동의 내용과 조직의 양면에서 모두 그러하다는 것을 밝혔다. 또한 한국사회주의 내용을 사상적으로 분석하여 한국사회주의가 해방의 담론과 전위당의 담론을 두 축으로 하여 전개되었으며, 초기에는 해방의 담론이 중심적이었으나 곧바로 전위당의 담론이 지배적인 위치를 차지하게 되면서 한국사회주의가 전반적으로 전체주의화하는 경향을 갖게 되었다고 하고 있다.

그러나 아직도 사회주의운동사 연구는 보다 활성화 될 필요성이 있다. 우선 사회주의운동사 연구가 학술운동사적 시각이 많이 작용하고 있는 점, 민족진영이나 식민통치세력과의 연관 속에서 파악하고 있지 못한 점, 특정 노선의 강조 등은 앞으로 이 분야 연구에 있어서 주의해야 할 점이 아닌가 한다. 또한 앞으로 보다 비교사적, 실증적 그리고 민족운동, 근대성의 관점에서 연구할 필요가 있을 것이다. 또한 한말의 민족운동과의 연속선상에서 바라보는 관점, 지나치게 당사중심으로 서술하는 문제점의 극복, 당과 대중운동 상호간의 독자성유지, 분파문제

---

91) 권희영, 앞의 논문 참조.
92) 권희영의 「일제시기 사회주의 연구의 현황과 과제」의 pp.29-30에 씨의 논문 목록이 나와 있음.

를 바라보는 인식의 전환, 통일전선문제와 관련하여 상대 세력인 부르
주아지의 존재양식과 물적토대에 대한 이해의 필요성 등이 중요한 부
분이 아닌가 한다. 아울러 현시점에 있어서는 지난 시절처럼 당위나
입장의 강조가 아니라 사실과 자료에 근거한 새로운 연구방법론의 추
구가 필요한 시기가 아닌가 한다.93)

농민운동에 대한 연구는 김창순, 김준엽이 한국공산주의운동사에서
언급한 이후 1970년대에 조영건에 의해 1920년대 한국농민운동(『건대
사학』2, 1972)이 밝혀졌으며, 조동걸에 의해 『일제하 한국농민운동사』
(한길사, 1979)가 출판됨으로써 일제하 농민운동사에 대한 전반적인 개
관이 이루어졌다.

한국학계에서 농민운동이 본격적으로 연구되기 시작한 것은 1980년
대 이후의 일이다. 대표적인 연구성과들을 소개하면 소작 쟁의의 경우,
이준식, 이철우, 함안희의 연구가 주목된다. 이준식은 그의 저서에서
역사사회학 이론을 원용하여 함경도지역의 소작쟁의와 농민운동에 접
근하고 있다.94) 그리고 이철우는 순천지역의 농민운동을 법사학적인
관점에서95) 그리고 함안희는 전남 나주 궁삼면 농민들의 토지소유권
반환투쟁을 인류학적인 관점에서 접근하고 있다.96)

1930년대 혁명적 농민조합운동은 1980년대 이후 농민운동과 관련하
여 가장 많은 연구 성과가 이루어진 부분이 아닌가 한다. 이 분야 연
구는 대부분 혁명적 농민조합운동의 등장 배경, 노선 문제 등에 관심
을 기울였다. 대표적인 연구 성과로는 지수걸의 연구 성과를 들 수 있

---

93) 역사학연구소편, 『한국공산주의운동사』-현황과 전망-, 아세아문화사, 1997.

94) 이준식, 『농촌사회변동과 농민운동-일제침략기 함경남도의 경우-』, 민영사, 1993.

95) 이철우, 「1920년대 전라남도 순천지역의 농민항쟁과 법(상)(하)」, 『법사학연구』10
11, 1989.

96) 함안희, 「조선 및 일제시대 궁삼년 농민의 사회 경제적 처지」, 『한국학보』66,
1992.

다.97)

농민운동에 대하여는 김점숙, 김희일, 김영숙, 김도형, 조성운, 강호출, 김용달 등의 다수의 지역사례연구가 있으며, 천도교, 기독교 등 종교단체의 농민운동에 대한 심도 있는 연구들도 많이 있다. 천도교의 대표적인 연구성과로는 노영택의 것을 들 수 있으며, 기독교 계통의 대표적인 성과로는 한규무의 것을 들 수 있다.98)

한편 일제하 노동운동에 대한 연구의99) 선구적인 업적은 김윤환에 의하여 이루어졌다. 씨는 『일제하 한국노동운동의 전개과정』(1968)을 출판하여 이 분야 연구의 선구적 업적을 낳았다. 이 논문은 한국에 있어서 근대노동자의 창출과정으로부터 일제말기까지의 노동운동을 민족해방운동 및 사회주의운동과의 관계속에서 파악하고 있다.

그 후 노동운동에 대한 연구는 1970년대 이후 1980년대에 걸쳐 많이 이루어졌다. 정진상은 노동자의 존재형태와 저임금에 대하여, 신용하는 노동공제회와 노동연맹회에 대하여, 그리고 김경일과 김광운은 원산총파업에 대하여, 김준은 일제하 노동운동의 방향 전환 등에 대하여 연구하였던 것이다.100) 이러한 노동운동에 대한 연구는 1990년대에 들어서면서 더욱 활기를 띠게 된다. 그 대표적인 연구 성과로는 김경일, 김

97) 지수걸의 저서(『일제하 농민운동 연구-1930년대 혁명적 농민조합운동』, 역사비평사, 1993)에 대한 서평은 이준식이 작성한 것이 『역사비평』21, 1993에 있다.
98) 노영택, 「일제하 천도교의 농민운동연구」(1), 『한국사연구』52, 1986;한규무, 『일제하 한국기독교 농촌운동』, 한국기독교역사연구소, 1997.
99) 노동운동에 대한 회고와 전망으로는 다음의 글들이 참조된다.
  김경일편, 『1920·30년대 노동운동연구』, 창작과 비평사, 1989.
  김광운, 「노동운동」, 『민족해방운동사 쟁점과 과제』, 역사비평사, 1990.
  전현수, 「식민지시대 한국노동운동사 연구의 성과와 과제」, 『역사비평』1, 역사문제연구소, 1987.
  정혜경, 「식민지시대 노동운동사연구의 현황과 과제」, 『한국근현대사연구』 4, 1996.
100) 김경일, 「1929년 원산총파업에 대하여」, 『창작과 비평』 69, 1989년 봄.

민영,101) 윤여덕102), 이정옥103), 정혜경104)의 연구 등을 들 수 있다. 이 가운데 특히 김경일은 역사사회학적인 접근 방법을 통하여 1920년대 일제하 노동운동사의 전체상을 밝히고자 하였으며 또한 이재유를 통하여 서울의 혁명적 노동운동의 실상을 밝히고자 하였다.105)

1990년대 이후 노동운동에 대한 연구는 노동자계급의 상태, 조직과 노동쟁의 등에 집중되어 있다. 그리고 시기적으로는 1920-30년대에 집중되어 있다. 앞으로 주제와 시기를 보다 확대할 필요가 있을 것이다.

한편 일제하 한국청년운동에 대하여도 학문적 발전이 있었다. 1971 년 김성식의 『일제하 한국학생운동사』가 나온 이후 1995년에 『한국근현대청년운동사』(한국역사연구회 근현대청년운동사연구반, 풀빛, 1995) 가 출간되어 1920년대 초반부터 해방직후까지의 청년운동을 집중적으로 연구하였다. 또한 형평사운동에 대하여도 김의환이 1960년대 연구를 시발로 하여 1980년대 고숙화, 김중섭에 의하여 집중적으로 연구되었다.106)

4. 대한민국임시정부 및 중국관내 민족운동107)

---

101) 김민영, 『일제의 조선인 노동력 수탈연구』, 한울아카데미, 1995.
102) 윤여덕, 『한국초기노동운동연구』, 일조각, 1991.
103) 이정옥, 『일제하 공업노동에서의 민족과 성』, 서울대 사회학과 박사학위논문, 1990.
104) 정혜경은 재일조선인 노동운동을 집중적으로 연구하고 있다. 대표적인 것으로는 「1910-20년대 동경 한인 노동단체」, 『한국근현대사연구』1, 1994.
105) 김경일, 『일제하 노동운동사』, 창작과비평사, 1992;김경일, 『이재유연구-1930년대 서울의 혁명적 노동운동』, 창작과 비평사, 1993.
106) 김의환, 「일제치하의 형평운동고」, 『향토서울』31;김중섭, 『형평운동연구』, 민영사, 1994; 고숙화, 『일제하 형평사연구』, 이화여대 박사논문, 1996.
107) 전우용의 「중국관내의 민족해방운동」, 『민족해방운동사 쟁점과 과제』(역사비평사, 1990), 김희곤의 「대한민국임시정부 연구의 성과와 과제」(『한국근현대사연구』3, 1995, 한울), 한시준의 「중국관내지역 독립운동에 대한 연구의 성과와 과제」

대한민국임시정부에 대한 연구는 1960년대 중반 박성봉, 이연복, 박성수 등에 의하여 해외독립운동에서 임시정부가 차지하는 위치, 임시정부의 성장과정, 광복군 등에 대한 부분이 밝혀지기 시작한 이래 1970년대 초반의 『임시정부사』(독립운동사편찬위원회, 1971), 『대한민국임시정부』(『한국사론』 10, 1981, 국사편찬위원회) 등을 거치면서 거의 체계화되었으며, 김영수, 이현희, 이연복, 신재홍교수의 박사 학위 논문을 통하여 대한민국 임시정부의 전체상이 밝혀지게 되었다. 특히 이현희는 『대한민국임시정부사』(집문당, 1982)를 통하여 임시정부의 전모를 밝히고 있을 뿐만 아니라 임시정부가 대한민국의 뿌리로서 법통성을 갖고 있음을 강조하였다. 그리고 이연복은 임시정부의 역사를 1948년까지로 파악하였으며[108], 신재홍은 대한민국임시정부의 외교사부분을 집중적으로 밝혔다.[109] 그리고 박성수는 한국광복군에 대하여 전체적으로 조망하였다.[110]

1980년대 중반 이전의 연구 동향은 주변 환경 등 주로 외적요인으로 대한민국임시정부 자체에 초점이 맞추어져 있었으며, 임시정부의 평가에 있어서도 긍정적인 면이 강하였다. 즉 임시정부는 3.1운동에서 나타난 민족적 염원을 계승 발전시킨 대표성을 갖는 조직이라는 점, 민주공화제를 주장한 점, 대한민국으로 계승발전된 점 등이 강조되었다.[111]

1980년대 중후반 이후 시대적인 변화와 더불어 소장학자들이 다수 연구에 뛰어들면서 대한민국임시정부에 대한 평가도 다양해지기 시작하였으며, 아울러 임시정부에 대한 보다 깊이 있는 연구와 더불어 임

(『한국사론』 26, 1996, 국사편찬위원회) 등이 연구성과에 대한 평가로서 주목된다.
108) 이연복, 『대한민국임시정부사연구(1919-1948)』, 경희대 박사논문, 1984
109) 신재홍, 『대한민국임시정부 외교사연구』, 경희대 박사학위논문, 1988
110) 박성수, 「한국광복군에 대하여」, 『백산학보』3, 1967.
111) 김희곤의 앞의 논문 참조

시정부 외에 중국관내지역에서 활동한 의열단, 조선민족혁명당, 무정부주의단체, 군관학교, 조선의용군 등 다수의 독립운동단체에 대한 연구도 활성화되는 등 연구의 범주가 크게 확대되었으며, 대한민국 임시정부의 위상을 객관적으로 평가할 수 있는 토대들이 마련되었다.

특히 대한민국임시정부의 수립과 관련하여 조동걸은 1910년대 대동단결 선언에, 반병률은 임시정부의 수립 통합과정을 주목하였으며, 임시정부의 활동과 관련하여 양영석은 임시의정원의 조직과 활동에, 김희곤은 임지정부의 외곽단체들에,112) 고정휴는 구미위원부 등을 새롭게 밝혔다.113) 아울러 강만길, 노경채, 조범래, 한시준 등은 1930년대 민족국가건설론과 관련하여 조선민족혁명당, 한국독립당 등 정당운동에 관심을 기울였으며,114) 지금까지 등한시되었던 의열단, 조선독립동맹, 군관학교, 조선의용군, 남화한인청년연맹 등도 김영범, 한홍구, 한상도, 염인호, 박환 등에 의하여 밝혀졌다.115) 아울러 조동호, 김원봉, 박은식, 조소앙, 이동녕, 김두봉 등에 대한 인물 연구와 광복군에 대한 체계적인 연구도116) 이루어졌으며, 독립운동이념으로서 대공주의가 박만규, 유병용에 의하여 그리고 삼균주의가 한시준에 의하여 연구되었다.

앞으로 대한민국임시정부에 대한 보다 객관적인 평가와 더불어 임시정부의 재정, 귀국후의 임시정부의 행로 등에 대한 연구도 보다 활발히 이루어져야 할 것이다. 또한 임시정부의 상해로의 위치설정문제, 반

---

112) 김희곤, 『중국관내 한국독립운동단체연구』, 지식산업사, 1995.
113) 고정휴, 『대한민국 임시정부 구미위원부연구』, 고려대 박사논문, 1991.
114) 강만길, 『조선민족혁명당과 통일전선』, 화평사, 1991; 노경채, 『한국독립당연구』, 신서원, 1996.
115) 김영범, 『한국근대민족운동과 의열단』, 창작과비평사, 1997; 한상도, 『한국독립운동과 중국군관학교』, 문학과지성사, 1994; 염인호, 『조선의용군연구』, 국민대 박사학위논문, 1994.
116) 한시준, 『한국광복군연구』, 일조각, 1993.

임정세력, 해방후 창군에서의 광복군 출신의 역할 등에 대하여도 보다 심도있는 검토가 이루어져야 할 것이다.

또한 중국관내의 지역적 특성과 이 지역에서 있었던 민족주의운동뿐만 아니라 사회주의운동과 무정부주의운동에 대하여도 보다 관심을 기울여야 할 것이다. 또한 만주와 러시아, 미주, 국내운동과의 연결속에서 운동사가 서술되고 평가되어야 할 것이다. 특히 중국과의 관계속에서 중국관내운동을 파악하는 작업 또한 보다 활성화되어야 할 것이다.[117] 최근에는 배경한, 손과지 등의 연구와 더불어 1930년대 한국독립운동과 중국과의 관계를 집중적으로 조망하는 연구성과가 한·중 합작으로 이루어진 것은 이와 관련하여 시사점을 준다고 하겠다.[118]

5. 만주지역 민족운동[119]

만주지역은 국내와 국경을 접하고 있을 뿐만 아니라 많은 동포들이 거주하는 지역으로서 일찍부터 항일독립운동의 근거지였으므로 이 지역의 민족운동에 대하여 학계에서도 깊은 관심을 기울여왔다. 그 결과 많은 연구성과가 이루어졌다.

만주지역의 한인민족운동사에 대한 연구는 1960년대 후반 윤병석[120], 김성준 등에 의하여 정의부, 참의부, 신민부 등 독립운동단체와 북간도

---

117) 대표적인 연구로는 호춘혜, 『중국안의 한국독립운동』과 신승하의 글들을 들 수 있다.

118) 한국민족운동사연구회편, 『한국민족운동사연구』16, 1997.

119) 김성보의 「중국동북지역의 초기 민족해방운동」과 김광운의 「항일무장투쟁과 조국광복회」(『민족해방운동사 쟁점과 과제』, 역사비평사), 박영석, 「해외한인독립운동사 연구에 대한 회고와 전망」『한민족독립운동사』12, 국사편찬위원회, 1993), 장세윤, 「만주지역 독립운동 연구의 회고와 전망」, 『한국사론』26, 1996)에서 많은 도움을 받았음.

120) 윤병석은 『국외한인사회와 민족운동』, 일조각, 1990; 『독립군사-봉오동 청산리의 독립전쟁』, 지식산업사, 1990 등 만주지역 독립운동에 관한 저서를 간행하였다.

민족교육 등이, 고승제·오세창 등에 의하여 재만한인의 사회사에 대한 분석이 이루어진 이후 1970년대 전반기에 들어 독립운동사편찬위원회에 의해 『독립군전투사』(상, 하)가 이루어짐으로서 전체적인 모습이 갖추어지기 시작하였다. 이어 박영석이 121)일제 대륙침략정책의 일환으로서 만보산사건에 주목하여 1978년에 『만보산사건연구』(아세아문화사)를 출간, 재만한인의 토지상조권 문제, 귀화권문제, 재만한인을 둘러싼 한·중간의 갈등과 대립, 조선인과 중국인간의 수로를 둘러싼 갈등 등에 주목하면서 일본제국주의의 실체를 파악하고자 하는 문제의식을 보여주여 학계의 주목의 대상이 되었다.

그후 윤병석에 의해 1910년대 독립운동의 특징이 밝혀졌으며, 정원옥에 의해 국민부와 민족유일당운동이, 신재홍에 의해 북로군정서가, 그리고 천경화에 의해 재만한인민족교육이, 그리고 박영석에 의해 대종교의 민족운동 등이 밝혀지는 등 1970년대에는 본격적으로 만주지역 독립운동의 기반과 그 내용들이 단체와 종교, 민족교육 등을 중심으로 점차 밝혀지게 되었다.

만주지역의 독립운동사 연구는 1980년대에 들어 보다 본격적으로 이루어진다. 특히 한인이민사와 1910-20년대에 만주지역에서 전개된 민족진영의 독립운동사 연구는 이 시기에 가장 활발히 이루어지는 것이 아닌가 한다. 즉 한인이민사와 관련하여서는 구체적인 사례연구가 이루어져 이민사 연구를 한단계 끌어 올리고 있다. 박영석의 「일제하 재만한국유이민 신촌락형성-울진 경주이씨일가의 이주사례-」와 「일제하 재만한인사회의 형성-석주 이상룡의 활동을 중심으로-」(『한민족독립운동사연구』, 일조각, 1984)는 그 대표적인 성과라고 할 수 있다. 독립운동

---

121) 박영석은 만주지역 민족주의 계열 독립운동사에 대한 다수의 저서를 간행하였다. 『한민족독립운동사연구』(일조각, 1982); 『일제하 독립운동사연구-만주 노령지역을 중심으로』(일조각, 1984); 『재만한인독립운동사연구』(일조각, 1988)

단체에 대한 연구로는 정원옥의 정의부, 대한통의부, 참의부, 박환의 신민부, 한족총연합회, 재만한국독립당, 윤병석의 1910년대 서북간도 한인민족운동,[122] 박영석의 혁신의회, 송우혜의 대한국민회, 유준기의 참의부, 조범래의 국민부, 신용하의 북로군정서와 대한신민단 연구 등 이 이루어짐으로써 만주지역에서 활동한 독립운동 단체의 전체적인 윤 곽이 확연히 드러나게 되었다. 아울러 만주지역에서 활동했던 종교단 체에 주목한 연구도 많이 이루어졌다. 일찍이 김용국이 대종교에 주목 한 이후 대종교의 민족운동에 대하여 박영석이 집중적으로 연구하였으 며, 서굉일, 채현석 등에 의해 기독교의 민족운동이 그리고 조성윤에 의하여 만주지방의 원종을 중심으로 한 운동사가 밝혀지기도 하였다. 또한 대한독립선언서의 선언시기를 중심으로 조항래와 송우혜의 발전 적인 논쟁이 있었으며, 청산리전투와 봉오동전투의 실상이 신용하와 윤병석 등에 의하여 구체적으로 밝혀지기도 하였다. 아울러 민족유일 당운동에 대하여 정원옥과 황민호 등의 연구가 있었다.

　1990년대는 연구자의 증대, 현장답사의 활발한 추진, 중국측 당안 자 료의 입수, 일본측 자료의 입수 등을 통하여 어느 때보다 이 지역사 연구가 활성화된 시기라고 할 수 있다. 1990년대 들어서 만주지역의 독립운동사에 보다 관심을 기울인 학자로는 윤병석, 박영석, 신용하, 오세창, 신재홍, 홍종필, 김기훈 등 외에 박환, 장세윤, 윤휘탁[123], 임성 모[124], 신주백, 채영국, 황민호 등 소장학자들과 일본의 강재언, 김정미 등 재일한국인학자들, 박창욱, 황용국, 최홍빈, 권립, 김성호, 김춘선, 김태국, 손춘일, 유병호 등 다수의 연변쪽 학자들을 들 수 있다. 그리

122) 윤병석, 『이상설전』, 일조각, 1984;『국외한인사회와 민족운동』, 일조각, 1990.
123) 윤휘탁, 『일제하 만주국연구』, 일조각, 1996.
124) 임성모, 『만주국협회회의 총력전체제 구상 연구』, 연세대 대학원 박사논문, 1997.

고 이들 가운데 소장학자들의 연구성과들이 집대성되어 박사학위 논문들이 다수 나오고 있는 것은 학계의 발전을 위하여 매우 반가운 일이다. 박환은 그의 학위 논문을『만주한인민족운동사연구』(일조각, 1991)로 출간하였고, 장세윤은『재만 조선혁명당의 민족해방운동연구』로(성균관대, 1997), 신주백은『만주지역 한인의 민족운동 연구(1925-1940)』(성균관대, 1995), 황민호는『1920년대 재만한인사회의 민족운동 연구』(숭실대, 1997)로 각각 학위를 하였다. 그리고 연변대에서 온 손춘일, 김성호 등이 정신문화연구원과 인하대 등에서 각각 만주국하의 한인이주와 농업문제, 민생단사건연구 등으로 박사학위를 받은 것은 이 분야 연구에 더욱 활기를 불어 넣을 것으로 보인다.

특히 1990년대는 중국 및 연변측 학자들과의 인적인 학문적인 교류를 통하여 청산리전투, 홍범도 장군, 김좌진장군 등 한인민족운동의 평가문제에 있어서 다수의 논쟁이 있었던 시기이기도 하다.125) 또한 소장학자들의 적극적인 진출로 지금까지 공백으로 남아 있었던 만주지역 사회주의 운동, 1930년대 항일무장투쟁에 대한 연구가 활성화되기도 하였다.

만주지역의 민족운동사연구는 이처럼 많은 성과가 있음에도 불구하고 일정한 한계가 있다고 생각된다. 우선 주목되는 것은 개별 독립운동단체 및 전투, 종교 등을 중심으로 실증적 연구가 이루어져 만주지역 독립운동의 전체상을 살피는데 일정한 제약이 있었음을 지적할 수 있다. 둘째는 만주지역의 독립운동과 다른 지역, 즉 중국, 러시아, 국내와의 관련성에 별로 주목하지 못한 점을 들 수 있다. 세째는 개괄적인 연구에 치우쳐 있다는 것이다. 앞으로는 보다 구체적인 사례 연구 및 특정 문제를 집중적으로 연구할 필요가 있다고 생각된다. 넷째는 각

---

125) 이 부분에 대해서는 장세윤의「만주지역 독립운동 연구의 회고와 전망」참조.

단체의 주도세력의 성격에 대한 분석이 이루어지고 있지 못하다는 점이다. 다섯째는 운동의 연구가 지나치게 민족진영의 단체들에 집중되어 있다는 점이다. 여섯째는 중국 당안관 자료 등이 거의 사용되고 있지 못한 점을 들 수 있다. 앞으로 이러한 점들은 극복되어야 할 것이다.

6. 러시아 및 일본지역 민족운동

구한말부터 1910년대까지 러시아지역에서의 한인민족운동은[126] 국내외를 불문하고 한인민족운동의 중심을 이루었다고 해도 과언이 아니다. 그럼에도 불구하고 이 지역의 운동사 연구는 학계의 큰 주목을 받지 못하였다. 그 이유는 러시아와 한국간에 국교가 없었으며, 또한 그와 관련된 자료의 부족이 그 주된 원인이었다고 생각된다.

1991년 이전 러시아 지역의 한인민족운동사 연구는 현규환, 고승제, 박 표, 윤병석, 임계순, 반병률, 이명화, 이동언 등 일부 학자들에 의하여 재러한인사회 및 한인독립운동단체들이 집중적으로 연구되었으며 어려운 가운데서도 개척적인 연구성과들을 내놓았다. 그 결과 재만한인의 러시아로의 이주 문제(현규환, 고승제)와 노령의 동포사회(임계순, 이동언), 성명회, 십삼도의군, 권업회 등 주요 독립운동단체(윤병석), 3.1운동(박형표, 반병률), 대한국민의회(반병률), 민족교육운동(이명화)등이 개괄적으로 밝혀지게 되었다.

이러한 연구 결과를 토대로 1991년 러시아의 붕괴로 한국과 러시아 간에 문화적인 교류가 활발해지면서 러시아 지역에서의 한인민족운동에 대한 연구가 보다 활성화되기 시작하였다. 그리고 러시아 지역에서

---

[126] 박환 「러시아지역 한인독립운동의 연구성과와 과제」(『재소한인민족운동사』, 국학자료원, 1998)참조.

한인독립운동가들이 남긴 자료와 러사아측 자료 등 다수의 자료가 제공되고 현장 답사가 이루어지면서 러시아 지역 민족운동사 연구는 보다 활기를 띠기 시작하였다. 그 결과『러시아지역의 한인사회와 민족운동사』(한국독립유공자협회 엮음, 교문사, 1994),『러사아한인민족운동사』(박환, 탐구당, 1995),『한인노령이주사연구』(이상근, 탐구당, 1996),『재소한인민족운동사』(박환, 국학자료원, 1998) 등 본격적인 저서가 출간되어 러시아지역 한인민족운동사의 전체적인 모습과 현장이 소개되는 한편, 구한말 및 1910년대 민족운동의 구체적인 모습과 한인노령이주의 실상이 집중적으로 밝혀지게 되었다. 아울러 반병률(『러시아극동지방과 북간도지방에서의 한인 민족주의자들의 활동(1905-1921)』, 하와이대 박사논문)과 임경석(『고려공산당연구』, 성균관대 박사학위논문)의 학위논문이 나와 러시아의 민족주의운동과 공산주의운동을 밝히는데 크게 기여하고 있다. 특히 이들 연구들은 러시아에서 새로이 발굴된 자료들을 중심으로 서술되고 있어 이 지역사 연구에 도움이 된다고 할 수 있겠다.

그 밖에 권희영에 의하여 한인사회당 등 러시아지역의 한인사회주의 운동과 이민사가 밝혀지게 되었으며, 박민영과 정제우에 의해서는 러시아 연해주 의병의 실체가, 그리고 정태수에 의하여 신한촌과 한민학교가 밝혀지게 되었다, 아울러 윤병석에 의해 계봉우와 이동휘 등이 그리고 반병률, 김방, 홍영기, 한규무 등 제씨에 의해 이동휘가 집중적으로 조망되었다. 그리고 박영석, 조동걸, 윤병석 등에 의하여 현장 답사기가 간행되어 많은 분들에게 도움을 주고 있다.

그럼에도 불구하고 러시아지역의 한인민족운동사에 대한 연구는 아직까지 초보적인 단계라고 할 수 있다. 그러므로 앞으로 개별단체, 인물 등 기초적인 연구가 보다 활성화되어야 할 것으로 생각된다. 아울러 1917년부터 1922년까지 러시아 내전 시기의 한인들의 활동, 그리고 1937년 강제이주 이전까지의 한인들의 생활, 1937년 강제이주 과정, 그리고 중앙아시아에의 정착과정 및 그곳에서의 생활 등 재소한인에 대한 전반적인 연구가 보다 많이 이루어져야 할 것으로 생각된다. 또한 러시아에서의 한인공산주의운동의 성격을 어떻게 평가할 것인가의 문제 등도 심층적으로 검토되어져야 할 것이다. 또한 러시아의 대한인정책과 재로한인의 사회경제적 지위, 1937년 이후 재소한인의 민족운동 선상에서의 활동, 소련파의 북한정권 참여 부분 등도 함께 검토되어져야 할 것이다.

한편 일본지역의 민족운동127)에 대한 연구는 1970년대가 되서야 비로소 국내에서 시작되어128) 1990년대에 들어 식민지시대 재일조선인에 대한 본격적인 연구가 이루어지게 되었다. 대표적인 학자로는 김인덕과 정혜경을 들 수 있다. 김인덕은 『식민지시대 재일조선인운동연구』(국학자료원, 1996)라는 단행본을 출간하여 이 분야 연구에 크게 기여하였다. 특히 씨는 그의 저서를 통하여 식민지시대 재일조선인의 사회경제적 조건, 재일조선인 민족해방운동의 조직의 성장과 일본지역으로의 확대, 재일조선인 민족해방운동 전위 조직의 강화와 통일적 발전, 조선공산당 일본총국과 재일조선인 민족해방운동의 고양 등 1920년대를 중심으로 한 재일조선인운동을 집중적으로 밝히고 있는 것이다. 한편 정혜경은 주로 재일조선인 노동자의 생활상태와 노동운동에 대한 심도있는 연구를 하고 있다. 즉 1920년대 대판한인 노동자의 생활상, 麻生 한인탄광노동쟁의, 1910-20년대 동경한인노동단체, 대판한인단체

---

127) 김인덕의 「일본지역 독립운동에 관한 연구의 회고와 전망」(『한국사론』26, 1996)
128) 고승제, 「재일한국노동자이민의 사회사적 분석」, 『학술원논문집 인문사회과학편』, 1973; 유시중, 「한국인의 도일상황과 일본에서의 생활실태-해방전을 중심으로-」, 『동양문화연구』1, 1974.

의 성격 등을 연구하였던 것이다.

Ⅳ. 한국 현대사 연구동향과 과제

해방이후 1970년대까지 한국현대사에 대한 연구는[129] 그 중요성에도 불구하고 시대적 제약과 역사학계의 전통, 자료제한, 연구자의 한계 등으로 인하여[130] 연구가 활성화되지 못하였다. 그러던 중 1979년 박정희 대통령의 죽음은 한국사회에 대변화를 초래하였을 뿐만 아니라 한국현대사 연구에 있어서도 획기적인 변화를 가져왔다. 즉, 소장학자들을 중심으로 학문의 실천성을 강조하게 됨으로써 현재성에 보다 깊은 관심을 갖게 되었던 것이다. 특히 역사학계는 1980년대 중반 『한국민중사』 사건 이후 본격적으로 현대사에 관심을 기울이게 되었다고 할 수 있다. 아울러 브루스 커밍스의 『한국전쟁의 기원』 1권이 1986년에 완역된 점도 현대사 활성화에 기여하였다고 할 수 있다. 그 후 한국 역사

---

129) 해방이후 현대사 연구에 대한 연구사 정리로는 다음의 것들이 있으며 본장은 이 정리들을 두루 참조하였음.

박찬승, 「분단시대 남한의 한국사학」, 『한국의 역사가와 역사학』(하), 창작과 비평사, 1994.

도진순, 『한국 근현대사의 연구성과와 과제』, 『한국학보』79, 1995년 여름.

한국역사연구회 엮음, 『한국역사입문』3 근대·현대편, 풀빛, 1996.

서중석, 「1980년 이후 진보적 연구자들의 남한현대사연구의 동향과 전망」, 『한국의 근대와 근대성 비판』, 역사비평사, 1996.

이만열 외, 『현대사의 흐름과 한국현대사』, 한국정신문화연구원 한국현대사연구소, 1997.

유영익 외, 『한국현대사연구의 반성과 전망』, 현대한국학연구소, 1997.

정용욱 외, 『한국사론』27, 국사편찬위원회, 1997.

130) 현대사연구를 위한 여러 가지 제약에 대하여는 서중석의 다양한 분석이 있다.

서중석, 「1980년대 이후 진보적 연구자들의 남한 현대사연구의 동향과 전망」, 『한국의 '근대'와 '근대성'비판』, 역사비평사, 역사문제연구소, 1996.

학계의 소장 학자들 및 사회과학계통의 학자들은 수정주의적 입장을 적극 수용하여 한국현대사를 바라보았다. 그들은 공동연구라는 방식을 통하여 학문에 접근하였으며, 반공 친미를 비판하면서 반외세 자주화 운동을 강조하였다. 그리고 한국에 대하여 비판적이었으며, 자료보다는 올바른 관점을 중요시 여겼다.[131]

1990년대 들어 사회주의권의 몰락, 한국의 민주화의 점진적 실현 등 국내외적인 환경의 변화는 한국현대사에 있어서 수정주의적 관점을[132] 점차적으로 퇴조하게 만들었다. 그리고 소련의 붕괴이후 소련에서 입수된 새로운 자료들은 한국전쟁에서 소련과 중국의 영향력이 컸음을 확인해 주는 등 수정주의 주장이 설득력을 잃어가고 있다. 이러한 가운데 정통주의 주장[133] 나아가 자유주의적 시각이[134] 다시 득세하기 시작하였다.

역사학계의 입장에서 본다면, 한국현대사는 1980년대에 와서야 비로소 한국역사학계의 관심의 대상이 되었으며, 1980년대 후반에 와서야 본격적인 연구 단계에 들어갔다고 할 수 있다.[135] 현대사 연구에서 선도적인 역할을 하고 있는 학자로는 서중석, 노경채, 도진순, 정용욱, 홍석률 등을 들 수 있다. 이들 연구의 공통점은 해방이전과 해방이후를 연결시켜 보는 역사학적 관점과 더불어 통일민족국가지향의 민족적 시각을 보여 주고 있는 점이라고 생각된다. 그러나 아직까지도 한국현대

---

131) 이완범, 「해방전후사 연구 10년의 현황과 자료」, 『해방전후사의 인식』4, 한길사, 1989, pp.525-527.
132) 차상철, 「냉전의 기원과 수정주의학파:연구사적 검토」, 『수정주의와 한국현대사』, 연세대학교 출판부, 유영익편, 1998, pp.34-47.
133) 위의 책, pp.34-37.
134) 박명림, 『한국전쟁의 발발과 기원』2, 나남출판, 1996.
135) 서중석은 앞의 논문에서 1980년대 이후 진보적 연구자들의 현대사에 대한 시각과 연구동향을 3시기로 나누어 파악하고 있다. 1980-1986, 1987-1992, 1993-1995 등이 그것이다.

사에 대한 연구는 초보적인 단계이며 전체적으로 볼 때 해방3년사를 제외하면 기초적인 단계를 벗어나지 못하고 있다. 그러므로 앞으로 한 국전쟁 이후부터 1990년대 당대의 시기까지의 역사연구를 할 수 있는 자세와 분위기가 형성되어야 할 것이다.

1. 미소의 대한정책과 한미 및 한소관계사

미소의 대한 정책과 한미 및 한소관계사 연구가 많이 이루어지고 있 다. 특히 1990년대 소련의 붕괴 이후에는 한소관계 연구가 활성화되고 있다. 이점은 한국현대사의 균형잡힌 연구를 위해서 대단히 중요한 부 분이라고 생각된다.

1980년대 이후 한국학자들은 미국의 대한 정책에 깊은 관심을 갖게 되었다. 그것은 분단의 원인과 책임에 대한 관심으로부터 출발하였다. 이 분야의 대표적인 논고로는 신용하, 이완범 등의 연구 성과를 들 수 있다. 신용하는 남북분단이 강대국간의 음모와 야합에 의하여 이루어 졌다고 외부적인 요인을 강조하고 있으며,[136] 이완범은 분단의 원인을 규명하기 위해서는 복합론적 인식과 가변적인 시각을 가질 것을 강조 하였다. 그 결과 씨는 최초에는 민족외적인 외세의 힘(외인)에 의하여 분할점령이 강요되었으나 민족내부의 근본적인 원인(내인)과 결합되어 복합적인 분단구조를 형성하여 오늘에 이르고 있다고 평가하고 있 다.[137]

미국의 대한 정책 연구로는 정용욱의 『1942-47년 미국의 대한정책과 과도정부형태』(서울대 국사학과 박사학위논문, 1996)이 가장 주목된다.

---

136) 신용하, 「한국 남북분단의 원인과 포츠담 밀약설」, 『해방 직후의 민족문제와 사
    회운동』, 한국사회사연구회논문집』13, 문학과 지성사, 1988.
137) 이완범, 「한반도 분단의 외부적 요인과 내부적 요인:미국과 국내정치세력
    1945-1948」『한국현대사연구의 반성과 전망: 수정주의 이후의 새출발』

378

씨는 해방전후 미국의 대한정책의 성격이나 정책 전개의 내재적 논리, 정책 변화의 동인을 규명하기 위해서는 한국의 민족운동과 미국의 대한정책의 대응관계를 기본적인 대립축으로 파악하고, 한국 내부의 사태전개에 대한 분석을 기본적인 출발점으로 하였다. 그리고 해방 전후 미국의 대한 정책을 미국이 한국에서 추진하고자 하였던 다양한 정부형태 구상을 매개로 하여 살펴보았다. 국제민간행정기구, 全韓國臨時政府, 남한과도정부 등이 그것이다. 씨는 바로 이러한 정책변화의 배경, 동인이나 정책의 내재적 논리에 대하여 천착하고 있다. 아울러 특별히 미국의 대한 정책과 관련하여 중간파에 주목하였다. 씨는 미국의 대한 정책의 목표는 자신의 이해관계를 실현할 수 있는 안정적인 정권의 창출이었고, 이를 위해 광범한 대중적 지지 기반의 확보를 위해 중간파에 주목하였고 중간파를 대중적 지지의 확보와 지도력의 제공이라는 측면에서 점령통치를 안정시키는 필수적인 존재로 여겼다고 파악하고 있다. 아울러 본 연구는 지금까지 소개되지 않는 다수의 미국측 자료를 활용하고 있으며, 특히 대한정책관련자들의 개인문서철도 활용하고 있음이 주목된다.

한편 심지연은 미소공동위원회를[138], 이동현은 신탁통치를 집중 분석하였으며[139], 안정애는 주한미군사고문단에 대하여 그리고 조이현은 1948-49년 주한 미군의 철수와 주한미군사고문단의 활동에 대하여 검토하였다.[140]

미군정에 대한 연구도 활성화되었다. 안진은 미군정의 국가 기구의

138) 심지연, 『미소공동위원회연구』, 청계연구소, 1989.
139) 이동현, 『한국신탁통치연구』, 평민사, 1990.
140) 안정애, 『주한미군사고문단에 관한 연구』, 인하대 정외과 박사학위논문, 1996.; 조이현, 「1948-49년 주한미군의 철수와 주한미군사고문단의 활동」, 『한국사론』35, 서울대 국사학과, 1996.

형성과정을 연구하였으며, 김승철은 미군정의 구조와 성격에 대하여, 그리고 박태균은 미군정기의 정치세력 재편계획과 인사충원정책 및 친일파에 관하여 검토하였다.[141] 아울러 미군정의 경제정책에 대한 연구도 활성화되었다.[142] 대표적인 논고로는 이혜숙의 미군정의 경제정책에 대한 연구와 신병식의 토지개혁에 대한 연구 등을 들 수 있다.[143] 그리고 김기원은 미군정기 귀속재산에 대하여 연구하였다. 아울러 최영묵의 신한공사의 조직과 운영에 대한 검토도 돋보인다.[144]

한편 소련의 대한반도 정책은 미국의 한반도 정책에 비하면 연구도 일천할 뿐만 아니라 아직까지 기초적인 단계에 있다고 할 수 있다. 특히 최근 러시아의 붕괴로 러시아 자료들 그리고 관련 인사들의 회고록이 선보이고 있으나 아직 대한정책과 관련된 중요 문서에는 접근하고 있지 못한 형편이다.

소련의 대한정책에 대하여는 강원식, 신승권 등의 연구성과가 있으며,[145] 북한 점령 소련군의 성격과 소련의 대일전 참전, 38선 수락에 대해서는 이완범의 연구가 있다.[146] 특히 최근에는 소련에서 공부하고

---

141) 안진, 『미군정의 국가기구의 형성과정』, 서울대 박사학위논문, 1990; 김승철, 「미군정의 구조와 성격」, 『녹두서평』1, 1986; 박태균, 「1945-46년 미군정의 정치세력 재편계획과 남한 정치구도의 변화」, 『한국사연구』74, 1991; 「미군정의 인사충원정책과 친일파」, 『역사와 현실』10, 1994.

142) 미군정기 경제정책의 연구현황과 과제에 대하여는 김점숙의 글이 있다. 김점숙, 「미군정기 경제정책의 연구현황과 과제」, 『역사와 현실』16, 한국역사연구회, 1995.

143) 이혜숙, 『미군정의 경제정책에 대한 정치사회학적 연구』, 서울대 사회학과 박사학위논문, 1990.; 신병식, 『한국의 토지개혁에 관한 정치경제적 연구』, 서울대 정치학과 박사학위논문, 1992.

144) 김기원, 『미군정기 귀속재산에 관한 연구』, 서울대 박사학위논문, 1989;최영묵, 「미군정하 신한공사의 조직과 운영」, 건국대 석사학위논문, 1993.

145) 강원식, 「해방 직후 소련의 한반도 정책 구상」, 『아시아문화』8호, 1992.; 신승권, 「미·소의 한반도 정책-1945-1948-」, 『정치외교사논총』14, 1996.

146) 이완범, 「북한 점령 소련군의 성격-1945.8.9-1948.12.26」, 『국사관논총』25, 1991.

돌아온 전현수, 김성보, 강인구 등의 연구 성과가 돋보이고 있다. 전현수, 김성보 등은 소련측 자료를 이용하여, 해방이전 소련의 대한 정책의 기조가 한반도에 소련에 우호적인 정부의 수립에 있었다는데 의견이 일치하고 있다.[147] 아울러 전현수는 1947년 12월에 실시된 북한의 화폐개혁을, 강인구는 조소친선협회 및 북한 내 소련문화원을 분석하였다.[148]

2. 1945~1948년 남한 정치세력의 노선과 활동

이 부분에 대한 연구 역시 1980년대 이후 집중적으로 이루어졌다고 할 수 있다. 남한의 정치세력은 크게 우익세력, 좌익세력, 중도세력 등으로 파악할 수 있다. 그 가운데서 우익세력에 대한 연구는 주로 인물연구와 정당연구 등으로 대별할 수 있을 것 같다. 인물연구로는 이경남, 『설산 장덕수』(동아일보사, 1981), R.T.올리버(박일영역), 『이승만비록』(한국문화출판사, 1982), 김학준의 『가인김병로평전』(민음사, 1988), 최시중의 『인촌 김성수』(동아일보사, 1986), 송건호(편)의 『김구』(한길사, 1980)등을 들 수 있다. 특히 구소련이 무너지면서 이승만에 대한 재평가 작업과 더불어 그에 대한 연구가 활성화되고 있는 점은 주목된다고 하겠다.[149] 즉 유영익의 『이승만의 삶과 꿈』(중앙일보사, 1996)은 그 대표적인 것이라고 할 수 있다. 또한 인물연구 가운데 특별히 주목

---

147) 전현수, 「소련군의 북한 진주와 대북한정책」, 『한국독립운동사연구』9, 1995; 김성보, 「소련의 대한정책과 북한에서의 분단질서 형성 1945-46」, 『분단 50년과 통일시대의 과제』, 역사비평사, 1995.

148) 전현수, 「1947년 12월 북한의 화폐개혁」, 『역사와 현실』 19, 1996; 강인구, 「1948년 평양 소련문화원의 설립과 소련의 조소문화교류 활동」, 『한국사연구』 90, 1995.

149) 이승만에 대한 부정적인 견해로는 다음의 글들을 들 수 있다. 서중석, 「이승만 대통령과 한국민족주의」, 『한국민족주의론』Ⅱ, 창작과비평사, 1983.

되는 것은 안재홍에 대한 연구가 두드러지고 있다는 점이다. 안재홍의 신민족주의에 대한 연구논문으로는 유병용, 정윤재, 한영우 등의 것을 들 수 있다. 앞으로 조완구, 이시영, 이범석 등 임시정부 요인 등 우익 계통 인사들에 대한 보다 많은 연구가 요청된다. 정당연구로는 심지연의 한국민주당에 대한 집중적인 연구와 진덕규와 박태균의 한국민주당에 대한 연구를 들 수 있다.150)

좌익세력에 대한 연구는 1980년대 특히 소장학자들을 중심으로 우익 세력보다 집중적으로 이루어졌다. 그 대표적인 성과로는 고준석의 『남로당사』(세계, 1988), 『비운의 혁명가 박헌영』(글, 1992), 박갑동의 『박헌영』, 김남식의 『남로당연구』(돌베게, 1984), 김남식, 심지연편, 『남로당연구』(세계, 1986), 『허헌연구』(역사비평사, 1994) 등을 들 수 있으며, 이 가운데 학구적인 성과로는 심지연의 것이 대표적이라고 할 수 있으며, 남로당에 대한 연구가 많은 것이 특징이라고 할 수 있다. 앞으로 박헌영 이외에 이강국, 이승엽 등 공산주의자로서 활동한 인물들에 대한 보다 많은 연구가 요청된다.

1980년대 이후 중도파에 대한 연구가 가장 활발히 이루어지지 않았나 생각된다.151) 그 가운데서도 여운형과 김규식이 주목되었으며152) 여운형에 대한 자료집과 더불어 평전 등이 간행되기도 하였으나153) 그에

---

150) 심지연, 『한국민주당연구』1, 풀빛, 1982; 『한국현대정당론:한국민주당연구』2, 창작과 비평사; 진덕규, 「이승만의 단정론과 한민당」, 『현대사를 어떻게 볼것인가』 (1), 동아일보사, 1987;박태균, 「해방 직후 한국민주당 구성원의 성격과 조직개편」, 『국사관논총』58, 1994.

151) 박광무, 『해방정국의 중간파 정치세력에 관한 연구』, 중앙대학교 정치학박사학위논문, 1995;도진순, 「1947년 중간파의 결집과정과 민족자주연맹」, 『수촌박영석교수화갑논총』, 1992.

152) 이만규, 『여운형선생투쟁사』, 민주문화사, 1946; 이기형, 『몽양 여운형』, 실천문학사, 1984; 이정식, 『김규식의 생애』, 신구문화사, 1974.

153) 심지연, 『인민당연구』, 경남대출판부, 1991; 몽양여운형선생전집발간위원회, 『몽

대한 보다 구체적인 연구 성과는 아직 준비단계에 있는 듯하다. 특히 중도파와 관련하여서는 남북협상에 대하여 관심이 집중되었으며,[154] 강만길, 서중석, 정병준 등의 연구가 대표적이라고 할 수 있다.[155]

3. 민중운동

1980년대 들어 수정주의적 시각에서 민중운동에 대한 연구 또한 더욱 활성화되었다.[156] 이들의 연구 성과는 대부분 민중운동의 변화과정을 내재적 발전이란 관점에서 설명하려고 하였다. 아울러 전위운동과의 관련성속에서 민중운동을 설명하고자 하였으며, 80년대 이후 변혁운동의 성장분위기를 반영해 민중운동의 조직, 이념, 전략, 전술 중심의 연구가 진행되었다. 아울러 지역사례연구도 다수 이루어졌다.[157]

80년대 이후 노동운동에 대한 연구는 조선노동조합전국평의회(전평)의 조직과 활동,[158] 운동노선[159]미군정의 노동정책 등에 대한 연구가 이루어졌다. 특히 김삼수는 1945년부터 1953년까지의 정치체제, 노동운동, 노동정책을 중심으로 한국자본주의 국가의 성립과 그 특질에 대하

양여운형전집』1,2, 1991.1993. 정병준,『몽양여운형평전』, 한울, 1995.

154) 남북협상에 대한 연구사정리는 정해구의 「남북한 분단정부 수립 및 남북협상에 관한 연구」,『한국사론』26, 국사편찬위원회, 1996 참조.

155) 강만길, 「좌우합작운동의 경위와 그 성격」,『한국민족주의론』2, 창작과 비평사, 1983; 서중석,『해방후 좌우합작에 의한 민족국가건설운동연구』, 서울대 국사학과 박사학위논문, 1990; 정병준, 「1946-47년 좌우합작운동의 전개과정과 성격변화」,『한국사론』29, 서울대, 1993.

156) 연구사 정리로는 유승렬·이시종, 「해방 직후 노동, 농민운동」,『한국현대사』1, 풀빛, 1991; 정창현, 「1945-1960년 민중운동에 대한 연구」,『한국사론』26, 국사편찬위원회, 1996 등이 대표적이라고 할 수 있다.

157) 정창현의 앞의 글 참조.

158) 전현수, 「해방 직후 전평의 조직과 활동」,『한국사연구』81, 1993.

159) 이호룡, 「해방 직후 조선노동조합전국평의회의 운동노선」,『한국사연구』90, 1995.

여 집중적으로 다루고 있다. 특히 씨는 미군정하의 노동정책과 노동운동(1945.8-48.8), 대한민국의 성립과 勞資관계정책구상(1948.8-50.6), 한국 자본주의국가와 집단적 노자관계정책의 성립(1950.6-53.7) 등으로 나누어 보고 있다.160) 농민운동부분에서는 전국농민조합총연맹(전농)과 미군정기의 농업정책,161) 조선공산당과 전농의 관계 등에 대한 연구가 이루어졌다.162) 아울러 해방 직후 청년들의 초기국가건설활동과163) 우익 청년단체인 조선민족청년단, 대한청년단 등에 대한 연구가 이루어졌다. 특히 조선민족청년단에 대해서는 집중적인 연구가 이루어졌다.164) 또한 김행선의 『해방정국(1945.8.15-1946.10) 청년운동과 민족통일전선운동의 전개과정』(고려대 사학과 박사논문, 1995)은 해방직후 여타 대중운동과는 달리 청년운동이 지니는 전위적인 정치기능에 주목하여 청년운동의 성격이 전환되는 과정을 중심으로 이를 전체적인 민족통일전선운동의 전개과정과 관련하여 살펴보았다.

4. 통일민족국가 수립운동

통일민족국가수립운동에 대해서는 역사학자들의 본격적인 연구가 활발히 이루어졌다. 노경채, 도진순, 서중석 등의 글이 대표적이라고 할

---

160) 김삼수, 『韓國資本主義國家の成立過程 1945-1953』, 동경대학출판회, 1993.
161) 최봉대, 『미군정의 농민정책에 대한 연구』, 서울대 박사학위논문, 1994.
162) 박혜숙, 「미군정기 농민운동과 전농의 운동노선」, 『해방전후사의 인식』3, 한길사, 1987; 이혜숙, 「미군정기 농민운동의 성격과 전개과정」, 『해방직후의 민족문제와 사회운동』, 문학과 지성사, 1988.
163) 강혜경, 「해방직후 청년의 초기 국가건설활동」, 『한국근현대청년운동사』, 풀빛, 1995.
164) 안상정, 『민족청년단의 조직과정과 활동』, 성균관대 석사학위논문, 1991; 이진경, 『조선민족청년단연구』, 성균관대 석사학위논문, 1994; 임종명, 「조선민족청년단(1946.10-1949.1)과 미군정의 '장래 한국의 지도세력'양성정책」, 『한국사연구』95, 1996.

수 있다. 노경채는 『한국독립당연구』(신서원, 1996)에서[165], 한국독립당을 체계적으로 파악하기 위해서는 무엇보다도 식민지시기 민족운동과 해방공간에서의 정치활동을 통일민족국가 수립운동이라는 역사적 맥락에서 파악하는 작업이 무엇보다도 중요하다고 인식하였다. 씨는 한국독립당을 '반탁운동'에 앞장서면서 한국민주당과 함께 '해방공간'의 대표적인 우익정당으로 자리잡았으며, 분단정권 수립 전후에는 통일민족국가 수립을 위한 남북협상운동의 중심세력이었다고 평가하였다. 그리고 한국독립당은 8·15 직후 어느 정치세력보다도 통일민족국가 수립운동을 민족해방운동의 연장선상에서 인식하였다고 인지하였다. 그러므로 민족운동의 과정에서 한국독립당이 표방한 정치이념이 8·15 후 독립국가 건설구상에 그대로 반영되었다고 파악하였다. 씨는 일제하 한국독립당에 대하여 살펴본 후 해방공간에서 한국독립당이 전개한 정치활동을 반탁활동, 좌우합작운동에 대한 내도, 남북협상운동을 중심으로 살펴보고 이러한 정치활동이 통일민족국가 수립운동에 어떠한 역할을 하였으며, 어떠한 한계를 지니고 있는 가를 평가하였다. 그리고 결론적으로 씨는 한국독립당을 민족운동시기에는 통일전선운동에 소극적이거나 부정적인 입장을 취하는 등의 한계를 지니고 있었지만, 임정의 '자주적 정당'으로서의 역할을 담당한 민족해방운동세력이었다고 규정하였다. 그리고 8·15 이후 한국독립당은 정치활동과정에서 운동노선상의 오류로 말미암아 정치이념이 다소 퇴색되기는 했지만, 통일민족국가 수립을 위해 노력한 정치세력이었다고 평가하였다.

서중석은 『한국현대민족운동연구:해방 후 민족국가건설운동과 통일전선』(역사비평사, 1991)에서 해방후 민족국가 건설운동과 통일전선에

---

165) 노경채의 책에 대해서는 한상도의 서평이 있어 참조된다. 한상도, 「통일민족국가 수립을 위한 전망의 확대」, 『역사와 현실』25, 1997.

대해 집중적으로 조망하면서 좌우대립을 지양하고 민족통일전선을 추구한 중간노선에 주목하였다. 이를 위해 씨는 일제시기 민족국가건설운동, 해방직후 민족국가건설운동, 모스크바3상회의 결의와 좌우익의 대응, 좌우합작운동과 좌경노선의 대두, 미소의 대립과 민족국가 건설의 좌절 등의 순으로 일제시대부터 1948년까지의 상황을 분석하고 있다. 특히 씨는 일제시기부터 해방이후까지 민족통일전선운동과 좌우대립의 구도를 해명하는데 역점을 두고 있다. 그리하여 남한에서의 민족국가건설방안을 1) 극우세력의 중경임정추대노선, 2) 극좌세력의 부르주아민주주의 혁명노선에 의한 좌익정권 수립노선 3) 중도세력의 좌우합작·연립정부수립노선으로 구분하고 각각의 전개과정과 성격에 대하여 논하고 있다. 1945년 8·15해방에서 1946년까지의 좌우합작에 의한 민족국가건설운동을 중시하면서 중도세력의 정당성을 입증하였다. 그리고 씨는 이 과정에서 임시정부를 극우파시즘적 성향을 가진 정치단체로 그리고 '반통전'세력으로 규정하였다. 또한 우익내부의 갈등을 노경채가 이승만과 한민당대 김구와 임시정부로 파악한 것과 달리 이승만 김구 한민당대 중도우파에서 발생하였다고 파악하였다. 특히 씨는 역사주의적 접근방식을 중시하여 지금까지 정치학도가 중심이 된 해방3년사연구는 주로 해방된 그 시기에만 맞추어서 연구함으로써 어떻게 해서 해방후에 그와 같은 성격으로 정치활동을 하게 되었는지를 제대로 분석하지 못하였다고 비판하였다. 한편 씨의 연구는 미시적인 접근방법을 전개했다는 장점은 있으나 통일민족국가건설이 불가능했던 요인을 보다 국제적인 상황논리에도 관심을 기울였으면 하는 아쉬움이 남는다.166) 씨는 이 저서 이후 한국현대사에 대한 다양한 연구 성과를

---

166) 최장집, 「'가능의 정치'로서의 해방후사 연구」:서중석의 『한국현대민족운동연구-해방후 민족국가건설운동과 통일전선』에 대한 비판적 검토, 『역사비평』 1991년 가을호 참조.

386

발표하여 역사쪽에서의 한국현대사를 개척하고 있을 뿐만 아니라 『역사비평』의 간행 등을 통하여 이 분야 연구에 큰 기여를 하고 있다.

도진순은 『한국민족주의와 남북관계』(서울대출판부, 1997)을 통하여 1945-46년의 우익진영의 동향, 1947년의 우익진영의 갈등과 민족주의 세력의 결집, 1948년 4월의 「남북연석회의」에 대하여 집중적으로 분석하였다. 씨는 민족주의자를 비공산주의적 정치세력으로 우익 중간, 좌익진영의 일부에 존재하며, 이들 중 민족문제에 대한 자주적 입장과 행동을 견지하는 정치세력을 의미하는 것으로 파악하고, 김구, 김규식으로 대표되는 세력을 우파 민족주의세력으로, 여운형으로 대표되는 세력을 좌파민족주의 세력으로 분류하였다. 특히 씨는 김구, 김규식 등 우파민족주의세력을 이승만 및 한민당 중심의 반공우파세력으로부터 분리하고 있는 특징을 보이고 있다. 그리고 우파민족주의세력이 참여한 남북연석회의를 여러 가지 한계를 지니지만, 외세에 의한 민족분단을 반대하고 민족자주성을 구현했다는 점에서, 사상과 이념의 차이에도 불구하고 민족적 단결을 시도하였다는 점에서, 분단문제의 平和的 해결을 모색하였다는 점에서 역사적 의의를 지닌다고 높이 평가하고 있다. 즉 이들의 노력은 당장은 실패하였지만 장기적인 측면에서는 통일민족국가 건설에 기여한 것으로 판단하고 있다.

한편 이승만 정권에 대한 연구들도 이루어지고 있다.167) 특히 자유당의 창당이념이 된 一民主義와168) 이승만 정권의 북진통일론이 집중적으로 조망되었다.169) 특히 홍석률은 그의 학위 논문인 『1953-61년 통

---

167) 이 분야의 연구사 정리로는 서중석, 「제1공화국기 정치세력의 노선과 활동에 대한 연구」, 『한국사론』27, 1997.이 있다.

168) 김혜수, 「정부 수립직후 이승만 정권의 통치이념 정립과정」, 『이대사원』28, 1995; 서중석, 「이승만 정부 초기의 일민주의」, 『진단학보』83, 1997.

169) 홍석률, 「이승만 정권의 북진통일론과 냉전외교정책」, 『한국사연구』85, 1994; 서중석, 「이승만과 북진통일」, 『역사비평』1995년 여름.

일논의의 전개와 성격』(서울대 국사학과 박사논문, 1997)에서 이승만의 북진통일론을 남한의 안보 보장이라는 현실적인 문제와 냉전이라는 세계적인 조류와 관련시켜 분석하고 있다. 아울러 진보당과 민주당의 통일논의도 다루고 있으며, 4 · 19시기의 통일논의의 활성화요인과 학생과 혁신세력의 통일운동, 그리고 4 · 19시기 통일론의 유형과 성격도 유엔감시하의 남북 총선거론, 중립화 통일론, 남북협상론 등으로 나누어 집중적으로 검토하였다.

V. 결어

지금까지 개항기부터 해방이후 현대사까지 한국역사학계의 연구동향과 과제에 대하여 살펴보았다. 이를 토대로 한국 근현대사 연구의 문제점과 앞으로의 방향에 대하여 제시하면 다음과 같다.[170]

첫째, 한국 근현대사에 대한 보다 활발한 연구가 이루어져야 할 것이다. 역사학계에서 한국근현대사를 본격적으로 연구하기 시작한 것은 1960년대 이후의 일이라고 할 수 있다. 특히 한국현대사의 경우는 1980년대 중반이후에 비로소 연구가 시작되어 초창기라고 할 수 있다. 앞으로 한국사에 대한 체계적인 이해를 위해서도 이 분야에 대한 연구는 보다 활성화되어야 할 것이다.

둘째, 철저한 자료 검토의 토대위에서 객관화된 역사서술이 필요하다고 생각된다. 지금까지의 연구는 냉전의 논리와 민주화의 논리 등 다양한 학문외적인 환경의 영향하에 심정적 민족주의, 내재적 발전론,

---

170) 이 점과 관련하여 최근에 이루어진 다음의 연구가 참조된다. 한국역사연구회 창립10주년기념 학술심포지움, 『20세기의 역사학, 21세기의 역사학』, 1998.9.

민중사관 등 지나치게 민족주의적인 성향, 냉전논리, 입장을 강조하는 분위식 속에서 한국 근현대사가 연구되었다고 할 수 있다. 그러므로 앞으로 이 분야 연구는 보다 철저한 자료 검토의 토대위에서 한국근현대사 상을 복원해야 할 것이다.

셋째, 문제제기와 쟁점이 보다 깊이 있게 논의되어야 할 것이다. 한국근현대사의 경우 근대의 기점, 광무개혁, 근대화론, 갑오경장의 자율성론과 타율성론, 독립협회임시정부의 성격, 식민지근대화론, 현대의 기점 등 다양한 쟁점들이 있었다. 그럼에도 불구하고 이들 논점들에 대하여 공개적으로 활발한 토론이 이루어지는 경우가 별로 없었던 것 같다. 이러한 점은 학계의 발전을 위해서도 바람직하지 않은 것 같다. 아울러 비판문화의 활성화 역시 이루어져야 할 것이다.

넷째, 연구방법론에 대한 관심이 보다 증대되어야 할 것이다. 지금까지의 검토를 보면 대체적으로 문헌고증학적 방법에 그친 감이 없지 않다. 이 것은 역사 연구의 출발점이며 역사학자로서 누구나 갖추어야 할 공통사항이라고 할 수 있다. 보다 중요한 것은 한국근현대사를 체계화할 수 있는 방법과 내용이라고 할 수 있다. 앞으로 집단전기학적 방법론, 역사사회학적 방법론, 심성사적 방법론, 아날학파의 전체사, 세계체제론, 동아시아 사회론 등 다양한 방법론과의 연계속에서 많은 연구들이 이루어져야 할 것이다.

다섯째, 자료의 체계적인 수집과 정리가 필요하다. 근현대사의 경우 현재도 자료가 생산되고 있는 시점이므로 다른 분야보다도 더 자료의 수집과 정리가 새로운 영역을 개척하고 역사의 진실을 밝히는데 중요하다. 그럼에도 불구하고 아직까지 자료를 수집, 정리하는 일을 제대로 이루어지고 있지 못한 형편이다. 특히 자료의 수집과 관련하여서는 러시아측 자료의 확보가 시급한 문제이다. 러시아측 자료는 아관파천 등

한러관계의 이해, 일제하 공산주의운동사, 해방이후 6.25전쟁 등 한국 근현대사의 큰 줄기를 이해하는데 대단히 중요한 것이다. 아울러 역사적 사건의 생존 인물들과의 면담 작업 역시 활발히 추진되어야 할 것이다.

여섯째, 번역사업이 활발히 이루어져야 한다. 한국근현대사의 경우 미국, 프랑스, 일본, 중국, 러시아 등 다양한 국가들과 밀접한 관련을 맺고 있다. 그러므로 외국어로 된 자료들이 다수이다. 이들 자료들에 대한 번역사업 역시 활발히 이루어져야 한국근현대사 연구는 보다 활성화될 수 있을 것이다.

일곱째, 연구영역의 확대 작업이 필요하다. 주로 연구영역의 경우 정치사가 중심을 이루고 있다. 그러나 보다 체계적인 연구를 위해서는 경제, 사회, 문화, 사상 등 다양한 분야에 대한 연구도 활성화되어야 할 것이다. 특히 근현대사의 경우 미국, 일본, 소련, 중국 등과의 대외관계사 연구 또한 활발히 이루어져야 할 것이다.

여덟째, 비교사적 연구에 관심을 기울여야 할 것이다. 한국근현대사의 경우 특히 비슷한 역사적 경험을 한 제3세계와의 비교사적 연구 또한 한국사를 올바로 파악하는데 큰 도움을 줄 수 있을 것으로 보인다. 그럼에도 불구하고 이러한 작업들은 별로 이루어지지 못하였다. 필자의 생각으로는 이러한 작업들은 주로 학회를 중심으로 적극적으로 전개하면 좋을 듯 싶다.

아홉째, 다른 인접학문과의 밀접한 교류가 필요하다고 생각된다. 한국근현대사의 경우 인접학문과 밀접한 관련을 갖고 있다. 특히 한국근현대사의 경우 역사학에서 사회과학으로 그 영역을 확대해야만 올바로 파악될 수 있을 것이다. 즉 한국근현대사는 다학문적, 다분야간의 협동작업이 필요하다고 생각된다.171)

열번째, 한국근현대사 연구는 지금까지 근대화의 관점, 즉 서양우위적 관점에서 연구되어온 경향이 있다. 그러므로 앞으로 연구 방향에 있어서 동양과 서양이 대등한 입장에서 우리 민족의 고유성과 독창성을 인정하는 입장에서 서술하는 방안을 모색해야 할 것이다. 즉 한국사를 새롭게 서술할수 있는 체계의 마련이 시급한 상황이라고 할 수 있겠다.

열한번째, 사회변동과 변동의 원인에 대한 파악이 필요하다. 지금까지 한국사학은 연구의 초창기라는 한계 때문에 지나치게 사실의 추구에 힘쓴 면이 없지 않다. 사실의 추구와 이를 바탕으로 한 연구 역시 중요하지만 역사학이 여기에서 머물러서는 안된다고 생각된다. 이를 바탕으로 한 사회변동과 변동의 원인과 특성 등에 대한 파악이 필요하다고 짐작된다.

---

171) 차하순, 「현대사의 특성과 전망」, 『한국현대사연구』 창간호, 한국정신문화연구원 현대사연구소, 1998, p. 328.

미국 내쇼날아카이브 소장 자료를 통해서 본 38선 획정의 진실

이 완 범*

서 론

38선 획정에 관한 기존의 정설은 러스크(Dean Rusk) 당시 대령과 본스틸(Charles H. Bonesteel III) 당시 대령이 1945년 8월 11일 새벽 2시부터 3시 사이의 30분이라는 짧은 시간에 전혀 준비없이 한반도를 분할했다는 것이다. 그런데 본 연구자가 미국 메릴랜드(Maryland)주 컬리지 팍크(College Park) 소재 국립문서보관소 분관(National Archives II; 내쇼날아카이브 II)에서 찾은 원자료들에 의하면 1945년 7월 하순의 포츠담 회담이후로 한반도 분할에 대한 구체적 논의들이 있었음을 확인될 수 있다. 따라서 기존의 준비부족설은 수정되어야 한다. 이 자료들은 최초로 학계에 공개되는 것들이다.

---

* 한국정신문화연구원 조교수

포츠담에서의 '헐線' 획정에 관한 헐의 증언

일찍이 합동전쟁기획위원회(Joint War Plans Committee; JWPC)는 1945년 7월 10일 JWPC 264/6(별첨 자료 1)에서 "한반도 북쪽 지역은 소련의 영토 및 소련의 군사 작전지역인 만주와 인접해 있기 때문에 미군점령은 한반도의 남쪽에 한정되어야 한다"고 주장했다.[1] 이는 포츠담회담에서의 '헐線' 획정에 하나의 배경이 된다.

포츠담회담이 진행 중이던 7월 24일 마셜 육군 참모총장은 현지에서 작전국장 헐(John E. Hull) 중장과 다른 한 요원[린컨(George A. Lincoln) 준장으로 판단됨]에게 한반도 이동계획을 수립하라는 명령을 하달했다. 헐의 회고에 따르면 국무장관 번스가 "미국이 한국에 상륙할 준비를 해야 하며" 분할선을 그을 것을 권고했다.[2] 헐은 1949년 6월 17일 해리스 대령(전직 미 군사실 직원)과의 전화인터뷰(별첨 자료 2)에서 다음과 같이 증언했다.

> 38선은 포츠담에서 마련되었다. 번스는 한국을 러시아와 분할할 것을 원했다. 번스는 미국인이 한국에 상륙해야 한다고 주장했다.
>
> 우리들 전략가들은 3개의 주요 항구를 주목했으며 그중 2개의 항구(인천과 부산; 인용자 첨가)는 우리 지역에 포함시켜야 하며 서울 바로 북쪽에 선을 그어야 한다고 생각했다. 따라서 38선 근처가(along the 38th parallel) 가장 좋은 위치라고 판단했다. 우리는 이 분계선을 마셜

---

1) "A Plan for the U.S. Occupation of Strategic Positions in the Far East in the Event of a Japanese Collapse or Surrender Prior to "OLYMPIC" or "CORONET,"" JWPC 264/6, 10 July 1945, RG 218, JCS, Geographic File, 1942-45, 386.2 Japan (4-9-45), Sec. 3, Box 135, p. 30.

2) "Col E. M. Harris' Tel. conv with Gen John E. Hull," 17 Jun 1949, RG 319, USACMH Manus, File South to the Naktong North to the Yalu, Box 744; "Lt Col Roy E. Appleman's Interview with Gen John E. Hull," 1 Aug 1952, RG 319, USACMH Manus, File South to the Naktong North to the Yalu, Box 744.

과 JCS에 보내어 승인 받았다. 그후 이 선은 번스에게 보내졌으며 그
는 러시아인들에게 이것을 내어 놓았다.[3]

그런데 문제는 과연 번스가 소련과 이 분계선을 논의했는지의 여부
인데 해리스의 附記인지 아니면 헐의 설명인지 불확실한 마지막 논평
이 다음과 같이 달려있다.

　　번스가 러시아인과 얘기할 때 분계선을 가지고 무엇을 했는지는 불
　　확실하다.[4]

그렇다면 과연 번스가 소련과 논의했을까? 헐의 1952년 8월 1일자
애플만과의 인터뷰(별첨 자료 3)에도 이 부분에 관한 구체적 詳述이 없
다. 공식 회의록에만 의존하면 미·소간 어떤 회담에서도 이 선이 논의
되지 않았다.[5] 또한 이 자료외에 어떤 미공간 자료에도 논의된 흔적이

---

3) "Col E. M. Harris' Tel. conv with Gen John E. Hull," 17 Jun 1949, RG 319,
　USACMH Manus, File South to the Naktong North to the Yalu, Box 744.

4) "Col E. M. Harris' Tel. conv with Gen John E. Hull," 17 Jun 1949, RG 319,
　USACMH Manus, File South to the Naktong North to the Yalu, Box 744.

5) 신용하 교수는 이 안이 포츠담회담에서의 미·소 군사회담에 제출되었으며 미·소
　에 의해 '밀약' 되었다고 주장하지만 그의 증거는 Time, (July 3, 1950), p. 15의 폭
　로성 기사일 뿐 다른 신빙성 있는 증거는 발굴하지 못하고 있다. 愼鏞廈, 「韓國 南
　北分斷의 원인과 포츠담 密約說」, 『해방직후의 민족문제와 사회운동』, 한국사회사
　연구회 논문집 제13집 (서울: 문학과 지성사, 1988), 32~33쪽 참조. [그런데 3부조
　정위원회가 1945년 10월 22일에 승인한 SWNCC 79/1의 부록 "B" Discussion에 의
　하면 "북위 38선은 미·소의 작전분계선에 관하여 미국과 소련의 참모총장간에 도
　달한 결정의 산물이다"라고 확실한 근거 없이 주장되었다. "Report by the
　State-War-Navy Coordinating Subcommittee for the Far East," SWNCC 79/1, October
　1945, FRUS, 1945, vol. VI, p. 1095 참조. 또한 소련의 과학아카데미에서 1985년에
　출간한 다음 책에서도 1945년 연합국의 베를린회담에서 38도선을 미군과 소련군
　사이의 군사분계선으로 간주한다는 결정이 채택되었다는 구절이 나온다. 소연방
　과학아카데미 세계사회주의경제연구소 (편), 『북한의 정치경제』, 통일원 (역) (서울:
　통일원, 1988), 14쪽 참조. 그런데 위 구절은 작전분계선에 관한 미소간의 7월 24

없다. 따라서 38선 부근의 선이 포츠담에서 미소간에 논의되었다고 보기 어려우나 미국이 38선을 적극적으로 획정하려 했음은 확인될 수 있다.

또 한가지 특기할 만한 것은 이 선이 점령지역 분할선이 아닌 단순한 지상경계선(army boundary)이었다고 강조되어 있는 점이다.6) 미·소 양군의 군사활동 분계선으로 적합할 것이라고 생각하여 이를 하나의

일과 26일의 양일간 논의에서 38선이 하나의 지엽적 안으로 포함되었던 것을 확대해석한 것이다. 또한 Northern Korea Terrain Handbook, no 66, in RG 319, Entry 82, G-2, "P" File, Box 3684, p. 1에는 일본군의 항복을 받을 연합국의 지역 분할이 포츠담에서 합의되었다고 적고 있으나 이도 근거 없는 소문에 의거한 것이다. 포츠담 등 전시회담에서 38선이 한반도의 분할선으로 미·소간에 논의되었다든지 모종의 합의에 도달되었다는 공식기록이 현재까지는 발견되지 않았으므로 위 근거들은 38선 획정 경위에 대하여 정확히 모르는 인사들의 추정에 불과했던 것으로 결론내릴 수 있다. 이러한 추정에서 38선안이 당시 정책결정자들 사이에서 광범위하게 공유되고 있다는 사실을 확인할 수 있다.] 또한 李用熙 박사는 「38線劃定新攷」, 일월서각 (편), 『분단전후의 現代史』 (서울: 일월서각, 1983), 228~229쪽에서 '헐線'이 동구의 미·소갈등에 영향받아 획정된 정치·정략적 목표를 가진 선이라고 해석한다. 따라서 한반도 분할선에 대한 미·소간 '밀약' 여부는 아직 증거가 없어서 확인할 수 없지만 포츠담회담 중에 이 선이 고려되었다는 것은 움직일 수 없는 사실이라고 주장한다. 그러나 소련의 대일전 참전을 지연시켰던 트루먼이 38선 이북을 넘겨주는 밀약을 했을 가능성은 거의 없으며 결정적 증거인 밀약 자체가 밝혀질 가능성도 거의 없다고 판단된다. (이용희 박사는 루스벨트의 사문서와 포츠담회담에서의 군사회의 기록이 완전히 공개되어 있지 않았다고 주장하지만[李用熙, 『韓國과 國際政治: 李用熙著作集』, I (서울: 民音社, 1987), 71쪽 참조.] 과연 군사회의 기록이 공개된다면 밀약설이 확인될 수 있을 지도 의문이다.) 현재 포츠담밀약설은 하나의 설명력 없는 주장일 뿐이다. 따라서 그 증거를 찾는데 노력을 경주하기보다는 강대국의 흥정이 가능했다고 믿을 수도 있게 만든 조건, 즉 주체적 힘의 미약에 관심을 가져야 할 것이다. 이 때문에 강대국이 끊임없이 세력분할을 기도했으며, 사실 38선 획정은 '포츠담밀약설'에서 나타난 세력분할 기도의 직접적 결과는 아니지만 그러한 것들의 축적적 귀결이라고 볼 수 있기 때문이다. 소련의 참전이 기정사실화된 마당에 어느 일방에 의해서나 혹은 합의에 의해서 작전분계선·군사점령분할선 등이 검토된다는 것은 당연한 일이다.
6) "Lt Col Roy E. Appleman's Interview with Gen John E. Hull," 1 Aug 1952, RG 319, USACMH Manus, File South to the Naktong North to the Yalu, Box 744.

안으로 제출했다는 것이다.[7] 이렇게 미국측의 사후 변명에만 의존한다면 진공작전의 분계선이라는 결론을 내릴 수 있다. 그러나 분할점령으로 구상되었을 가능성도 있다. 이 시점까지 미국은 진공작전을 검토만했을 뿐 본격적으로 준비하지는 않았으므로 이는 단순한 일본 항복 후의 양군 점령을 위한 분할선일 가능성이 많다는 설명이다. 그러나 일설에 의하면 소련이 육상 작전을 위한 경계선 문제를 제기할 경우 미군이 이에 대응하려고 마련한 진공작전 분계선이었는데, 소련이 이 문제를 제기하지 않았으므로 단지 내부 검토를 위한 계획안으로 그쳤다

---

7) "Col E. M. Harris' Tel. conv with Gen John E. Hull," 17 Jun 1949, RG 319, USACMH Manus, File South to the Naktong North to the Yalu, Box 744; "Lt Col Roy E. Appleman's Interview with Gen John E. Hull," 1 Aug 1952, RG 319, USACMH Manus, File South to the Naktong North to the Yalu, Box 744; Roy E. Appleman, "Korean Combat History," pp. I-11-12, RG 319, USACMH Manus, File South to the Naktong North to the Yalu, Box 739; Roy E. Appleman, "Korea and the Background of Conflict," p. I-4, RG 319, USACMH Manus, File South to the Naktong North to the Yalu, Box 735; Roy E. Appleman, United States Army in the Korean War: South to the Naktong North to the Yalu (Washington, D. C.: Department of the Army, 1961), pp. 2~3. 한편 맥그래드가 당시 포츠담에 있었던 가드너 제독과 카벨(Charles P. Cabell)을 1953년에 인터뷰했을 때 이들은 모두 38선 획정사실을 부인했다. "McGrath's Interview with LTG Charles P. Cabell," Office of the Secretary of Defense, 27 January 1953, in Michael C. Sandusky, op. cit., p. 193 참조. 그렇지만 이 부인은 "1945년 8월 11일 이전에는 38선을 획정하지 않았다"는 미국의 공식 입장을 충실히 반영한 것으로 전적으로 신뢰할 수 있는 것은 아니다. 애플만의 전사는 중요한 비밀자료를 활용하여 저술된 것으로 개인적인 인터뷰보다 신뢰도가 높다. 이외에 "The Ambassador in the Soviet Union (Harriman) to President Truman and the Secretary of State," Moscow, 10 August 1945, FRUS, 1945, vol. VII, China, p. 967; John M. Allison, Ambassador from the Prairie or Allison Wonderland (Boston: Houghton Mifflin, 1973), pp. 116~117 등에 포츠담에서의 기록이 아주 지엽적으로만 언급되어 있을 뿐이다. 한편 애플만은 그의 동료 슈나벨의 전사 초고를 읽고 다음과 같이 논평했다. 38선이 1945년 8월 10일부터 11일 사이에 기안되었다는 슈나벨의 주장에 대해 "그것보다 먼저였을 것"이라고 주장했던 것이다. "Appleman Comment," RG 319, Entry 145: OCMH, (Korean War) Policy and Direction: The First Year, Box 714.

고 해석되기도 한다.[8] 그런데 보다 심층적으로 분석하면 1945년 7월 24일 미국이 한반도 진공작전은 조만간 없을 것이라고 공언했기 때문에 7월 26일의 실무자급회담에서 소련이 육상작전분계선을 논의하지 않았던 것이다. 이처럼 소련이 문제를 제기하지 않게 만든 것은 바로 미국이었으므로, 만약 논의 회피가 사실이라면 논의를 회피한 것도 소련이 아닌 미국이었다고 할 수 있다.[9]

확정한 날은 7월 24일과 26일 사이이며 헐이 부하인 린컨 장군[10]과 해군의 가드너 제독[11] 등과 함께 미국과 소련의 군사분계선을 긋기 위해 지도를 연구했다는 것이다. 이러한 포츠담에서의 분할선(소위 '헐線')은 비록 38선 그 자체는 아니었지만 미국이 구상했던 최초의 명시적인 '38선 구상'이었다. 또한 번스가 상당히 적극적으로 분할선 획정을 주장했음을 확인할 수 있다(따라서 1945년 8월 중순 분할선을 결정하게 될 때도 번스가 지시한 것으로 추정될 수 있는 근거가 여기에 있다). 그런데 헐의 인터뷰는 원문 그대로 학계에 최초로 공개되는 것으

---

8) James Schnabel and Robert J. Watson, 『韓國戰爭』, 國防部戰史編纂委員會 (譯), 上 (서울: 國防部戰史編纂委員會, 1990), 19쪽.

9) Harry S. Truman, Memoirs by Harry S. Truman, vol. II, Years of Trial and Hope, p. 317; Memoirs, vol. I, p. 383에는 "미・소 모두 한반도에 早晚間 육군을 투입할 가능성이 없었으므로 육상작전 분계선에 대하여는 논의되지 않았"으며 "우리의 군사지도자들이 한반도 작전은 아직 수행되지 않을 것이라고 예측했기 때문에 육상작전 분계선은 그어지지 않았"고 회고된다. 그런데 육상작전의 조기수행 가능성을 미국이 결코 고려하지 않았던 것은 아니다. 자신들의 작전은 조기에 수행될 수 없다고 보았으나 소련의 한반도 이동작전은 조기 수행될 가능성이 있다고 판단했으며 이에 대비하여 분할선을 획정했던 것이다.

10) 린컨은 쿡 제독이 폭격구역과 다른 선들을 그을 때 어깨 너머로 관찰했다고 회고했다. "Letter from Col. G. A. Lincoln to Col. Appleman," 19 February 1954, p. 2, RG 319, USACMH Manus, File South to the Naktong North to the Yalu, Box 746. 린컨은 이 문제에 계속 관여하고 있었으며 직속상관이 헐이었고 포츠담에 있었으므로 막후에서 참여했던 것이다.

11) Walter Karig, Malcom W. Cagle, Frank A. Manson, Battle Report, the War in Korea (New York: Rinehart, 1952), p. 5에 의하면 가드너가 38선을 제안했다는 것이다.

로 엄밀한 사료비판과 다른 자료와의 교차비교가 필요한 자료이다. 왜 냐하면 그의 인터뷰에도 마치 "자신이 다 결정"한 듯한 공명심에 사로 잡혀 있는 부분이 있을 것이기 때문이다.

JWPC 390/1을 통한 한반도 분할, 1945년 7월 30일

JWPC 390/1(제목: 일본점령초기의 계획; 별첨 자료 4)에 의하면 1945 년 7월 30일에 한반도 분할은 기정사실화되어 있었다. 이 문서는 미 육군부 작전국 전략정책단 단장인 린컨 준장[당시 미 합동전쟁기획위 원회의 육군측 대표자]의 책임하에 작성된 것으로 전략정책단원인 본 스틸은 이 문서를 사후 열람했음에 비해 러스크는 그렇지 못했다. 따 라서 38선 분할의 책임자임을 자임했던 러스크는 8월 11일 처음으로 분할선을 인지하게 되었다. 반면 린컨은 JWPC를 통해 일본의 조기항 복에 대비한 연구를 1945년 2월부터 수행했다. JWPC 390/1의 내용을 한반도 분할의 문제에 국한해서 자세히 살펴보면 다음과 같다.

연합국 점령지역에 관한 보고서 JWPC 390/1의 가장 중요한 부분은 다음에서 보는 바와 같이 한국을 남북으로 분할한 것이다.

b. ....점령지역의 분할에 대한 어떤 협약도 없으므로 미국은 일본-일본점 령지역을 다음과 같이 초기에 제안해야 할 것이다.
일본본토, 남부한국, 南西諸島, 南方諸島, 일본위임통치령, 볼케이노제도, 보닌섬, 일본이 소유한 태평양 내 통과 제도
c. 대통령은 영국의 수상에게 다음 지역을 영국의 점령지역으로 제안할 수 있을 것이다.
솔로몬제도, 비스마르크제도(애드미랄티스 제외), 말라이군도(필리핀 제 외), 말라야, 버마, 태국, 불령인도차이나(중국과의 협정이 아마도 필요 할 것임)

d. 대통령은 蔣介石에게 다음 지역에 대한 점령을 제안할 수 있을 것이다.

(1) 만주 포함 중국과 대만 ....

(2) 소련이 전쟁에 참전할 경우 만주지역의 항복과 무장해제에 관한 협정이 필요할 것이다.

e. 대통령은 소련이 만약 참전할 경우 스탈린에게 사할린과 쿠릴열도, 북부한국의 점령을 제안할 수 있을 것이다.[12]

다음과 같은 대안에 대한 토론도 있었다는 것이다.

a. 미군: 南西諸島, 볼케이노제도, 보닌섬, 일본위임통치령, 일본본토, 중국해안지방의 한 항구, 남부한국, 일본이 소유한 태평양 내 통과 제도, 대만(중국과의 협정 필요)

b. 영국군: 솔로몬제도, 비스마르크제도(애드미랄티스는 제외), 말라이군도(필리핀 제외), 말라야, 버마, 태국, 불령인도차이나(중국과의 협정이 아마도 필요할 것임)

c. 중국군: 중국의 일본점령지. 만주의 초기점령과 북중국, 대만은 다른 나라와의 협력이 필요할 것이다..

d. 소련(전쟁에 참전할 경우): 만주, 사할린과 쿠릴열도, 북부한국, (중국과의 협력을 전제로) 북중국[13]

이 두 안은 전반적으로 크게 다르지 않으며 특별히 한반도 문제에 관한 한 똑 같다고 할 수 있다. 이러한 미-소-영-중의 세력분할은 그

---

12) "Planning for Initial Japanese Occupation Period," JWPC 390/1, 30 July 1945, RG 218, JCS, Geographic File, 1942-45, 386.2 Japan (4-9-45) Sec. 3, Box 135, pp. 4-5. 이 보고서는 임박한 일본의 몰락과 항복에 대비하여 1945년 7월 20일경에 작성되기 시작했다. "Planning for Initial Japanese Occupation Period," JWPC 390/D, 20 July 1945, RG 218, JCS, Geographic File, 1942-45, 386.2 Japan (4-9-45) Sec. 3, Box 135.

13) "Planning for Initial Japanese Occupation Period," JWPC 390/1, 30 July 1945, RG 218, JCS, Geographic File, 1942-45, 386.2 Japan (4-9-45) Sec. 3, Box 135, pp. 11-12.

이후의 정책결정에서 대체로 변동이 없었던 골격이라고 할 수 있다. 물론 이 자료들에 38선은 나와 있지 않다. 그러나 남북 분할론은 정식화되어 있으며 그 구체적 분할선만이 미정일 뿐이다. 38선만 빼고 점령구역 지정은 이미 다 된 것이나 다름없었으므로 매우 중요한 문서라고 할 수 있다. 추후 일반명령1호가 기안될 때 발생했던 변동 사항은 주로 미국 세력권이 아닌 중국-영국 세력권 획정 부분에서 이루어졌다. 이는 '헐線'에 나타난 분할선 논의가 보다 더 확고하게 자리잡았음을 알 수 있는 자료인 것이다.

또한 최소한의 미군 부대로 남부 한국을 점령하는 것이 건의되었는데[14] 한국을 특별한 경우로 상정하여 다음과 같이 분석한 것이 특기할 만하다.

> 한국: 러시아가 먼저 이 지역에서 군사작전을 이미 전개하고 있을 가능성이 많다. 또한 한국의 점령은 궁극적으로 4개국에 의해 이루어질 것이다. 만약 러시아군이 한국의 전부를 점령하지 않았다면(If Russian forces have not already overrun Korea) 미군의 한국남부 조기진입이 시도될 수 있을 것이다.[15]

이렇게 소련을 의식했기 때문에 미국의 한반도 전체점령은 불가능하다고 인식하는 분위기가 지배적이였으며 남부점령이 보다 가능성이 높은 것으로 고려되었던 것이다.

---

14) "Planning for Initial Japanese Occupation Period," JWPC 390/1, 30 July 1945, RG 218, JCS, Geographic File, 1942-45, 386.2 Japan (4-9-45) Sec. 3, Box 135, p. 1, p. 6.
15) "Planning for Initial Japanese Occupation Period," JWPC 390/1, 30 July 1945, RG 218, JCS, Geographic File, 1942-45, 386.2 Japan (4-9-45) Sec. 3, Box 135, p. 13.

린컨의 서간증언록

린컨이 합참 역사과(Historical Section)의 질문에 1949년 7월 18일자로 답한 서한(별첨 자료 5)에는 다음과 같은 생생한 증언이 수록되어 있다. 본스틸이 (아마도 러스크, 맥코맥 등과 함께) 기안한 일반명령1호안에는 각 국가별 항복구역이 획정되지 완성되지 않은 채였다.16) 그런데 이 일반명령1호안은 24시간 내에 작성된 것은 아니고 전략정책단과 JWPC 보고서(예를 들면 JWPC 390/1) 등을 포함한 양질의 풍부한 사전지식과 토론이 있었다.17) 이 대목에서 '준비부족론' 내지는 '졸속결정론'의 근거가 빈약함이 확인될 수 있을 것이다. 항복구역을 분할함에 있어 이 결정이 미국의 JPS, SWNCC, JCS, 3부의 장관, 대통령은 물론 애틀리, 장개석, 스탈린 등의 3국 정상에게까지 받아들여질 만한 것이 되어야 했다. 그런데 문제는 상부의 회부에 넘겨지기 전 주어진 시간은 1시간을 넘지 못했다. 따라서 시급하게 결정해야 했다는 것이다. 린컨 그룹은 미군전쟁 포로가 있는 수용소가 서울 이남에 있는 것으로 명기된 지도를 포함하여 여러 자료를 가지고 있었다.18) 소련은 아마도 미국의 결정을 정치적인 '영토문제가 개재된 결정'(territorial arrangement)으로 간주하겠지만 이 결정의 목표는 100% 군사적인 일본의 보호(take custody of Japan)에 두어졌다. 결정을 내릴 당시의 주안점은 이러했다.

---

16) "Col Gen George A. Lincoln's Letter to Col C. H. Donnelly(GCS, Historicl Section of the Joint Chiefs of Staff)," 18 July 1949, RG 319, Entry 145, 2-3.7 CG5, Washington Command Post, Box 372, Folder: Comments on OPD Manuscript, p. 2.

17) "Col Gen George A. Lincoln's Letter to Col C. H. Donnelly(GCS, Historicl Section of the Joint Chiefs of Staff)," 18 July 1949, RG 319, Entry 145, 2-3.7 CG5, Washington Command Post, Box 372, Folder: Comments on OPD Manuscript, p. 2.

18) "Col Gen George A. Lincoln's Letter to Col C. H. Donnelly(GCS, Historicl Section of the Joint Chiefs of Staff)," 18 July 1949, RG 319, Entry 145, 2-3.7 CG5, Washington Command Post, Box 372, Folder: Comments on OPD Manuscript, p. 3.

(a) 소련이 받아들인 만한 선을 선택하는 것.
(b) 적어도 포로수용소와 수도를 충분히 포함할 수 있을 정도로 북쪽을 택할 것. (수도의 경우는 소련이 정치적 흥정을 하면서 저항할 때를 대비한 것임)
(c) 일본군간의 작전구역 할당과 같은 군사적 분계선을 선택할 것.[19]

만약 도계(country boundaries)와 같은 선을 택한다면 이것은 정치적 분계선으로 전화될 가능성이 많다고 판단했으므로[20] 의도적으로 피했다는 것이다. 따라서 결과적으로 38선이 선택되었다는 것이다.

그런데 앞서 언급한 바와 같이 린컨을 중심으로 한 그룹은 1945년 8월 10일 이전부터 특히 1945년 7월 25일경 '헐線' 획정과 7월 30일 JWPC 390/1의 기안 이후부터 이미 한반도 분할을 기정사실로 검토하고 있었다. 따라서 상부로부터 "연합국의 항복접수지역(=세력권) 분할에 관한 문서를 기안하라"는 지시와 "가능한 한 북쪽"이라는 정치적 지침이 하달되었을 때[21] 린컨은 한반도 분할이 가장 중심적인 것이라 생각하고 38선을 그었을 것이며 군사기획자들뿐만 아니라 상부의 정책결정자에게 공감되어 있었던 분할의식 때문에 별 다른 이의 없이 통과되었던 것이다. 따라서 38선의 실무적 발의자는 린컨 중심의 그룹이라고 할 수 있다.

---

19) "Col Gen George A. Lincoln's Letter to Col C. H. Donnelly(GCS, Historicl Section of the Joint Chiefs of Staff)," 18 July 1949, RG 319, Entry 145, 2-3.7 CG5, Washington Command Post, Box 372, Folder: Comments on OPD Manuscript, p. 3.
20) "Col Gen George A. Lincoln's Letter to Col C. H. Donnelly(GCS, Historicl Section of the Joint Chiefs of Staff)," 18 July 1949, RG 319, Entry 145, 2-3.7 CG5, Washington Command Post, Box 372, Folder: Comments on OPD Manuscript, p. 3.
21) 아마도 한반도를 분할하라는 구체적인 지시가 하달되었을 것이다.

맺음말

　결론적으로 말하면 미 육군부 작전국 전략정책단장 린컨 준장을 중심으로 한 그룹은 1945년 2월 이래로 일본항복에 대한 문제를 검토했으며 7월 하순에는 '헐線'과 JWPC 390/1 등 여러 문서를 통해 한반도 분할의 문제를 검토했고 다른 여러 지도(38선이 명기되고 도계 등도 명기된 한반도 4분 지도 [7월 6일 경에 작성] 등[22])를 통해 38선의 존재를 알고 있었던 상황에서 8월 중순에 내쇼날지오그래픽 지도[23])에다 38선을 그려넣었다고 할 수 있다. 이런 맥락에서 보면 38선 획정에 대한 아무 준비도 없었다는 '준비부족론'과 '졸속결정론'은 사실이 아님이 판명되는 것이다.

---

22) "Annex: Possible Zoning of Korea," in S & P, OPD, WDGS, "Occupation and Control of Japan in the Post-Defeat Period," [July 1945], RG 165, ABC 014 Japan (13 Apr 44), Sec. 4-A, Box 21.

23) Gilbert Grosvenor, ed, "Asia and Adjacent Area," Compiled and Drawn in the Cartographic Section of the National Geographic Society for the National Geographic Magazine, Washington, D. C., The National Geographic Society, 1942, in RG 353, Entry 516, SWNCC Subcommittee on the Far East, General Records, 1945-48, Box 109.

자 료 편

404

자료 1: "A Plan for the U.S. Occupation of Strategic Positions in the Far East in the Event of a Japanese Collapse or Surrender Prior to "OLYMPIC" or "CORONET,"" JWPC 264/6, 10 July 1945, RG 218, JCS, Geographic File, 1942-45, 386.2 Japan (4-9-45), Sec. 3, Box 135.

JOINT WAR PLANS COMMITTEE

A PLAN FOR THE U.S. OCCUPATION OF STRATEGIC POSITIONS
IN THE FAR EAST IN THE EVENT OF A JAPANESE COLLAPSE
OR SURRENDER PRIOR TO "OLYMPIC" OR "CORONET"

References: a. J.W.P.C. 264 Series
            b. J.C.S. Memo for Info 408

Note by the Secretaries

1. The enclosed study, prepared as a basis for further plan-
ning, contains a preliminary outline plan for the occupation by
U.S. forces of strategic positions in the Far East in the event
of a Japanese collapse or surrender prior to OLYMPIC or CORONET.

2. This is the fourth of a series of studies being under-
taken with a view to determining the action that may be re-
quired in the event of a sudden Japanese collapse or surrender.
Previous studies are:

J.W.P.C. 264/1 "Strategic Positions Selected for Occupa-
               tion Upon Japanese Withdrawal, Collapse,
               or Surrender".

J.W.P.C. 264/2 "Estimate of U.S. Forces Required for the
(Revised)   Occupation of Strategic Positions in Japan
               Proper in the Event of a Sudden Collapse
               or Surrender".

J.W.P.C. 264/5 "Estimate of U.S. Forces Required for the
               Occupation of Strategic Positions Other
               Than in Japan in the Event of a Sudden
               Japanese Withdrawal, Collapse or Surrender".

3. It is recommended that the Joint Staff Planners note the
enclosed study, advise the Joint Chiefs of Staff of its avail-
ability, and forward copies to the planning staffs of CINCAFPAC,
CINCPAC and COMGEN, China Theater.

E N C L O S U R E

A PLAN FOR THE U.S. OCCUPATION OF STRATEGIC POSITIONS
IN THE FAR EAST IN THE EVENT OF A JAPANESE COLLAPSE
OR SURRENDER PRIOR TO "OLYMPIC" OR "CORONET"

Report by the Joint War Plans Committee

THE PROBLEM

1. To prepare an outline plan for the occupation by U.S.
forces of strategic positions in the Far East in the event of a
Japanese collapse or surrender:

 a. Prior to OLYMPIC.

 b. Subsequent to OLYMPIC but prior to CORONET.

FACTS BEARING ON THE PROBLEM

2. J.W.P.C. 264/1 (Strategic Positions Selected for Occu-
pation upon Japanese Withdrawal, Collapse or Surrender) deter-
mined, for planning purposes, the strategic positions and areas
in Japan and Japanese-controlled territory which might have to
be occupied in the event of a sudden Japanese withdrawal,
collapse or surrender. A priority for the occupation of
positions within each area was determined, but no attempt was
made to determine a priority among areas, since this is depen-
dent upon conditions existing at the time of withdrawal,
collapse or surrender.

3. a. J.W.P.C. 264/2 (Revised) (Estimate of U.S. Forces Re-
quired for the Occupation of Strategic Positions in Japan
Proper in the Event of a Sudden Collapse or Surrender) esti-
mates the U.S. forces which would be required to occupy the
first and second priority areas of Japan proper in the event
of a sudden collapse or surrender.

b. J.W.P.C. 264/5 (Estimate of U.S. Forces Required for the Occupation of Strategic Positions other than in Japan in the Event of a Sudden Japanese Withdrawal, Collapse or Surrender) estimates the U.S. forces which would be required to occupy the first priority areas of Korea, Manchuria, China, Formosa and the Pescadores in the event of a sudden Japanese withdrawal, collapse or surrender.

c. The estimate of forces required in J.W.P.C. 264/2 (Revised) was based on current Japanese dispositions. The estimate in J.W.P.C. 264/5 was based on estimated Japanese dispositions as of 15 August 1945. Both estimates assume occupation under adverse conditions, i.e., that in isolated instances local commanders will continue to resist and that acts of sabotage and treachery will be committed by the local population.

4. J.W.P.C. 375/2 (Initial Occupation of Japan and Japanese-held Territories after Collapse or Defeat of Japan (U.S. Military Policies)) recommends that the Joint Chiefs of Staff approve the following conclusions:

a. "National policies and international agreements have not yet been sufficiently developed to provide full solutions to the problems of apportioning among the Allies responsibilities of occupation of enemy territory. Therefore, conference discussions on a military level should be in broad terms and confined to problems of initial occupation which, from a military point of view, can be treated as extensions of operations to defeat the enemy. The problems of ultimate composition and dispositions of occupation forces and matters related to the establishment of a Far Eastern Advisory Commission need not, and should not, be discussed on a military level pending governmental decisions."

b. "Areas of responsibility for initial occupation of enemy territory should conform to areas assigned for military operations. Hence, primary responsibility for initial occupation following recapture or enemy collapse or surrender is as follows:

United States - Main Islands of Japan, Formosa, Korea, Nansei Shoto, Nanpo Shoto and Japanese Mandates.

"**United Kingdom** Southeast Asia including parts of present Southwest Pacific area.

Russia (if in - Manchuria, Karafuto, Kuriles and possibly the war) North China.

China - China less Manchuria and possibly less North China."

c. "In order to make timely preparations for expeditious exploitation of a Japanese collapse or surrender, it is desirable that agreements defining areas of responsibility for initial occupation of enemy territory be reached by the Governments at the forthcoming conference."

5. The Cairo Declaration of 1 December 1943, signed by the U.S., the U.K. and China, but not by the U.S.S.R., states that Japan shall be stripped of all islands in the Pacific which she has seized or occupied since the beginning of the first World War in 1914 and that all the territories that Japan has stolen from the Chinese, such as Manchuria, Formosa and the Pescadores, shall be restored to the Republic of China. Japan will also be expelled from all other territories which she has taken by violence and greed. In due course Korea shall become free and independent.

6. The policy in J.C.S. 1328 (Disarmament, Demobilization and Disposition of Equipment of Japanese Armed Forces) includes a statement that all Japanese armed forces and their civilian auxiliaries shall be evacuated from occupied areas in China, Karafuto, Korea, Kuriles, Formosa, Pescadores, Hong Kong, French Indo-China, Thailand, Burma, British Malaya, Netherlands East Indies, Philippines, Marianas, Marshalls, Carolines, and all other land and water south of latitude 30 degrees north.

7. It is assumed the U.S.S.R. is at war with Japan.

8. For discussion see Appendix "B", page 28.

CONCLUSION

9. In the event of a Japanese collapse or surrender and in the absence of agreement among the major powers at war with Japan on allocation of responsibilities, the United States should, without prejudice to subsequent governmental agreements as to allocation of final occupation areas or the ultimate composition and nationality of the final occupying forces, initially occupy the main islands of Japan and should subsequently occupy southern Korea, and enemy-held islands of the Central Pacific Area. In addition, the United States should render assistance to Chinese forces, if required, by the initial occupation of the Shanghai-Nanking Area and Formosa. An outline plan for the accomplishment of the above is contained in Appendix "A", page 5.

RECOMMENDATION

10. That the Joint Staff Planners note this study, advise the Joint Chiefs of Staff of its availability and forward copies to CINCAFPAC, CINCPAC and COMGENCHINA for information.

APPENDIX "A"

OUTLINE PLAN FOR THE U.S. OCCUPATION OF STRATEGIC
POSITIONS IN THE FAR EAST IN THE EVENT OF A JAPANESE
COLLAPSE OR SURRENDER PRIOR TO "OLYMPIC" OR "CORONET"

1. Mission. To carry out initial occupation of strategic
positions in U.S. areas of responsibility in the Far East upon
Japanese collapse or surrender in order to establish control and
military government in such areas, and to disarm and demobilize
Japanese forces.

2. Assumptions.

a. Japanese resistance has collapsed or the Imperial High
Command has surrendered unconditionally (1) about 15 August
1945, or (2) about 15 January 1946. In isolated instances,
local commanders will continue to resist and acts of sabotage
and treachery on the part of the local Japanese population
will occur.

b. The U.S.S.R. has entered the war against Japan about
15 August 1945.

c. Redeployment of U.S. forces from Europe to the Pacific
has proceeded according to plan.

d. While participation in the final phase of the campaign
in Japan of two French, one Canadian, one Australian and
possibly other British Commonwealth divisions has been agreed
or is under consideration, it is assumed that none of these
forces will be available in the theater by 15 January 1946.

e. U.S. forces will be responsible for the initial occu-
pation of the following areas in order of priority:

    (1) Japanese main islands.

    (2) Korea.

    (3) Shanghai - Nanking area of China.

    (4) Enemy-held islands of the Central Pacific.

    (5) Formosa.

<u>f</u>. Estimate of Japanese dispositions on 15 August 1945 and 15 January 1946 is as shown in Annexes "A" and "B", pages 25 and 26.

3. <u>Operations</u>.

a. <u>Concept</u>. The plan envisages that upon collapse or surrender, General Order No. 1 (Appendix "D", J.C.S. 1275) or an order along substantially the same lines will be issued the Japanese Imperial High Command covering the following points:

(1) All Japanese forces (except police) to remain in present positions, to be disarmed and all arms and equipment to be turned over at such places as may be prescribed.

(2) Within 48 hours, lists to be submitted showing location and strength of all armed force units; location of all aircraft, naval vessels and merchant vessels; location of all minefields and other obstacles on land and sea; location of all military establishments; and location of all POW and detention camps.

(3) All vessels and aircraft, both military and civilian, to remain at present location undamaged, and those that are operational be prepared to move without ammunition or explosives to a designated rendezvous.

(4) All mines, minefields and other obstacles to be removed within 14 days, and all navigational aids to be replaced.

(5) All arms, ammunition, explosives, military equipment, stores and supplies and other implements of war of all kinds and other war material; all transportation and communication facilities and equipment; all military installations and establishments; all industrial and research establishments; and all patents, plans, technical data and inventions for war material to be held intact and in good condition pending instructions. A list showing the location of the above to be submitted within 14 days.

(6) Within 14 days, lists to be submitted showing name and location of all POW's. POW's to be turned over to control of senior POW at each camp, but responsibility for safety and provision of necessary supplies to be accepted by Japanese Imperial High Command.

(7) Occupation to be aided and facilitated as directed.

(8) Drastic penalties to be imposed upon those failing to comply with instructions and orders.

Upon receipt on surrender day plus two (S/2) of the lists showing location of aircraft and vessels, a schedule will be worked out and transmitted to the Imperial High Command which will require the aircraft and vessels in Japan and along coastal areas of the Yellow and East China Seas to rendezvous at certain points with U.S. aircraft and vessels for escort to U.S. controlled airfields or ports. When the major portion of operational aircraft and naval vessels have come under control of U.S. forces, which will be an indication of Japanese good faith, debarkation of occupation forces will begin.

The plan visualizes the initial occupation of strategic positions in U.S. areas of responsibility in five series of operations:

(1) "J" Operations. The initial occupation of first and second priority strategic positions in the Japanese main islands.

(2) "K" Operations. The initial occupation of first priority strategic positions in southern Korea.

(3) "SN" Operations. The initial occupation of the Shanghai-Nanking area of China.

(4) "CP" Operations. The occupation of enemy-held islands in the Central Pacific area.

(5) "F" Operations. The initial occupation of the first priority area of Formosa.

Each series of operations is unrelated and will be accomplished successively in order of priority as listed, unless the situation at the time dictates otherwise, until all available forces, less the area reserve, have been committed.

b. Availability. The forces and resources listed below are available for occupational purposes, garrison or area reserve in the Pacific in case of a Japanese collapse or surrender. Forces shown in the U.S. are those returned from Europe for redeployment to the Pacific. These forces will have had their furloughs and will be undergoing training, staging or rehabilitation on the dates shown. They are considered to be available and suitable for occupation purposes without further training.

(1) Ground forces - Divisions (See Chart, Annex "C", page 27.

Location	15 Aug 45	15 Jan 46
Kyushu	None	13 Army, 3 Marine
Ryukyus	3 Army, 1 Marine	2 Army, 1 Marine
Philippines	17 Army	21 Army
Marianas	3 Marine	1 Marine
Hawaii	1 Army, 2 Marine	1 Marine
Sub-total, Pacific	27 Divisions	42 Divisions
U.S.	2 Army	2 Army
U.S.	6 Army (by 1 Sept)	
Sub-total, U.S.	8 Divisions	2 Divisions
Total	35 Divisions	44 Divisions

(2) Air Forces   15 Aug 45   15 Jan 46

    (a) Army   (Does not include North Pacific or
               China Theater)

	15 Aug 45	15 Jan 46
VHB	23 groups	32 groups
HB	9-1/4 groups	10-3/4 groups
M/LB	8-1/4 groups	13-1/4 groups
Fighter	16-1/4 groups	25-1/4 groups
Fighter (N)	9 squadrons	10 squadrons
Reconnaissance	16 squadrons	26 squadrons
T/C	6-3/4 groups	12-3/4 groups
Air Commando	1 group	1 group
Total	64-1/2 groups & 25 squadrons	95 groups & 36 squadrons

    (b) Navy and Marine (land-based)

	15 Aug 45	15 Jan 46
VPB(HL)	15 squadrons	16 squadrons
VPB(ML)	9 "	12 "
VPB(HS)- VPB(MS)	18 "	18 "
VPB(LL)	5 "	2 "
VMTB	4 "	4 "
VD-MD	4 "	4 "
VMSB-VMFB	9 "	4 "
VH	6 "	6 "
VMF	18 "	16 "
VMR	7 "	8 "
VMF(N)	5 "	6 "
VMB	7 "	8 "
Total	107 "	104 "

    (c) Navy and Marine (carrier air groups ready for
deployment - spare)

	15 Aug 45	15 Jan 46
CV groups	11	14

     Each CV group is composed of 2 VF squadrons,

1 VTB squadron and 1 VSB squadron.

(3) Naval Forces

     Entire U.S. Pacific Fleet.

(4) Personnel shipping.

(a) Assault ships.

Type	Capacity	15 Aug 45 No.	15 Aug 45 Capacity	15 Jan 46 No.	15 Jan 46 ** Capacity
AGC	--	20		22	
APA(L)	1400	188	263,200	191	267,400
APA(S)	800	30	24,000	28	22,400
AKA(L)	200	67	13,400	73	14,600
AKA(S)	100	28	2,800	31	3,100
XAP	1400	6	8,400	6	8,400
APD	150	94	14,100	118	17,700
LSV	800	6	4,800	6	4,800
LSD	200	16	3,200	20	4,000
LST	200	748	149,600	769	153,800
LSM	50	471	23,550	464	23,200

Total		507,050	519,400
Less 5% estimated unserviceable		25,350	26,000
		481,700	493,400
Less APA spaces on West Coast run		105,000 *	
		376,700	

```
*  - 50,000 available 1 September      ** - After deduction of
     27,500 available 15 September          estimated 5% losses in
     27,500 available 1 October             OLYMPIC
```

(b) Troop ships. Troop lift for divisions in the U.S. (30,000 slice) and cargo lift for their equipment is estimated as available on the West Coast as follows:

Two divisions - 1 by 1 September *

One division - by 10 September

One division - by 20 September

One division - by 30 September

Two divisions - by 10 October

One division - by 20 October

* - Employs approximately 19,600 spaces of theater's APA's assigned for redeployment from West Coast in August.

<u>c</u>. OPERATIONS REQUIRED (S-DAY ABOUT 15 AUGUST 1945).
Target dates will be governed largely by availability of
shipping and sailing time. Exact location of assault craft
cannot be forecast. Allowances have been made for assembly
of craft and differences in speed of the various types of
craft. Five days have been allowed for loading and two days
for unloading. Naval forces afloat will remain in occupation
area only so long as required.

(1) <u>"J" Operations</u>.

(a) <u>"J-ONE"</u>, Tokyo-Yokohama area, target date S/21.

<u>i</u>. <u>Tasks</u>. To occupy the Kanto Plain area of
Honshu. Provide minimum logistic facilities for
the support of occupation forces. Direct activi-
ties of the Imperial High Command and the Japanese
Government. Disarm all Japanese forces in the area
and establish detention camps. Liberate prisoners
of war and internees. Seize all military supplies,
equipment and installations in the area. Take over
control of all transportation and communication
facilities and the distribution of food supplies.
Establish military government. Apprehend war
criminals.

<u>ii</u>. <u>Forces required</u>	<u>Total</u>
<u>Ground</u> - 8 Divisions mounted from Philippines	240,000
<u>Air</u> - 5 AAF Fighter groups 3 AAF M/LB groups 2 AAF T/C groups 2 AAF Rcn. sqdns. 2 AAF Ftr(N) sqdns.	55,000
Naval <u>Shore-based</u>	7,600
<u>Afloat</u> - 1 Carrier group 5 OBB, 4 CA, 4 CL and 18 DD, plus suitable escort force.	

iii. Lift required

Assault lift for 298,000 personnel
(From Pacific pool)

(b) "J-TWO", Shimonoseki-Moji-Fukuoka area, target
date S/25.

i. Tasks. To occupy the Shimonoseki area of
Southern Honshu and the Moji-Fukuoka area of North-
western Kyushu and exercise general control over
Shimonoseki Strait. Provide minimum logistic
facilities for the support of occupation forces.
Disarm all Japanese forces in the area and estab-
lish detention camps. Liberate prisoners of war
and internees. Seize all military supplies, equip-
ment and installations in the area. Take over
control of all transportation and communications

facilities and the distribution of food supplies.
Establish military government. Apprehend war
criminals.

ii. Forces required		Total
Ground - 2 Divisions mounted from Hawaii		60,000
Air - 4 AAF Fighter groups 2 AAF M/LB groups 1 AAF T/C group 2 AAF Rcn. sqdns. 1 AAF Ftr(N) sqdn.		40,000
Naval Shore-based		1,200
Afloat - 1 Carrier group, plus suitable escort force.		

iii. Lift required

Assault lift for 99,000 personnel
(From Pacific pool and theater APA's be-
coming available 1 September)

(c) "J-THREE", Osaka-Kobe-Kyoto area, target date
S/46.

    i. Tasks. To occupy the Kobe-Kyoto-Osaka-
Wakayama area of Southern Honshu, Awaji Shima, and
the Tokushima area of Shikoku and to carry out
other tasks similar to those in operation "J-TWO".

    ii. Forces required   Total

Ground - 5 Divisions mounted
             from Philippines   150,000

Air   - 2 AAF Fighter groups
         1 AAF M/LB group
         1 AAF Rcn. sqdn.
         1 AAF Ftr(N) sqdn.
         2 VPB(MS) sqdns.   19,700

Naval
   Shore-based   4,600

  Afloat - 4 OBB, 4 CA, 4 CL,
         1 AV and 18 DD, plus
         suitable escort force

    iii. Lift required

      Assault lift for 174,000 personnel.
      (Lift returned from operation "J-ONE")

  (d) "J-FOUR", Nagoya-Ise Bay-Hamamatsu area,
target date S/36.

    i. Tasks. To occupy the Nagoya-Ise Bay-
Hamamatsu area of southeastern Honshu and to carry
out tasks similar to those of operation "J-TWO".

    ii. Forces required   Total

Ground - 3 Divisions mounted
             from the Ryukyus   90,000

Air   - 4 VMF sqdns.
         2 VMTB/SB sqdns.
         1 VPB(MS) sqdn.   3,150

Naval
   Shore-based   4,800

  Afloat - 2 OBB, 3 CA, 3 CL,
         1 AVP and 12 DD, plus
         suitable escort force.

    iii. Lift required

      Assault lift for 98,000 personnel.
      (Shipping returned from operation "J-ONE")

(e) "J-FIVE", Hakodate-Aomori-Ominato area, target
date S/52.

    i. Tasks. To occupy the Hakodate area of
Southern Hokkaido, the Aomori-Ominato area of
Northern Honshu and to control Tsugaru Strait. To
carry out other tasks similar to those of operation
"J-TWO".

ii. Forces required	Total
Ground - 2 Divisions from the West Coast mounted in assault shipping in the Marianas	60,000
Air - 6 VMF sqdns. 3 VMSB/TB sqdns. 1 VMF(N) sqdn. 1 VMR sqdn. 3 VPB(MS) sqdns.	5,000
Naval Shore-based	2,700

    Afloat - Light naval forces
including 1 AV and 1 AVP,
plus suitable escort force.

    iii. Lift required

      Assault shipping for 67,000 personnel.
(From theater APA's becoming available
1 September and 15 September, and from
operation "J-ONE")

(f) "J-SIX", Sasebo-Nagasaki-Goto Islands area,
target date S/46.

    i. Tasks. To occupy Sasebo-Nagasaki-Goto
Islands area of Northwestern Kyushu and to carry
out other tasks similar to those shown for opera-
tion "J-TWO".

ii. Forces required	Total
Ground - 1 Division and 1 Regimental Combat Team mounted from the Philippines	40,000

Air   - 7 VMF sqdns.
       3 VMSB/TB sqdns.
       1 VMF(N) sqdn.
       3 VPB(MS) sqdns.   4,500

Naval
Shore-based   7,500

Afloat - Light naval forces in-
       cluding 1 AV and 1 AVP,
       plus suitable escort force

iii. Lift required

Assault lift for 51,500 personnel.
(From theater APA's becoming available
15 Sept., and shipping returned from
operation "J-TWO")

(g) "J-SEVEN", Hiroshima-Kure-Matsuyama area, target date S/57.

i. Tasks. To occupy the Hiroshima-Kure-Yanai area of Southwestern Honshu and the Matsuyama area of Shikoku. To carry out other tasks similar to those of operation "J-TWO".

ii. Forces required.   Total

Ground - 2 Divisions mounted
       from the Marianas   60,000

Air   - 2 AAF Ftr groups
       1 AAF Rcn. sqdn.
       3 VMF sqdns.
       2 VMSB/TB sqdns.
       1 VPB(MS) sqdn.   13,100

Naval
Shore-based   7,500

Afloat - Light naval forces in-
       cluding 1 AVP, plus
       suitable escort force.

iii. Lift required

Assault lift for 80,000 personnel.
(From operations "J-TWO" and "J-FOUR")

(2) "K" Operations.

(a) "K-ONE", Fusan-Chinkai area, target date S/60.

i. Tasks. To occupy the Fusan-Chinkai area of Southeastern Korea. Provide minimum logistic facilities for the support of occupation forces.

Disarm all Japanese forces in the area and concentrate them for return to the home islands. Liberate prisoners of war and internees. Seize all military supplies, equipment and installations in the area. Take control of all transportation and communications facilities and the distribution of food supplies and relief. Establish military government.

ii. Forces required   Total

Ground - 1 Division from the West
Coast mounted in as-
sault shipping in the
Marianas   30,000

Air   - 1 AAF Ftr group
1 AAF M/LB group
1 AAF Ftr(N) sqdn.
1 AAF Rcn. sqdn.
2 VPB(MS) sqdns.   12,700

Naval
  Shore-based   4,000

  Afloat - 1 Carrier group and
1 AV, plus suitable
escort force

iii. Lift required

Assault lift for 46,100 personnel.
(From operation "J-FOUR")

(b) "K-TWO", Keijo-Jinsen area, target date S/77.

i. Tasks. To occupy the Keijo-Jinsen area of western Korea and to carry out other tasks similar to those in "K-ONE".

ii. Forces required   Total

Ground - 1 Division mounted
in Hawaii   30,000

Air   - 1 AAF Ftr group
1 AAF M/LB group
1 AAF Ftr(N) sqdn.
1 AAF Rcn. sqdn.   11,800

Naval
  Shore-based   1,200

  Afloat - Light naval forces only,
plus suitable escort force

iii. <u>Lift required</u>

Assault lift for 42,700 personnel.
(From operation "J-FOUR" and theater APA's
becoming available 1 October)

(3) <u>"S-N"</u> Operations, Shanghai-Nanking area, target date
S/78.

(a) <u>Tasks</u>. To occupy the Shanghai-Nanking area of
China. Establish minimum logistical facilities for the
support of occupation forces. Disarm all Japanese
forces in or entering the area and concentrate them for
return to the main Japanese islands. Liberate priso-
ners of war and internees. Control transportation and
communication facilities and the distribution of food
supplies and relief within the area. Establish mili-
tary government in collaboration with the Chinese.
Open communication lines to the interior of China.

(b) <u>Forces required</u>   Total

<u>Ground</u> - 2 Divisions from the
West Coast mounted in
assault shipping in
the Marianas and 1
follow-up division
direct from the West
Coast   90,000

<u>Air</u>   - 3 AAF Ftr groups
1 AAF T/C group
1 AAF Ftr(N) sqdn.
1 AAF Rcn. sqdn.
3 VPB(MS) sqdns.
8 VPB(ML) sqdns.   26,650

<u>Naval</u>
<u>Shore-based</u>   7,800

<u>Afloat</u> - 1 Carrier group, 1 AV
and 1 AVP, plus suitable
escort force.

(c) <u>Lift required</u>

Assault shipping for 93,000 personnel.
(From operation "J-THREE")

(4) <u>"CP"</u> Operations, enemy-held islands of the Central
Pacific area, target dates subsequent to S/80.

(a) <u>Tasks</u>. To occupy the remaining enemy-held islands of the Nansei Shoto, Nanpo Shoto, Japanese Mandates, Marcus and Wake. Establish minimum logistic facilities ashore for support of occupying forces. Disarm Japanese forces on the islands and concentrate them for return to the main Japanese islands. Provide garrison forces and military government where required.

These operations to be conducted at opportune times when forces and shipping become available. Forces may be provided from a subsequent reduction of initial occupation forces in Japan; from turning over U.S. occupied areas to other United Nations forces; from employment of the area reserve when it is no longer required; or from uncommitted independent units.

(5) <u>"F" Operations</u>, Taikoku area, target date S/90.

(a) <u>Tasks</u>. To occupy the Taikoku-Kiirun area of Northern Formosa. Establish minimum logistical facilities ashore to support the occupying forces. Disarm all Japanese forces in or entering the area and concentrate them for return to the main Japanese islands. Liberate prisoners of war and internees. Establish military government and assist Chinese forces in taking over the remainder of the island and the Pescadores.

(b) <u>Forces required</u>   Total

Ground - 1 Division from the
           West Coast mounted in
           assault shipping in the
           Philippines, plus one
           Regimental Combat Team
           from the Philippines   40,000

<u>Air</u>   - 2 AAF Ftr groups
           1 AAF M/LB group
           1 AAF Ftr(N) sqdn.
           2 VPB(MS) sqdns.   16,800

<u>Naval</u>
<u>Shore-based</u>   2,000

     <u>Afloat</u> - 1 Carrier group and
              1 AV, plus suitable
              escort force

(c) Lift required

Assault shipping for 58,500 personnel.
(From operation "J-THREE")

(6) Reserve and Garrison. 1-2/3 Divisions will remain
in the Philippines for garrison. Other rear areas will be
garrisoned by small independent units and base personnel.
Three divisions remain as area reserve.

Although the land-based air units available 15
August are not quite adequate to meet all requirements, re-
deployment subsequent to 15 August and spare CV groups
will provide sufficient forces in time to meet the re-
quirements, and furnish garrisons for the rear areas. In
addition, 14th Air Force units may be available for em-
ployment in the Shanghai-Nanking area. VHB and HB units
will constitute the strategic air reserve.

d. OPERATIONS REQUIRED. (S-DAY ABOUT 15 JANUARY 1946).

Target dates with relation to 15 January S-day will
differ from target dates under the 15 August S-day due to
increased availability of assault shipping and to the ad-
vanced location of forces in the Pacific. The tasks under
each operation remain the same. Difference in forces re-
quired are due to estimated changes in disposition of Japa-
nese forces.

(1) "J" Operations.

(a) "J-ONE", Tokyo-Yokohama Area, target date S/21.

i. Forces required   Total

Ground - 9 Divisions mounted
          from the Philippines   270,000

Air   - 5 AAF Ftr groups
         3 AAF M/LB groups
         2 T/C groups
         2 Rcn. sqdns.
         2 AAF Ftr(N) sqdns.   55,000

Naval
Shore-based   7,600

Afloat - 1 Carrier Group, 5 OBB,
         4 CA, 4 CL, and 18 DD,
         plus suitable escort force

ii. Lift required

Assault lift for 328,000 personnel.
(From Pacific pool)

(b) "J-TWO", Shimonoseki-Moji-Fukuoka Area, target
date S/21.

i. Forces required   Total

Ground - 2 Divisions from
OLYMPIC overland to
northern Kyushu, ferrying
elements to southern
Honshu   60,000

Air   - 4 AAF Ftr groups
2 AAF M/LB groups
1 T/C group
2 AAF Rcn. sqdns.
1 AAF Ftr(N) sqdn.   40,000

Naval
Shore-based   1,200

Afloat - 1 Carrier group, plus
suitable escort forces

ii. Lift required

Assault lift for 10,000 personnel.
(From Pacific pool)

(c) "J-THREE", Osaka-Kobe-Kyoto area, target date
S/33.

i. Forces required   Total

Ground - 5 Divisions from OLYMPIC
mounted in southern
Kyushu   150,000

Air   - 2 AAF Ftr groups
1 AAF M/LB group
1 AAF Rcn. sqdn.
1 AAF Ftr(N) sqdn.
2 VPB(MS) sqdns.   19,700

Naval
Shore-based   4,600

Afloat - 4 OBB, 4 CA, 4 CL, 1 AV
and 18 DD, plus suitable
escort forces

ii. Lift required

Assault lift for 174,000 personnel.
(Lift returned from Operation "J-ONE")

(d) "J-FOUR", Nagoya-Ise Bay-Hamamatsu area, target date S/21.

1. Forces required	Total
Ground - 4 Divisions mounted from the Philippines	120,000
Air - 4 VMF sqdns. 2 VMTB/SB sqdns. 1 VPB(MS) sqdn.	3,150
Naval Shore-based	4,800

    Afloat - 2 OBB, 3 CA, 3 CL, 1 AVP and 12 DD, plus suitable escort forces.

ii. Lift required

    Assault lift for 128,000 personnel. (From Pacific pool)

(e) "J-FIVE", Hakodate-Aomori-Ominato area, target date S/40.

1. Forces required	Total
Ground - 2 Divisions from OLYMPIC mounted in southern Kyushu	60,000
Air - 6 VMF sqdns. 3 VMSB/TB sqdns. 1 VMF(N) sqdn. 1 VMR sqdn. 3 VPB(MS) sqdns.	5,000
Naval Shore-based	2,700

    Afloat - Light naval forces including 1 AV and 1 AVP, plus suitable escort forces

ii. Lift required

    Assault shipping for 67,000 personnel. (Returned from operation "J-ONE")

(f) "J-SIX", Sasebo-Nagasaki-Goto Islands area, target date S/23.

i. Forces required	Total
Ground - 1 Division and 1 Regimental Combat Team from OLYMPIC overland to northwestern Kyushu, ferrying elements to Goto Islands.	40,000

Air   - 7 VMF sqdns.
        3 VMSB/TB sqdns.
        1 VMF(N) sqdn.
        3 VPB(MS) sqdns.   4,500

Naval
  Shore-based   7,500

  Afloat - Light naval forces in-
           cluding 1 AV and 1 AVP,
           plus suitable escort
           forces.

ii. Lift required

        Assault lift for 5,000 personnel.
        (From Pacific pool)

(g) "J-SEVEN", Hiroshima-Kure-Matsuyama area, tar-
get date S/47.

        i. Forces required   Total

        Ground - 2 Divisions mounted
                 from the Philippines   60,000

        Air   - 2 AAF Ftr groups
                 1 AAF Rcn sqdn.
                 3 VMF sqdns.
                 2 VMSB/TB sqdns.
                 1 VPB(MS) sqdn.   13,100

        Naval
          Shore-based   7,500

          Afloat - Light naval forces in-
                   cluding 1 AVP, plus
                   suitable escort forces

        ii. Lift required

             Assault lift for 80,000 personnel.
             (Returned from operation "J-FOUR")

(2) "K" Operations.

    (a) "K-ONE", Fusan-Chinkai area, target date S/35.

        i. Forces required   Total

        Ground - 1 Division mounted in
                 the Ryukyus   30,000

        Air   - 1 AAF Ftr group
                 1 AAF M/LB group
                 1 AAF Ftr(N) sqdn.
                 1 AAF Rcn sqdn.
                 2 VPB(MS) sqdns.   12,700

        Naval
          Shore-based   4,000

          Afloat - 1 Carrier group and 1 AV,
                   plus suitable escort forces

        ii. Lift required
             Assault lift for 46,100 personnel.
             (Lift returned from Operation "J-ONE")

(b) "K-TWO", Keijo-Jinsen area, target date S/35.

i. Forces required   Total

Ground - 1 Division mounted from
           the Ryukyus   30,000

Air   - 1 AAF Ftr group
         1 AAF M/LB group
         1 AAF Ftr (N) sqdn.
         1 AAF Rcn sqdn.   11,800

Naval
   Shore-based   1,200

    Afloat - Light naval forces only,
              plus suitable escort
              forces.

ii. Lift required

    Assault   lift   for   42,700 personnel.
    (Lift returned from operation "J-FOUR")

(3) "S-N" Operations, Shanghai-Nanking area, target
date S/57.

(a) Forces required   Total

Ground - 4 Divisions mounted from
           the Philippines   120,000

Air   - 3 AAF Ftr groups
         2 M/LB groups
         1 AAF T/C group
         1 AAF Ftr(N) sqdn.
         1 AAF Rcn sqdn.
         3 VPB(MS) sqdn.   33,150

Naval
   Shore-based   7,800

    Afloat - 1 Carrier group, 1 AV and
              1 AVP, plus suitable es-
              cort forces

(b) Lift required

    Assault shipping for 159,500 personnel.
    (Lift returned from operation "J-THREE")

(4) "CP" Operations, enemy-held islands of the Central
Pacific area, target dates subsequent to S/60.

    These operations to be conducted at opportune times
when forces and shipping become available. Forces may be
provided from uncommitted divisions or smaller units; from
subsequent reduction of initial occupation forces; from
area reserve when no longer required; or from turning of
U.S. occupied areas to other United Nations forces.

(5) <u>"F" Operations</u>, Taikoku area, target date S/60.

    (a) <u>Forces required</u>   Total

		Total
<u>Ground</u>	- 1 Division mounted from the Ryukyus and 1 Regimental Combat Team mounted from the Philippines	40,000
<u>Air</u>	- 2 AAF Ftr groups 1 AAF M/LB group 1 AAF Ftr(N) sqdn. 2 VPB(MS) sqdns.	16,800
<u>Naval</u> <u>Shore-based</u>		2,000
<u>Afloat</u>	- 1 Carrier group and 1 AV, plus suitable escort forces.	

    (b) <u>Lift required</u>

        Assault shipping for 58,500 personnel.
(Returned from operation "J-FIVE")

(6) <u>Reserve and Garrison</u>. 1-2/3 divisions will remain for garrison in the Philippines and 2-2/3 divisions in the OLYMPIC area. Other rear areas will be garrisoned by small independent units and base personnel. Three divisions in the OLYMPIC beachhead will constitute the area reserve. In addition, there will remain one division in the Marianas and one division in Hawaii. Sufficient air units including spare CV groups will remain in rear areas for garrison purposes in addition to VHB's and HB's in the strategic air reserve. Units of the 14th Air Force may also be available.

ANNEX "A" TO APPENDIX "A"

ESTIMATE OF JAPANESE DISPOSITIONS
15 AUGUST 1945

(One photostat)

ANNEX "B" TO APPENDIX "A"

ESTIMATE OF JAPANESE DISPOSITIONS
15 JANUARY 1946

(One photostat)

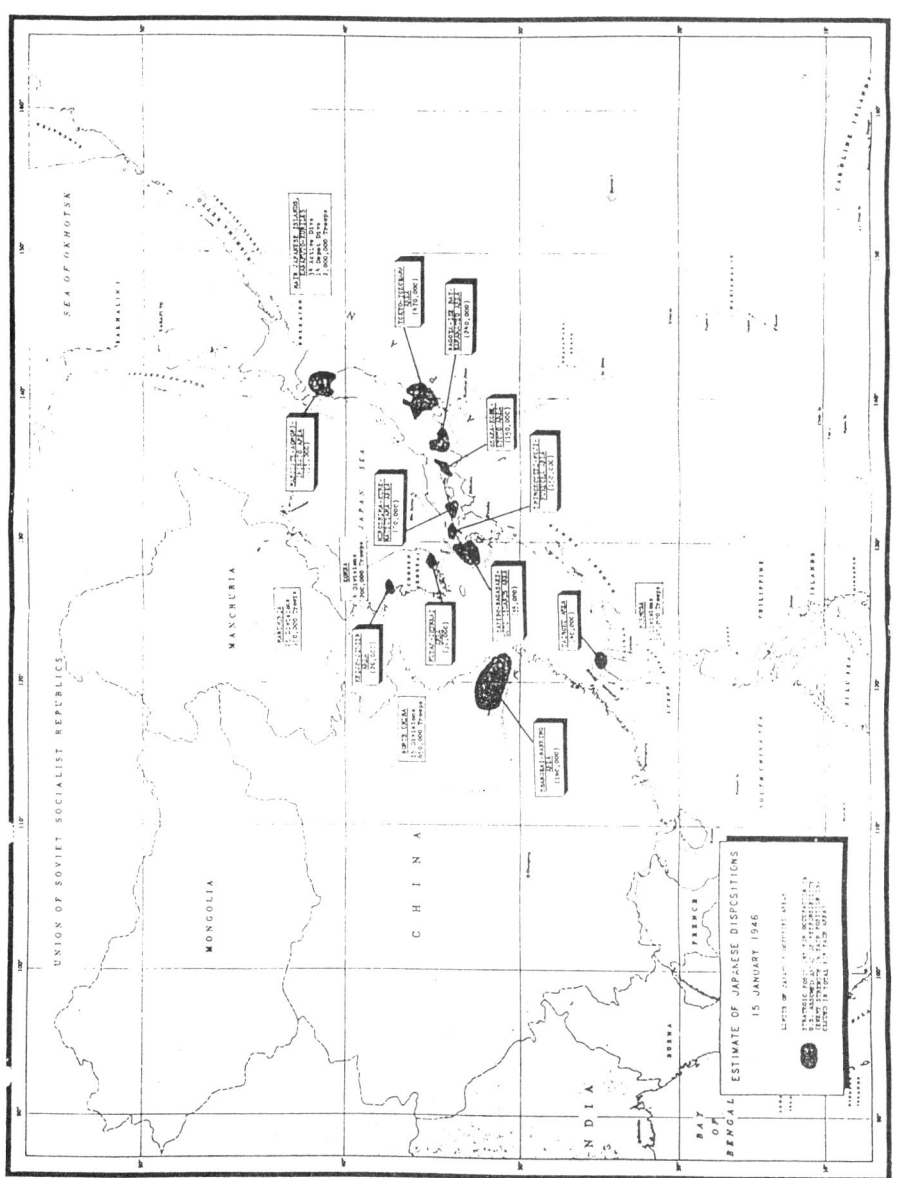

ANNEX "C" TO APPENDIX "A"

SCHEDULE OF POSSIBLE EMPLOYMENT
OF DIVISIONS IN THE PACIFIC

(One photostat)

DECLASSIFIED
Authority
By _____ NARA Date

-LEGEND-

TRAINING, STAGING AND REHABILITATION

AMPHIBIOUS TRAINING

MOUNTING AND APPROACH TO TARGET

ACTIVE OPERATION

GARRISON

MOVEMENT U S TO THEATER

MOVEMENT WITHIN THEATER

MOVEMENT EUROPE TO U S
(INCLUDING FURLOUGH)

PREPARED BY JOINT LOGISTICS PLANS COMMITTEE

—LEGEND—

TRAINING, STAGING AND REHABILITATION

AMPHIBIOUS TRAINING

MOUNTING AND APPROACH TO TARGET

ACTIVE OPERATION

GARRISON

MOVEMENT U.S. TO THEATER

MOVEMENT WITHIN THEATER

MOVEMENT EUROPE TO U.S.
(INCLUDING FURLOUGH)

LOCATION 1 JULY 1945	JULY 45	AUG	SEPT	OCT	NOV	DEC 45	JAN 46	FEB	MAR	APR	MAY	JUNE 46
11th AIRBORNE	PHILIPPINES											
13th ARMORED	EUROPE											
20th	EUROPE											
1st CAVALRY	PHILIPPINES											
2nd INFANTRY	EUROPE											
4th "	EUROPE											
5th "	EUROPE											
6th "	PHILIPPINES											
7m "	RYUKYUS											
8th "	EUROPE											
24th "	PHILIPPINES											
25th "	PHILIPPINES											
27th "	RYUKYUS											
28th "	EUROPE											
30th "	EUROPE											
31st "	PHILIPPINES											
32nd "	PHILIPPINES											
33d "	PHILIPPINES											
37th "	PHILIPPINES											
38th "	PHILIPPINES											
40th "	PHILIPPINES											
41st "	PHILIPPINES											
43d "	PHILIPPINES											
44th "	EUROPE											
45th "	EUROPE											
77th "	RYUKYUS											
81st "	RYUKYUS											
86th "	ENROUTE to U.S.											
87th "	EUROPE											
91st "	SPPECIAL PHIL.											
93d "	EUROPE											
95th "	EUROPE											
96th "	RYUKYUS											
97th "	ENROUTE to U.S.											
98th "	HAWAII											
104th INFANTRY	EUROPE											
AMERICAL	PHILIPPINES											
MARINE												
1st	RYUKYUS											
2nd	MARIANAS											
3rd	MARIANAS											
4th	HAWAII											
5th	HAWAII											
6th	RYUKYUS											

PREPARED BY JOINT LOGISTICS PLANS COMMITTEE

TOP SECRET

TOP SECRET

PREPARED BY JOINT LOGISTICS PLANS COMMITTEE

APPENDIX "B"

DISCUSSION

1. The conditions which will bring about a Japanese collapse or surrender and the situation which will exist at the time cannot be accurately foreseen. However, there does exist the : definite possibility that a collapse or surrender may occur any time prior to a total defeat. In order to be prepared for this contingency, it is necessary that plans be made, based on assumed conditions. In the absence of agreements among the powers at war with Japan on final occupation or on the division of responsibility for the execution of tasks in connection with a collapse or surrender, U.S. responsibilities also must be assumed and should be in consonance with U.S. policies currently under consideration.

2. The mission of Allied forces upon the collapse or surrender of Japan will include the initial occupation of strategic positions held by the Japanese in order to:

a. Establish control and military governments in Japanese-held areas until such time as the sovereign governments can take over;

b. Disarm and demobilize all Japanese forces and return them to the main islands of Japan.

The mission of U.S. forces will include the accomplishment of the above in U.S. assumed areas of responsibility. "Initial occupation" as used in this paper refers to the original seizure and establishment of military control over an area, and in no way prejudices subsequent governmental agreements on allocation of final occupational areas or the ultimate composition, nationality, strength or location of forces for the final period of occupation.

3. J.W.P.C. 375/2 concludes that the areas of responsibility
for initial occupation should conform to areas assigned for
military operations and hence assigns U.S. forces primary res-
ponsibility for the initial occupation of the following areas upon
Japanese collapse or surrender: Main Islands of Japan, Formosa,
Korea, Nansei Shoto, Nanpo Shoto and Japanese Mandates. In ad-
dition to the above areas, the possibility must not be overlooked
that the Chinese forces will probably require some assistance in
the initial occupation of East China as well as Formosa and North
China. In this case China will undoubtedly prefer that the as-
sistance be by U.S. forces and since East China is currently con-
sidered a U.S. area for military operations, it is assumed that
U.S. forces will render limited assistance in this area.

4. There remains to be determined for the basis of the initial
occupation plan, the specific strategic positions to be occupied
in each area and their priority. Any plan for the initial occu-
pation of Japanese-held territory which includes the main islands
of Japan, should give first priority to portions of the main
islands in order that the surrender of the main Japanese forces
may be accomplished before dissident elements have time to organize
a revolt; that rigid control may be exercised over the Imperial
High Command and the existing Japanese Government; and that a
stranglehold may be secured on vital economic and communications
areas by means of which surrender terms can be enforced. To ac-
complish this, it is considered that in so far as conditions
permit all of the following first and second priority areas of
Japan in the order given should be occupied before the diversion
of forces for the occupation of areas outside Japan:

First Priority (1) Tokyo-Yokohama Area

                (2) Shimonoseki-Moji-Fukuoka Area

                (3) Osaka-Kobe-Kyoto Area

Second Priority (1) Nagoya-Ise Bay-Hamamatsu Area

(2) Hakodate-Aomori-Ominato Area

(3) Sasebo-Nagasaki-Goto Islands Area

(4) Hiroshima-Kure-Matsuyama Area.

5. By the Cairo Declaration the United States supports the
independence of Korea. The U.S. policy on the occupation of Korea
(J.C.S. 1367/1), currently under consideration, is that there
should be joint occupation and military government in Korea during
the post-defeat period and that U.S. forces of occupation should
be large enough to insure effectiveness of American participation.
It is considered that the priority of Korea should be second to
Japan but that initial occupation by U.S. forces should be
limited to Southern Korea, since Northern Korea is contiguous to
Soviet territory and to Manchuria, a Soviet area of military
operations. First priority positions in Korea as selected in
J.W.P.C. 264/1 are those which are absolutely necessary to the
effective control of the area, while second priority positions
are those which must be controlled but not necessarily occupied.
Therefore, initial occupation in Korea should be limited to the
Fusan-Chinkai and Keijo-Jinsen areas, the first priority positions
of Southern Korea.

6. Assuming U.S. forces will be required to assist the Chinese
in the initial occupation of China, these operations should have
third priority. The amount of assistance given should be kept to
a minimum in order to avoid involvement in China's internal affairs.
It is considered that U.S. occupation of the Shanghai-Nanking area
would be adequate, since this area is accessible to the bulk of
the Japanese forces in China and it leads to the interior of China
via the best line of communication, the Yangtze Valley.

7. The enemy-held islands of the Central Pacific Area (Nansei
Shoto, Nanpo Shoto, Japanese Mandates, Marcus and Wake) are of

primary interest to the United States. However, since they lie
in U.S. areas of strategic responsibility and Japanese forces
thereon are isolated, there is no urgency for their occupation,
which can be accomplished when the time is opportune. Therefore,
it is considered they should be assigned fourth priority for
U.S. operations.

8. Although the Cairo Declaration restores Formosa to China,
that island lies within a U.S. area of military operations.
Furthermore, it is doubtful if the Chinese could provide adequate
forces for the initial occupation or shipping for the evacuation
of Japanese forces. It is to the advantage of the United States
if any foreign forces are employed in Formosa, that they be U.S.
forces. It is considered that occupation of the lone first
priority area, the Taihoku area, would be all that is required
initially. Formosa has been under Japanese domination for the
past 50 years and the natives probably are not being persecuted,
therefore there should be no urgency for accepting the surrender
or evacuating the Japanese forces thereon, who will be unable to
leave the island. The priority of U.S. operations against Formosa
in the event of a collapse or surrender should, therefore, be last.

9. To summarize, the areas in order of priority for which U.S.
forces should assume responsibility are as follows:

    a. Main Islands of Japan.

    b. Southern Korea.

    c. Shanghai-Nanking area of China.

    d. Enemy-held islands of the Central Pacific area.

    e. Formosa.

An outline plan for the initial occupation of the above areas by
U.S. forces upon collapse or surrender of Japan is contained in
Appendix "A", page 5.

10. The bulk of the U.S. forces required for initial occupation operations will be employed in Japan. While speed in establishing forces in, and gaining control over these strategic positions will be important, it is considered that the movement into individual positions should be in force rather than piecemeal, not only in order to display strength but to be able to cope with any acts of treachery. Some indication of Japanese good faith should also have been received, such as the turning over of operational aircraft and naval vessels to U.S. control, before any attempted landings by U.S. occupational forces on Japanese soil. Shipping limitations will govern the rate at which positions can be occupied. The priority in which areas should be occupied may require variation in order to make maximum utilization of available shipping. Should collapse or surrender occur within the next few months there will not be adequate troops in the Pacific, therefore all Pacific troop transports should be employed in transporting troops out from the West Coast.

11. In order to estimate availability of forces and shipping and enemy dispositions, the time of collapse or surrender prior to OLYMPIC has been assumed as about 15 August 1945, and subsequent to OLYMPIC but prior to CORONET as about 15 January 1946. Target dates have been selected in relation to surrender day (S-day) rather than a specific date.

자료 2: "Col E. M. Harris' Tel. conv with Gen John E. Hull," 17 Jun 1949, RG 319, USACMH Manus, File South to the Naktong North to the Yalu, Box 744.

File - Possible Soviet Plans for Korea in the Light of Historical Evidence Dtd 11 Jul 50 - OCMH
Tel. conv Col E.M. Harris, Ex Of SS OCMH w/Gen John E. Hull 17 Jun 49

The 38th Parallel was established at Potsdam. Mr. Byrnes wanted Korea divided with the Russians. Byrnes insisted that the American troops be in Korea.

We, the Planners, looked over the three major ports of Korea and took two of them and drew the line just north of Seoul on the map and we figured that probably the best place was along the 38th parallel. We then gave it to General Marshall and the JCS, who O.K.d it. It then went to Mr. Byrnes who presented it to the Russians. It was an old line to the Russians...they had used it in the Russo-Japanese war. It was drawn with a view to establishing boundaries between armies and was purely a coordinating line.....coordination during occupation in Korea. Nothing went beyond that at that time....it was purely a coordinating line of military forces...not of government nor of permanency. We were afraid there might be some clashes of forces so we drew that line.

It was not put down in writing .... there may be something in writing but we did not put it in writing....it may have been in the form of a JCS study, I don't know. Too, it may have been in a State Department memorandum, or the minutes of the meeting might indicate what form it was put in.*

The line was given to General Hodge after the Potsdam meeting. It was drawn up at Potsdam and we worked it out on a purely military basis. It had nothing to do with politics control at that time. What Byrnes did with it when he talked to the Russians I'm not sure of.

* Tel. conv w/Gen John E. Hull 17 June 1949

자료 3: "Lt Col Roy E. Appleman's Interview with Gen John E. Hull," 1 Aug 1952, RG 319, USACMH Manus, File South to the Naktong North to the Yalu, Box 744.

자료 4: "Planning for Initial Japanese Occupation Period," JWPC 390/1, 30 July 1945, RG 218, JCS, Geographic File, 1942-45, 386.2 Japan (4-9-45) Sec. 3, Box 135.

JOINT WAR PLANS COMMITTEE

PLANNING FOR INITIAL JAPANESE OCCUPATION PERIOD

Note by the Secretaries

1. The enclosure is a report by the Joint War Plans Committee, prepared as a matter of priority, as to what steps should be taken at this time to facilitate prompt Allied action in the event of a Japanese collapse or surrender in the immediate future.

2. Conclusions are set forth on pages 1 and 2.

A recommended memorandum to the State-War-Navy Coordinating Committee appears at Appendix "A", page 3, and a recommended directive to theater commanders appears at Appendix "B", page 6.

J. T. HILLIS,

D. M. GRIBBON,

Joint Secretariat.

E N C L O S U R E

PLANNING FOR INITIAL JAPANESE OCCUPATION PERIOD

Report by the Joint War Plans Committee

THE PROBLEM

1. To examine and recommend what steps should be taken at this time to facilitate prompt Allied action in the event of a Japanese collapse or surrender in the immediate future.

FACTS BEARING ON THE PROBLEM AND DISCUSSION

2. See Appendix "C", page 7.

CONCLUSIONS

3. In view of the possibility of a Japanese surrender in the immediate future, to facilitate prompt Allied action, the United States should:

a. Initiate immediate action to establish the Far Eastern Advisory Commission proposed by J.C.S. 1345.

b. Propose to our Allies assignments of initial responsibilities for occupational forces from the United Kingdom and China and from the U.S.S.R. if she enters the war.

c. Inform the United Kingdom and China, and the U.S.S.R. if she enters the war, of the United States' present plans for the immediate occupation of Japan and Japanese-held territory.

d. Issue directives to the U.S. Commanders concerned to the effect that in addition to making plans for the occupation of Japan proper plans should be made for (1) occupation of southern Korea using a minimum of U.S. units, (2) opening a port on the China coast, (3) occupation of enemy-held islands in the Central Pacific, and (4) transportation of Chinese forces to Formosa, providing U.S. combat forces only if necessary.

RECOMMENDATIONS

4. That the Joint Chiefs of Staff forward the memorandum, Appendix "A", page 3, to the State-War-Navy Coordinating Committee.

5. That a directive substantially as in Appendix "B", page 6, be dispatched to CINCAFPAC, CINCPAC, CGUSASTAF, COMGENCHINA and for information to USMILMIS, MOSCOW.

6. That the Joint Staff Planners note this study and J.W.P.C. 264/6 (A Plan for the U.S. Occupation of Strategic Positions in the Far East in the Event of a Japanese Collapse or Surrender Prior to OLYMPIC or CORONET), advise the Joint Chiefs of Staff of their availability, and forward copies to the planning staffs of CINCAFPAC, CINCPAC, CGUSASTAF and COMGENCHINA.

APPENDIX "A"

D R A F T

MEMORANDUM FOR THE STATE-WAR-NAVY COORDINATING COMMITTEE

Subject: Allied Occupation of Japan and Japanese-held
            Territories.

With reference to the above subject the Joint Chiefs of
Staff recommend that a memorandum substantially as follows be
addressed to the President:

1. The likelihood of a Japanese surrender in the near future
has until recently appeared extremely remote. It now appears
possible that such an event may occur. In order to be pre-
pared for this contingency, two important matters should be
settled without delay. These are:

a. The establishment of a Far Eastern Advisory Commission.

b. The determination of the occupational responsibilities
of the United States, the United Kingdom and China, and
of the U.S.S.R. if she enters the war, with respect to
Japan and Japanese-held territories.

2. J.C.S. 1345/1 provides for the establishment of a Far
Eastern Advisory Commission. This was approved by you on 5 June
1945 with the proviso that further action thereon would be with-
held until one of the other Allied governments participating in
the war against Japan requested consultation with the United
States Government on problems arising directly from the un-
conditional surrender or defeat of Japan. This decision was
made when Japan's defeat appeared to be far in the future;
therefore as yet no Allied control machinery has been activated
to facilitate the solution of post-defeat problems.

3. The basic principle governing occupational responsibilities
appears to be that established at Moscow on 1 November 1943,
that "those of the signatories at war with the common enemy

will act together in all matters relating to the surrender and disarmament of that enemy". Although no specific agreements exist among the United States, the United Kingdom and China in the premises, united action with respect to occupation would appear to be obligatory. Since the U.S.S.R. was a signatory nation, she will be bound by the same obligations, should she enter the war. It appears desirable that specific agreements concerning the occupational responsibilities to be assumed by each nation be entered into at an early date.

4. To insure prompt, concerted action by the major powers at war with Japan in the event of an immediate Japanese collapse or surrender, it is recommended:

a. That the United States initiate action to establish a Far Eastern Advisory Commission without delay.

b. That the governments of the United Kingdom and China, and of the U.S.S.R. if that country enters the war, be advised that the United States, in the absence of any international agreement to the contrary, intends initially to occupy Japan and Japanese-held territory as follows:

Main islands of Japan, southern Korea, Nansei Shoto, Nanpo Shoto, the Japanese Mandates, the Volcanoes, Bonins and by-passed Japanese-held Pacific islands.

c. That the President propose to the Prime Minister that the United Kingdom assume initial occupational responsibility for:

Solomons, Bismarcks (less Admiralties), Malay Archipelago (less Philippines), Malaya, Burma, Thailand and possibly, by mutual agreement with China, part of French Indo-China.

d. That the President propose to Generalissimo Chiang Kai-Shek that:

(1) The Chinese assume responsibility to re-occupy

Japanese-held territories of China (including Manchuria) and Formosa. In the event other than Chinese forces are required to effect re-occupation, the United States will assist by:

(a) Furnishing minimum units to open a port on the China coast for the purpose of establishing a line of communications to aid Chinese forces in order to facilitate their execution of post-defeat tasks.

(b) Transporting Chinese occupational forces to Formosa and temporarily furnishing a United States amphibious assault force in the event opposition to entry into Formosa is expected.

(2) In the event the U.S.S.R. enters the war against Japan, Allied agreement regarding the surrender and disarmament of Japanese forces in Manchuria will be necessary.

e. That the President propose to Generalissimo Stalin that the U.S.S.R., if Russia enters the war, assume initial occupational responsibility for Karafuto, the Kuriles and northern Korea.

5. The action recommended above would permit a satisfactory handling of the problem of a rapid initial occupation of Japan and Japanese-held areas. The problems of ultimate occupation such as the location, nationality, composition and strength of the ultimate occupation forces and of establishing the ultimate Allied control machinery could then be determined more deliberately through the medium of the Far Eastern Advisory Commission.

APPENDIX "B"

DRAFT MESSAGE TO CINCAFPAC, CINCPAC, CGUSASTAF, COMGENCHINA, AND, FOR INFO TO USMILMIS, MOSCOW

In addition to making plans to take immediate advantage of favorable circumstances, such as a sudden Japanese collapse or surrender, to effect an entry into Japan proper for occupational purposes, as directed in WARX 17064 (not to and not needed by all addressees), the Joint Chiefs of Staff direct that plans be made:

A. To effect an entry by minimum U.S. forces into southern Korea for occupational purposes.

B. Using a minimum of U.S. units to open a port on the China coast in order to provide an additional line of communications for the supply of Chinese forces so as to facilitate their execution of post-defeat tasks in China.

C. To occupy enemy-held islands in the Central Pacific.

D. To transport Chinese forces to Formosa in order for them to undertake post-defeat tasks there; to provide U.S. assault forces only if necessary.

Priority of occupation should be Japanese main islands, southern Korea, a port on the China coast, enemy-held islands in Central Pacific, Formosa, in that order.

Direct communication between action addressees is authorized in order to coordinate plans.

Copies of staff planning studies, "Planning for Initial Japanese Occupation Period" and "A Plan for the U.S. Occupation of Strategic Positions in the Far East in the Event of a Japanese Collapse or Surrender Prior to OLYMPIC or CORONET", are being sent action addresses by courier.

APPENDIX "C"

FACTS BEARING ON THE PROBLEM

1. J.C.S. 1345 (Establishment of a Far Eastern Advisory Commission) concludes that "the best method of implementing some of the commitments of this government to consultation with its allies on problems of the Far East arising directly from the unconditional surrender or total defeat of Japan is through the establishment of a Far Eastern Advisory Commission." This paper was approved by the President 5 June 1945 with the understanding that it would be held in reserve for use in discussions when any of the Allied governments participating in the war against Japan requested consultation with the U.S. Government on problems arising directly from the unconditional surrender or defeat of Japan.

2. J.W.P.C. 264 series are studies undertaken with a view toward determining the action to be taken in the event of sudden Japanese collapse or surrender. These studies are:

a. J.W.P.C. 264/1, "Strategic Positions Selected for Occupation Upon Japanese Withdrawal, Collapse or Surrender."

b. J.W.P.C. 264/2, (Revised) "Estimate of U.S. Forces Required for the Occupation of Strategic Positions in Japan Proper in the Event of a Sudden Collapse or Surrender."

c. J.W.P.C. 264/5, "Estimate of U.S. Forces Required for the Occupation of Strategic Positions Other Than in Japan in the Event of a Sudden Japanese Withdrawal, Collapse or Surrender."

d. J.W.P.C. 264/6, "A Plan for the U.S. Occupation of Strategic Positions in the Far East in the Event of a Japanese Collapse or Surrender Prior to OLYMPIC or CORONET."

3. J.C.S. 1398 (National Composition of Occupation Forces for
Japan Proper) apportions general responsibility for occupation
and for the military government of Japan Proper in the post-
defeat period. The Joint Chief's of Staff on 16 July 1945
approved J.C.S. 1398 with certain comments (J.C.S. 1398/1 as
revised) which were forwarded to the State-War-Navy Coordinating
Committee, one comment being:

> "Therefore, while the United States should exercise
> the controlling voice in the military government of
> the main Japanese islands and the forces used to
> implement agreed policies, it should strive to devise
> means to achieve these objectives while at the same
> time limiting in so far as practicable its long term
> responsibilities for military government and its pro-
> portion of actual occupation forces."

4. J.W.P.C. 375/2 (Initial Occupation of Japan and Japanese-
Held Territories After Collapse or Defeat of Japan) concludes
that:

> "National policies and international agreements have not
> yet been sufficiently developed to provide full solu-
> tions to the problems of apportioning among the Allies
> responsibilities of occupation of enemy territory."

> "Areas of responsibility for initial occupation
> of enemy territory should conform to areas assigned for
> military operations. Hence, primary responsibility
> for initial occupation following recapture or enemy
> collapse or surrender is as follows:
>
> United States - Main Islands of Japan, Formosa, Korea,
>   Nansei Shoto, Nanpo Shoto, and Japanese
>   Mandates.
>
> United Kingdom - Southeast Asia including ports of
>   present Southwest Pacific Area.
>
> Russia (if in war) - Manchuria, Karafuto, Kuriles and
>   possibly North China.
>
> China   - China less Manchuria and possibly
>   less North China."

5. C.C.S. 900/3 (Report to the President and Prime Minister) approved by the President and Prime Minister on 24 July 1945, contains an agreement in principle as to the reallocation of areas and command in the Southwest Pacific and Southeast Asia Areas. In that reallocation a major portion of the Southwest Pacific area (including Australia, the Solomons, New Guinea, New Britain, New Ireland, and the Netherlands East Indies) are to be turned over to British command. The British Chiefs of Staff have undertaken to obtain the agreement of the Australian New Zealand and Dutch Governments to these proposals and to investigate and report the earliest practicable date on which the transfer can be effected.

6. J.C.S. 1367/1 (Military Government in the Japanese Empire and Other Areas) prepared by the State-War-Navy Coordinating Committee examines the advisability of establishing or continuing military government in the Japanese Empire, Manchuria, liberated areas in China proper, French Indo-China and Thailand following the unconditional surrender or total defeat of Japan.

7. The Four-Nations' Declaration, signed at Moscow, November 1, 1943 includes a statement that:

"Those of the signatories at war with the common enemy will act together in all matters relating to the surrender and disarmament of that enemy."

8. In J.C.S. 1331/4 (Occupation of Strategic Areas in Japan Proper in the Event of Collapse or Surrender) the Joint Chiefs of Staff directed CINCAFPAC and CINCPAC to make plans to take immediate advantage of favorable circumstances, such as a sudden collapse or surrender, to effect an entry into Japan proper for occupational purposes.

DISCUSSION

9. Until recently an early surrender by the Japanese was considered improbable. As a consequence the procedures and plans to be followed in the event of an immediate Japanese surrender are indistinct. The greatest occupational problem would exist if an immediate surrender occurred, for as the war progresses and the area under Japanese control decreases, the occupational problem in turn will be reduced.

10. An immediate Japanese surrender or collapse would have the following effects:

a. The United States, because of having the preponderance of forces in the Pacific, would, of necessity, have to assume the burden of occupational responsibility in order to establish military control pending later settlements.

b. As no machinery, such as a Far Eastern Advisory Commission, exists, the formation of international agreements necessary for the settlement of occupational affairs would be delayed. If surrender should occur immediately, a considerable length of time would elapse before an advisory Commission could be formed and could produce the international occupational agreements necessary. During that period United States forces would be required to occupy Japanese territory far in excess of our ultimate occupational responsibilities.

11. The paramount interest of the United States in the Pacific is universally recognized. To safeguard properly that interest the United States should insist on major control of the military government organized subsequent to the defeat of Japan. Due to the preponderance of United States forces now converging on the Japanese mainland the initial occupation of the main Japanese islands will probably follow as an extension of present military

operations, and such initial control would be established. In
addition to the main Japanese islands there remain other Japanese
controlled territories such as Manchuria, Formosa, North China,
Korea, Japanese-held islands of the Pacific, Karafuto and the
Kuriles which must be occupied. If Russia enters the war it may
be assumed that Manchuria, Karafuto, the Kuriles, and possibly
North China would become her occupational responsibility.

12. Although no specific international agreements now exist as
the occupational responsibilities each of the major Allies
will assume in the event of a Japanese surrender, agreements on
basic principles have been formulated to insure united action
against a common foe. In brief these principles are:

a. That joint action will be taken by the United States,
United Kingdom, China, and Russia if she enters the war, for
the organization and maintenance of peace and security.

b. That joint action will be taken by the United States,
United Kingdom, China and Russia in all matters concerning
the surrender and disarmament of a common foe.

13. Under the above principles we may expect that the United
Kingdom, China, and Russia if she enters the war, will assume
part of the occupational burden imposed. It will be to our ad-
vantage to reach an early over-all agreement with our Allies as
to occupational responsibilities. Initially the areas assigned
will depend upon the location of military forces at the time of
surrender, but this will not preclude later adjustment to admit
the entrance of forces of other nationalities in accordance with
agreed ultimate disposition of occupational forces.

14. From an examination of proposed and probable military
operations in the light of the estimated capabilities of forces
in the several areas, and recognizing that present arbitrarily
established theater and area boundary lines will not preclude

operations in any area by forces from another area, it appears
logical that initial occupation of Japanese-held areas would be:

a. United States Forces: The Nansei Shoto, Volcanoes,
Bonins, Mandated Islands, the main islands of Japan, a port
area on the China coast, southern Korea, by-passed Japanese-
occupied Pacific Islands and possibly Formosa (see sub-
paragraph e).

b. United Kingdom Forces: Solomons, Bismarcks (less
Admiralties), Malay Archipelago (less Philippines), Malaya,
Burma, Thailand and possibly part of French Indo-China (see
subparagraph e).

c. Chinese Forces: Japanese-occupied areas of China to be
returned to Chinese government after the war. It is probable
that the initial occupation of Manchuria, parts of North
China and Formosa will either be by, or with the assistance
of, other than Chinese forces (see subparagraph e).

d. Russian Forces (if in the war): Manchuria, Karafuto,
the Kuriles, northern Korea and possibly North China (see
subparagraph e).

e. Special cases:

China, Formosa and areas to be returned to the Chinese
Government after the war. While it would be preferable that
Chinese forces assume responsibility for the reoccupation of
these areas, the limited capabilities of Chinese forces and
the necessity to introduce military units into certain areas
expeditiously will probably require that forces of nations
other than China assume part of these tasks. It appears prob-
able that Russian forces already will have been introduced
into Manchuria and possibly into parts of North China; that U.S.
forces, if they have not already done so, will assist by open-
ing a port in China, and by later transporting Chinese occupa-
tional force to Formosa, furnishing temporarily a U.S. amphib-
ious forces in the event opposition to entry into Formosa is
expected.

Korea. It is likely that as a result of Russian operations her forces already will have been introduced into this area. It is also likely that it will have been agreed in advance that the ultimate occupation of Korea be on a quadripartite basis. If Russian forces have not already overrun Korea, plans should provide for the early entry of U.S. forces into the southern part.

French Indo-China. It is probable that operations of the Southeast Asia Command and Chinese forces will have resulted in the introduction of their forces in Indo-China. Mutual agreement as to respective zones will therefore probably be required. Use of United States forces is to be avoided. Ultimately French forces will probably take over.

15. To insure prompt action on occupational matters, steps should be taken to reach international agreement on the occupational responsibilities of the United States, the United Kingdom, China, and Russia if she enters the war. As an initial movement toward the allocation of areas we should (1) inform the United Kingdom and China of our initial occupation plans, and (2) propose areas to be occupied by the United Kingdom, China, and Russia if she enters the war. A proposed plan for the initial occupation by United States forces of Japan and Japanese-held territories is contained in J.W.P.C. 264/6.

16. J.W.P.C. 264/6, dated 10 July 1945, "A Plan for the U.S. Occupation of Strategic Positions in the Far East in the Event of a Japanese Collapse or Surrender Prior to OLYMPIC or CORONET", envisaged that, in the absence of agreement among the major powers at war with Japan on allocation of responsibilities, the United States should initially occupy the main islands of Japan and should subsequently occupy southern Korea, and enemy-held islands of the Central Pacific Area. In addition, the United States should render assistance to Chinese forces, if required, by the

initial occupation of the Shanghai-Nanking area and Formosa.
In order to estimate availability of forces, shipping and enemy
dispositions, the time of collapse or surrender prior to OLYMPIC
was assumed as about 15 August 1945. Target dates were selected
in relation to surrender day (S-day) rather than a specific date.

a. Availability of amphibious lift and the degree to which
ground forces have been alerted and concentrated in mounting
areas will affect the timing of the initial operations. During the period 15 August - 15 September a slight delay may
conceivably occur due to the above factors. Subsequent to 15
September target dates can be met, and as OLYMPIC approaches,
initial target dates may even be advanced.

b. Operation S-N called for a landing in the Shanghai-
Nanking area of China. Conditions in China at the time of
surrender may be such that a landing in some port area other
than Shanghai-Nanking would be advisable. Consequently opera-
tion S-N should not be firmly fixed for the Shanghai area but
should be replaced by operation C, which indicates a port on
the China coast, using forces and target date as originally
planned for the S-N operation of J.W.P.C. 264/6. The objective
area, target date and scope of the operation should be planned
by CINCAFPAC and CINCPAC in collaboration with CGUSFCT.

c. Very heavy bombardment, heavy bombardment and air trans-
port units will be available in the Philippines, the Marianas
and Okinawa to aid in the rapid build-up of occupied areas af-
ter the initial landings are made by transporting personnel
and supplies.

Fast carrier task groups and combat escort carrier groups
of the U.S. Pacific Fleet, and British Pacific Fleet operating
under CINCPAC, are available as strategic reserve and to fur-
nish initial air cover as required.

Subject to the above remarks, the outline plan of J.W.P.C.
264/6 is considered as a satisfactory plan for the immediate
future in planning for the initial Japanese occupation period.

자료 5: "Col Gen George A. Lincoln's Letter to Col C. H. Donnelly(GCS, Historicl Section of the Joint Chiefs of Staff)," 18 July 1949, RG 319, Entry 145, 2-3.7 CG5, Washington Command Post, Box 372, Folder: Comments on OPD Manuscript.

Colonel C. H. Donnelly, G.S.C.
The Joint Chiefs of Staff
Historical Section
Washington 25, D.C.

Dear Don:

    I am greatly cheered to receive a letter from you. But why do you suggest that I contribute to opening Pandora's box by calling on my very fallible memory? The story of the 38° parallel cannot be told without going over much of the account of our handling of the Jap surrender. Your request indicates that it may be desirable to write down now some of my recollections. Here they are.

    General Order No. 1 was drafted in my group. As I recall there was an informal arrangement that the Joint Staff Planners would work as a corporate body (but probably informally) with SWNCC in preparing the papers connected with the surrender of Japan. As you know, Adm. Gardiner and I each wore three hats in this business; (1) military advisor to our respective members of SWNCC (2) staff advisor to our respective chiefs (King and Marshall) (3) member of that corporate body, the JPS, charged with joint recommendations to the JCS. The members of SWNCC were individually responsible to their secretaries and, de facto, collectively responsible to the "Big Three." The necessary papers had to be cleared by both the "Big Three" and JCS prior to submission to the President for transmittal to other Heads of State. Time was very pressing. The pick and shovel people in the departments serving SWNCC and the JCS were the same individuals. SWNCC and the JPS met in McCloy's office almost continuously during the period when the papers were being prepared. Dunn was chairman (I forgot the name of the Navy sec'ty).

    The actual preparation of papers in my office does not mean that joint consideration did not take place on the working level. While undoubtedly, there are no records of those hurried few days, I do recall that informal conference with Air and Navy Planners went forward almost continuously by telephone, in my office, at SWNCC meetings, etc.

    You should look for any conversations concerning Korea at Yalta and Potsdam, and any guidance provided during August from State Department and White House on ports on the Asiatic mainland. I do not know that it exists, but there is always a chance of something like that. You should look through the papers submitted by me to the JPS in the month of August, 1945. Since some of these matters were being handled directly to the chiefs by the respective planners, you will find that McFarland's files contain the papers which would normally be in yours, i.e., I sent info copies to him in such cases. You will find indications of then current thinking concerning

Korea. The studies in OPD files (if still there) will give leads. However, a distinction should be made between speculative studies on the working level and any of the firmer sort which my actual initials appear. I seem to recall a message or informal memo from me at Potsdam to S & P giving a planning date for Jap surrender and a memo, or memoes, to the JPS on unresolved policy points — which may include mention of Korea.

Following a common custom of the JPS, particularly when time pressed, one member received the job of drafting the paper that later became G.O. #1. I do not recall whether we were technically drafting for JCS or SWNCC — probably SWNCC. There may have been Navy and Air people assisting Bonesteel's outfit in preparing the draft, of G.O. #1. I do not recall the time between decision to prepare it (who decided is immaterial — the need was obvious) and deadline for submission. It was probably not over 24 hours. As I recall, the deadline was late one evening in McCloy's office where SWNCC was to reconvene at that time. Bonesteel was in charge of the section (then a sub-section of the Policy Section as I recall) handling the work on all politico-military matters of a major policy nature. My recollection is as in the following paragraphs.

Bonesteel, perhaps with his assistants (probably Rusk and McCormack) drafted G.O. #1, except for completing the paragraph or paragraphs which actually assigned responsibility to commanders for surrenders. The drafters came to my office late in the evening without these paragraphs being yet completed. As you know, such a draft did not spring from nothing in 24 hours. There were studies, discussions, and a good deal of preliminary thought available to guide the drafters — probably including both S & P and JWC studies.

There was a discussion in my office as to whether we should at that time attempt to draft the paragraphs splitting up the Far East for surrender. I knew the draft had to go to Atlee, Chiang and Stalin, for acceptance or amendment, as well as first clearing the JPS, SWNCC, JCS, "Big Three" and the President. MacArthur and other commanders needed guidance badly. Everyday's delay added increased hazards of a very grave nature. We recognized time was pressing and that a sound solution needed to be found which would also gain the acceptance of everyone. If not accepted, we might approach complete chaos in East Asia. We decided to include the actual surrender paragraphs at that time. There was probably no more than an hour before the meeting. Whether other members of the planners, or their representatives, were present during the short discussion, I do not recall.

Your records may show (I'm not sure) that in attempting to get clarity and concision in a hurry, we overlooked the Kuriles matter and gave them initially, for surrender purposes, to Kimitz under some such wording as "other Islands of the Pacific."

On Korea itself, you may find some studies indicating S & P had been speculating about a split-up of Korea for temporary trusteeship as a mechanism for implementing the Cairo Declaration.

As I recall, the man on my wall was used as a reference in drafting the pertinent paragraphs assigning responsibilities for surrender. I remember the parallels on the map, were in even numbers. The facts and considerations available included:

a. Cairo Declaration
b. The mission of taking Jap armed forces and arms into custody.
c. Intelligence reports that USSR forces were probably pushing very fast in their offensive in Korea as well as in Manchuria.

d. Knowledge of our own capabilities and priorities for seizing areas.

e. Estimate that we probably couldn't take over much, if any, of Japs in Korea, ahead of the USSR unless the USSR so agreed.

f. Lack of any detailed political guidance as to what Korea's future might be.

g. A map of Jap camps for U.S. PWS showing one just south of Seoul.

h. A knowledge of difficulties experienced to date due to fact Russians took Berlin and Vienna.

i. A knowledge of Yalta agreements to include that concerned with Dairen.

j. Other considerations if you want to write a book on this.

I recall looking at maps showing political subdivisions of Korea and discussion of various proposals such as taking only port areas, and defining a line by "country" boundaries. I recall a personal concern over lack of any multi-power agreement on details of post-surrender political matters; a further concern that this arrangement, technically 100% military, might be taken by the USSR as implying US views as to a territorial arrangement — even though the objective was to take custody of Japanese rather than custody of territority. I had a personal thought that in view of lack of political arrangements, we should try to ride herses; (a) pick a line the USSR would accept (b) pick it at least far enough north to get the PW camp and capital, the latter in case the USSR proved recalcitrant in political dealings, (c) define the line to give status to a later position that it was a line for dividing military operations (like a boundary between armies). If we choose country boundaries, the line became a political line. Your historians must be cognizant of the then current climate concerning the USSR.

The upshot of all considerations was that the 38° parallel was picked as a dividing line for taking surrenders and the draft was so written. It doesn't much matter who picked it on my level or below. I was responsible for the Army views up to the level of SWNCC and the JCS, and shared with the JPS their corporate responsibility. It had to be looked at informally by the JPS, be laid on the SWNCC table in half an hour with Dunn presiding and presumably a squad of State Department Far Eastern experts sitting behind him, go then (probably next morning) to JCS and Big Three. You will probably find the Planners processed the paper informally next a.m.

I have thought about this action a lot since. I do not recall any comment from State or other people, in the SWNCC meeting on the matter. I do recall a phone discussion early next a.m. with Admiral Cooke or Admiral Gardiner (both, I believe). The Navy raised the idea of shifting to 39° (which would have placed the line north of portions of the Liaotung peninsula). 39° would have been a better line administratively and worse politically (if you know your 1904 history which I didn't at the time). The conversation, however, turned on the chances of the USSR accepting the 39° — and honoring it if they accepted it. There was danger of jeopardising the acceptance of the whole G.O. #1 by such a shift. It gave us nothing from the standpoint of accepting surrenders and it seemed certain we couldn't sustain a view that Liaotung was part of Korea — even though such latitude would have been highlydesirable. Your historians undoubtedly realize that we lacked the military capability to beat the Russians to effective control of any of these areas — except, perhaps, some port areas.

In answer to your specific questions, the JCS and SWNCC (including State Department agencies) participated in reviewing the draft which was prepared in my office and for which I must take initial responsibility. I believe Bonestecl and his assistants did almost all the initial composition on G.O. #1. I doubt if General Marshall, any other chief, or any member of the Big Three gave thought to the matter of any specific dividing line prior to presentation of the draft of G.O. #1. Our staff procedure operated on the premise that the pick and shovel people studied the problems and presented a recommendation. This was it. I do not recall the specific contents of JCS 1467/1. It may be that it contains those changes in the hurried draft of G. O. #1 which appeared sound in light of further consideration next a.m. My discussion with the Navy on 38° vs. 39° may have been a part of the preparation of that paper.

I do not believe your historians will have the complete story on G.O. #1 unless they see Stalin's messages to Truman on the document. Without such knowledge, their judgments may be materially in error. I have never seen those messages.

This is too lengthy but it may prove helpful. As to quotations, I have a request to make. Without looking at papers which once existed, I can't write a complete story. Presumably, your people have those papers, informal memos, etc. The appropriateness and accuracy of any quotation depends on the context in which it is used. If anybody wants to quote me, will they send me the draft in the context it is to be used. Aside from this stipulation, I have no objection to quotations. I personally believe that an examination of all the papers once existent will show that, from a realistic standpoint, we had little choice in this matter.

In closing, may I say that this episode does not seem very long ago to me; nor does it seem very complicated compared to the problems facing us in the world today.

With best regards,

Sincerely,

GEORGE A. LINCOLN
Colonel, USA
Professor

한국 근현대와 민족운동

인쇄일 초판 1쇄 1999년 04월 10일
        2쇄 2018년 11월 04일
발행일 초판 1쇄 1999년 04월 20일
        2쇄 2018년 11월 15일

지은이 한국민족운동사연구회
발행인 정 찬 용
발행처 **국학자료원**
등록일 1987.12.21, 제17-270호

서울시 강동구 성내동 447-11 현영빌딩 2층
Tel : 442-4623~4 Fax : 442-4625
www. kookhak.co.kr
E- mail : kookhak2001@hanmail.net
가 격 26,000원